民法典案例
及民事检察要点

任丹丽 主编

东南大学出版社
SOUTHEAST UNIVERSITY PRESS
·南京·

图书在版编目(CIP)数据

民法典案例及民事检察要点 / 任丹丽主编. —南京：东南大学出版社,2024.6
ISBN 978-7-5766-1420-6

Ⅰ.①民… Ⅱ.①任… Ⅲ.①民法—总则—案例—中国 ②民事诉讼—检察制度—研究—中国 Ⅳ.①D923.15 ②D925.104

中国国家版本馆 CIP 数据核字(2024)第 098963 号

● 最高人民检察院民事检察研究基地(东南大学民事检察研究中心)资助项目

民法典案例及民事检察要点
Minfadian Anli Ji Minshi Jiancha Yaodian

主 编：	任丹丽
出版发行：	东南大学出版社
地 址：	南京市四牌楼 2 号 邮编：210096 电话：025-83793330
出 版 人：	白云飞
网 址：	http://www.seupress.com
经 销：	全国各地新华书店
印 刷：	广东虎彩云印刷有限公司
开 本：	787 mm×1092 mm 1/16
印 张：	19.25
字 数：	480 千字
版 次：	2024 年 6 月第 1 版
印 次：	2024 年 6 月第 1 次印刷
书 号：	ISBN 978-7-5766-1420-6
定 价：	78.00 元

本社图书若有印装质量问题,请直接与营销部联系。电话(传真)：025-83791830
责任编辑：刘庆楚 责任校对：子雪莲 封面设计：毕真 责任印制：周荣虎

自序

为配合民商法相关课程教学的需要,2018年我们编撰了《民商法案例教程》一书(2019年正式出版)。该书主要选择最高人民法院裁判的案件、最高人民法院发布的公报案例和指导性案例作为分析对象,以确保典型性和权威性。该书的编写始于《民法总则》的颁布,旨在引导广大法学生深入理解从分散立法到法典编纂的重大历史意义和关注立法计划的推进。转眼间,时间已过去5年,《中华人民共和国民法典》(简称《民法典》)已于2021年1月1日起正式施行,该书曾经引用的《婚姻法》《继承法》《民法通则》《收养法》《担保法》《合同法》《物权法》《侵权责任法》和《民法总则》等已被废止。与此同时,司法领域也新增了许多有代表性意义的案例,在平时的教学活动中我也多有提及。因此有必要对该书予以重写(或修订),以便跟上立法和司法的发展。

本次最大的增订处是民事检察方面的内容。这与最高人民检察院设在东南大学的民事检察研究基地有关,也与我在检察系统担任听证员的经历有关。法律保护的民事权利,需要程序来落实。实体法面临的法益如何保护的问题,程序法领域则体现为围绕现代性诉讼的讨论。案件是否属于法院的受案范围,检察机关介入民事权利保护的路径与方式,都是研读民商法案例时需要延伸的内容。

本次重写(或修订)的工作量很大,书名也改为《民法典案例及民事检察要点》。感谢李雅芳、陶睿、侯佳仪、叶曾颖、许庆彪和杨敬枫同学的撰稿和校对。参与编写原版《民商法案例教程》的第一批同学,已经成长为工作岗位上独当一面的骨干。希望参与编写新版的第二批同学,以此为契机熟读案例、精进写作、学以致用。

任丹丽
2024年五一假期

序言（《民商法案例教程》2019年版）

这是一本特别的案例书。

2017年正式实施的《中华人民共和国民法总则》，是本书逻辑结构的模板。本书在有限的篇幅中囊括民法总则、物权法、合同法、侵权责任法、知识产权法、继承法、公司法、证券法、票据法、环境法和劳动法的相关案例，是为了更好地展现"民法总则"对各部门法的概括和统领。

最高人民法院裁判的案件，是本书的主要分析对象。这部分案件，一般是经过二审、再审或者提审的较为综合和复杂的案件。受制于一审法院的受案范围，最高人民法院裁判的案件较为集中于财产权纠纷。人身权纠纷的部分，本书以最高人民法院公报中的案例和最高人民法院发布的指导性案例为补充，尽量保证所选案例的真实性、典型性和编排体例的完整性。婚姻家庭领域和保险、海商领域案例的缺失，是案例筛选标准之下的遗憾，将来有机会再来弥补。

从1989年侵害名誉权的案件到2016年破坏生态环境的案件，从国企改制到以物抵债，从1987年的《中华人民共和国民法通则》到2019年的《中华人民共和国电子商务法》，30多年间社会热点、历史背景、法律法规和裁判思路的变化，对平均年龄不满30岁的参编人员提出了不小的挑战。

感谢为本书执笔的王祺、黄依畑、朱晓强、鲍怡婕、项会云和储天阳等同学，你们为案例补充了相关背景介绍，还用注释区分出审判时的立法和现行立法。你们分别负责的部门法案例分散在本书的各章节，以至于无法直接呈现出你们的工作量。

感谢宋子耕、吴林、杨宇航、何泓学、刘荣等同学，本书中的77个案例，精选自你们完成的823个案例分析。你们是法学院建设民商事案例库的拓荒者。

感谢陈爽、刘雪昀和郭润泽同学,你们承担了繁重的审校工作。

此书付梓之际,已有同学毕业离校或即将毕业。希望和这本书有关的故事,能够成为你们在东南大学的一段美好回忆。

任丹丽
2018年暑假

目录

第一章 基本原则 /1

案例1-1 自愿原则 /1
案例1-2 公平原则 /3
案例1-3 诚信原则 /6
案例1-4 生态环境保护原则 /9
检察要点：环境公益诉讼 /13

第二章 自然人 /17

案例2-1 监护人资格 /17
案例2-2 宣告死亡 /20
案例2-3 个体工商户 /22
检察要点：未成年人保护 /25

第三章 法 人 /28

案例3-1-1 一般规定：法人的设立 /28
案例3-1-2 一般规定：法人的诉讼主体资格 /31
案例3-1-3 一般规定：项目公司与合作协议 /34
案例3-1-4 一般规定：法人的住所 /38
案例3-1-5 一般规定：法人的意思 /40
案例3-1-6 一般规定：法人的分支机构 /45
案例3-1-7 一般规定：法人的责任 /48
案例3-1-8 一般规定：法定代表人的代表权 /51
案例3-1-9 一般规定：法人的分立 /55
案例3-2-1 营利法人：滥用出资人权利的证明 /59

案例 3-2-2　营利法人：一致行动人　/62
案例 3-2-3　营利法人：法定代表与法定代理　/66
案例 3-2-4　营利法人：忠实义务　/69
案例 3-2-5　营利法人：关联关系的认定　/72
案例 3-2-6　营利法人：关联交易的责任承担　/75
案例 3-2-7　营利法人：国有企业改制中的债务承担　/78
案例 3-2-8　营利法人：股东资格诉讼　/82
案例 3-2-9　营利法人：股东代表诉讼　/85
案例 3-2-10　营利法人：股利分配请求权　/89
案例 3-2-11　营利法人：股权转让　/93
案例 3-2-12　营利法人：隐名投资关系的认定　/96
案例 3-3　机关法人　/98
案例 3-4　社会团体法人　/101
检察要点：公司债权人利益保护　/104

第四章　合　伙　/107

案例 4-1　合伙关系的认定　/107
案例 4-2　合伙协议的效力　/109
案例 4-3　合伙份额的转让　/113
案例 4-4　合伙责任的承担　/116
检察要点：合伙关系的认定　/119

第五章　民事权利　/121

案例 5-1-1　人格权：死者的名誉权　/121
案例 5-1-2　人格权：肖像权　/124
案例 5-1-3　人格权：利用网络侵害名誉权　/126
案例 5-1-4　人格权：隐私权　/129
案例 5-1-5　人格权：姓名权　/132
案例 5-2-1　财产权：物权　/135
案例 5-2-2　财产权：特殊动产　/138
案例 5-2-3　财产权：占有　/141
案例 5-2-4　财产权：债权　/144
案例 5-2-5　财产权：抗辩权　/146
案例 5-2-6　财产权：专利权　/150
案例 5-2-7　财产权：商标权　/153

案例 5-2-8　财产权：地名商标　/157
案例 5-3　继承权　/160
案例 5-4　请求权　/163
案例 5-5　请求权竞合　/166
检察要点：英烈名誉权、著作权　/170

第六章　民事法律行为　/174

案例 6-1-1　一般规定：民事法律行为的效力　/174
案例 6-1-2　一般规定：债权行为与物权变动　/177
案例 6-1-3　一般规定：抵押物转让行为的效力　/180
案例 6-1-4　一般规定：民间借贷　/183
案例 6-2-1　无效民事法律行为：违反强制性规定　/186
案例 6-2-2　无效民事法律行为：恶意串通损害他人合法权益　/190
案例 6-2-3　无效民事法律行为：部分无效　/193
案例 6-2-4　无效民事法律行为：无效的后果　/196
案例 6-3　附条件与附期限的民事法律行为　/199
案例 6-4　民事法律行为的变更和解除　/204
案例 6-5　民事法律行为要件的特别规定　/207
检察要点：虚假诉讼、一房二卖、质押执行　/210

第七章　代理　/214

案例 7-1-1　有权代理：委托代理　/214
案例 7-1-2　有权代理：法律后果　/217
案例 7-1-3　有权代理：代理义务的履行　/219
案例 7-1-4　有权代理：隐名代理　/222
案例 7-1-5　有权代理：职务代理　/225
案例 7-2　无权代理　/229
案例 7-3　表见代理　/232
案例 7-4　独家代理　/234
检察要点：委托范围　/238

第八章　民事责任　/240

案例 8-1　继续履行　/240
案例 8-2　违约金　/243

案例 8-3　返还原物　/246
案例 8-4　赔礼道歉　/249
案例 8-5　损害赔偿　/251
案例 8-6　共同侵权　/255
案例 8-7　连带责任　/258
案例 8-8　网络侵权　/262
案例 8-9　缔约过失责任　/267
检察要点：弱势群体利益的倾斜性保护　/270

第九章　诉讼时效　/278

案例 9-1　诉讼时效的价值　/278
案例 9-2　诉讼时效的起算点　/280
案例 9-3　诉讼时效的中断　/283
案例 9-4　分期履行债务的诉讼时效　/287
案例 9-5　保证债务的诉讼时效　/290
检察要点：债务确认诉讼时效的计算　/294

第一章 基本原则

案例 1-1 自愿原则

一、基本案情*

2004年1月23日,地源公司与某理工大学签订一份红薯淀粉制备APG工艺开发合同,约定由甲方(地源公司)委托乙方(某理工大学)进行"红薯淀粉制备APG工艺开发"项目,技术内容为完成APG产品生产所需的原料配方及生产工艺设计和中试研究开发。甲方支付研究开发经费和报酬共计9.8万元。2005年,为尽快将开发成果转化为生产力,双方又签订一份红薯淀粉制备APG产业化技术开发合同。2006年,由甲乙双方共同完成的"甘薯淀粉制备烷基糖苷工艺中试技术开发与应用研究",通过了湖南省科技厅组织的专家鉴定。后于2007年,双方又签订了两份合同。上述四份合同在履行过程中,地源公司共支付技术开发及服务费30万元。2008年,地源公司生产的烷基糖苷通过了湖南省商品质量监督检验所的检验,除表面张力外,其余指标均合格。2009年至2011年,某理工大学先后三次委托国家洗涤用品质量监督检验中心(太原)对其送检的烷基多糖苷、烷基糖苷样品进行检测,所有指标均合格。

2010年4月22日,某理工大学(甲方)与地源公司(乙方)签订一份投资协议书,约定:此前签订的四份合同已经履行的部分甲乙双方确认其效力,尚未履行部分不再履行。双方就上述合同不存在任何争议及法律纠纷,今后亦不得依据上述合同以任何方式主张任何权利。为进一步支持乙方APG及下游复配产品的研发、生产,自本协议签订之日起5个工作日内,甲方向乙方投资100万元人民币,该资金由乙方自行支配用于企业产品研发、生产和销售,专款专用。同时甲方再借款50万元给乙方。甲方支付上述款项后,对于乙方的生产、经营不予干预;乙方在本合同签订前后生产经营期间所产生的债权债务亦与甲方无关。乙方保证没有任何人以任何方式以本合同为依据向甲方主张权利。该协议签订后,某理工大学按约向地源公司支付投资款100万元、借款50万元。

2011年4月21日,地源公司向甘肃省高级人民法院提起诉讼,认为投资协议书在签订时具有显失公平的事实,请求撤销,并请求某理工大学赔偿其损失。某理工大学向兰州市七里河区人民法院提起诉讼,请求确认投资协议书的效力并继续履行第一条约定的禁止性义务。后甘肃省高级人民法院致函兰州市七里河区人民法院,决定将某理

---

* 本书所有案例中所涉自然人和机构、法人名,均酌情予以处理(化名或简写、隐名等)。下不另注。

工大学起诉的案件由其移送至甘肃省高级人民法院作为本案的反诉合并审理。

案号：最高人民法院(2012)民二终字第 43 号

二、诉讼过程

甘肃省高级人民法院认为，地源公司无证据证明某理工大学在签订投资协议书时存在欺骗、乘人之危致该协议书显失公平的事实，应承担举证不能的法律后果。判决确认地源公司与某理工大学于 2010 年 4 月 22 日签订的投资协议书有效。地源公司不服一审判决，向最高人民法院提起上诉。

最高人民法院认为，尽管依据契约自由原则，应尊重当事人对自身权利义务的处分，但基于双方在技术开发合同风险责任承担中权利义务的失衡，为实现契约正义得适度干预双方当事人之间的契约自由。故对投资协议书中排除风险责任的第一条予以撤销。在双方对损失造成均负有责任但未明确约定责任分担方式时，依据风险共担原则，应分别承担 50% 的责任。

地源公司曾向最高人民法院申请再审，被裁定驳回。参见最高人民法院(2015)民申字第 1706 号。

三、关联法条*

《中华人民共和国民法典》（简称《民法典》）

第一百五十一条①　一方利用对方处于危困状态、缺乏判断能力等情形，致使民事法律行为成立时显失公平的，受损害方有权请求人民法院或者仲裁机构予以撤销。

第八百五十八条　技术开发合同履行过程中，因出现无法克服的技术困难，致使研究开发失败或者部分失败的，该风险由当事人约定；没有约定或者约定不明确，依据本法第五百一十条的规定仍不能确定的，风险由当事人合理分担。

当事人一方发现前款规定的可能致使研究开发失败或者部分失败的情形时，应当及时通知另一方并采取适当措施减少损失；没有及时通知并采取适当措施，致使损失扩大的，应当就扩大的损失承担责任。

四、争议问题

1. 双方签订的投资协议书是否可撤销？
2. 某理工大学应否对地源公司的经济损失承担赔偿责任？

---

*　本书"关联法条"版块是对现行法律法规的梳理，如现在出现相同或类似案例，则应当适用现行法。当时法院裁判的法律依据，系依当时法律法规的规定。就书中所举案例而言，当时裁判的依据本书以"脚注"的形式予以标注。
①　本案审理时，法院适用的是《中华人民共和国合同法》第五十四条　下列合同，当事人一方有权请求人民法院或者仲裁机构变更或者撤销：（一）因重大误解订立的；（二）在订立合同时显失公平的。

一方以欺诈、胁迫的手段或者乘人之危，使对方在违背真实意思的情况下订立的合同，受损害方有权请求人民法院或者仲裁机构变更或者撤销。

当事人请求变更的，人民法院或者仲裁机构不得撤销。

五、简要评论

本案属于合同纠纷引发的撤销权之诉,主要涉及风险分担和契约正义的问题。最高人民法院认为技术开发合同存在一定的研发风险,不能仅因最终技术产业化未获成功而否定科研项目的真实性和必要性,更不应简单地把实施技术达不到预期效果推定为提供技术的一方存在技术欺诈。故而,某理工大学在其出具的可行性报告及鉴定材料中虽有夸大宣传、强调优势而忽略风险的嫌疑,但并不构成蓄意欺骗。在排除欺诈的前提下,依据《民法典》关于技术开发合同的规定,合同履行中若因不可克服的技术困难致使研发失败或部分失败的,该风险责任由当事人约定。尽管依据契约自由原则,应尊重当事人对自身权利义务的处分,但在权利义务明显失衡的情形下,我国立法也利用公平原则对其进行了必要限制。继《中华人民共和国民法通则》(简称《民法通则》)①之后,《民法典》对公平原则进行了更加完善的单独规定②。

本案中投资协议书第一条约定"双方就上述合同不存在任何争议及法律纠纷,今后亦不得依据上述合同以任何方式主张任何权利",尽管符合契约自由原则,但实际上排除了技术开发合同中风险分担原则的适用,将原本应由合同双方共同承担的技术开发风险变相转嫁为委托方地源公司的单方责任。作为技术研发单位的某理工大学相较于地源公司,其对技术的研发过程和可能的研发结果具有更强的掌控力,也更有可能提前预见或发现可能致使研发失败或部分失败的情形,从而及早防范损失扩大。投资协议书第一条的约定使某理工大学在最终技术研发失败的情形下无须承担风险责任,实质上造成了双方权利义务的失衡。因此,该条内容显失公平,最高人民法院依据公平原则对该条予以撤销。同时,在双方对损失均负有责任但未明确约定责任分担方式时,依据风险共担原则,双方当事人应分别承担50%的责任。市场主体在订立合同时,虽然依据契约自由原则,可以按照自己的意思设立、变更、终止民事法律关系,但也不能滥用这一原则。市场主体在追求自身利益的同时不得损害他人利益和社会利益,法院有权依法审查该利益的边界,将契约规范与社会生活合理结合,从而判断市场主体是否存在滥用契约自由行为以及有无必要对该行为予以纠正。

案例 1-2　公平原则

一、基本案情

2014年6月,隆达公司由中国宁波港出口一批不锈钢产品至斯里兰卡科伦坡港。隆达公司通过货运代理人向马士基公司订舱,涉案货物于同年6月28日出运。2014

---

① 《中华人民共和国民法通则》第四条　民事活动应当遵循自愿、公平、等价有偿、诚实信用的原则。
② 《中华人民共和国民法典》第六条　民事主体从事民事活动,应当遵循公平原则,合理确定各方的权利和义务。

7月9日,隆达公司通过货运代理人向马士基公司发邮件,称其发现货物运错目的地要求改港或者退运。马士基公司于同日回复,因距货物抵达目的港不足2天,无法安排改港,如需退运则需与目的港确认后回复。次日,隆达公司的货运代理人询问货物是否可以原船带回。马士基公司当日回复"原船退回不具有操作性,货物在目的港卸货后,需要由现在的收货人在目的港清关后,再向当地海关申请退运。海关批准后,才可以安排退运事宜"。涉案货物于2014年7月12日左右到达目的港。2015年5月19日,隆达公司向马士基公司发邮件表示已按马士基公司要求申请退运,马士基公司随后告知隆达公司涉案货物已被拍卖。隆达公司向宁波海事法院提起诉讼,请求判令马士基公司赔偿其货物损失及相应利息。

来源:《中华人民共和国最高人民法院公报》2019年第3期

二、诉讼过程

一审法院宁波海事法院认为隆达公司因未采取自行提货等有效措施导致涉案货物被海关拍卖,相应货损风险应由该公司承担,故驳回隆达公司的诉讼请求。

二审法院浙江省高级人民法院认为,隆达公司在马士基公司交付货物前享有请求改港或退运的权利。在隆达公司提出退运要求后,马士基公司既未明确拒绝安排退运,也未通知隆达公司自行处理,对涉案货损应承担相应的赔偿责任,酌定责任比例为50%。故判决撤销一审判决,马士基公司于判决送达之日起十日内赔偿隆达公司货物损失183 459.49美元及利息。马士基公司不服二审判决,向最高人民法院申请再审。

最高人民法院再审认为,海上货物运输合同的托运人享有请求变更合同的权利,同时也应遵循公平原则确定各方的权利和义务。如果变更运输合同难以实现或者将严重影响承运人正常营运,承运人可以拒绝托运人改港或者退运的请求,但应当及时通知托运人不能执行的原因。涉案运输方式为国际班轮运输,隆达公司在距离船舶到达目的港只有两三天时间的情形下要求马士基公司改港或者退运,马士基公司主张由于航程等原因无法安排改港、原船退回不具有操作性,客观合理。一审判决支持马士基公司的上述主张,符合公平原则,予以维持。隆达公司明知目的港无人提货而未采取措施处理,致使货物被海关拍卖,其举证也不足以证明马士基公司未尽到谨慎管货义务,二审法院判决马士基公司承担涉案货物一半的损失,缺乏事实依据,适用法律不当,应予纠正。

三、关联法条

《中华人民共和国民法典》

第六条① 民事主体从事民事活动,应当遵循公平原则,合理确定各方的权利和义务。

---

① 本案审理时,法院适用的是《中华人民共和国民法总则》第六条 民事主体从事民事活动,应当遵循公平原则,合理确定各方的权利和义务。

第十一条① 其他法律对民事关系有特别规定的,依照其规定。

第八百二十九条② 在承运人将货物交付收货人之前,托运人可以要求承运人中止运输、返还货物、变更到达地或者将货物交给其他收货人,但是应当赔偿承运人因此受到的损失。

《中华人民共和国涉外民事关系法律适用法》

第三条 当事人依照法律规定可以明示选择涉外民事关系适用的法律。

《中华人民共和国海商法》(简称《海商法》)

第四十六条 承运人对集装箱装运的货物的责任期间,是指从装货港接收货物时起至卸货港交付货物时止,货物处于承运人掌管之下的全部期间。承运人对非集装箱装运的货物的责任期间,是指从货物装上船时起至卸下船时止,货物处于承运人掌管之下的全部期间。在承运人的责任期间,货物发生灭失或者损坏,除本节另有规定外,承运人应当负赔偿责任。

前款规定,不影响承运人就非集装箱装运的货物,在装船前和卸船后所承担的责任,达成任何协议。

第八十六条 在卸货港无人提取货物或者收货人迟延、拒绝提取货物的,船长可以将货物卸在仓库或者其他适当场所,由此产生的费用和风险由收货人承担。

四、争议问题

1. 马士基公司应否为涉案货物安排改港或者退运?
2. 马士基公司应否赔偿隆达公司的货物损失?

五、简要评论

对争议问题1,因《海商法》未就航程中托运人请求变更运输合同的权利予以规定,故应适用《民法典》的有关规定,即在承运人将货物交付收货人之前,托运人享有请求变更运输合同的权利,但双方当事人仍要遵循公平原则确定各方的权利和义务。海上货物运输具有运输量大、航程预先拟定、航线相对固定等特殊性,托运人要求改港或者退运的请求有时不仅不易操作,还会妨碍承运人的正常营运或者给其他货物的托运人或收货人带来较大损害。为合理平衡海上货物运输合同中各方当事人的利益,在托运人可以行使请求变更运输合同权利的同时,承运人也相应地享有一定的抗辩权。如果变更运输合同难以实现或者将严重影响承运人正常营运,承运人可以拒绝托运人改港或者退运的请求,但应当及时通知托运人不能执行的原因。涉案载货船舶除运载隆达公

---

① 本案审理时,法院适用的是《中华人民共和国民法总则》第十一条 其他法律对民事关系有特别规定的,依照其规定。
② 本案审理时,法院适用的是《中华人民共和国合同法》第三百零八条 在承运人将货物交付收货人之前,托运人可以要求承运人中止运输、返还货物、变更到达地或者将货物交给其他收货人,但应当赔偿承运人因此受到的损失。

司托运的四个集装箱外,还运载了其他货主托运的众多货物,且距离到港仅剩两三天,马士基公司主张无法改港、退运具有合理性。

对争议问题 2,马士基公司将涉案货物运至目的港后,因无人提货,将货物卸载至目的港码头符合海商法的规定。隆达公司已通过马士基公司的邮件了解货物到港的大体时间,并明知涉案货物在目的港无人提货,但在长达 8 个月的时间里未采取措施处理涉案货物致其被海关拍卖。隆达公司虽主张马士基公司未尽到谨慎管货义务,但并未举证证明马士基公司存在管货不当的事实。依据《海商法》第八十六条的规定,马士基公司卸货后所产生的费用和风险应由收货人承担,马士基公司作为承运人无须承担相应的风险。

《民法典》第八百二十九条是否适用于海上货物运输合同,一直是理论研究与审判实务中争议很大的问题,托运人依据此条文主张其有权单方要求承运人退运或变更目的地的情形不在少数。在规则模糊的情况下,可引入民法的基本原则进行综合判断。公平原则是法律的正义价值的根本体现,主要强调的是权利和义务、利益和负担在相互关联的社会主体之间的合理分配或分担①。为了平衡各方当事人的利益,承运人被赋予了一定的抗辩权以对抗托运人变更运输合同的权利。而除了海上货物运输以外,其他的运输方式基于各自的特殊情况也可能在实践中涉及规则冲突或模糊的情形,法院可参考此案的裁判思路,基于公平原则维持民事主体间的利益均衡。

民法典对公平责任的规定②不同于过错责任,也有别于无过错责任,是侵权责任编根据实际情况作出的特别规定。现实生活中,有些损害并不因行为人有过错而生,但却因其而起,若严格按照无过错即无责任的原则处理,受害人自担损失有失公平③。侵权责任编中的公平责任源于民法中的公平原则。二者的区别在于,公平原则体现的是一种立法的理念,公平责任解决的是当事人之间的责任分配。

案例 1-3　诚信原则

一、基本案情

唐某某于 2002 年 3 月 1 日进入冠龙公司从事销售工作,入职时向人事部门提交了其于 2000 年 7 月毕业于西安工业学院(现西安工业大学)材料工程系的学历证明复印件。冠龙公司与唐某某签订了期限为 2002 年 3 月 1 日至同年 12 月 31 日的劳动合同,合同约定 2002 年 3 月 1 日至同年 8 月 1 日为试用期。此后双方每年续签一份期限为一

---

① 吕世伦著:《当代法的精神》,黑龙江美术出版社 2018 年版,第 168 页。
② 《中华人民共和国民法典》第一千一百八十六条　受害人和行为人对损害的发生都没有过错的,依照法律的规定由双方分担损失。
③ 马俊驹、余延满著:《民法原论》,法律出版社 2010 年版,第 993 页。

年的劳动合同。2007年12月25日,唐某某签署任职承诺书一份,内容为:"本人作为冠龙公司之员工,特作如下承诺:……本人以往提供给公司的个人材料均是真实有效的,如有作假,愿意无条件被解除合同。"2008年12月23日,冠龙公司与唐某某签订劳动合同补充协议,约定原劳动合同有效期限顺延至2011年12月31日。

2008年8月,唐某某的上级主管领导马某某(华东业务部经理)通过他人举报得知并证实唐某某存在学历造假一事。2008年12月1日后因工作调动,唐某某所在辖区不再受马某某管理。2010年6月28日,冠龙公司向唐某某出具退工证明,但唐某某不接受。同年7月2日唐某某收到冠龙公司的律师函,其中载明"鉴于你在求职时向冠龙公司出具的有关材料和陈述有虚假,且在工作时间没有完成公司规定的业务指标,没有遵守公司规定的工作纪律和规章,故从即日起冠龙公司解除与你的劳动合同关系",落款日期为2010年6月30日。2010年7月19日、8月11日唐某某与冠龙公司分别就违法解除劳动合同赔偿金、返还暂支款项等事项向上海市嘉定区劳动人事争议仲裁委员会提起仲裁。冠龙公司在劳动仲裁阶段陈述:办事处招聘员工,实际操作是由办事处主任进行核实和担保,办事处主任再向公司提供员工的学历证书复印件。2010年9月17日,该仲裁委员会作出嘉劳仲(2010)办字第1860、2188号裁决书,冠龙公司应一次性支付唐某某违法解除劳动合同赔偿金和三个季度的奖金。

2010年11月1日,西安工业大学教务处在冠龙公司出具的由唐某某提供的毕业证书复印件上书写"2000届毕业证中无此人"的证明字样并敲章确认。此外,冠龙公司员工手册中有如下规定:"新录用的员工报到时应提供以下证明文件的正本供人事部门复核,同时交复印件一份供人事部门存档:1.身份证;2.学历证明……""员工有下列任一严重违反公司规章制度情况的,公司将予以解雇,且不给予任何经济补偿:……以欺骗手段虚报专业资格或其他各项履历……"对以上内容,唐某某已签字确认知晓。

冠龙公司不服仲裁裁决向上海市嘉定区人民法院提起诉讼,要求认定冠龙公司与唐某某解除劳动合同合法,不予支付违法解除劳动合同赔偿金等。

来源:《中华人民共和国最高人民法院公报》2012年第9期

二、诉讼过程

上海市嘉定区人民法院认为,冠龙公司已经知晓唐某某学历造假却仍继续予以聘用,其以唐某某构成欺诈而与其解除劳动合同的理由不能成立,判决冠龙公司应支付唐某某违法解除劳动合同赔偿金。冠龙公司不服,提起上诉。

上海市第二中级人民法院经审理后认为,唐某某存在冠龙公司所述提供虚假学历、故意欺骗的行为,违反了法律、企业规章及双方约定,冠龙公司与唐某某解除劳动合同有法律依据。一审法院对该争议所作判决不当,予以纠正。

三、关联法条

《中华人民共和国民法典》

第七条　民事主体从事民事活动,应当遵循诚信原则,秉持诚实,恪守承诺。

《中华人民共和国劳动合同法》(以下简称劳动合同法)

第三条　订立劳动合同,应当遵循合法、公平、平等自愿、协商一致、诚实信用的原则。

依法订立的劳动合同具有约束力,用人单位与劳动者应当履行劳动合同约定的义务。

第八条　用人单位招用劳动者时,应当如实告知劳动者工作内容、工作条件、工作地点、职业危害、安全生产状况、劳动报酬,以及劳动者要求了解的其他情况;用人单位有权了解劳动者与劳动合同直接相关的基本情况,劳动者应当如实说明。

第二十六条　下列劳动合同无效或者部分无效:

(一)以欺诈、胁迫的手段或者乘人之危,使对方在违背真实意思的情况下订立或者变更劳动合同的;

(二)用人单位免除自己的法定责任、排除劳动者权利的;

(三)违反法律、行政法规强制性规定的。

对劳动合同的无效或者部分无效有争议的,由劳动争议仲裁机构或者人民法院确认。

第三十九条　劳动者有下列情形之一的,用人单位可以解除劳动合同:

(一)在试用期间被证明不符合录用条件的;

(二)严重违反用人单位的规章制度的;

(三)严重失职,营私舞弊,给用人单位造成重大损害的;

(四)劳动者同时与其他用人单位建立劳动关系,对完成本单位的工作任务造成严重影响,或者经用人单位提出,拒不改正的;

(五)因本法第二十六条第一款第一项规定的情形致使劳动合同无效的;

(六)被依法追究刑事责任的。

四、争议问题

冠龙公司解除与唐某某的劳动合同是否合法?

五、简要评论

依据劳动合同法的相关规定,以欺诈的手段使对方在违背真实意思的情况下订立的劳动合同是无效的,用人单位可以据此解除劳动合同。作为上位法的民法典也对欺诈的法律后果进行了规定,明确受欺诈方有撤销权[①],更加突出对当事人意思自治的尊重。

欺诈是指一方当事人故意告知对方虚假情况,或者故意隐瞒真实情况,诱使对方当事人作出错误的意思表示。欺诈的重要认定标准之一是相对人是否基于行为人的行为

[①]　《中华人民共和国民法典》第一百四十八条　一方以欺诈手段,使对方在违背真实意思的情况下实施的民事法律行为,受欺诈方有权请求人民法院或者仲裁机构予以撤销。

陷入认识错误,进而作出错误的意思表示。我国民事立法对欺诈的定义表明,欺诈的成立必须同时满足一方"告知虚假情况"或"故意隐瞒"且另一方不知晓真实情况的条件,否则不构成欺诈。唐某某在入职时提供虚假学历并作虚假陈述,使冠龙公司陷入错误认识与其签订劳动合同,唐某某的上述行为已经构成欺诈。此外,我国劳动法律在充分保护劳动者合法权利的同时,亦依法保护用人单位正当的用工管理权。用人单位通过企业规章制度对劳动者进行必要的约束是其依法进行管理的重要手段。唐某某的行为有违诚信,亦与社会价值取向背道而驰。诚信系做人之根本,延伸到劳动用工领域亦是如此。员工在职期间应忠诚于企业,谨守自己的承诺。2007年12月底,唐某某在冠龙公司要求如实陈述与劳动合同相关的资料的情况下,继续向公司隐瞒其先前虚构学历的事实,并作出如有作假同意解除劳动合同的承诺,其对该承诺的法律后果是清楚的,亦应承担由此造成的法律后果。故从该承诺的角度出发,冠龙公司与其解除劳动合同也是有依据的。

诚实信用原则乃民法之"帝王条款"。在经济发展迅速的今天,诚实信用原则在维持社会秩序、促进经济发展中发挥着巨大的作用,是现代社会的核心价值之一。我国民法典和劳动合同法均强调法律对民事主体遵循诚实信用原则的要求。依据《民法典》第七条的规定,"从事民事活动"包括行使权利和履行义务。

上海市第二中级人民法院的判决理由明确指出,劳动者唐某某的行为有违诚信,与社会价值取向背道而驰。诚实信用原则将道德规范与法律规范结合为一体,学历造假而入职的行为不仅是对民法上诚实信用原则的违背,也是对社会公德的违背,对公平竞争的其他民事主体不公平,破坏了各方当事人之间利益与社会利益的平衡。在本案中,唐某某明知招聘条件却提供虚假学历的行为使用人单位在招聘时陷入错误认识而作出录用的意思表示,构成欺诈,冠龙公司解除与唐某某的劳动合同于法有据。

案例 1-4　生态环境保护原则

一、基本案情

蓝丰公司超标生产废水并将其排入蒸发池,造成腾格里沙漠严重污染。在有关部门责令整改后,整改进度缓慢。中国生物多样性保护与绿色发展基金会(以下简称绿发会)针对蓝丰公司污染环境的行为向宁夏回族自治区中卫市中级人民法院提起诉讼,请求判令蓝丰公司停止污染环境行为,对造成环境污染的危险予以消除,恢复生态环境或者成立沙漠环境修复专项基金、委托具有资质的第三方进行修复并组织验收,赔偿环境修复前生态功能损失等。

一审期间,绿发会提交的证据有:1. 基金会法人登记证书,显示其系已登记的基金会法人;2. 2009年至2013年度检查合格的证明材料,显示其连续五年年检合格;3. 无违法记录声明,声明其五年内未因从事业务活动违反法律、法规的规定而受到行政、刑事处罚。二审期间,绿发会提交了"生态教育校园行""环境公益诉讼案例研讨会"等活动照片,显示其组织或者参与了有关环境保护公益活动。再审期间,绿发会提交的证据有:1. 历史沿革介绍,显示其前身系1985年成立的中国麋鹿基金会,曾长期从事麋鹿种群保护和繁育工作;2. 海南省海口市中级人民法院(2015)海中法环民初字第1号、青岛海事法院(2015)青海法海事初字第117号等七份立案受理通知书,显示其提起的多起环境民事公益诉讼已被立案受理;3. 2014年度检查合格证明材料,显示其2014年年检合格。

案号:(2016)最高法民再49号

二、诉讼过程

宁夏回族自治区中卫市中级人民法院认为,绿发会的宗旨与业务范围虽然是维护社会公共利益,但其章程中并未确定该基金会能够从事《最高人民法院关于审理环境民事公益诉讼案件适用法律若干问题的解释》第四条规定的"环境保护公益活动"。且该基金会登记证书确定的业务范围也没有从事环境保护的业务,故绿发会不能被认定为《中华人民共和国环境保护法》(以下简称环境保护法)规定的"专门从事环境保护公益活动"的社会组织。因此,一审法院裁定对绿发会的起诉不予受理。

绿发会不服一审裁定,向宁夏回族自治区高级人民法院提起上诉,称一审法院未能正确理解"环境"及"环境保护"的概念,从而错误得出绿发会宗旨和业务范围没有"专门从事环境保护公益活动"的结论,请求撤销一审裁定并依法受理绿发会的起诉。二审法院认为绿发会的上诉理由不能成立,裁定驳回绿发会的上诉,维持一审裁定。

绿发会不服二审裁定,向最高人民法院申请再审。最高人民法院认为,本案应围绕绿发会是否系专门从事环境保护公益活动的社会组织这一焦点展开。经审理,最高人民法院裁定撤销一审和二审的民事裁定,由宁夏回族自治区中卫市中级人民法院立案受理本案。

三、关联法条

《中华人民共和国民法典》

第九条 民事主体从事民事活动,应当有利于节约资源、保护生态环境。

《中华人民共和国环境保护法》

第五十八条 对污染环境、破坏生态,损害社会公共利益的行为,符合下列条件的社会组织可以向人民法院提起诉讼:

(一)依法在设区的市级以上人民政府民政部门登记;

(二)专门从事环境保护公益活动连续五年以上且无违法记录。

符合前款规定的社会组织向人民法院提起诉讼,人民法院应当依法受理。

提起诉讼的社会组织不得通过诉讼牟取经济利益。

《最高人民法院关于审理环境民事公益诉讼案件适用法律若干问题的解释》

第二条 依照法律、法规的规定,在设区的市级以上人民政府民政部门登记的社会团体、基金会以及社会服务机构等,可以认定为环境保护法第五十八条规定的社会组织。

第三条 设区的市,自治州、盟、地区,不设区的地级市,直辖市的区以上人民政府民政部门,可以认定为环境保护法第五十八条规定的"设区的市级以上人民政府部门"。

第四条 社会组织章程确定的宗旨和主要业务范围是维护社会公共利益,且从事环境保护公益活动的,可以认定为环境保护法第五十八条规定的"专门从事环境保护公益活动"。

社会组织提起的诉讼所涉及的社会公共利益,应与其宗旨和业务范围具有关联性。

第五条 社会组织在提起诉讼前五年内未因从事业务活动违反法律、法规的规定受过行政、刑事处罚的,可以认定为环境保护法第五十八条规定的"无违法记录"。

《中华人民共和国民事诉讼法》(以下简称民事诉讼法)

第五十八条 对污染环境、侵害众多消费者合法权益等损害社会公共利益的行为,法律规定的机关和有关组织可以向人民法院提起诉讼。

人民检察院在履行职责中发现破坏生态环境和资源保护、食品药品安全领域侵害众多消费者合法权益等损害社会公共利益的行为,在没有前款规定的机关和组织或者前款规定的机关和组织不提起诉讼的情况下,可以向人民法院提起诉讼。前款规定的机关或者组织提起诉讼的,人民检察院可以支持起诉。

第一百二十六条 人民法院应当保障当事人依照法律规定享有的起诉权利。对符合本法第一百二十二条的起诉,必须受理。符合起诉条件的,应当在七日内立案,并通知当事人;不符合起诉条件的,应当在七日内作出裁定书,不予受理;原告对裁定不服的,可以提起上诉。

四、争议问题

绿发会是否为专门从事环境保护公益活动的社会组织?

五、简要评论

最高人民法院认为,本案系社会组织提起的环境污染公益诉讼。对于争议问题,应重点从其宗旨和业务范围是否包含维护环境公共利益、是否实际从事环境保护公益活动、所维护的环境公共利益是否与其宗旨和业务范围具有关联性等三个方面进行审查。

1. 社会组织的宗旨和业务范围是否包含维护环境公共利益,应根据其内涵而非简单依据文字表述作出判断。社会组织章程即使未写明维护环境公共利益,但若其工作内容属于保护各种影响人类生存和发展的自然因素的范畴,包括各种环境要素及其生态系统的保护,均应认定其宗旨和业务范围包含维护环境公共利益。联合国《生物多样性公约》和我国环境保护法①均将生物多样性保护作为环境保护的重要内容,亦属于维护环境公共利益的重要组成部分,绿发会章程中明确规定的宗旨即符合该要求。2. 环境保护公益活动不仅包括直接改善生态环境的行为,还包括与环境保护有关的有利于完善环境治理体系、提高环境治理能力、促进全社会形成环境保护广泛共识的活动。绿发会在一审、二审及再审期间提交的相关证据材料足以显示其自成立起长期实际从事环境保护活动,符合环境保护法及其相关司法解释的规定。3.《最高人民法院关于审理环境民事公益诉讼案件适用法律若干问题的解释》第四条的规定旨在促使社会组织所起诉的环境公共利益保护事项与其宗旨和业务范围具有对应或者关联关系,以保证社会组织具有相应的诉讼能力。即使不具有对应关系,存在一定联系时,也应基于关联性标准确认其主体资格。本案所涉及的环境公共利益之维护属于绿发会的宗旨和业务范围。此外,绿发会提交的证据亦显示其具备提起环境民事公益诉讼的主体资格。

民法典专门设置环境污染和生态破坏责任一章规范环境侵权,明确此类侵权中的严格责任和因果关系举证倒置等责任②。在土地法等单行法中也有关于生态环境保护观念的规定。近年来,环境民事公益诉讼随着各重大环境、生态污染事件逐渐进入公众视野。环境民事公益诉讼相关立法的设定是为了保障公众的环境权益,依法追究侵权行为人的法律责任,包括民事诉讼法赋予社会组织提起环境公益诉讼的权利,环境保护法对能够提起该诉讼的社会组织的内涵进行界定等,就是为了鼓励、引导和规范社会组织依法提起环境公益诉讼。

本案一审、二审法院对"专门从事环境保护公益活动"仅进行了字面意思的解读和适用。最高人民法院再审时通过仔细分析上述三个方面,认定绿发会符合环境保护法及相关司法解释的要求,具备提起环境民事公益诉讼的主体资格。最高人民法院的裁定表明,在法律适用上,一方面要从法律规定的内涵而非字面意思进行解释,另一方面要根据相关法律的上下条款进行解释,体现出法律适用的整体性。如果仅凭字面意思就否定绿发会提起诉讼的资格,将不利于环境公益诉讼的发展。

生态环境保护原则是民法典总则编确立的一项全新的基本原则,也被誉为"绿色原则",它将以往立法中有关生态环境的规定提升到民法基本原则的高度,可谓一次重大突破,使得我国民法典成为一部兼顾环境保护要求的更具多元价值的社会化民法典,在追求个人私本位关系合理的同时,应当兼顾个人利益与自然生态利益的关系

---

① 《中华人民共和国环境保护法》第三十条 开发利用自然资源,应当合理开发,保护生物多样性,保障生态安全,依法制定有关生态保护和恢复治理方案并予以实施。
　　引进外来物种以及研究、开发和利用生物技术,应当采取措施,防止对生物多样性的破坏。
② 《中华人民共和国民法典》第一千二百二十九条规定环境污染责任的归责原则为无过错责任,第一千二百三十条规定行为人的举证责任,第一千二百三十一条规定两个以上侵权人造成损害的责任,第一千二百三十三条规定因第三人的过错污染环境的责任。

和谐①。作为民法基本原则,该原则应当适用于所有民事法律行为,不再局限于传统的侵权责任等领域。该原则要求所有民事主体从事民事活动时,应当有利于节约资源、保护生态环境。本案中的绿发会,其他如中华环保联合会等环境公益组织,其设立的宗旨和目的就与生态环境有关联,并且从事直接改善生态环境及致力于完善环境治理体系、促进全社会形成环境保护的广泛共识等活动,反映出"绿色原则"对民事行为的新要求。

生态环境保护原则属于限制性原则。该原则将范围限缩在生态环境,并非全面的环境保护原则。根据生态环境的定义,该原则应局限于生态环境领域保护的价值要求,其他环境保护的内容仍需依靠环境保护法等法律加以调整。而且,该原则还规定了"有利于节约资源",并不仅为保护生态环境。本案中,绿发会针对蓝丰公司污染腾格里沙漠的行为提起环境公益诉讼,正符合生态环境保护原则对于民事主体活动要保护生态环境的要求。

检察要点:环境公益诉讼

一、检察现状

自2012年民事诉讼法修订确立公益诉讼制度②以来,除法律规定的机关和社会组织外,检察机关也可作为公益诉讼主体,此举将环境公益诉讼保护推向一个新高度。面对无社会组织符合原告资格的案件,检察机关可依法提起环境公益诉讼③,以全面维护国家利益和社会利益。2021年修订的民事诉讼法在法律层面进一步明确了检察机关与其他组织提起民事公益诉讼的次序④,强调了应优先发挥特殊机关的环境保护职能、积极调动民间组织的环境保护积极性、加强落实检察院的保障功能。与法律规定能够提起环境公益诉讼的其他主体相比,检察机关在侵权行为发现、证据搜集和整合资源方面有着明显优势。

(一)检察机关线索来源更广

因侵害生态环境与资源行为具备一定的隐蔽性,社会组织在确认侵权事实和行为

---

① 龙卫球:《我国民法基本原则的内容嬗变与体系化意义——关于〈民法总则〉第一章3-9条的重点解读》,《法治现代化研究》2017年第2期,第26-36页。
② 《中华人民共和国民事诉讼法》(2012年版)第五十五条 对污染环境、侵害众多消费者合法权益等损害社会公共利益的行为,法律规定的机关和有关组织可以向人民法院提起诉讼。
③ 检例第28号:许建惠、许玉仙民事公益诉讼案,引自《最高人民检察院公报》2017年第3号(总第158号)第15-30页。
④ 《中华人民共和国民事诉讼法》第五十八条 对污染环境、侵害众多消费者合法权益等损害社会公共利益的行为,法律规定的机关和有关组织可以向人民法院提起诉讼。
人民检察院在履行职责中发现破坏生态环境和资源保护、食品药品安全领域侵害众多消费者合法权益等损害社会公共利益的行为,在没有前款规定的机关和组织或者前款规定的机关和组织不提起诉讼的情况下,可以向人民法院提起诉讼。前款规定的机关或者组织提起诉讼的,人民检察院可以支持起诉。

主体时常会遭遇重重困难，侵权线索来源狭窄，且在线索认定方面也常面临技术和资金难题①。检察机关作为国家公权力机关，其线索来源明显更广。例如2018年，海口B公司中标美丽沙项目两地块土石方施工工程后，将土石方外运工程分包给海南A公司。陈某以A公司的名义申请临时码头，虚假承诺将开挖的土石方用船运到湛江市某荒地进行处置，实际上却组织人员将工程固废倾倒于海口市美丽沙海域。海口市秀英区人民检察院在"12345"平台发现，群众多次举报有运泥船在美丽沙海域附近倾倒废物，随后通过多次蹲点和无人机巡查，拍摄到船舶向海洋倾倒建筑垃圾的行为②。检察院除了在履行职务的过程中可发现线索外，也可通过"12315"等投诉平台拓宽环境侵权线索的渠道，灵活运用多种技术挖掘线索来源，以更好地保护国家利益和社会公共利益。

（二）检察机关调查取证更具优势

检察机关及相关组织作为公益诉讼的起诉人，负有举示初步证据证明被告违法的责任。2015年出台的《人民检察院提起公益诉讼试点工作实施办法》规定了行政机关及其他有关单位和个人有配合检察院调查核实有关情况的义务③。与一般环境公益诉讼主体相比，检察机关拥有与国家机关职权相适应的调查取证、传唤证人、鉴定勘察等权力，举证能力具备明显优势。例如，在前文提及的非法向海洋倾倒建筑垃圾民事公益诉讼案中，海口市人民检察院就与海洋行政执法人员联合开展特定海域调查行动，直接在海上截获一艘已倾倒完建筑垃圾正返回临时码头的开底船④。在A化工集团有限公司污染环境民事公益诉讼案中，江西省浮梁县人民检察院发现环境公益受损的线索后，立即引导侦查机关并督促生态环境部门及时固定污染环境的相关证据，同时还调取了刑事案件卷宗和相关证据材料，做好了提起民事公益诉讼的准备工作⑤。

（三）检察机关推进程序所受阻力更小

针对涉及多地的生态环境公益损害，各地执法标准不一，分别治理较为困难且极易反弹，但检察院可以发挥检察一体化优势推进公益保护。在万峰湖专案中，最高人民检察院考虑到万峰湖地跨广西、贵州、云南三省（区），各地治理进度和力度不同，由具有管辖权的各个基层人民检察院直接办案难度较大，遂决定直接立案，建立跨区协同履职机制，推进诉源治理⑥。检察院也可以有效衔接刑事诉讼与民事公益诉讼，例如益阳市人民检察院在夏顺安等人被刑事生效判决认定为构成非法采矿罪后提起民事公益诉讼，

---

① 例如本书案例1-4。
② 检例第111号：海南省海口市人民检察院诉海南A公司等三被告非法向海洋倾倒建筑垃圾民事公益诉讼案，引自《最高人民检察院公报》2022年第1号（总第186号）第18-21页。
③ 《人民检察院提起公益诉讼试点工作实施办法》第六条　人民检察院调查核实有关情况，行政机关及其他有关单位和个人应当配合。
④ 检例第111号：海南省海口市人民检察院诉海南A公司等三被告非法向海洋倾倒建筑垃圾民事公益诉讼案，引自《最高人民检察院公报》2022年第1号（总第186号）第18-21页。
⑤ 检例第164号：江西省浮梁县人民检察院诉A化工集团有限公司污染环境民事公益诉讼案，《检察日报》2022年9月27日，第1版。
⑥ 检例第166号：最高人民检察院督促整治万峰湖流域生态环境受损公益诉讼案，《检察日报》2022年9月23日，第2版。

请求判令夏顺安等人对其非法采砂行为所造成的生态环境损害承担连带赔偿责任,并赔礼道歉①。

二、检察建议

检察机关作为国家公权力机关,在环境损害的源头发现方面,可以协调众多主体参与环境公益的维护,如浙江省江山市人民检察院通过"网格＋检察"模式,将检察机关的法律监督融入环境网格管理及社会治理当中,通过对各类社会力量的整合,为检察机关环境损害案件源头线索的发现提供了与各类社会主体的沟通合作机制②。而作为法律监督机关,检察机关在案件判决结束时,可以将环境损害主体的修复行为纳入检察监督的范围,实现从环境损害过程到结果的全方位监督,并将环境修复的结果作为结案依据。在环境损害案件的横向监督方面,行政诉讼法的修订使得行政公益诉讼制度步入了常态化轨道,为环境损害的预防提供了方向。

(一) 协调两大类型的公益诉讼

检察院在民事公益诉讼中发挥着审查、起诉、对有关政府部门依法履职的监督及对法院审判进行监督的职能。随着检察机关在民事环境公益诉讼中的地位越来越重要,其职能也需要进行拓展以应对复杂的环境公益诉讼案件。环境损害最突出的特点在于不可逆性,这就要求检察机关充分发挥其能动性,在一些特殊的环境案件中提前介入,预防或减少环境损害的发生③。而检察机关民事公益诉讼的提起往往还是从传统侵权案件路线出发,以人身、财产损害救济为主要目标,难以发挥对环境损害的预防功能。为此,可以发挥行政公益诉讼防范环境风险、督促职能部门充分履行环境保护职责的功能。但检察机关与行政机关之间就环境公益诉讼存在职能交叉,对公益诉讼缺乏统筹协调,行政机关、检察机关与审判机关之间缺乏信息交流与共享,由此也产生了监管漏洞。为充分发挥检察机关在环境保护中的主动性和预防性,检察机关可以主动到环境保护相关部门走访调研,与相关行政部门就环境损害的案件信息形成互联互通,建立环境保护公益诉讼与行政机关职能衔接的长效机制。针对相关行政部门在环境损害案件中不作为或违法行使职权的行为,及时针对不同等级的环境损害风险对相关行政部门发出具体的检察建议,并加强对检察建议的监督落实,提升检察建议的权威性和效能。

(二) 提高专业化水平

环境损害案件具有一定的专业性,目前司法实践中存在着生态环境损害司法鉴定困难,缺乏统一鉴定标准的问题。为此,检察院可以加强对环境公益诉讼队伍的专业化建设,引入专家参与辅助证据的收集与鉴定,提升环境公益诉讼的专业化水平;积极与

---

① 指导案例176号:湖南省益阳市人民检察院诉夏顺安等15人生态破坏民事公益诉讼案,《人民法院报》2021年12月6日,第4版。
② 陈晓景:《检察环境公益诉讼的理论优化与制度完善》,《中国法学》2022年第4期,第288-304页。
③ 梁茂泉:《合作共治与司法保障:检察机关在环境治理中的角色定位与实现路径》,载最高人民检察院法律政策研究室:《第三届全国检察官阅读征文活动获奖文选》2020年版。

相关社会组织、专业机构达成合作,加强对社会组织的支持起诉,形成社会组织和专业机构的专业技能与检察院人力、财力资源的优势互补。

（三）做好法律监督角色

检察院在公益诉讼中既是当事人又进行法律监督,这就需要检察院处理好二者之间的关系。检察监督权是法律赋予检察机关最基本的权力,法律监督在其职能方面应当占据主导地位。在检察公益诉讼案件中,督促适格主体依法行使公益诉权才是检察机关在公益诉讼中的首要任务[①]。针对环境损害不可逆的特点,通过检察监督实现行政机关对环境损害行为的遏止及预防。民事公益诉讼中若存在适格主体,检察机关可以通过检察建议、参与协调、支持起诉等方式积极引导社会主体参与,通过对诉前和诉后的全过程监督,最终形成行政机关、社会组织与检察机关合力的环境保护格局。检察机关在环境公益诉讼中的核心职能应当侧重于对其他主体的法律监督,注重与案件相关主体的协调沟通,审查各主体的履职状况并督促其改正错误。如在诉前可以通过向行政机关发出检察建议、举行诉前圆桌会议等解决执法过程中遇到的难题,在公益诉讼案件判决之后,则可以通过对判决执行情况的监督促使法院判决得到有效履行。

在程序上,需要严格限制民事公益诉讼适用的案件范围及作为适格主体提起诉讼的后顺位。只有在行政机关怠于行使职权且无相关主体起诉,检察机关才可作为后顺位提起环境公益诉讼,或者针对污染严重、影响恶劣的案件需要对行为人进行惩罚性赔偿以发挥震慑、警示功能时才可加入[②]。检察机关在环境公益诉讼案件审理过程中应当注重诉讼结构的平衡,尊重生态损害行为人作为被告的平等诉讼主体地位,当审判行为存在违法违纪时,可通过事后监督的方式进行审判监督。这样,通过"行主民辅",激活社会主体民事公益诉讼的途径,实现检察机关在环境公益诉讼中的职能转变,充分发挥其法律监督机关的职能。

[①] 颜卉、刘海燕:《生态环境公益诉讼与损害赔偿诉讼衔接机制的优化路径》,《中国检察官》2022年第17期,第3-7页。

[②] 梁平、潘帅:《环境公益诉讼模式的重构——基于制度本质的回归》,《河北大学学报(哲学社会科学版)》2022年第2期,第126-134页。

第二章 自然人

案例 2-1 监护人资格

一、基本案情

罗某1、谢某某系夫妻,罗某2系二人之子。罗某2与陈某于2007年4月28日登记结婚,双方均系再婚。再婚前,罗某2已育有一子一女,陈某未曾生育。婚后,罗某2与陈某经协商一致,通过购买他人卵子,并由罗某2提供精子,采用体外受精—胚胎移植技术,出资委托其他女性代孕,于2011年2月13日生育一对异卵双胞胎。两名孩子出生后随罗某2、陈某共同生活,2014年2月7日罗某2因病去世后则随陈某共同生活至今。两名孩子的出生医学证明上记载的父母为罗某2、陈某,二人已为孩子申办户籍登记。2014年12月,罗某1、谢某某提起监护权之诉,要求确认两原告为两名孩子的监护人,判令陈某将两名孩子交由其抚养。诉讼中法院委托司法鉴定,鉴定结论为:不排除罗某1、谢某某与孩子存在祖孙亲缘关系;排除陈某为孩子的生物学母亲。

案号:(2015)沪一中少民终字第56号

二、诉讼过程

上海市闵行区人民法院判决两名孩子由罗某1、谢某某监护,陈某于判决生效之日将两名孩子交由罗某1、谢某某抚养。陈某不服一审判决,提出上诉。

上海市第一中级人民法院认为陈某与代孕所生的两名孩子之间已形成有抚养关系的继父母子女关系,其权利义务适用婚姻法关于父母子女关系的规定。罗某1、谢某某作为祖父母,监护顺序在陈某之后,其提起的监护权主张不符合法律规定的条件。同时,从儿童最大利益原则考虑,由陈某取得监护权更有利于两名孩子的健康成长。二审法院对陈某的上诉请求予以支持,判决撤销一审判决,并驳回被上诉人罗某1、谢某某的原审诉讼请求。

三、关联法条

《中华人民共和国民法典》

第二十七条 父母是未成年子女的监护人。

未成年人的父母已经死亡或者没有监护能力的,由下列有监护能力的人按顺序担任监护人：

（一）祖父母、外祖父母；

（二）兄、姐；

（三）其他愿意担任监护人的个人或者组织，但是须经未成年人住所地的居民委员会、村民委员会或者民政部门同意。

第三十一条① 对监护人的确定有争议的，由被监护人住所地的居民委员会、村民委员会或者民政部门指定监护人，有关当事人对指定不服的，可以向人民法院申请指定监护人；有关当事人也可以直接向人民法院申请指定监护人。

居民委员会、村民委员会、民政部门或者人民法院应当尊重被监护人的真实意愿，按照最有利于被监护人的原则在依法具有监护资格的人中指定监护人。

依据本条第一款规定指定监护人前，被监护人的人身权利、财产权利以及其他合法权益处于无人保护状态的，由被监护人住所地的居民委员会、村民委员会、法律规定的有关组织或者民政部门担任临时监护人。

监护人被指定后，不得擅自变更；擅自变更的，不免除被指定的监护人的责任。

第一千零七十二条② 继父母与继子女间，不得虐待或者歧视。

继父或者继母和受其抚养教育的继子女间的权利义务关系，适用本法关于父母子女关系的规定。

第一千零七十三条③ 对亲子关系有异议且有正当理由的，父或者母可以向人民法院提起诉讼，请求确认或者否认亲子关系。

对亲子关系有异议且有正当理由的，成年子女可以向人民法院提起诉讼，请求确认亲子关系。

《最高人民法院关于适用〈中华人民共和国民法典〉总则编若干问题的解释》

第九条 人民法院依据民法典第三十一条第二款、第三十六条第一款的规定指定监护人时，应当尊重被监护人的真实意愿，按照最有利于被监护人的原则指定，具体参

---

① 本案审理时，法院适用的是《中华人民共和国民法通则》第十六条 未成年人的父母是未成年人的监护人。未成年人的父母已经死亡或者没有监护能力的，由下列人员中有监护能力的人担任监护人：（一）祖父母、外祖父母；（二）兄、姐；（三）关系密切的其他亲属、朋友愿意承担监护责任，经未成年人的父、母的所在单位或者未成年人住所地的居民委员会、村民委员会同意的。

对担任监护人有争议的，由未成年人的父、母的所在单位或者未成年人住所地的居民委员会、村民委员会在近亲属中指定。对指定不服提起诉讼的，由人民法院裁决。

没有第一款、第二款规定的监护人的，由未成年人的父、母的所在单位或者未成年人住所地的居民委员会、村民委员会或者民政部门担任监护人。

② 本案审理时，法院适用的是《中华人民共和国婚姻法》第二十七条第二款 继父或继母和受其抚养教育的继子女间的权利和义务，适用本法对父母子女关系的有关规定。

③ 本案审理时，法院适用的是《最高人民法院关于适用〈中华人民共和国婚姻法〉若干问题的解释（三）》第二条 夫妻一方向人民法院起诉请求确认亲子关系不存在，并已提供必要证据予以证明，另一方没有相反证据又拒绝做亲子鉴定的，人民法院可以推定请求确认亲子关系不存在一方的主张成立。

当事人一方起诉请求确认亲子关系，并提供必要证据予以证明，另一方没有相反证据又拒绝做亲子鉴定的，人民法院可以推定请求确认亲子关系一方的主张成立。

考以下因素：

（一）与被监护人生活、情感联系的密切程度；
（二）依法具有监护资格的人的监护顺序；
（三）是否有不利于履行监护职责的违法犯罪等情形；
（四）依法具有监护资格的人的监护能力、意愿、品行等。

人民法院依法指定的监护人一般应当是一人，由数人共同担任监护人更有利于保护被监护人利益的，也可以是数人。

四、争议问题

代孕子女的法律地位及其监护权归属。

五、简要评论

本案是我国首例由代孕引发的监护权纠纷案。监护人是指对无民事行为能力或限制民事行为能力的人身、财产和其他一切合法权益负有监督和保护责任的人。一般来说，未成年人、精神病患者及其他有严重精神障碍的人，都应设置监护人。按照民法典的规定，法定监护人包括父母、成年子女、配偶、兄弟姐妹、祖父母、外祖父母、孙子女、外孙子女。

代孕子女监护人的确定涉及亲子关系的认定。我国民法典对亲子关系的认定未作出具体规定，司法实践中对生母的认定根据出生事实遵循"分娩者为母"原则，生父的认定根据血缘关系而确定。本案中代孕所生的两名孩子的亲子关系，法律上的生母应根据"分娩者为母"原则认定为代孕者，法律上的生父根据血缘关系及认领行为认定为罗某2，由于罗某2与代孕者之间不具有合法的婚姻关系，故所生子女为非婚生子女。陈某存在抚养其丈夫罗某2之非婚生子女的事实行为，且已完全将两名孩子视为自己的子女，双方之间已形成有抚养关系的继父母继子女关系。

法律意义上的父母子女关系应遵循自然形成的血缘关系，但更重要的是根据血缘关系或者特定的法律事实（拟制血亲）确立双方的权利义务。父母子女作为法律术语、伦理称谓及生物学上的血缘联系，并非同一概念。在代孕行为导致家庭伦理混乱，难以简单依据分娩等事实确定父母子女关系时，应当更多地从功能意义上考虑父母子女关系和监护人的确定，而不是纠缠于法教义学的文本涵义或者伦理中的困境[①]。法律对父母子女的权利义务加以规定，主要功能即为明确父母对未成年子女的抚养教育义务及子女对老年父母的赡养义务，以保障社会生活的稳定。因此，在处理代孕子女监护权归属案件时，确认监护人的法律意义在于明确相应人员的抚养教育义务和监护责任，重点是子女的利益，故应秉承儿童最大利益原则[②]，此时代孕行为的违法性

---

① 章敏丹、胡金冰：《代孕子女的法律地位及其监护权确认》，《人民司法（案例）》2017年第2期，第12-15页。
② 联合国《儿童权利公约》第三条 关于儿童的一切行动，不论是由公私社会福利机构、法院、行政当局或立法机构执行，均应以儿童的最大利益为一种首要考虑。

并不影响对代孕子女在法律上给予一体同等保护。认定监护人的监护能力,应当根据监护人的身体健康状况、经济条件,以及与被监护人在生活上的联系状况等因素综合确定。

案例 2-2　宣告死亡

一、基本案情

张某某向江苏省淮阴县(现淮安市淮阴区)人民法院提出申请,要求宣告其夫陈某死亡。淮阴县人民法院受理申请后查明:1978 年 2 月 16 日陈某与张某某结婚。在婚姻存续期间,陈某于 1986 年 7 月因病去上海治疗再未回家,虽经张某某及其亲属和有关部门多方寻找,一直下落不明。法院于 1995 年 5 月 9 日在《江苏法制报》上发出寻找陈某的公告。公告发出一年后,陈某仍无下落。

来源:《中华人民共和国最高人民法院公报》1996 年第 3 期

二、诉讼过程

江苏省淮阴县人民法院认为:陈某从家出走之日至今 10 年时间没有音讯,虽经张某某多方寻找,法院在报纸上公告查寻,仍下落不明。张某某系陈某之妻,申请宣告陈某死亡,符合民法通则的规定,遂于 1996 年 5 月 15 日判决,宣告陈某死亡。

三、关联法条

《中华人民共和国民法典》

第四十一条　自然人下落不明的时间自其失去音讯之日起计算。战争期间下落不明的,下落不明的时间自战争结束之日或者有关机关确定的下落不明之日起计算。

第四十六条[①]　自然人有下列情形之一的,利害关系人可以向人民法院申请宣告该自然人死亡:

(一)下落不明满四年;

(二)因意外事件,下落不明满二年。

因意外事件下落不明,经有关机关证明该自然人不可能生存的,申请宣告死亡不受二年时间的限制。

《中华人民共和国民事诉讼法》

[①]　本案审理时,法院适用的是《中华人民共和国民法通则》第二十三条　公民有下列情形之一的,利害关系人可以向人民法院申请宣告他死亡:(一)下落不明满四年的;(二)因意外事故下落不明,从事故发生之日起满二年的。

战争期间下落不明的,下落不明的时间从战争结束之日起计算。

第一百九十二条① 人民法院受理宣告失踪、宣告死亡案件后，应当发出寻找下落不明人的公告。宣告失踪的公告期间为三个月，宣告死亡的公告期间为一年。因意外事件下落不明，经有关机关证明该公民不可能生存的，宣告死亡的公告期间为三个月。

公告期间届满，人民法院应当根据被宣告失踪、宣告死亡的事实是否得到确认，作出宣告失踪、宣告死亡的判决或者驳回申请的判决。

四、争议问题

1. 宣告失踪和宣告死亡的差异。
2. 民法典与民法通则规定的差异。

五、简要评论

宣告死亡是指自然人下落不明满法定期限，经利害关系人申请，由人民法院宣告其死亡的法律制度。宣告死亡制度是人民法院依法以判决的方式推定下落不明的自然人死亡，以结束其与他人之间的财产关系和人身关系的不确定状态②。宣告失踪是指自然人离开其住所，下落不明达到法定期限，经利害关系人申请，由人民法院宣告其为失踪人的法律制度。宣告失踪是由人民法院以法律推定的方式确认自然人失踪的事实，以结束该失踪人财产无人管理、所承担的义务得不到履行的状态，从而维护自然人的合法权益和社会经济秩序的稳定③。宣告失踪与宣告死亡存在以下差异：1. 设置目的不同。宣告失踪旨在解决失踪人的财产管理问题，但不能解决因失踪人生死不明而引起的民事关系不确定的问题；而宣告死亡制度使这一问题得到解决。宣告失踪制度重在保护失踪人的利益，而宣告死亡制度重在保护被宣告死亡人的利害关系人的利益④。2. 适用条件不同。宣告失踪的条件为自然人下落不明满二年；宣告死亡的时间条件则为自然人下落不明满四年或因意外事件下落不明满二年。3. 宣告失踪不是宣告死亡的前置程序。既符合宣告死亡又符合宣告失踪条件的，由申请人选择。

相较于民法通则、《最高人民法院关于贯彻执行〈中华人民共和国民法通则〉若干问题的意见（试行）》（以下简称民通意见），民法典对宣告死亡制度的规定存在以下差异：1. "自然人下落不明"时间的计算规则。民法典从自然人失去音讯之日起计算。所谓没有音讯，是指通过任何通信方式均无法联络的状况。由于现代社会通信发达、人员流动

---

① 本案审理时，法院适用的是《中华人民共和国民事诉讼法》（1991年版）第一百六十八条 人民法院受理宣告失踪、宣告死亡案件后，应当发出寻找下落不明人的公告。宣告失踪的公告期间为三个月，宣告死亡的公告期间为一年。因意外事故下落不明，经有关机关证明该公民不可能生存的，宣告死亡的公告期间为三个月。

公告期间届满，人民法院应当根据被宣告失踪、宣告死亡的事实是否得到确认，作出宣告失踪、宣告死亡的判决或者驳回申请的判决。

② 王利明主编：《中华人民共和国民法总则详解》，中国法制出版社2017年版，第207页。
③ 王利明主编：《中华人民共和国民法总则详解》，中国法制出版社2017年版，第184页。
④ 魏振瀛主编：《民法》，北京大学出版社2013年版，第71页。

频繁,自然人的日常活动也未必均以住所或者最后居住地为中心,该计算规则不再限定为"离开最后居住地后没有音讯"①,进一步降低了宣告失踪乃至宣告死亡制度与住所、最后居住地的联系。2."战争期间下落不明"时间的计算规则。民法通则从战争结束之日起算,民法典增加"有关机关确定的下落不明之日",扩大了适用范围。3.因意外事件下落不明,经有关机关证明不可能生存的,申请宣告死亡不受二年时间的限制,是民事诉讼法规则的引入②。4.宣告死亡申请主体的顺序。民通意见规定了利害关系人的顺序③,民法典则没有此规定。

案例 2-3　个体工商户

一、基本案情

海兴家电系个体工商户,经营者为万某某。2011 年 8 月 13 日,海兴家电作为出借方与富源公司签订标的额为 8 000 万元的借款合同,成城集团作为保证人。借款合同签订后,海兴家电的经营者万某某委托鸿海公司、曾某某、黄某 1、黄某 2、黄某 3、杨某向富源公司转款共计 6 750 万元。2011 年 10 月 10 日,成某 1 出具承诺书,内容为:"本人郑重承诺,自愿为富源公司向海兴家电借款捌仟万元整的还款承担连带保证责任。"成某 2 作为见证人在承诺书上签名。2012 年 2 月 15 日,万某某起诉要求富源公司、成城集团、成某 1 共同偿还借款本金计 6 750 万元,并按银行同期贷款利率的四倍支付至借款全部还清日止的利息。

案号：最高人民法院(2013)民一终字第 133 号

二、诉讼过程

江西省高级人民法院认为:1. 诉讼中个体工商户以营业执照上登记的业主为当事人。虽然借款合同中出借人为海兴家电,但个体工商户营业执照及组织机构代码证均证明万某某为经营者,因此,万某某是本案的适格原告。2. 依据借款合同,该借贷合同

---

① 《最高人民法院关于贯彻执行〈中华人民共和国民法通则〉若干问题的意见(试行)》第二十六条　下落不明是指公民离开最后住地后没有音讯的状况。对于在台湾或者在国外,无法正常通讯联系的,不得以下落不明宣告死亡。
② 《中华人民共和国民事诉讼法》第一百九十一条　公民下落不明满四年,或者因意外事件下落不明满二年,或者因意外事件下落不明,经有关机关证明该公民不可能生存,利害关系人申请宣告其死亡的,向下落不明人住所地基层人民法院提出。
申请书应当写明下落不明的事实、时间和请求,并附有公安机关或者其他有关机关关于该公民下落不明的书面证明。
③ 《最高人民法院关于贯彻执行〈中华人民共和国民法通则〉若干问题的意见(试行)》第二十五条　申请宣告死亡的利害关系人的顺序是:(一)配偶;(二)父母、子女;(三)兄弟姐妹、祖父母、外祖父母、孙子女、外孙子女;(四)其他有民事权利义务关系的人。
申请撤销死亡宣告不受上列顺序限制。

数额应以实际到账的 6 750 万元为准。富源公司未按照约定的还款期限还款,已经构成违约,应承担还本付息责任。3. 按照承诺书的表述,成某 1 对借款合同对应借款的还款义务承担连带责任保证,保证范围应当及于利息。万某某要求返还借款本金 6 750 万元及按银行同期贷款利率的四倍支付利息至还清之日止的诉讼请求,符合法律规定,应予以支持。成某 1 不服,向最高人民法院提起上诉。

最高人民法院认为,一审判决认定事实清楚,适用法律正确,依法驳回上诉,维持原判。

三、关联法条

《中华人民共和国民法典》

第五十四条① 自然人从事工商业经营,经依法登记,为个体工商户。个体工商户可以起字号。

第六百九十一条② 保证的范围包括主债权及其利息、违约金、损害赔偿金和实现债权的费用。当事人另有约定的,按照其约定。

《最高人民法院关于适用〈中华人民共和国民事诉讼法〉的解释》

第五十九条 在诉讼中,个体工商户以营业执照上登记的经营者为当事人。有字号的,以营业执照上登记的字号为当事人,但应同时注明该字号经营者的基本信息。

营业执照上登记的经营者与实际经营者不一致的,以登记的经营者和实际经营者为共同诉讼人。

《最高人民法院关于审理民间借贷案件适用法律若干问题的规定》

第二十五条③ 出借人请求借款人按照合同约定利率支付利息的,人民法院应予支持,但是双方约定的利率超过合同成立时一年期贷款市场报价利率四倍的除外。

前款所称"一年期贷款市场报价利率",是指中国人民银行授权全国银行间同业拆借中心自 2019 年 8 月 20 日起每月发布的一年期贷款市场报价利率。

第三十一条 本规定施行后,人民法院新受理的一审民间借贷纠纷案件,适用本规定。

2020 年 8 月 20 日之后新受理的一审民间借贷案件,借贷合同成立于 2020 年 8 月 20 日之前,当事人请求适用当时的司法解释计算自合同成立到 2020 年 8 月 19 日的利息部分的,人民法院应予支持;对于自 2020 年 8 月 20 日到借款返还之日的利息部分,适

---

① 本案审理时,法院适用的是《中华人民共和国民法通则》第二十六条 公民在法律允许的范围内,依法经核准登记,从事工商业经营的,为个体工商户。个体工商户可以起字号。
② 本案审理时,法院适用的是《中华人民共和国担保法》第二十一条 保证担保的范围包括主债权及利息、违约金、损害赔偿金和实现债权的费用。保证合同另有约定的,按照约定。
当事人对保证担保的范围没有约定或者约定不明确的,保证人应当对全部债务承担责任。
③ 本案审理时,法院适用的是《最高人民法院关于人民法院审理借贷案件的若干意见》第六条 民间借贷的利率可以适当高于银行的利率,各地人民法院可根据本地区的实际情况具体掌握,但最高不得超过银行同类贷款利率的四倍(包含利率本数)。超出此限度的,超出部分的利息不予保护。

用起诉时本规定的利率保护标准计算。

四、争议问题

1. 万某某的诉讼主体是否适格？
2. 成某1应否对6 750万元借款及利息承担连带清偿责任？

五、简要评论

个体工商户是指在法律允许的范围内，依法经核准登记，从事工商经营活动的自然人或家庭①。其特征有：1. 从事工商个体经营的是单个自然人或家庭。单个自然人申请个体经营的，必须是享有劳动权的自然人，即应年满16周岁②。而经家庭申请个体经营的，作为户主应具有经营能力，其他家庭成员可以不具有经营能力。2. 必须依法进行核准登记。自然人或家庭要想从事个体经营，必须依法向工商行政管理部门提出申请，并由受理机关核准登记，颁发个体经营的营业执照后，申请人才取得个体工商户的资格。3. 应在法律允许的范围内从事工商业经营活动。这里所说的工商业经营活动是广义的，除手工业、加工业、零售商业以外，还包括修理业、服务业等。但是，不论进行何种工商业经营活动，都应在法律允许的范围内进行，方受法律保护。经法院查明，海兴家电系个体工商户。虽然借款合同中出借方为海兴家电，但其个体工商户营业执照及组织机构代码证均证明万某某为经营者。因此，万某某作为实际出借人，是本案的适格原告。

保证是指第三人和债权人约定，当债务人不履行债务时，该第三人按照约定履行债务或者承担责任的担保方式。这里的第三人为保证人；债权人既是主债的债权人，又是保证合同中的债权人。"按照约定履行债务或承担责任"称为保证债务，也有人称为保证责任。保证的方式包括一般保证和连带责任保证，不同的保证方式对当事人的利益有较大影响。当事人在保证合同中对保证方式没有约定或者约定不明确的，按照一般保证承担保证责任③。当事人约定保证担保的范围，可以单就本金债权为保证，不保证利息，也可以仅就债权的一部分设定保证，还可以只保证缔结保证合同时已存在的债权，而不及其后扩张的部分。应注意的是，基于保证的附从性，约定的保证范围不得超出主债务的数额，超出部分无效。相反，当事人没有特别约定的情形下，保证的范围包括主债权及其利息、违约金、损害赔偿金和实现债权的费用。在本案中，按照承诺书的表述，成某1对借款合同对应借款的还款义务承担保证责任，保证的方式为连带责任保证。承诺书只是陈述对"捌仟万元整的还款"承担担保责任，并未明确保证担保的范围，

---

① 屈茂辉主编：《中国民法》，法律出版社2009年版，第114页。
② 杨立新主编：《中华人民共和国民法总则要义与案例解读》，中国法制出版社2017年版，第199页。
③ 《中华人民共和国民法典》第六百八十六条　保证的方式包括一般保证和连带责任保证。
当事人在保证合同中对保证方式没有约定或者约定不明确的，按照一般保证承担保证责任。

属于"当事人没有特别约定"。因此,成某1的保证范围应当及于利息。

检察要点:未成年人保护

一、检察现状

保护未成年人身心健康发展,是国家机关、政党、人民团体、社会组织、未成年人监护人的共同责任。近几年,检察机关对未成年人保护正在如火如荼地开展,有关案件数量呈现飞速增长的态势。案件的迅猛增多在一定程度上说明了检察机关在未成年人保护工作中的重要性,也映射出现实层面还存在大量亟待公权力介入保护的领域。

(一)限制特殊社会服务面向未成年人

未成年人身心尚未成熟,认知和辨别能力较弱,自护能力不足,向未成年人提供不适宜服务、违规接纳未成年人出入不适宜场所等行为会侵犯未成年人合法权益,进而损害社会公共利益,属于检察机关公益诉讼的监督范畴。目前,检察机关在限制某些社会服务面向未成年人方面已经展开实践。在江苏省宿迁市人民检察院对章某为未成年人文身提起民事公益诉讼案中,检察机关认为未成年人文身具有易感染、难复原、就业受限制、易被标签化等危害,且侵犯行为具有持续性和反复性,侵犯结果和范围可能随时扩大,应当认定为侵犯社会公共利益。检察机关提起的民事公益诉讼得到法院支持,法院判令章某停止向未成年人提供文身服务,并在判决生效之日起十日内在国家级媒体公开向社会公众书面赔礼道歉[1]。在法律规定不够明确具体时,检察机关应当基于最有利于未成年人的原则,以个案推动健全制度、促进社会治理。

(二)发挥民事支持起诉职能

未成年人大多数并无经济来源,社会阅历与法律知识相对匮乏,在合法权益受到侵害时往往处于弱势地位,检察院可结合实际情况履行其支持起诉职能[2],以最大程度地实现公平正义。例如陈某非婚生子女抚养纠纷支持起诉一案,两地四家检法单位达成跨省支持起诉维权方案,四川省自贡市自流井区人民检察院向法院发出支持起诉书,帮助无经济来源的陈某向洪某甲索要其非婚生女洪某乙的抚养费和医疗费,督促未成年人的监护人履行抚养义务,帮助未成年人健康成长。最终法院判决洪某甲每月1日前支付抚养费1 200元,至洪某乙十八周岁且能独立生活为止[3]。除未成年人请求给付抚养费案件外,检察机关在未成年人因交通事故、医疗事故、产品质量事故以及其他事故造成人身伤害请求赔偿,因遭受性侵害、家庭暴力、虐待、遗弃、校园欺凌等

---

[1] 检例第142号:江苏省宿迁市人民检察院对章某为未成年人文身提起民事公益诉讼案,《检察日报》2022年3月8日,第1版。
[2] 《中华人民共和国民事诉讼法》第十五条 机关、社会团体、企业事业单位对损害国家、集体或者个人民事权益的行为,可以支持受损害的单位或者个人向人民法院起诉。
[3] 川检例第29号:陈某非婚生子女抚养纠纷支持起诉案,《四川省人民检察院公告》2021年第12号,第22—24页。

主张权利或依法申请撤销监护人资格①,以及其他确需支持起诉的情形下,均可发挥其支持起诉的职能。

(三) 加大未成年人个人信息检察监督力度

2021年11月1日起施行的《中华人民共和国个人信息保护法》将不满十四周岁的未成年人的个人信息列入敏感个人信息的范围②,并要求个人信息处理者对此制定专门的个人信息处理规则,以法律手段为未成年人在数字时代的健康发展保驾护航。该法还专门规定公益诉讼条款③,明确将个人信息保护纳入检察公益诉讼领域。当前,未成年人个人信息遭泄露、被不当收集和使用导致未成年人受到侵害等情形仍易发多发,其背后不乏利益驱动。各级检察机关积极参与社会治理,依法不断加大对未成年人个人信息收集处理的检察监督力度。例如杭州市余杭区人民检察院对北京某公司侵犯儿童个人信息权益提起民事公益诉讼案,检察机关成功令被告停止对儿童个人信息权益的侵权行为,督促被告对涉案App按照双方确认的整改方案和时间推进表执行整改,以防止类似案件继续发生④。

二、检察建议

2020年10月,《中华人民共和国未成年人保护法》第二次修订将未成年人合法权益的保护纳入公益诉讼的范围。检察机关在办理未成年人公益诉讼案件的过程中,应当及时发现法律监管对于未成年人保护的不足,针对侵害未成年人身心健康的违法行为提供及时救济。随着未成年人公益诉讼的推进,相关的问题与难点凸显。一是案件涉及领域广,包括食品安全、产品质量、信息网络传播、个人信息保护和文化宣传等;二是侵害未成年人的犯罪行为数量众多,犯罪后果严重。这些违法犯罪行为不仅会对未成年人造成物质和身体上的侵害,还会对未成年人的精神造成创伤⑤。检察院应积极拓展职能,加强对未成年人的保护。在办理未成年人的公益诉讼中应当始终坚持最有利于未成年人原则,在诉讼过程中给予未成年人最特殊、最优先的保护;在法无明文规定或者立法空白的情形下,应当以最有利于未成年人原则进行探索⑥。

---

① 唐颖、隗巍:《徐州铜山:检察机关支持全国首例民政部门申请撤销监护权案宣判》,《检察日报》2015年2月6日,第4版。
② 《中华人民共和国个人信息保护法》第二十八条第一款 敏感个人信息是一旦泄露或者非法使用,容易导致自然人的人格尊严受到侵害或者人身、财产安全受到危害的个人信息,包括生物识别、宗教信仰、特定身份、医疗健康、金融账户、行踪轨迹等信息,以及不满十四周岁未成年人的个人信息。
③ 《中华人民共和国个人信息保护法》第七十条 个人信息处理者违反本法规定处理个人信息,侵害众多个人的权益的,人民检察院、法律规定的消费者组织和由国家网信部门确定的组织可以依法向人民法院提起诉讼。
④ 检例第141号:浙江省杭州市余杭区人民检察院对北京某公司侵犯儿童个人信息权益提起民事公益诉讼,《检察日报》2021年3月18日,第2版。
⑤ 最高人民检察院:《未成年人检察工作白皮书(2021)》,《检察日报》2022年6月2日,第6版。
⑥ 江苏省宿迁市人民检察院课题组、刘加云:《未成年人文身检察公益诉讼办案启示》,《中国检察官》2022年第4期。

（一）加强交流合作

未成年人保护涉及主体多，领域广。未成年人的公共利益需要多方主体参与，检察机关开展公益诉讼的同时，也应当注重凝聚家庭、政府、社会多方合力，通过诉前协商、联席会议等多种形式促成各方共识；将诉前检察建议作为行政公益诉讼的重要环节，督促行政主体采取有效措施加强对娱乐场所接纳未成年人、侵害未成年人合法权益行为的打击力度[1]，形成未成年人权益保护的完整链条。在公益诉讼的范围选择上，应当紧抓公共利益这一核心，以不特定多数人的利益保护为边界。在涉及个别未成年人权益侵害的案件中，检察院则可以通过发出检察建议、纠正违法等方式进行监督[2]。检察机关在办理公益诉讼案件过程中可以结合个案推动健全制度、完善监管，在个案经验的基础上加强与地方政府、人大常委会的交流合作，推动解决现有监管制度的不足，完善对未成年人的保护。

（二）关注重点领域

重点关注特殊领域内未成年人的权益保护，在校园安全、产品质量、社会保障等重点领域可以通过建立观察员制度加强与多方主体的交流合作。相关行政机关对网络运营者未履行对未成年人个人信息安全保护义务的监管缺失、侵犯未成年人个人信息权益的，检察机关可以依法综合提起民事和行政公益诉讼，发挥对行政职权的监管功能。在办理涉及未成年人的刑事案件时，应注意发掘侵犯未成年人合法权益的问题和线索，综合发挥对未成年人民事公益诉讼的检察职能。检察机关还可以通过组建专业团队，利用公益诉讼集中办理的优势，对受侵害的未成年人开展法律援助，及时提供经济救助、医疗救助、心理健康辅导等，消解侵权行为对未成年人身心健康的消极后果。

---

[1] 董史统、罗青、刘琦：《娱乐场所违规接纳未成年人行政公益诉讼的实践进路》，《中国检察官》2022年第4期，第58-62页。

[2] 吴燕、余莉、顾丽琛：《未成年人检察公益诉讼新领域探索的实践与思考——未成年人保护法视域下的路径选择》，《中国检察官》2021年第5期，第66-69页。

第三章 法 人

案例 3-1-1 一般规定：法人的设立

一、基本案情

1997年5月21日，信用联社代理下属13家信用社向证券公司购买凭证式国债共计3 000万元，收取利息300万元，实际支付2 700万元。证券公司分别给13家信用社开具凭证式国债收款凭证，证券公司法定代表人高某某于1997年5月26日以个人名义将该款存至红星信用社。1997年8月1日，信用联社以"手续费"名义向证券公司收取46万元。

1999年12月20日，13家信用社在调查得知证券公司所售国债系超额发行、款项没有依照规定归入国库后，分别与信用联社签订债权转让协议书，将国债买卖无效产生的债券全部转给信用联社。

其中，案涉证券公司是聊城市某区财政局于1994年4月22日经原聊城市人民政府批准成立的。证券公司于1995年5月2日取得企业法人营业执照，但其设立未获得中国人民银行批准，未取得经营金融业务许可证。证券公司的注册资本320万元也是由财政局以实物债券（面值200万元，市值320万元）方式拨付，财政局的公务员兼任证券公司的法定代表人及高级职员，从财政局领取工资，证券公司业务未与财政局分开。

2000年5月12日，信用联社向法院起诉，请求判令证券公司返还国债款2 700万元，赔偿经济损失400万元，财政局对证券公司的上述债务承担连带责任。

案号：最高人民法院(2001)民一终字第54号

二、诉讼过程

山东省高级人民法院认为，信用联社与证券公司的交易名为凭证式国债买卖，实为买空卖空，目的是为获取高额利息，借购买凭证式国债的名义，进行非法融资。该行为因违反法律规定而无效。对此双方均有过错，证券公司应将实际取得的款项返还信用联社并承担利息。信用联社从证券公司取得的46万元"手续费"应从本金中扣除，约定的其他利息不予保护。证券公司设立时未达到法定注册资金标准，且未经中国人民银行批准，其设立不符合国家有关规定，开办单位财政局应对证券公司债务承担连带责任。财政局不服，向最高人民法院提起上诉，双方当事人未提交新的证据。

最高人民法院认为，一审判决认定事实清楚，证据确实充分，审判程序合法，适用法律规范正确,仅变更原审判决中的利息要求为具体比例。

三、关联法条

《中华人民共和国民法典》

第一百五十七条① 民事法律行为无效、被撤销或者确定不发生效力后,行为人因该行为取得的财产,应当予以返还;不能返还或者没有必要返还的,应当折价补偿。有过错的一方应当赔偿对方由此所受到的损失;各方都有过错的,应当各自承担相应的责任。法律另有规定的,依照其规定。

第五百四十五条② 债权人可以将债权的全部或者部分转让给第三人,但是有下列情形之一的除外:

(一)根据债权性质不得转让;

(二)按照当事人约定不得转让;

(三)依照法律规定不得转让。

当事人约定非金钱债权不得转让的,不得对抗善意第三人。当事人约定金钱债权不得转让的,不得对抗第三人。

《中华人民共和国证券法》

第一百一十八条③ 设立证券公司,应当具备下列条件,并经国务院证券监督管理机构批准:

……

未经国务院证券监督管理机构批准,任何单位和个人不得以证券公司名义开展证券业务活动。

第一百二十一条④ 证券公司经营本法第一百二十条第一款第(一)项至第(三)项业务的,注册资本最低限额为人民币五千万元;经营第(四)项至第(八)项业务之一的,注册资本最低限额为人民币一亿元;经营第(四)项至第(八)项业务中两项以上的,注册资本最低限额为人民币五亿元。证券公司的注册资本应当是实缴资本。

国务院证券监督管理机构根据审慎监管原则和各项业务的风险程度,可以调整注

---

① 本案审理时,法院适用的是《中华人民共和国民法通则》第六十一条第一款 民事行为被确认为无效或者被撤销后,当事人因该行为取得的财产,应当返还给受损失的一方。有过错的一方应当赔偿对方因此所受的损失,双方都有过错的,应当各自承担相应的责任。
② 本案审理时,法院适用的是《中华人民共和国合同法》第七十九条 债权人可以将合同的权利全部或者部分转让给第三人,但有下列情形之一的除外:(一)根据合同性质不得转让;(二)按照当事人约定不得转让;(三)依照法律规定不得转让。
③ 本案审理时,法院适用的是《中华人民共和国证券法》(1999年版)第一百一十七条 设立证券公司,必须经国务院证券监督管理机构审查批准。未经国务院证券监督管理机构批准,不得经营证券业务。
④ 本案审理时,法院适用的是《中华人民共和国企业法人登记管理条例施行细则》第十四条第一款第(七)项 生产性公司的注册资金不得少于30万元,以批发业务为主的商业性公司的注册资金不得少于50万元,以零售业务为主的商业性公司的注册资金不得少于30万元,咨询服务性公司的注册资金不得少于10万元,其他企业法人的注册资金不得少于3万元。

册资本最低限额,但不得少于前款规定的限额。

四、争议问题

证券公司的设立是否有效?

五、简要评论

法人的设立是指依照法律规定的条件和程序使社会组织获得法律上的人格的整个过程,是创设法人的一系列行为的总称。不同的民事主体取得法律上的人格的方式并不相同。自然人通过出生这一事实取得法律上的人格,法人只能通过设立取得法律上的人格。法人的设立和法人的成立是两个不同的概念,前者是创设法人的行为,后者是法人得以存在的事实状态。因此,法人的设立是法人成立的前提,法人的成立是法人设立的结果,法人成立意味着法人设立的完成,但法人的设立并不必须导致法人成立。当设立无效时,法人就不能成立。

不同国家和地区在不同历史阶段对不同类型的法人,甚至对同一类型法人的设立采取的原则也不完全一致。因此,法人的设立原则并不是单一的、一成不变的。概括起来,法人设立的原则有如下几种:1. 放任主义,也称自由设立主义,即法人的设立完全听凭当事人的自由,国家不加以干涉或限制。2. 特许主义,指法人的设立需要有专门的法令或国家的特别许可。在特许主义下设立的法人称为"特许法人"。3. 行政许可主义,或称核准主义,指法人的设立除了应符合法律规定的条件外,还要经过行政主管部门的批准。4. 准则主义,也称登记主义,指由法律规定法人设立的条件,符合这些条件则无须主管部门批准,可以直接向登记机关登记,法人即告成立。5. 严格准则主义,指法人设立时,除了具备法律规定的要件外,还必须符合法律中明确规定的其他限制性条款。6. 强制主义,也称为命令主义,是指国家实行法人的强制设立,即在一定行业或一定条件下,必须设立某种法人。

我国对待不同类型的法人采取了不同的审批原则,这种区别对待随着我国法律体系的发展与完善呈现一种细化的趋势。本案中设立效力存在争议的证券公司,在如今指的是依照公司法和证券法的规定设立并经国务院证券监督管理机构审查批准而成立的专门经营证券业务、具有独立法人地位的有限责任公司或者股份有限公司。可见,对证券公司的审批需要经过国务院证券监督管理机构的批准。我国证券管理制度经历了不同的历史阶段。案涉证券公司虽由政府批准设立,且具有"企业法人营业执照",却未报经中国人民银行的批准并获得"经营金融业务许可证",按照当时中国人民银行的有关规定,该设立行为无效。

我国的第一家证券公司出现于1987年9月27日,经中国人民银行批准,由深圳市12家金融机构出资成立。自此,证券公司在我国兴起,并且很长一段时间都由中国人民银行管理。1990年10月12日中国人民银行印发《证券公司管理暂行办法》,明确将证券公司纳入中国人民银行的管理范围,并建立了以中国人民银行为审批机关的设立审批制。直到《中华人民共和国证券法》(以下简称证券法)于1999年7月1日开始实施,证券公司设立的审批权才移交至国务院证券监督管理机构。证券法在2005年经历了一次修订,基本是对证券管理进行了重塑。直到最新的2019年证券法,国务院证券监督管理机构一直是证券公司设立的审批机构。

案例3-1-2 一般规定:法人的诉讼主体资格

一、基本案情

1998年2月20日至1999年3月12日,烟草公司三次委托证券营业部购买国债,并分别按要求将购券款转入证券营业部指定的账户,证券营业部也出具了相应的收款收据、国债成交过户交割单并按期兑付了利息。其中,1999年3月12日购买的国债虽然由证券营业部向烟草公司出具了成交过户交割单,但其账户在1999年3月1日至3月31日期间无任何交易过户记录。

证券营业部系华康公司下属的分支机构,领取了营业执照及证券经营机构营业许可证。2000年8月,中国人民银行天津分行发布公告,决定撤销华康公司并由交通银行成立清算组对该公司进行清算;其间,证券营业部由海通证券有限公司托管,业务照常经营。

2000年8月,烟草公司要求证券营业部代理卖出上述国债并提取全部保证金时,证券营业部拒付。烟草公司诉请判令证券营业部支付保证金1 204.7万元及相应利息并赔偿经济损失。

案号:最高人民法院(2001)民二终字第158号

二、诉讼过程

山西省高级人民法院认为,证券营业部虽然不是企业法人,但领取了营业执照,领取营业执照的分支机构可作为诉讼主体参加诉讼,其主体资格的丧失应在被注销之后。现证券营业部还正常营业,也未提供报请及批准撤销的手续,具有诉讼主体资格。故对证券营业部请求更换为清算组参加诉讼的主张不予支持,并判决证券营业部向烟草公司支付保证金、利息和经济损失。证券营业部不服,向最高人民法院提起上诉,双方未提交新的证据。

最高人民法院认为原审判决认定事实基本清楚,适用法律部分不当,改判了部分款项支付。

三、关联法条

《中华人民共和国民法典》

第一百六十二条① 代理人在代理权限内,以被代理人名义实施的民事法律行为,对被代理人发生效力。

《证券公司分支机构监管规定》

第三条② 证券公司设立、收购或者撤销分支机构,应当经中国证券监督管理委员会授权的证监局批准。

《中华人民共和国民事诉讼法》

第五十一条③ 公民、法人和其他组织可以作为民事诉讼的当事人。

法人由其法定代表人进行诉讼。其他组织由其主要负责人进行诉讼。

《最高人民法院关于适用〈中华人民共和国民事诉讼法〉的解释》

第五十二条④ 民事诉讼法第五十一条规定的其他组织是指合法成立、有一定的组织机构和财产,但又不具备法人资格的组织,包括:

(一)依法登记领取营业执照的个人独资企业;

(二)依法登记领取营业执照的合伙企业;

(三)依法登记领取我国营业执照的中外合作经营企业、外资企业;

(四)依法成立的社会团体的分支机构、代表机构;

(五)依法设立并领取营业执照的法人的分支机构;

(六)依法设立并领取营业执照的商业银行、政策性银行和非银行金融机构的分支机构;

(七)经依法登记领取营业执照的乡镇企业、街道企业;

(八)其他符合本条规定条件的组织。

《最高人民法院关于领取营业执照的证券公司营业部是否具有民事诉讼主体资格的复函》

证券公司营业部是经中国人民银行或其授权的分支机构依据《中华人民共和国银行法》的有关规定批准设立,专营证券交易等业务的机构。其领有经营金融业务许可证和营业执照,具有一定的运营资金和在核准的经营范围内开展证券交易等业务的行为能力。根据《最高人民法院关于适用〈中华人民共和国民事诉讼法〉若干问题的意见》第

---

① 本案审理时,法院适用的是《中华人民共和国民法通则》第六十三条 公民、法人可以通过代理人实施民事法律行为。代理人在代理权限内,以被代理人的名义实施民事法律行为。被代理人对代理人的代理行为,承担民事责任。依照法律规定或者按照双方当事人约定,应当由本人实施的民事法律行为,不得代理。
② 本案审理时,法院适用的是《中华人民共和国证券法》(1999年版)第一百二十三条 证券公司设立或者撤销分支机构、变更业务范围或者注册资本、变更公司章程、合并、分立、变更公司形式或者解散,必须经国务院证券监督管理机构批准。
③ 本案审理时,法院适用的是《中华人民共和国民事诉讼法》(1991年版)第四十九条 公民、法人和其他组织可以作为民事诉讼的当事人。
法人由其法定代表人进行诉讼。其他组织由其主要负责人进行诉讼。
④ 本案审理时,法院适用的是《最高人民法院关于适用〈中华人民共和国民事诉讼法〉若干问题的意见》第四十条第一款 民事诉讼法第四十九条规定的其他组织是指合法成立、有一定的组织机构和财产,但又不具备法人资格的组织,包括:……(5)法人依法设立并领取营业执照的分支机构。

40条第(5)项之规定,证券公司营业部可以作为民事诉讼当事人。

四、争议问题

被告证券营业部是否为适格主体?

五、简要评论

法人分支机构是以法人财产设立的相对独立的法人组成部分,它直属于法人而不具有独立的法人资格,这在国际上是通行的法律原则。法人分支机构虽不具备法人资格,但其能否以自己的名义作为民事主体和诉讼主体进行民事活动却一直颇受争议。

民事法律行为是民事主体通过意思表示设立、变更、终止民事法律关系的行为。民法典规定的民事主体包括自然人、法人和非法人组织三类。就此来说,法人分支机构似乎无权以自己的名义进行民事活动,并享有权利、承担义务,即使进行民事行为也属于无效民事行为。然而,不仅实践中几乎所有的法人分支机构都以自己的名义从事着民事活动,工商行政管理部门关于营业登记的制度本身也成为法人分支机构从事民事活动的合法依据。在此意义上,法人的分支机构可以从事民事行为并享受权利、承担义务。但是按照民事实体法,法人的分支机构不具有独立的民事主体资格,其权利义务的行使实质上从属于法人而产生,最终也要归于其所属的法人,其在参与民事活动时不能形成自己的独立意志,必须有法人机关的授权且在授权范围内活动,对外也不得代表法人。这一点区别于对内形成法人意思(志)、对外代表法人的法人机关。同时,法人分支机构不具有独立的责任能力,其行为效果仍由法人承担。尤其是当分支机构无力履行义务或清偿其债务时,其所属法人当然要对其负责,这又区别于有独立责任能力的子公司。

法人分支机构的法律问题更多是在诉讼过程中受到关注,并推动了民事主体范围的扩张。《中华人民共和国民事诉讼法》第五十一条将诉讼主体范围界定为公民、法人和其他组织。《最高人民法院关于适用〈中华人民共和国民事诉讼法〉的解释》第五十二条更是进一步明确了其他组织的范围,将分支机构也纳入诉讼主体范围。根据该解释,并非所有分支机构都可以成为适格的诉讼当事人,必须是依法设立并领取营业执照的法人或金融机构的分支机构才享有诉权。这主要是考虑到领取了营业执照的分支机构在进行民事活动时往往表现出更强的相对独立性,有较大可能具有承担责任的经济能力。值得注意的是,分支机构可以作为独立的诉讼主体并不代表与所属法人相分离,尤其是在分支机构作为被告时,原告通常可以选择以分支机构或者其所属法人抑或以二者为共同被告提起诉讼。

当然,也存在选择权的例外。根据《中国人民银行关于对商业银行分支机构民事责任问题的复函》,商业银行的分支机构在总行授权范围内开展业务时,与其他公民、法人和其他组织发生纠纷引起民事诉讼的,应以分支机构作为诉讼主体,而不应以其总行作为诉讼主体。但是商业银行(包括保险公司)的分支机构作为诉讼主体参加诉讼时,承担民事责任不以其总行授权其经营管理的财产为限。如果其经营管理的财产不足以承担民事责任,超过部分的民事责任由其上级行直至总行承担,非指其分支机构的民事责任直接由总行承担。可见,无论是否只能以分支机构作为被告提起诉讼,其所属法人都必须承担责任。

案例 3-1-3 一般规定:项目公司与合作协议

一、基本案情

邢某1为海联公司法定代表人。1992年,海联公司垫资代海南省三亚市人民政府(以下简称三亚市政府)建设三亚新风桥公园和儿童公园,拓宽解放三、四路等工程。1993年,三亚市政府将土地以出让方式补偿于海联公司,随后海联公司获得用地许可并进行土地上房屋拆迁。为进行项目建设,海联公司与天河公司起草关于合作开发房地产的项目合同书,合同内容一直处于讨论中。

2006年,天阔公司成立,股东为天河公司、王某某、邢某1与邢某2。邢某1为海联公司法定代表人,邢某2为其胞弟。其中,天河公司占68.7%股权,王某某占7.5%股权,邢某2、邢某1共持股23.8%。海联公司在与天河公司商讨后,决定将其股权登记于邢某1、邢某2名下,先成立天阔公司,待手续完善后逐渐改制成项目公司并变更股权归属。

2007年,讨论成熟后,海联公司与天河公司签订合作项目合同书,约定双方成立项目公司,由海联公司提供项目用地,天河公司提供建设与拆迁资金,海联公司持23.8%股权,天河公司持76.2%股权,双方以0.238∶0.762的比例持股并分配利益。若天河公司无力履约,则终止合同,变更项目公司代表人,天河公司退出项目合作。随后,海联公司积极申请与办理,使天阔公司于2009年2月获得项目用地使用权。至此,海联公司履行了合作项目合同书约定的主要义务。

按照房屋拆迁许可证,天河公司应于2009年7月完成全部拆迁任务,而其仅完成20%。同时,在海联公司不知情的情况下,天河公司通过股权转让协议获得邢某1、邢某2持有的天阔公司共23.8%的股权。后天河公司与刚成立十日的丽源公司签订股权转让协议,将其持有的天阔公司70.5%的股权转让给丽源公司;同日,王某某也与丽源公司签订股权转让协议,将其持有的5.7%股权转让给丽源公司,丽源公司持有天阔公司股权为76.2%。丽源公司又将此股权转让于爱地公司与富丽达公司。以上转让行为均已办理工商变更登记。

2009年9月,海联公司调取天阔公司的工商登记资料得知公司变更情况,遂向天河公司发出《关于"天阔广场"项目有关问题的函》,要求重新洽谈完善衔接有关事项并明确各方的权利和义务,对方无回应。2009年11月,海联公司发出通知书要求解除合作项目合同书。天河公司向三亚市中级人民法院起诉,请求认定海联公司无权解除合同。之后,海联公司又于2010年4月12日向海南省高级人民法院起诉天河公司和天阔公司,并将丽源公司、王某某、爱地公司、富丽达公司列为第三人,请求判决解除其与天河公司签订的合作项目合同书。三亚市中级人民法院根据海南省高级人民法院的指令,将两案合并审理,分开判决。

案号：最高人民法院(2015)民提字第64号

二、诉讼过程

海南省三亚市中级人民法院认为：1. 本案为海联公司与天河公司约定出资成立项目公司开发房地产。虽然合作项目合同书签订之前,天阔公司已经成立,但根据相关证据,天阔公司是海联公司与天河公司共同认可的项目公司。2. 海联公司与天河公司签订合作项目合同书之后,在天阔公司与三亚市政府的"投资补偿合同纠纷仲裁案"中,海联公司的法定代表人邢某1作为天阔公司的委托代理人参加开庭;海联公司在2009年9月发给天河公司的函及同年9月13日发给天河公司、爱地公司、富丽达公司和天阔公司的函中,自认为天阔公司为项目公司。在该项目公司中,邢某1持股13.8%,邢某2持股10%,当时海联公司无异议。由此可见,邢某1、邢某2是代表海联公司在天阔公司中持股。邢某1、邢某2将此股份转让给天河公司,并已获得利益,实际上是将海联公司在合作项目合同书中的合同权利进行转让,海联公司与天阔公司之间已经不再存在法律上的权利和义务关系。据此,海联公司事后再主张解除其与天河公司签订的合作项目合同书,不予支持。海联公司不服提出上诉。

海南省高级人民法院认为原审判决认定事实清楚,适用法律正确,维持原判。海联公司向最高人民法院申请再审。

最高人民法院撤销一、二审判决,认定海联公司有权解除合同,理由是：1. 天阔公司成立时间早于双方协议签订一年,难以认定是双方设立的项目公司。从后期履行过程来看,天阔公司也并非双方的项目公司。2. 海联公司非天阔公司股东,不可根据代持股关系的存在认定海联公司为天阔公司的股东从而享有对应的分配利益。一、二审法院以人格混同认定海联公司享有股权,属于事实认定错误。3. 邢某2,邢某1将其股权转让于天河公司为股权转让关系,海联公司享有天阔广场项目的利益分配权是基于合作项目合同书的约定,两者不是同一法律关系。因此,股权转让行为不代表海联公司退出项目。在合同书的明确约定下,天河公司以事实行为证明其将不履行合同主要义务,构成根本违约。依照合同法的规定,海联公司有权解除双方的项目合同书。

三、关联法条

《中华人民共和国公司法》(以下简称《公司法》)

第四十六条① 有限责任公司章程应当载明下列事项：

（一）公司名称和住所；

（二）公司经营范围；

（三）公司注册资本；

（四）股东的姓名或者名称；

（五）股东的出资额、出资方式和出资日期；

（六）公司的机构及其产生办法、职权、议事规则；

（七）公司法定代表人的产生、变更办法；

（八）股东会认为需要规定的其他事项。

股东应当在公司章程上签名或者盖章。

第五十五条② 有限责任公司成立后，应当向股东签发出资证明书，记载下列事项：

（一）公司名称；

（二）公司成立日期；

（三）公司注册资本；

（四）股东的姓名或者名称、认缴和实缴的出资额、出资方式和出资日期；

（五）出资证明书的编号和核发日期。

出资证明书由法定代表人签名，并由公司盖章。

《中华人民共和国民法典》

第五百六十三条③ 有下列情形之一的，当事人可以解除合同：

（一）因不可抗力致使不能实现合同目的；

（二）在履行期限届满前，当事人一方明确表示或者以自己的行为表明不履行主要债务；

（三）当事人一方迟延履行主要债务，经催告后在合理期限内仍未履行；

（四）当事人一方迟延履行债务或者有其他违约行为致使不能实现合同目的；

（五）法律规定的其他情形。

以持续履行的债务为内容的不定期合同，当事人可以随时解除合同，但是应当在合

---

① 本案审理时，法院适用的是《中华人民共和国公司法》（2005年版）第二十五条 有限责任公司章程应当载明下列事项：（一）公司名称和住所；（二）公司经营范围；（三）公司注册资本；（四）股东的姓名或者名称；（五）股东的出资方式、出资额和出资时间；（六）公司的机构及其产生办法、职权、议事规则；（七）公司法定代表人；（八）股东会会议认为需要规定的其他事项。

股东应当在公司章程上签名、盖章。

② 本案审理时，法院适用的是《中华人民共和国公司法》（2005年版）第三十一条 有限责任公司成立后，应当向股东签发出资证明书。出资证明书应当载明下列事项：（一）公司名称；（二）公司成立日期；（三）公司注册资本；（四）股东的姓名或者名称、缴纳的出资额和出资日期；（五）出资证明书的编号和核发日期。出资证明书由公司盖章。

③ 本案审理时，法院适用的是《中华人民共和国合同法》第九十四条 有下列情形之一的，当事人可以解除合同：（一）因不可抗力致使不能实现合同目的；（二）在履行期限届满之前，当事人一方明确表示或者以自己的行为表明不履行主要债务；（三）当事人一方迟延履行主要债务，经催告后在合理期限内仍未履行；（四）当事人一方迟延履行债务或者有其他违约行为致使不能实现合同目的；（五）法律规定的其他情形。

理期限之前通知对方。

四、争议问题

1. 天阔公司是否为案涉主体成立的项目公司？
2. 海联公司是否为天阔公司的股东？

五、简要评论

合作开发房地产关系中，当事人约定一方出地、一方出资并以成立房地产项目公司的方式进行合作开发，项目公司只是合作关系各方履行房地产合作开发协议的载体和平台。项目公司的设立应严格按照公司法的规定。公司的设立会涉及社会不特定多数人的利益，因此公司法关于有限责任公司的设立属于强制性规定，不可因当事人的约定而排除适用。本案中天阔公司的成立合法。但从后期手续履行及财产项目过渡过程来看，天阔公司仅为双方按照合作项目合同书的约定进行工程项目合作开发、履行各自权利义务的载体，海联公司是在按照合作项目合同书的约定履行义务。天阔公司是否为项目公司，应该按照公司法的规定，而非当事人的自认。

根据当时公司法关于有限责任公司设立的规定，设立有限责任公司应由全体股东指定的代表或者共同委托的代理人向公司登记机关报送登记申请书、公司章程、验资证明等文件，申请设立登记；股东应当按期足额缴纳公司章程中规定的各自认缴的出资额；有限责任公司成立后，应当向股东签发出资证明书。天阔公司并非海联公司与天河公司申请设立，二者也没有共同制定天阔公司的章程，没有按章程缴纳出资，天阔公司也没有向海联公司签发出资证明书，更没有将海联公司登记在天阔公司的股东名册上。可见，本案中的天阔公司并非海联公司和天河公司设立的项目公司。

我国目前的房地产开发分为合作开发、合资开发和独资开发等类型。在合作开发中，供地方和出资方并不必然成立单独公司，最终利润分配按照协议进行。但在合资开发中，投资商会按照公司法的规定成立项目公司[1]，通常按照股权比例分配利润。项目公司是独立的房地产项目的运作商，在法律上具有独立主体资格，从前期策划至房屋销售，均由其负责[2]。项目公司中股权收益是股东与公司间的股权法律关系，项目合同中的约定为合同法律关系，两者不可混同。对于合资开发，股权是重要的利润分配认定标准；对于合作开发，合作各方当事人在项目公司中是否享有股权不影响其在合作开发合同中所应享有的权益，合作各方当事人在合作项目中的权利义务应当按照合作开发房地产协议约定的内容予以确定。

实践中，确定股东资格的基本原则为形式化证据优先适用、实质性证据例外适用。

---

[1] "项目公司"属于习惯称呼，法律上并没有此名称。在房地产开发实践中，这种项目开发经营模式被称为"项目公司制度"。
[2] 高富平、黄武双著：《房地产法学》（第四版），高等教育出版社2016年版，第64-65页。

形式化证据包括工商登记、股东名册、公司章程或者出资证明等等。出于对第三人利益的保护,形式化证据比较受重视。股东必须登记于股东名册,股东名册对外公示,工商登记具有公信力。当股东资格出现争议时,按照争议所处法律关系来确认——若为公司与第三人之间的外部争议,则按照公信力的标准,以第三者所接触并能够形成信赖利益的证据为主;若争议为公司股东与公司之间的内部争议,则实质性证据需要重视,如隐名股东与显名股东等问题。本案中,邢某2、邢某1为天阔公司股东,证据无法证明海联公司与邢某2、邢某1之间存在代持股关系。二审法院认为邢某1作为海联公司的法定代表人,在履行合作开发项目过程中的一系列行为使海联公司与其本人之间构成人格混同的观点难以成立。邢某2从来不是海联公司的股东,也没有代海联公司持有天阔公司的股权。

根据合同解除情形的法律规定,天河公司没有履行合作项目合同书中的主要内容,构成根本违约,海联公司可以主张解除合同书。

案例 3-1-4 一般规定:法人的住所

一、基本案情

同一公司开发建设南门关改造项目(迎红水岸)工程,由北城公司承建,巨亨公司与北城公司签订工程劳务承包合同分包部分工程。之后,三方当事人(工程项目发包方、总承包方、分包方)又就该建设项目工程劳务费结算达成协议。工程结束后,巨亨公司向贵州省高级人民法院起诉总承包人北城公司和发包人同一公司,请求给付工程劳务费及所欠工程劳务费的违约金,合计3 539万余元等。

同一公司在答辩期内提出管辖权异议,称同一公司与北城公司的主要营业地在重庆市渝北区,应将案件移送重庆市第一中级人民法院审理,贵州省高级人民法院对该案无管辖权。

案号:最高人民法院(2015)民一终字第222号

二、诉讼过程

贵州省高级人民法院认为,建设工程施工合同纠纷适用专属管辖的规定。争议工程位于遵义市南门关,在该院辖区内,该院对该案具有专属管辖权。根据最高人民法院发布的《全国各省、自治区、直辖市高级人民法院和中级人民法院管辖第一审民商事案件标准》,贵州省高级人民法院管辖的第一审民商事案件为"标的额在5 000万元以上的第一审民事案件,以及诉讼标的额在2 000万元以上且当事人一方住所地不在本辖区或者涉外、涉港澳台的第一审民事案件"。本案诉讼标的额为2 000万元以上、当事人一方不在贵州,该院对该案具有级别管辖权,因此裁定驳回同一公司的管辖权异议申请。同一公司不服,上诉至最高人民法院。

最高人民法院认为,本案争议的基础合同有建设工程总承包合同,也有分包劳务合同以及工程款结算协议。巨亨公司基于上述合同及结算协议起诉总承包人与发包人,请求给付工程劳务费、违约金等,该争议仍属于建设工程施工合同纠纷。一审法院裁定适用法律正确,应予维持。

三、关联法条

《中华人民共和国民法典》

第六十三条 法人以其主要办事机构所在地为住所。依法需要办理法人登记的,应当将主要办事机构所在地登记为住所。

《中华人民共和国公司法》

第八条 公司以其主要办事机构所在地为住所。

《中华人民共和国民事诉讼法》

第三十四条 下列案件,由本条规定的人民法院专属管辖:

(一)因不动产纠纷提起的诉讼,由不动产所在地人民法院管辖;

(二)因港口作业中发生纠纷提起的诉讼,由港口所在地人民法院管辖;

(三)因继承遗产纠纷提起的诉讼,由被继承人死亡时住所地或者主要遗产所在地人民法院管辖。

《最高人民法院关于适用〈中华人民共和国民事诉讼法〉的解释》

第二十八条 民事诉讼法第三十四条第一项规定的不动产纠纷是指因不动产的权利确认、分割、相邻关系等引起的物权纠纷。

农村土地承包经营合同纠纷、房屋租赁合同纠纷、建设工程施工合同纠纷、政策性房屋买卖合同纠纷,按照不动产纠纷确定管辖。

不动产已登记的,以不动产登记簿记载的所在地为不动产所在地;不动产未登记的,以不动产实际所在地为不动产所在地。

四、争议问题

管辖权的认定是否以法人的住所为标准?

五、简要评论

本案为建设工程施工合同纠纷,涉及管辖法院的确定。民事诉讼中的管辖,是指各级法院之间和同级法院之间受理第一审民事案件的分工和权限,是在法院内部落实审判权的一种制度,便于法院审理案件,执行判决,保证各级法院工作负担的均衡。《中华人民共和国民事诉讼法》第一编第二章将管辖分为四类——级别管辖、地域管辖、移送管辖和指定管辖,在地域管辖中又分为六小类——一般地域管辖、特殊地域管辖、专属管辖、共同管辖、选择管辖和协议管辖①。本案涉及一般地域管辖和专属管辖。

一般地域管辖以当事人所在地和法院的隶属关系来确定诉讼管辖。一般按照"原告就被告"原则，即由被告所在地法院管辖。本案被告为公司，公司法规定公司以其主要办事机构所在地为住所，司法实务中通常以公司登记机关所记载的地点为其住所。《最高人民法院关于适用〈中华人民共和国民事诉讼法〉的解释》第三条②规定，法人的住所地是指法人的主要办事机构所在地，主要办事机构所在地不能确定的，法人的注册地或者登记地为住所地。由此导致在对公司住所地的认定中，可以有两个标准，即主要办事机构所在地或者主要营业地。主要办事机构所在地的认定可以根据公司登记中的记载予以认定，主要营业地的标准则较为模糊。一般情况下，公司登记注册所在地即为公司主要办事机构所在地。但随着生产经营的需要，公司有可能在他处建立经营场所，就会出现记载与实际不一致的情形。在法律意义上，公司的主要营业地只能为一个，因此实务中只能根据与营业相关的证据来证明主要营业地，比如纳税凭证、办公房屋的租赁合同、对外宣传中的表述等，总之要能反映出该公司在某处营业的长期性、稳定性。

专属管辖指法律规定某些特殊类型的案件专门由特定的法院管辖，为一些特殊情况量身定做，解决实务中的送达、取证等问题。凡是法律规定为专属管辖的，不再适用一般地域管辖的标准。按照案件和地区的不同进行分类，管辖包括国内专属管辖和涉外专属管辖。国内专属管辖包括因不动产纠纷、港口作业纠纷和遗产继承提起的诉讼，分别由不动产所在地法院、港口作业地法院和被继承人死亡时住所地或主要遗产所在地法院管辖。

本案中，同一公司坚持适用一般地域管辖的规定，由重庆市第一中级人民法院管辖。贵州省高级人民法院与最高人民法院均认定此案属于建设工程施工合同纠纷，属于因不动产纠纷提起的诉讼。根据民事诉讼法司法解释的规定，由不动产所在地人民法院管辖，即由工程所在地贵州省高级人民法院管辖。

案例 3-1-5　一般规定：法人的意思

一、基本案情

大拇指公司系由注册于新加坡的环保科技公司在中国设立的外商独资企业，于 2000 年 6 月 30 日取得营业执照，注册资本为 1.3 亿元人民币。2008 年 6 月 30 日，大拇指公司经批准将注册资本增至 3.8 亿元，增资部分分期至 2010 年 8 月 3 日缴清。在环保科技公司的主动缴纳和法院判决的要求下，至 2011 年 10 月 31 日，环保科技公司仍欠

---

① 江伟主编：《民事诉讼法》（第五版），高等教育出版社 2016 年版，第 126-137 页。
② 本案审理时，法院适用的是《最高人民法院关于适用〈中华人民共和国民事诉讼法〉若干问题的意见》第四条　公民的住所地是指公民的户籍所在地；法人的住所地是指法人的主要营业地或者主要办事机构所在地。

缴增资款 4 500 万元。2012 年 5 月 31 日，福州市中级人民法院根据大拇指公司的申请，裁定对环保科技公司的银行存款 4 500 万元进行保全。

在大拇指公司的增资过程中，2010 年 6 月 4 日，新加坡高等法院作出法庭命令，应环保科技公司的申请，裁定环保科技公司进入司法管理程序①。2011 年 1 月 20 日，环保科技公司的司法管理人作出书面决议，将大拇指公司的法定代表人田某变更为何某某。2012 年 3 月 1 日，新加坡高等法院作出法庭命令，重新委任环保科技公司的司法管理人。2012 年 3 月 30 日，环保科技公司的司法管理人再次作出书面决议，委派保某某为大拇指公司的董事长和法定代表人。

2012 年 5 月 16 日，环保科技公司向福州市中级人民法院起诉，要求确认环保科技公司任免大拇指公司董事、监事、法定代表人的决议合法有效。福州市中级人民法院于 2013 年 9 月 17 日作出（2012）榕民初字第 268 号判决，确认环保科技公司于 2012 年 3 月 30 日作出的书面决议和任免书有效，大拇指公司应于判决生效之日起十日内办理法定代表人、董事长、董事的变更登记和备案手续，将大拇指公司的法定代表人、董事长变更为保某某，董事变更为保某某、徐某某、宋某。2012 年 12 月 18 日，大拇指公司在工商登记处将其法定代表人变更为洪某，未按照环保科技公司的书面决议进行变更。2012 年 11 月 28 日和 2013 年 7 月 10 日，保某某以环保科技公司法定代表人名义分别向福建省工商行政管理局、福州市鼓楼区对外贸易经济合作局递交《关于大拇指环保科技集团（福建）有限公司减资事宜的申请》。

2013 年 1 月 11 日，新加坡高等法院作出清盘令，任命 Hamish、Alexander 和 Christie 等三人为环保科技公司的共同及个别清盘人。清盘令规定，清盘人被授权行使新加坡公司法规定的任何权力②。

2013 年 5 月 7 日，环保科技公司向福州市鼓楼区人民法院起诉福建省工商行政管理局和大拇指公司，请求撤销大拇指公司法定代表人由田某变更为洪某的行为及相关行政登记，鼓楼区人民法院于 2014 年 3 月 20 日裁定中止诉讼，理由是该案需以（2012）榕民初字第 268 号案的审理结果为依据。大拇指公司向福州市中级人民法院起诉，请求判令环保科技公司履行股东出资义务。环保科技公司主张其更换后的"法定代表人"保国武已向法庭申请撤诉，大拇指公司起诉的意思表示不真实。

---

① 按照新加坡的公司法和破产法，可以将陷于财务困难的公司置于司法管理之下。按照新的司法管理办法的规定，在下列情况下，不管是公司、董事或公司的债权人都可以向法院申请，要求指定司法管理人：公司不能或将来不能偿还其债务，公司具有恢复其生产经营能力或作为营业发达的商行维持其商业活动的合理的可能性；或债权人的利益可以得到比诉诸解散公司更好的清偿。新加坡的司法管理程序能使具有潜在生命力的企业得到拯救，以阻止发生过早的破产。
参见凯瑟琳·T. S. 赖恩著，朱宇译，曹力校：《新加坡公司法中的司法管理办法》，原载《商法杂志》1988 年第 2 期。
② 《新加坡公司法》227G(2)：在司法管理命令生效期间内，由本法或公司组织章程大纲或组织章程细则赋予董事的所有权力及赋予董事的所有职责，均由司法管理人而非董事行使及履行，但本款并未规定司法管理人须召开任何公司会议。
《新加坡公司法》272(2)(a)：清盘人可以公司名义代表公司提起或抗辩任何诉讼或其他法律程序。

来源：《中华人民共和国最高人民法院公报》2014年第8期

二、诉讼过程

福建省福州市中级人民法院受理后，环保科技公司提出管辖权异议被驳回，环保科技公司不服管辖权异议的裁定结果，提起上诉。福建省高级人民法院裁定由本院管辖。

福建省高级人民法院一审判定大拇指公司起诉的意思表示真实，环保科技公司需缴纳出资。大拇指公司系中国法人，其起诉状及其委托律师参加诉讼的授权委托书均加盖了该公司的公章，环保科技公司对大拇指公司公章的真实性没有提出异议。该院认为，在适用中国法律的前提下，工商登记的信息具有公示公信的效力，大拇指公司法定代表人的认定仍应以工商登记为准。在无证据证明保某某被登记为大拇指公司的法定代表人前，其代表大拇指公司作出撤诉的意思表示无效，大拇指公司的起诉具有法律效力。环保科技公司不服，提起上诉。

最高人民法院撤销原审判决，驳回大拇指公司的起诉，理由是大拇指公司提起本案的意思表示不真实，对于相关后续争议也无须审理。大拇指公司属于一人公司，其内部组织机构的任免权均由其唯一股东环保科技公司享有。环保科技公司的司法管理人作出了变更大拇指公司董事及法定代表人的任免决议。根据新加坡公司法的相关规定，应当对环保科技公司司法管理人作出的任免决议予以认可，其作出的任命大拇指公司法定代表人的决议对大拇指公司具有拘束力。其新任命的大拇指公司法定代表人明确表示反对大拇指公司提起本案诉讼，本案起诉不能代表大拇指公司的真实意思。

三、关联法条

《中华人民共和国民法典》

第六十一条　依照法律或者法人章程的规定，代表法人从事民事活动的负责人，为法人的法定代表人。

法定代表人以法人名义从事的民事活动，其法律后果由法人承受。

法人章程或者法人权力机构对法定代表人代表权的限制，不得对抗善意相对人。

第七十一条　法人的清算程序和清算组职权，依照有关法律的规定；没有规定的，参照适用公司法律的有关规定。

第七十二条　清算期间法人存续，但是不得从事与清算无关的活动。

法人清算后的剩余财产，根据法人章程的规定或者法人权力机构的决议处理。法律另有规定的，依照其规定。

清算结束并完成法人注销登记时，法人终止；依法不需要办理法人登记的，清算结束时，法人终止。

《中华人民共和国公司法》

第四十九条[①]　股东应当按期足额缴纳公司章程规定的各自所认缴的出资额。

股东以货币出资的,应当将货币出资足额存入有限责任公司在银行开设的账户;以非货币财产出资的,应当依法办理其财产权的转移手续。

股东未按期足额缴纳出资的,除应当向公司足额缴纳外,还应当对给公司造成的损失承担赔偿责任。

第六十七条[②]　有限责任公司设董事会,本法第七十五条另有规定的除外。

董事会行使下列职权:

(一) 召集股东会会议,并向股东会报告工作;

(二) 执行股东会的决议;

(三) 决定公司的经营计划和投资方案;

(四) 制订公司的利润分配方案和弥补亏损方案;

(五) 制订公司增加或者减少注册资本以及发行公司债券的方案;

(六) 制订公司合并、分立、解散或者变更公司形式的方案;

(七) 决定公司内部管理机构的设置;

(八) 决定聘任或者解聘公司经理及其报酬事项,并根据经理的提名决定聘任或者解聘公司副经理、财务负责人及其报酬事项;

(九) 制定公司的基本管理制度;

(十) 公司章程规定或者股东会授予的其他职权。

公司章程对董事会职权的限制不得对抗善意相对人。

《中华人民共和国民事诉讼法》

第五十一条　公民、法人和其他组织可以作为民事诉讼的当事人。

法人由其法定代表人进行诉讼。其他组织由其主要负责人进行诉讼。

四、争议问题

1. 法定代表人的确认及其内部变更的法律效力。
2. 董事会的职责。

[①] 本案审理时,法院适用的是《中华人民共和国公司法》(2005年版)第二十八条　股东应当按期足额缴纳公司章程中规定的各自所认缴的出资额。股东以货币出资的,应当将货币出资足额存入有限责任公司在银行开设的账户;以非货币财产出资的,应当依法办理其财产权的转移手续。

股东不按照前款规定缴纳出资的,除应当向公司足额缴纳外,还应当向已按期足额缴纳出资的股东承担违约责任。

[②] 本案审理时,法院适用的是《中华人民共和国公司法》(2005年版)第四十七条　董事会对股东会负责,行使下列职权:(一) 召集股东会会议,并向股东会报告工作;(二) 执行股东会的决议;(三) 决定公司的经营计划和投资方案;(四) 制订公司的年度财务预算方案、决算方案;(五) 制订公司的利润分配方案和弥补亏损方案;(六) 制订公司增加或者减少注册资本以及发行公司债券的方案;(七) 制订公司合并、分立、解散或者变更公司形式的方案;(八) 决定公司内部管理机构的设置;(九) 决定聘任或者解聘公司经理及其报酬事项,并根据经理的提名决定聘任或者解聘公司副经理、财务负责人及其报酬事项;(十) 制定公司的基本管理制度;(十一) 公司章程规定的其他职权。

五、简要评论

股东决议（本案中将司法管理人的书面决议视为股东决议）变更公司法定代表人，大拇指公司董事会未执行股东决议，导致工商登记的法定代表人与股东任命的法定代表人不一致，进而引发了争议。

法律规定对法定代表人变更事项进行登记，其意义在于向社会公示公司意志代表权的基本状态。工商登记的法定代表人对外具有公示效力，如果涉及公司及股东以外的第三人因公司代表权而产生的外部争议，应以工商登记为准。而对于公司与股东之间因法定代表人任免产生的内部争议，则应以有效的股东会任免决议为准，并在公司内部产生法定代表人变更的法律效果。

法院在处理公司代表权纠纷案件时，应当建立公司内部争议和公司外部争议二元化价值体系，并按不同的纠纷类型适用不同的认定标准。在类似本案这种内部争议的情形下，所产生的法定代表人变更的法律效果应仅限于公司内部，公司的外部争议仍应当遵从"商事外观主义"这一实体处理原则，以保护善意第三人对工商登记的信赖利益。本案并未涉及第三人，争议双方为一人公司大拇指公司与其唯一股东环保科技公司，应以内部股东决议为准，保某某为法定代表人。

《中华人民共和国民事诉讼法》将法定代表人的姓名列入诉讼法律文书的必备内容，表明法定代表人享有公司诉讼的启动权。对当事人的诉讼代表权、代理人代理资格的审查，以及裁判文书列明的法定代表人，均应以工商登记为准。当工商登记的法定代表人与意思机关选任的代表人不同时，对外第三人很难进行认定，若不进入诉讼程序进行审理，是无法查清并予以确认的。实践中，对此类案件的处理差异较大，程序上存在将争议双方均作为或均不作为诉讼代表人的情形，最终处理上存在判决驳回诉讼请求或裁定驳回起诉等不同的处理方式①。

本案中大拇指公司是一人公司。一人公司又称为独资公司，在法理上有狭义和广义之分。狭义的一人公司又被称为形式意义上的一人公司，指股东仅有一人，全部出资或股份由一人拥有。广义上的一人公司除了包含形式意义上的一人公司外，还包含实质意义上的一人公司，指股东多人，但真实股东只有一人，其他股东仅为真实股东的利益持有股份。我国公司法规范中的一人公司仅指形式意义上的一人公司。对于实质意义上的一人公司，法律不设特别规制，在特殊情形下，可以通过公司人格否认制度来考虑公司的特定性质②。因此，一人公司的人格受到公司法的调整，其需要意思独立与财产独立。职工参与公司治理，发挥"利益相关者"的作用，也是受现代公司治理结构理论变化的大背景的推动。在治理结构方面，我国公司法规定，一人公司不设股东会，股东作出相关决议后采用书面形式，签名置备于公司。大拇指公司作为一人公司，

---

① 张伯娜：《公司内部的法定代表人任免争议应以股东会决议判定》，《人民司法》2015年第4期，第50-53页。
② 范健、王建文著：《公司法》（第五版），法律出版社2018年版，第210-211页。

环保科技公司作为其唯一股东,作出股东决议符合相关要求,应当生效,董事会也应当执行。

公司董事会作为股东会的执行机关,有义务执行股东会或公司唯一股东的决议。大拇指公司董事会应当根据其唯一股东环保科技公司的决议,办理董事及法定代表人的变更登记。关于公司与董事之间的关系,存在两种不同的学说。其一为英美法系的信托说或代理说。该说认为,董事是公司财产的受托人或代理人,在管理公司事务时必须诚实守信、勤勉并负有注意义务,同时不得使自己的利益和公司利益发生冲突。其二为大陆法系的委任说,如日本《商法典》第254条第3项规定:公司与董事之间的关系,依照有关委任的规定。而我国公司法对此未设明文,倾向性的观点也是将其视为委任关系。然而,董事作为公司的受任人,在处理公司事务时并不仅仅是与公司本身发生权利义务关系,而且在一定情况下还应就其事务处理行为与公司一起对第三人承担共同的连带责任。在这种情况下,董事与其说是公司的受任人,不如说是公司的代理人。因此本案中董事会的工商登记变更行为违背了其忠实勤勉义务。

我国公司法明确规定股东大会是公司的权力机构,但对董事会的性质则未有规定。在学理上,有学者认为董事会是公司的执行机构,而不是决策机构;有的学者认为,董事会既是执行机构又是决策机构①。无论是执行机构还是决策机构或两者并存,都未否认董事会的执行作用。在不违反章程和法律法规的情况下,董事会应当执行股东会的决议。本案中,董事违背其唯一股东的决议,擅自变更工商登记,造成了不必要的纠纷。

案例3-1-6 一般规定:法人的分支机构

一、基本案情

咸阳市渭城区人民法院审理钢绳厂诉西北公司买卖合同纠纷一案,于2002年11月27日作出(2002)咸渭经初字第130号民事判决,判决西北公司清偿货款与利息。在执行过程中,因被执行人无财产可供执行,咸阳市渭城区人民法院裁定终结执行程序。之后债权经多次转让,最后由瑞新公司受让。华宇公司兼并了西北公司,随后成立华宇西北公司。

瑞新公司诉至咸阳市中级人民法院,请求判令华宇公司和华宇公司乾县分公司(以下简称乾县分公司)共同给付其货款、诉讼费、执行费及利息。华宇公司辩称,其与瑞新公司之间不存在任何法律关系,此案违反"一事不再理"原则,瑞新公司将其作为被告系主体错误。乾县分公司辩称,分公司不具有法人资格,其民事责任应由总公司承担,瑞新公司的起诉明显存在主体错误。

---

① 罗培新:《股东会与董事会权力构造论:以合同为进路的分析》,《政治与法律》2016年第2期,第122-132页。

案号：最高人民法院（2015）民申字第 109 号

二、诉讼过程

陕西省咸阳市中级人民法院认为，西北公司欠钢绳厂的货款及利息，已被生效的法律文书确认，且该案正在执行当中。现瑞新公司对该生效判决所确定的内容没有异议，仅仅因为执行程序中发生了债权人和债务人的变更而提起诉讼，是就同一诉讼标的重复起诉，违背了"一事不再理"原则，裁定驳回起诉。瑞新公司不服，提起上诉。

陕西省高级人民法院裁定驳回上诉，维持原裁定。瑞新公司又申请再审。

最高人民法院认为，瑞新公司主张华宇公司、乾县分公司应向其支付的款项，与（2002）咸渭经初字第 130 号民事判决所确认的原西北公司应偿还钢绳厂的货款及利息一致。瑞新公司在对上述判决内容本身无异议的情况下，以判决确认债权受让人的身份，请求案涉债务的承受人偿还原债务，实质仍在于实现该生效判决确认的债权，应通过案件执行程序解决。执行法院虽曾裁定终结本次执行程序，但这不能改变该案已进入执行程序的事实，亦不影响该案债权受让人依法申请变更被执行人。至于该案被执行人应否变更为华宇公司和乾县分公司，则应由人民法院具体裁决，该问题应在执行程序中解决。瑞新公司以案涉债权经转让由其继受，债务经企业间兼并由他人承受为由起诉，违反"一事不再理"原则，故驳回其再审申请。

三、关联法条

《中华人民共和国民法典》

第六十条　法人以其全部财产独立承担民事责任。

第七十四条　法人可以依法设立分支机构。法律、行政法规规定分支机构应当登记的，依照其规定。

分支机构以自己的名义从事民事活动，产生的民事责任由法人承担；也可以先以该分支机构管理的财产承担，不足以承担的，由法人承担。

《中华人民共和国公司法》

第三条[①]　公司是企业法人，有独立的法人财产，享有法人财产权。公司以其全部财产对公司的债务承担责任。

公司的合法权益受法律保护，不受侵犯。

---

① 本案审理时，法院适用的是《中华人民共和国公司法》（2005 年版）第三条　公司是企业法人，有独立的法人财产，享有法人财产权。公司以其全部财产对公司的债务承担责任。

有限责任公司的股东以其认缴的出资额为限对公司承担责任；股份有限公司的股东以其认购的股份为限对公司承担责任。

第十三条① 公司可以设立子公司。子公司具有法人资格,依法独立承担民事责任。

公司可以设立分公司。分公司不具有法人资格,其民事责任由公司承担。

四、争议问题

总分公司的责任如何承担?

五、简要评论

本案一、二审与再审的重点在于认定是否违反"一事不再理"原则。对于两被告而言,还涉及总分公司的责任承担问题。

法人是具有独立法律人格的社会组织,公司是最典型的法人组织。民法通则将法人分为企业法人、机关事业单位法人和社会团体法人三类,公司属于其中的企业法人。民法典将法人分为营利法人、非营利法人和特别法人三类,公司属于其中的营利法人。民法通则对企业法人作重点规定,对机关事业单位和社会团体法人仅设一个条文,随着社会发展,此种法人分类出现问题。民法通则以所有制形态区分企业法人的方式已经不适合经济生活,无法涵盖层出不穷的各种形式的法人,比如基金会等组织形式。按照教育法的规定,不得以营利为目的举办学校,但目前民办学校的投资人都会要求从学校获得合理回报,民办学校和公办学校之间存在冲突,教育资金来源、政府支持力度、登记部门的差异②等等造成的差别待遇影响公平竞争,种种问题的出现需要民法典正视法人的类型问题。

在民法总则征求意见的过程中,有学者仍旧坚持传统的社团法人与财团法人的分类,认为从民法规范上来看,这种方式不会出现重复性规定,符合法人的基本构造和法律特征。也有学者反对这种观点:一是因为民法通则未采取社团法人和财团法人的分类,也并未影响法人制度在实践中的运转;二是因为社团法人和财团法人并无本质区别,社团法人中有财,财团法人中也有人。民法典采取营利法人与非营利法人的分类,有学者认为因设立目的和功能不同进行分类仍旧值得推敲,从制度规范层面上来看,并未抽出两者的共性规范,重复现有条文的部分较多,整体仍旧有些保守③。

以公司内部的组织关系为标准,可以将公司分为总公司和分公司。总公司是管辖公司全部组织的总机构,分公司是根据法人的意志在法人总部之外依法设立的法人分

---

① 本案审理时,法院适用的是《中华人民共和国公司法》(2005 年版)第十四条 公司可以设立分公司。设立分公司,应当向公司登记机关申请登记,领取营业执照。分公司不具有法人资格,其民事责任由公司承担。

公司可以设立子公司,子公司具有法人资格,依法独立承担民事责任。

② 事业单位类型的学校在事业单位登记管理机构登记,而民办非企业类型的学校在民政部门登记。

③ 《民法总则立法背景与观点全集》编写组:《民法总则立法背景与观点全集》,法律出版社 2017 年版,第 503-530 页。

部,其活动范围限于法人的活动范围内①。通常情况下,分支机构以自己的名义进行民事活动,享有民事权利,承担民事义务。分公司有自己的事务场所和办事机构,有总公司拨付的营运资金和授予管理的财产。按照公司法的规定,公司设立的分公司不具有法人资格,不具有独立的公司法人的权力机关和意思决定机构,各项重大事项要服从总公司权力机构或经营决策机构的决议或决定,其民事责任由该总公司承担。分支机构不能清偿债务时,由所属法人的财产清偿②。

与总分公司相对的是母子公司。依公司外部组织关系,可以将公司分为母公司和子公司。母公司是指因拥有其他公司一定比例股份,或者根据协议可以直接、间接控制或支配其他公司的公司,被控制或支配的公司为子公司,两者之间实际上是公司之间投资与被投资的关系。与分公司不同,子公司虽被母公司控制,但仍是独立法人,以自己的名义独立从事经营活动,以自身财产承担法律责任。母子公司可能形成关联公司或企业集团关系。若母公司被认为构成对子公司的过度控制,则可能依公司人格否认制度,使母公司对子公司债务承担法律责任③。对于本案两被告的责任承担,根据公司法的规定,乾县分公司不具有法人资格,无法独立承担民事责任。

案例 3-1-7 一般规定:法人的责任

一、基本案情

李某某原为临汾市浍河水库养鱼专业户。翼城县唐兴镇北关村村民委员会(以下简称北关村委会)为翼城县北关造纸厂和翼城县永盛造纸厂的开办单位,翼城县唐兴镇东关村村民委员会(以下简称东关村委会)为翼城县东关造纸一厂、翼城县东关第二造纸厂的开办单位,山西省翼城中学校(以下简称翼城中学)为翼城县中学造纸厂的开办单位。根据相关工商登记材料,翼城县北关造纸厂、翼城县永盛造纸厂、翼城县东关造纸一厂均领取了企业法人营业执照。翼城县东关第二造纸厂、翼城县中学造纸厂领取的是营业执照,营业执照所载明的核算形式均为独立核算。王某为原翼城县东关第二造纸厂承包人,贾某某为原翼城县中学造纸厂承包人。

案涉造纸厂污染浍河水库并发生养殖损失,李某某认为该水污染令其对案涉水库的投资受到损害,故向法院提起诉讼请求损害赔偿。双方当事人均不服一审判决,向山西省高级人民法院提起上诉。山西省高级人民法院对李某某提出的能以票据证明的损失共计 863 304 元予以认定,其余 1 184 221 元的损失仅由李某某提交的一些白条和证明条予以证明,且系李某某单方提供,对方当事人均不认可。大部分白条所载明的款项

---

① 范健、王建文著:《公司法》(第五版),法律出版社 2018 年版,第 72 页。
② 王晓芳:《分公司之间纠纷的法律性质》,《人民司法》2007 年第 2 期,第 88-91 页。
③ 范健、王建文著:《公司法》(第五版),法律出版社 2018 年版,第 72 页。

都未能显示是李某某对案涉水库的投资,其真实性及与本案的关联性不能确认。证明条属于证人证言,出具证明条的证人在一、二审时均未出庭,其真实性亦不能确认。故判决对 1 184 221 元的损失不予认定。二审法院判决翼城中学、东关村委会、北关村委会对其所开办的企业在判决生效后一个月内成立清算组进行清算,以清算完毕后的剩余资产对李某某的损失承担赔偿责任。李某某因不服二审判决,向最高人民法院申请再审。

案号:最高人民法院(2013)民申字第 547 号

二、诉讼过程

李某某申请再审时称北关村委会、东关村委会、翼城中学分别是其开办的造纸厂的出资人和合伙人,有在工商局备案的材料为证,其应以自身全部财产对李某某承担连带赔偿责任,二审判决认定其只承担清算责任,并仅以造纸厂清算完毕后的剩余资产承担赔偿责任的结论,是错误的。

北关村委会认为己方仅为翼城县北关造纸厂的开办单位,而非合伙人。翼城县永盛造纸厂是关建设个人创办的个体企业,与北关村委会无关。翼城中学认为己方并非本案的适格主体,并已履行二审判决确定的义务,对翼城县中学造纸厂进行了清算。李某某提交的白条、证明条不能作为定案依据,其要求赔偿经济损失,缺乏事实依据。

最高人民法院认为,根据相关工商登记材料,翼城县北关造纸厂、翼城县永盛造纸厂、翼城县东关造纸一厂均领取了企业法人营业执照,应以其经营管理或者所有的财产独立承担民事责任。翼城县东关第二造纸厂、翼城县中学造纸厂虽然领取的是营业执照,但营业执照所载明的核算形式均为独立核算,故亦应对外独立承担民事责任。李某某未提交证据证明上述开办单位存在注册资金投入不足或者转移占用被开办企业财产的情况,三开办单位只应承担清算责任,而不应与被开办企业承担连带赔偿责任。二审法院判令翼城中学、东关村委会、北关村委会对其所开办的企业在判决生效后一个月内成立清算组进行清算,以清算完毕后的剩余资产对李某某的损失承担赔偿责任,适用法律并无不当,故驳回李某某的再审申请。

三、关联法条

《中华人民共和国民法典》

第六十条[①] 法人以其全部财产独立承担民事责任。

[①] 本案审理时,法院适用的是《中华人民共和国民法通则》第四十八条 全民所有制企业法人以国家授予它经营管理的财产承担民事责任。集体所有制企业法人以企业所有的财产承担民事责任。中外合资经营企业法人、中外合作经营企业法人和外资企业法人以企业所有的财产承担民事责任,法律另有规定的除外。

第七十二条① 清算期间法人存续,但是不得从事与清算无关的活动。

法人清算后的剩余财产,按照法人章程的规定或者法人权力机构的决议处理。法律另有规定的,依照其规定。

清算结束并完成法人注销登记时,法人终止;依法不需要办理法人登记的,清算结束时,法人终止。

《中华人民共和国民事诉讼法》

第二百一十一条 当事人的申请符合下列情形之一的,人民法院应当再审:

(一) 有新的证据,足以推翻原判决、裁定的;

(二) 原判决、裁定认定的基本事实缺乏证据证明的;

(三) 原判决、裁定认定事实的主要证据是伪造的;

(四) 原判决、裁定认定事实的主要证据未经质证的;

(五) 对审理案件需要的主要证据,当事人因客观原因不能自行收集,书面申请人民法院调查收集,人民法院未调查收集的;

(六) 原判决、裁定适用法律确有错误的;

(七) 审判组织的组成不合法或者依法应当回避的审判人员没有回避的;

(八) 无诉讼行为能力人未经法定代理人代为诉讼或者应当参加诉讼的当事人,因不能归责于本人或者其诉讼代理人的事由,未参加诉讼的;

(九) 违反法律规定,剥夺当事人辩论权利的;

(十) 未经传票传唤,缺席判决的;

(十一) 原判决、裁定遗漏或者超出诉讼请求的;

(十二) 据以作出原判决、裁定的法律文书被撤销或者变更的;

(十三) 审判人员审理该案件时有贪污受贿,徇私舞弊,枉法裁判行为的。

四、争议问题

北关村委会、东关村委会、翼城中学应否承担连带赔偿责任?

五、简要评论

本案是环境污染侵权案件,受侵害人李某某在提起诉讼时不仅请求作为直接污染者的诸多造纸厂对其承担侵权责任,并请求北关村委会、东关村委会及翼城中学三个造纸厂开办主体对该侵害承担连带赔偿责任。最高人民法院认为,领取企业法人营业执照的造纸厂,应以其经营管理或者所有的财产独立承担民事责任;独立核算、领取营业执照的造纸厂,亦应对外独立承担民事责任。

具有独立的财产是法人的特征之一。法人的独立人格建立在法人具有独立财产的

---

① 本案审理时,法院适用的是《中华人民共和国民法通则》第四十条 法人终止,应当依法进行清算,停止清算范围外的活动。

基础之上,从而能够独立地从事民事活动,能够享有民事权利,具有民事行为能力。法人财产独立,也意味着法人财产独立于其他企业或法人的财产,独立于个人的财产。法人有了独立财产,就能够以其全部财产承担独立责任。企业法人是具有法律规定的独立财产,有健全的组织机构、组织章程和固定场所,能够独立承担民事责任、享有民事权利和承担民事义务的经济组织。非法人组织领取营业执照,由此具备合法经营权,虽无独立法人资格,但在一定情况下仍可对外承担民事责任。因此在本案中,最高人民法院认为这五个造纸厂均能对其造成的环境污染承担民事责任。

法人以独立财产独立承担民事责任,意味着股东的有限责任。有限责任制对经济的快速发展有着不可磨灭的功劳,也对债权人的利益存在不利影响。我国相关法律为平衡公司、股东、债权人三方的利益作出了努力。公司法的修订以及司法解释的更新[①]表明,股东仍需要在未缴纳出资、虚假出资或者抽逃出资的情况下,在认缴出资的范围内对公司债务承担补充赔偿责任。本案中,李某某的再审请求包括令北关村委会、东关村委会、翼城中学等造纸厂的开办单位承担连带赔偿责任,即是基于法人人格否认制度提出的请求。但最高人民法院认为,李某某并无证据证明上述开办单位存在需要承担补充赔偿责任的情形,故驳回李某某的再审申请。

案例 3-1-8 一般规定:法定代表人的代表权

一、基本案情

2017 年 3 月 30 日,华融江西分公司与金汇信托公司签订资金信托合同,约定将 24 000 万元信托资金以金汇信托公司的名义,向三环公司和盛隆公司发放信托贷款,资金用于补充企业流动资金。同日,三环公司、盛隆公司分别形成股东会决议,股东会决议分别载明同意借款。同日,金汇信托公司作为贷款人、三环公司作为借款人一、盛隆公司作为借款人二签订了信托贷款合同,并就贷款金额、用途、期限、救济措施等进行约定。2017 年 4 月 5 日,三环公司、盛隆公司分别签署借款凭证,确认收到借款 24 000 万元。2017 年 3 月 28 日,中天资产公司形成股东会决议,决议同意为三环公司、盛隆公司向此笔借款提供连带责任保证。2017 年 3 月 30 日,中天能源公司形成董事会决议,同意为三环公司、盛隆公司的此笔借款提供连带责任保证。同日,金汇信托公司作为债权人,与中天资产公司、中天能源公司、邓某某、黄某分别签订保证合同(一)至保证合同(四)。

---

① 2013 年修订的《中华人民共和国公司法》第二十六条虽然取消了有限责任公司最低额注册资本的规定,但为确保公司债权人的利益不受损,第二十条、第三十六条等规定强调股东应尽义务,避免公司资本不实影响公司的偿债能力。《最高人民法院关于适用〈中华人民共和国公司法〉若干问题的规定(三)》第十三条第二款、第十四条第二款则规定了出资瑕疵的股东须在公司债务不能清偿的部分内承担补充赔偿责任。

2019年4月18日,金汇信托公司与华融江西分公司签订了债权转让合同,约定将金汇信托公司截至2019年4月5日对三环公司、盛隆公司享有的债权本金2亿元,以及与标的债权相关的从权利一并转让给华融江西分公司。同日,金汇信托公司向三环公司、盛隆公司、中天资产公司、中天能源公司、邓某某、黄某寄送了债权转让通知书,告知前述债权转让合同签署事宜。2019年5月27日,华融江西分公司向浙江省杭州市中级人民法院提起诉讼请求判令三环公司、盛隆公司偿还本金及利息,中天资产公司、中天能源公司、邓某某、黄某对上述全部债务承担连带清偿责任。

案号:最高人民法院(2021)民申字第1267号

二、诉讼过程

浙江省杭州市中级人民法院认为金汇信托公司分别与中天资产公司、中天能源公司、邓某某、黄某签订的保证合同合法有效。中天能源公司抗辩称公司章程中规定对外提供担保单笔担保额超过最近一期经审计净资产10%的,应在公司董事会审议通过后提交股东大会审议通过,并向公众披露,而保证合同(二)仅经董事会审议,故保证合同(二)未生效。对此,法院审理发现,中天能源提供担保时的担保本金限额为24 000万元,并未超过2015年度或2016年度公司审计报告所载的所有者权益(或股东权益)的10%,该对外担保事项不构成必须提交股东大会审议的事项。中天能源公司已于2017年3月30日作出了董事会决议,符合公司法之规定。故中天能源公司关于保证合同(二)未生效的抗辩意见不能成立。法院判决三环公司、盛隆公司于判决生效之日起十日内向华融江西分公司归还借款本金2亿元及利息;中天资产公司、中天能源公司、邓某某、黄某就上述债务承担连带清偿责任。中天能源公司不服,提起上诉。

浙江省高级人民法院认为,中天能源公司的担保合同签订于2017年3月30日,该公司最近一期净资产审计报告应为2016年度的审计报告,故中天能源公司提供担保的范围无论按本金还是按本息计算均未超过公司净资产的10%,故此对外担保事项不构成必须提交股东大会审议的事项。判决驳回上诉,维持原判。

最高人民法院认为,依据上海证券交易所股票上市规则,公司净资产为不包括少数股东权益在内的归属于母公司的所有者权益,据此涉案担保金额已经超过上述10%的比例,故应当进一步由中天能源公司股东大会审议批准。因此,法定代表人未经授权擅自为他人提供担保,构成越权代表。但华融江西分公司已进行形式审查,尽到合理审查义务,属于善意相对人,保证合同(二)有效,最高人民法院遂驳回中天能源公司的再审申请。

三、关联法条

《中华人民共和国公司法》

第十五条① 公司向其他企业投资或者为他人提供担保,按照公司章程的规定,由董事会或者股东会决议;公司章程对投资或者担保的总额及单项投资或者担保的数额有限额规定的,不得超过规定的限额。

公司为公司股东或者实际控制人提供担保的,应当经股东会决议。

前款规定的股东或者受前款规定的实际控制人支配的股东,不得参加前款规定事项的表决。该项表决由出席会议的其他股东所持表决权的过半数通过。

《中华人民共和国民法典》

第六十一条② 依照法律或者法人章程的规定,代表法人从事民事活动的负责人,为法人的法定代表人。

法定代表人以法人名义从事的民事活动,其法律后果由法人承受。

法人章程或者法人权力机构对法定代表人代表权的限制,不得对抗善意相对人。

第五百零四条③ 法人的法定代表人或者非法人组织负责人超越权限订立的合同,除相对人知道或者应当知道其超越权限外,该代表行为有效,订立的合同对法人或者非法人组织发生效力。

第五百二十条 部分连带债务人履行、抵销债务或者提存标的物的,其他债务人对债权人的债务在相应范围内消灭;该债务人可以依据前条规定向其他债务人追偿。

部分连带债务人的债务被债权人免除的,在该连带债务人应当承担的份额范围内,其他债务人对债权人的债务消灭。

部分连带债务人的债务与债权人的债权同归于一人的,在扣除该债务人应当承担的份额后,债权人对其他债务人的债权继续存在。

债权人对部分连带债务人的给付受领迟延的,对其他连带债务人发生效力。

第五百四十六条④ 债权人转让债权,未通知债务人的,该转让对债务人不发生效力。

债权转让的通知不得撤销,但是经受让人同意的除外。

---

① 本案审理时,法院适用的是《中华人民共和国公司法》(2018年版)第十六条 公司向其他企业投资或者为他人提供担保,依照公司章程的规定,由董事会或者股东会、股东大会决议;公司章程对投资或者担保的总额及单项投资或者担保的数额有限额规定的,不得超过规定的限额。

公司为公司股东或者实际控制人提供担保的,必须经股东会或者股东大会决议。

前款规定的股东或者受前款规定的实际控制人支配的股东,不得参加前款规定事项的表决。该项表决由出席会议的其他股东所持表决权的过半数通过。

② 本案审理时,法院适用的是《中华人民共和国民法总则》第六十一条,与本条内容相同。

③ 本案审理时,法院适用的是《中华人民共和国合同法》第五十条 法人或者其他组织的法定代表人、负责人超越权限订立的合同,除相对人知道或者应当知道其超越权限的以外,该代表行为有效。

④ 本案审理时,法院适用的是《中华人民共和国合同法》第八十条 债权人转让权利的,应当通知债务人。未经通知,该转让对债务人不发生效力。

债权人转让权利的通知不得撤销,但经受让人同意的除外。

第五百四十七条① 债权人转让债权的,受让人取得与债权有关的从权利,但是该从权利专属于债权人自身的除外。

受让人取得从权利不因该从权利未办理转移登记手续或者未转移占有而受到影响。

第五百四十八条 债务人接到债权转让通知后,债务人对让与人的抗辩,可以向受让人主张。

第六百八十八条② 当事人在保证合同中约定保证人和债务人对债务承担连带责任的,为连带责任保证。

连带责任保证的债务人不履行到期债务或者发生当事人约定的情形时,债权人可以请求债务人履行债务,也可以请求保证人在其保证范围内承担保证责任。

第六百九十一条③ 保证的范围包括主债权及其利息、违约金、损害赔偿金和实现债权的费用。当事人另有约定的,按照其约定。

第七百条④ 保证人承担保证责任后,除当事人另有约定外,有权在其承担保证责任的范围内向债务人追偿,享有债权人对债务人的权利,但是不得损害债权人的利益。

四、争议问题

中天能源公司应否承担连带保证责任?

五、简要评论

法定代表人是指依照法律或者法人章程的规定,代表法人从事民事活动的负责人。民法典规定,法定代表人以法人名义从事的民事活动,其后果由法人承受。在法定代表人职权范围以内的事务,法定代表人所实施的行为由法人承担法律责任。本案涉及法定代表人超越法定或章程规定的职权限制对外越权提供担保,担保责任是否由担保人中天能源公司承担,取决于法定代表人的对外担保行为是否有效。根据民法典的规定,法定代表人越权担保行为有效的要件为相对人善意。

相关证据表明,华融江西分公司在订立保证合同时,对中天能源公司的董事会决议进行了形式审查,且中天能源公司对该董事会决议的真实性不持异议,董事会决议不仅

---

① 本案审理时,法院适用的是《中华人民共和国合同法》第八十一条 债权人转让权利的,受让人取得与债权有关的从权利,但该从权利专属于债权人自身的除外。
② 本案审理时,法院适用的是《中华人民共和国担保法》第十八条 当事人在保证合同中约定保证人与债务人对债务承担连带责任的,为连带责任保证。
连带责任保证的债务人在主合同规定的债务履行期届满没有履行债务的,债权人可以要求债务人履行债务,也可以要求保证人在其保证范围内承担保证责任。
③ 本案审理时,法院适用的是《中华人民共和国担保法》第二十一条 保证担保的范围包括主债权及利息、违约金、损害赔偿金和实现债权的费用。保证合同另有约定的,按照约定。
当事人对保证担保的范围没有约定或者约定不明确的,保证人应当对全部债务承担责任。
④ 本案审理时,法院适用的是《中华人民共和国担保法》第三十一条 保证人承担保证责任后,有权向债务人追偿。

同意为涉案债务提供担保,并声明担保金额和相关事项完全符合公司法和公司章程的规定。虽然中天能源公司公开披露的公司章程、对外担保管理制度、2016年年度报告显示,涉案担保数额超过公司最近一期经审计净资产的10%,应进一步提交股东大会审议通过,但上述公司章程和内部制度对相关担保的决议机关规定属于约定限制,相对人的审查义务并非基于其对外效力,故应以形式审查为限;且对外担保数额和公司资产的关系并不能从相关公开文件中直接获取,需要债权人进一步计算得出,故不能以上述文件对外公开披露就认定本案债权人已经知晓公司章程对涉案担保决议机关有明确规定,以及要求债权人在签订担保合同时对公司担保数额和公司资产的关系比例进行实质审查。对债务人董事会相关声明的真伪予以确认,亦增加了债权人的举证责任和交易成本。故华融江西分公司已经尽到合理审查义务,属于善意相对人,中天能源公司应对涉案三环公司、盛隆公司债务承担连带保证责任。

在贷款担保事务中,存在法人的法定代表人越权提供担保,却在被要求履行担保责任时以法定代表人超越内部权限为由推卸责任的情形。具体至本案,担保人还提出了债权人未尽到合理审查义务,不属于善意第三人的抗辩理由。经审理,最高人民法院认定债权人尽到了形式审查义务,属于善意相对人,故担保人的抗辩并不能成立。这也正契合了民法典的规定。为了避免法定代表人对外以法人名义从事活动时损害法人的利益,法人的组织章程或者法人的权力机构可能会对法定代表人的权限作出一些限制,法定代表人不得超越该权限对外代表法人从事民事活动①。法人对法定代表人的内部限制构成法定代表人的职权范围,但该内部限制不能因法定代表人超越职权范围而对抗善意第三人,否则法定代表人的职权限制将会导致大量的责任推卸,不利于交易的安全与公平。

案例 3-1-9 一般规定:法人的分立

一、基本案情

林某1系绣丰公司的法定代表人,孙某某系分立前机电公司及一得公司的法定代表人。2007年底,孙某某向林某1借款两次共计400万元,通过绣丰公司汇入孙某某指定的公司账户。后林某1将陈某1、陈某2、蔡某某、林某2等人转账到绣丰公司的2 250万元及其他现金,经绣丰公司转入一得公司账户,并由一得公司向他出具借条。双方约定借款月息3分,由孙某某直接支付。至2008年6月,林某1出借给孙某某的款项累计达2 490万元。2008年7月1日,孙某某向林某1出具委托书一份,载明"兹全权委托一得公司代本公司处置位于慈溪市道林镇新园村汽配机电市场内房产、室内装修及附属设施,并有权代表本公司签署房地产转让相关协议及收取相关转让款项"。委托书加盖了

---

① 最高人民法院民法典贯彻实施工作领导小组主编:《中华人民共和国民法典总则编理解与适用(上)》,人民法院出版社2020年版,第321页。

机电公司印章,并经孙某某签名。2008年7月2日,孙某某以机电公司名义与绣丰公司签订房地产转让协议,约定机电公司将坐落于慈溪市逍林镇新园村的房产、室内装修、附属设施及房产项下的土地使用权转让给绣丰公司,转让价2740万元,转让价款与绣丰公司法定代表人林某1出借给孙某某(含其为法定代表人的相关企业)的借款本息相折抵,具体抵付金额以借条为准,若有余款,绣丰公司在办妥房地产权证过户手续后十日内付清。孙某某与一得公司为前述房地产转让协议提供担保约定:即使本协议无效,担保人对本协议项下甲方应承担的责任(含赔偿责任、转让款返还责任)仍愿意承担连带保证责任。林某1在协议上签名并加盖公司印章,孙某某与一得公司分别在担保人栏签名、加盖公司印章,协议中甲方(机电公司)处盖有机电公司印章。

后机电公司派生分立投资公司、汽配公司,保留机电公司。绣丰公司于2009年2月6日向浙江省慈溪市人民法院起诉,请求机电公司、投资公司和汽配公司履行房地产转让协议,孙某某与一得公司承担连带责任。

案号:最高人民法院(2012)民提字第208号

二、诉讼过程

浙江省慈溪市人民法院认为,绣丰公司有理由相信孙某某代表机电公司与其签订房地产转让协议系作为法定代表人的职务行为。机电公司在协议订立后派生分立出的投资公司和汽配公司应对债务承担连带责任。机电公司不服,提起上诉。

浙江省宁波市中级人民法院判决驳回上诉,维持原判。机电公司不服,申请再审。浙江省高级人民法院认为,孙某某作为机电公司法定代表人,未经股东会决议擅自与绣丰公司签订协议,超越了法定代表人的权限,违反了机电公司章程的规定,属越权代表行为,其效力应根据相对人是否善意作出判断。机电公司在转让协议中仅承担义务,不享有权利,严重损害公司及公司其他股东的利益。绣丰公司(林某1)从协议内容分析即应当知道孙某某签订该协议系超越权限而为。事后机电公司或其分立后承受权利义务的公司均未进行追认,该代表行为无效。绣丰公司不服,向最高人民法院申请再审。

最高人民法院认为,浙江省高级人民法院认定孙某某代表行为无效、房地产转让协议不能约束机电公司并无不当。绣丰公司要求机电公司依据房地产转让协议承担责任的诉请于法无据,本院不予支持。

三、关联法条

《中华人民共和国民法典》

第六十一条 依照法律或者法人章程的规定,代表法人从事民事活动的负责人,为法人的法定代表人。

法定代表人以法人名义从事的民事活动,其法律后果由法人承受。

法人章程或者法人权力机构对法定代表人代表权的限制,不得对抗善意相对人。

第六十七条　法人合并的,其权利义务由合并后的法人享有和承担。

法人分立的,其权利义务由分立后的法人享有连带债权,承担连带债务,但是债权人和债务人另有约定的除外。

第一百七十条　执行法人或者非法人组织工作任务的人员,就其职权范围内的事项,以法人或者非法人组织的名义实施的民事法律行为,对法人或者非法人组织发生效力。

法人或者非法人组织对执行其工作任务的人员职权范围的限制,不得对抗善意相对人。

第五百零四条① 　法人的法定代表人或者非法人组织的负责人超越权限订立的合同,除相对人知道或者应当知道其超越权限外,该代表行为有效,订立的合同对法人或者非法人组织发生效力。

《中华人民共和国公司法》

第十五条② 　公司向其他企业投资或者为他人提供担保,按照公司章程的规定,由董事会或者股东会决议;公司章程对投资或者担保的总额及单项投资或者担保的数额有限额规定的,不得超过规定的限额。

公司为公司股东或者实际控制人提供担保的,应当经股东会决议。

前款规定的股东或者受前款规定的实际控制人支配的股东,不得参加前款规定事项的表决。该项表决由出席会议的其他股东所持表决权的过半数通过。

四、争议问题

孙某某代表机电公司签订房地产转让协议行为的效力。

五、简要评论

相较于民法通则的规定,民法典关于法定代表人的规定存在以下变化:1."法人的组织章程"改为"法人章程"。2.明确法定代表人是代表法人从事民事活动的负责人。3.明确规定法定代表人的越权代表行为不得对抗善意相对人。"善意相对人"应为与法人形成民事法律关系,但不知且不应当知道该法定代表人代表权受限的相对人。此处的"不知",包括事实不知与推定不知。"不知"是对相对人事实状态的一种描述,然而"是否知道"难以直接判断,故各国均允许推定。当该项代表权限并未登记时,除非有相

---

① 　本案审理时,法院适用的是《中华人民共和国合同法》第五十条　法人或者其他组织的法定代表人、负责人超越权限订立的合同,除相对人知道或者应当知道其超越权限的以外,该代表行为有效。

② 　本案审理时,法院适用的是《中华人民共和国公司法》(2005年版)第十六条　公司向其他企业投资或者为他人提供担保,依照公司章程的规定,由董事会或者股东会、股东大会决议;公司章程对投资或者担保的总额及单项投资或者担保的数额有限额规定的,不得超过规定的限额。

公司为公司股东或者实际控制人提供担保的,必须经股东会或者股东大会决议。

前款规定的股东或者受前款规定的实际控制人支配的股东,不得参加前款规定事项的表决。该项表决由出席会议的其他股东所持表决权的过半数通过。

反证据证明,即应当推定相对人不知①。此处的"不应当知道",是对相对人"不知"这一事实状态所做的评价,指的是相对人对不知情没有过失。虽然相对人并无查阅登记簿的义务,但如果根据交易性质、金额或者交易习惯等,法定代表人超越权限如此显而易见,以至于只要不是熟视无睹就不可能不知道,则相对人难谓"不应当知道",由此他不得主张自己为善意②。

本案中,假定孙某某作为法定代表人以机电公司名义转让房产、绣丰公司向机电公司支付相应转让款属于公司正常的经营活动,即使机电公司内部章程对孙某某的代表权有限制性规定,也不具有对抗外部相对人的效力。然而本案房地产转让协议条款使机电公司只承担巨额债务而不能获得任何对价,不属于公司正常的经营活动。且孙某某同时代表公司和个人签约,将机电公司财产用以偿还自己及自己控制的一得公司的债务,行为后果是将公司利益转移给个人,具有明显的超越代表权的外在表现。因此对关联担保这种无对价的特殊交易,公司法规定必须经股东会同意。

比关联担保更为严重的是股东及法定代表人清偿债务,且公司直接对外承担债务而不能取得经营利益的行为,如未经股东会同意,将构成侵占公司财产。孙某某不能提供股东会同意的证明,绣丰公司根据房地产转让协议应当知道孙某某的行为不是为机电公司经营活动所从事的职务行为,而是违反公司法强制性规定的侵占公司财产的行为。绣丰公司以协议和委托书加盖了机电公司公章为由主张善意信赖孙某某代表权的理由不能成立。综合考虑本案的交易过程和事实,绣丰公司应当知道孙某某的签约超越代表权限,不属于善意相对人,孙某某的代表行为无效,房地产转让协议不能约束机电公司。因此,法定代表人越权行为的效力,在具体案件中要结合法律规定、交易性质、金额以及相对人是否善意等情境综合判定。

法人的分立,是指一个法人分成两个或两个以上新法人的行为,主要有新设分立和派生分立两种类型。新设分立又名创设分立,是指将原来一个法人分割成两个或两个以上新的法人,原法人资格消灭。派生分立又名存续分立,是指将原来法人分出一部分,成立新的法人,原法人资格仍然存在。法人分立的后果,除法人资格的变化外,还有债权债务关系的变化。民法典规定,无论是新设分立还是派生分立,法人分立后的权利义务,由分立后的法人享有连带债权,承担连带债务,债权人和债务人另有约定的除外,且不得对抗善意第三人。本案中,假设绣丰公司为善意相对人,孙某某越权代表行为的效力归属于机电公司,则机电公司在房地产转让协议订立后派生分立出的投资公司和汽配公司,应对机电公司在房地产转让协议项下的债务承担连带责任。

---

① 朱广新:《法定代表人的越权代表行为》,《中外法学》2012年第3期,第484-502页。
② 陈甦主编:《民法总则评注(上册)》,法律出版社2017年版,第425页。

案例 3-2-1 营利法人：滥用出资人权利的证明

一、基本案情

1996年3月26日，金玉集团公司与华润集团公司经批准共同投资设立华润金玉公司。1998年2月18日，金玉集团公司与华润集团公司另经批准共同设立木糖醇公司。

1998年6月15日，金玉集团公司向肇东建行借款人民币3.27亿元，华润金玉公司提供抵押担保。肇东建行依约向金玉集团公司发放了人民币3.27亿元贷款。2001年6月1日金玉集团公司将其持有的木糖醇公司全部股权以1元的对价转让给华润总公司，木糖醇公司于同年11月更名为华润酒精公司。华润总公司、华润集团公司系华润酒精公司的控股股东，华润金玉公司系与华润酒精公司不存在控制关系的关联方。

2002年12月31日，中国银行黑龙江省分行（以下简称省中行）、华润金玉公司、华润酒精公司与华润集团公司签订协议书，协议各方同意就华润金玉公司1998年4月至1999年12月期间分19次向省中行所借3.98亿元贷款以及华润集团公司向省中行所借人民币3000万元进行债务重组。华润金玉公司和华润酒精公司分别承担前述人民币3.98亿元和3000万贷款合计人民币4.28亿元贷款本金的50%。2003年6月18日，省中行与华润金玉公司、华润酒精公司、金玉集团公司签订债务转移协议，将金玉集团公司对省中行的债务转移给华润金玉公司和华润酒精公司。

2003年8月4日，肇东建行与华润金玉公司、金玉集团公司签订借款债务转移协议，将金玉集团公司对肇东建行的债务转移给华润金玉公司和华润酒精公司。华润酒精公司股东经过多次变更后，于2006年变更为外商独资企业，并于2007年3月更名为中粮生化公司。

2004年6月28日，肇东建行将其对华润金玉公司的债权转让给中国信达资产管理公司哈尔滨办事处，后者于2004年11月29日将该债权转移给东方资产公司。东方资产公司向黑龙江省高级人民法院起诉称，华润金玉公司的大股东华润集团公司利用其控股地位，将华润金玉公司的人员、资产、业务转移至中粮生化公司，造成华润金玉公司法人资格的形骸化，丧失了偿债能力。请求法院判令华润金玉公司偿还东方资产公司欠款，华润集团公司、金玉集团公司、华润总公司和中粮生化公司应对华润金玉公司的债务承担连带清偿责任。

案号：最高人民法院(2012)民四终字第14号

二、诉讼过程

黑龙江省高级人民法院认为：1. 东方资产公司主张华润金玉公司偿还欠款本金于

法有据，应予支持。但华润金玉公司和华润酒精公司是两个独立的法律实体和经营实体，双方财产独立，交易往来账目清晰，东方资产公司提供的证据不能证明华润金玉公司的人员、资产、业务转移至中粮生化公司，也未能提供证据证明华润金玉公司法人资格形骸化，故对东方资产公司请求中粮生化公司承担连带清偿责任的主张不予支持。2. 东方资产公司未提供证据证明华润金玉公司的股东华润集团公司与金玉集团公司在中粮生化公司与华润金玉公司的资产重组中滥用股东权利逃避债务，亦不能证明华润集团公司与金玉集团公司的行为造成华润金玉公司法人资格形骸化，故对其请求华润集团公司与金玉集团公司承担连带清偿责任的主张不予支持。3. 东方资产公司未提供证据证明华润总公司是华润金玉公司和中粮生化公司的实际控制人，也未提供证据证明华润总公司对本案争议的两公司重组等事宜实施了控制，故对其请求华润总公司应对华润金玉公司的债务承担连带责任的主张不予支持。

东方资产公司不服一审判决，向最高人民法院提起上诉，上诉时未将华润总公司列为被上诉人，并明确表示不再对华润总公司主张任何权利。最高人民法院认为，东方资产公司未提供充分的证据证明其提出的上诉理由与查明事实的真实性，一审法院认为东方资产公司要求中粮生化公司承担连带清偿责任的主张没有事实和法律依据，对东方资产公司提出的华润集团公司、金玉集团公司应对华润金玉公司的债务承担连带清偿责任的主张不予支持并无不当，因此判决驳回上诉，维持原判。

三、关联法条

《中华人民共和国民法典》

第八十三条　营利法人的出资人不得滥用出资人权利损害法人或者其他出资人的利益；滥用出资人权利造成法人或者其他出资人损失的，应当依法承担民事责任。

营利法人的出资人不得滥用法人独立地位和出资人有限责任损害法人债权人的利益；滥用法人独立地位和出资人有限责任，逃避债务，严重损害法人债权人的利益的，应当对法人债务承担连带责任。

第五百四十六条[①]　债权人转让债权，未通知债务人的，该转让对债务人不发生效力。

债权转让的通知不得撤销，但是经受让人同意的除外。

《中华人民共和国公司法》

[①] 本案审理时，法院适用的是《中华人民共和国合同法》第八十条　债权人转让权利的，应当通知债务人。未经通知，该转让对债务人不生效力。

债权人转让权利的通知不得撤销，但经受让人同意的除外。

第二十一条[①] 公司股东应当遵守法律、行政法规和公司章程,依法行使股东权利,不得滥用股东权利损害公司或者其他股东的利益。

公司股东滥用股东权利给公司或者其他股东造成损失的,应当承担赔偿责任。

四、争议问题

债务人华润金玉公司的大股东华润集团公司与关联公司中粮生化公司是否应承担连带清偿责任?

五、简要评论

公司股东承担有限责任是公司制度得以盛行的基础,与法人人格独立互相支撑,保护公司与股东的正当利益。但若无适当法律法规对债权人加以保护,公司债权人的正当利益无疑会受到一定的影响甚至侵害。股东滥用有限责任或者恶意利用有限责任制度严重损害债权人利益(即本案原告所称"法人资格形骸化")时应当否认该股东的有限责任,由其对公司债务承担连带责任,这一制度被称为"法人人格否认",英美法称之为"刺破法人面纱",我国公司法也有相关规定。突破股东有限责任,使股东对公司债务承担连带责任,并非全面否定法人人格,而是个别地、相对地否定法人人格。该特定事件之外,法人仍具有独立法人人格,股东仅承担有限责任。公司人格否认制度并非对公司法人制度的动摇和否定,而是对公司法人制度的坚持,是对有限责任的修正,其目的是使公司法人制度和有限责任原则更好地发挥作用,是公平和正义理念在公司制度中的进一步弘扬和体现[②]。

公司人格形骸化指的是公司与股东完全混同,包括财产混同、业务混同、组织机构混同和人格混同等。债权人要"刺破法人面纱",应当就其主张的股东滥用权利导致公司人格形骸化承担举证责任。本案中,东方资产公司就其"法人人格形骸化"的主张须证明华润集团公司利用其控股地位,令其与华润金玉公司财产混同、人员混同或机构混同;或者股东将公司主要的人、财、物、主要业务等脱离,另行组成新公司独立经营,导致原公司彻底沦为一个空壳。东方资产公司的理由更贴近于华润集团公司利用其控股地位令华润金玉公司空壳经营。最高人民法院认为,根据民事证据规则,东方资产公司作为债权人并无充足证据证明华润金玉公司的人员、资产、业务等无偿转移至中粮生化公司,更未提供证据证明华润集团公司利用其控股地位从事了上述行为,相关证据也证明

[①] 本案审理时,法院适用的是《中华人民共和国公司法》(2005年版)第二十条 公司股东应当遵守法律、行政法规和公司章程,依法行使股东权利,不得滥用股东权利损害公司或者其他股东的利益;不得滥用公司法人独立地位和股东有限责任损害公司债权人的利益。

公司股东滥用股东权利给公司或者其他股东造成损失的,应当依法承担赔偿责任。

公司股东滥用公司法人独立地位和股东有限责任,逃避债务,严重损害公司债权人利益的,应当对公司债务承担连带责任。

[②] 冯果著:《公司法》(第三版),武汉大学出版社2017年版,第117页。

华润金玉公司与中粮生化公司是独立的法律实体和经营实体,二者并无财产混同、人员混同等情况,故不适用公司法人人格否认规则。

民法典总则编在公司法的基础上,将适用对象由"公司股东"修改为"营利法人的出资人",扩大了股东权利滥用禁止与法人人格否认制度的适用范围。营利法人资不抵债时通过破产清算程序予以终结,合法权益受到侵害的债权人可以把相互转移财产的公司及其子公司作为共同被告,相互转移财产的公司与滥用权利的股东均承担连带责任,以此否定法人独立人格,但当事人应当严格举证。本案中,债权人无法完成严格举证,从而不能适用法人人格否认规则。

案例3-2-2 营利法人:一致行动人

一、基本案情

2009年,百科投资与宋都集团签订《关于重组辽宁百科集团(控股)股份有限公司的框架协议》(以下简称《框架协议》),约定宋都集团通过资产置换加资产注入等方式对宋都基业进行资产重组,通过一系列行为,确保宋都基业成为一家扣除欠宋都集团的1亿元欠款外无资产、无其他负债、无人员的净壳上市公司。同年12月,百科投资与宋都控股签订股权转让协议,将百科投资持有的宋都基业股权转让给宋都控股,转让价款为3亿元。同日,宋都基业与宋都控股、平安置业、郭某某签订置换协议,约定宋都控股、平安置业、郭某某分别持有宋都集团72%、20%、8%的股权,并按比例与宋都基业全部资产和负债进行等值资产置换。

2010年1月13日,百科投资与宋都控股签订《关于资产置出工作的补充协议》(以下简称《补充协议》),约定在标的股票交割之前,百科投资确保宋都基业遵照置换协议约定,处理好自身资产、负债的整理工作及相关人员的劳动合同过渡等准备工作;自该协议签订之日起,宋都基业即开始注册一家全资子公司,拟将宋都基业名下现有的全部资产、负债、长期投资等拟置出资产注入该全资子公司,该子公司的经营由宋都基业现有经营团队负责,新任宋都基业董事会不得干涉全资子公司的经营事项。宋都控股和郭某某承诺在本次交易获得证监会批准后,在置换协议或补充协议约定的交易交割日将本次交易中的拟置出资产无偿赠与百科投资。2010年3月2日,依宋都基业申请,其全资子公司百科板材领取法人营业执照。3月19日,百科投资将宋都基业的管理权移交给宋都控股、平安置业和郭某某。同年12月,宋都基业将百科板材的出资份额通过拍卖方式转让给他人。

至2009年底,宋都基业对本钢板材股份有限公司(以下简称本钢板材)拥有债权4 189.536 146万元,也未按照《框架协议》移交给百科投资。宋都控股、郭某某违反约定,在交易交割日将本应交付百科投资的包含该笔债权在内的置出资产交付案外人崇和公司。

2011年,百科投资起诉称:宋都基业等违反《框架协议》等约定,将应作为重组置出资产的宋都基业对本钢板材的债权转让给他人,宋都控股、平安置业、郭某某及宋都集团作为宋都基业的实际控制主体,违反其与百科投资之间的一系列协议的约定,滥用公司法人独立地位和股东有限责任,故请求判令四被告共同赔偿百科投资损失,宋都基业承担连带责任。

案号:最高人民法院(2014)民提字第6号

二、诉讼过程

辽宁省沈阳市中级人民法院认为:1. 根据证监会网站上的报告,本案与百科投资交易的三主体均系宋都集团的股东,持有宋都集团的全部出资份额,应认定宋都控股、平安置业、郭某某及宋都集团均为与百科投资发生资产置换及股权转让行为的一致行动人,各方应严格履行合法有效的《框架协议》。现四者未按照约定移交宋都基业在本钢板材的债权系违约行为,故应当承担违约责任。2. 连带责任需有约定或法定的依据,对原告要求宋都基业承担连带责任的主张不予支持。四被告不服提出上诉。

辽宁省高级人民法院驳回上诉,维持原判。宋都控股向最高人民法院申请再审。

最高人民法院认为,以平安置业、宋都集团、宋都控股、郭某某为资产置换的一致行动人为由判令平安置业和宋都集团共同承担赔偿责任属法律适用错误。宋都控股和郭某某应承担其违反承诺函的违约责任,平安置业、宋都集团、宋都基业不对百科投资承担赔偿责任。因此,再审法院撤销一、二审判决并驳回百科投资的诉讼请求。

三、关联法条

《中华人民共和国民法典》

第八十三条 营利法人的出资人不得滥用出资人权利损害法人或者其他出资人的利益;滥用出资人权利造成法人或者其他出资人损失的,应当依法承担民事责任。

营利法人的出资人不得滥用法人独立地位和出资人有限责任损害法人债权人的利益;滥用法人独立地位和出资人有限责任,逃避债务,严重损害法人债权人的利益,应当对法人债务承担连带责任。

《中华人民共和国公司法》

第二十一条[①] 公司股东应当遵守法律、行政法规和公司章程,依法行使股东权利,不得滥用股东权利损害公司或者其他股东的利益。

[①] 本案审理时,法院适用的是《中华人民共和国公司法》(2013年版)第二十条 公司股东应当遵守法律、行政法规和公司章程,依法行使股东权利,不得滥用股东权利损害公司或者其他股东的利益;不得滥用公司法人独立地位和股东有限责任损害公司债权人的利益。

公司股东滥用股东权利给公司或者其他股东造成损失的,应当依法承担赔偿责任。

公司股东滥用公司法人独立地位和股东有限责任,逃避债务,严重损害公司债权人利益的,应当对公司债务承担连带责任。

公司股东滥用股东权利给公司或者其他股东造成损失的,应当承担赔偿责任。

《上市公司收购管理办法》

第八十三条 本办法所称一致行动,是指投资者通过协议、其他安排,与其他投资者共同扩大其所能够支配的一个上市公司股份表决权数量的行为或者事实。

在上市公司的收购及相关股份权益变动活动中有一致行动情形的投资者,互为一致行动人。如无相反证据,投资者有下列情形之一的,为一致行动人:

(一)投资者之间有股权控制关系;

(二)投资者受同一主体控制;

(三)投资者的董事、监事或者高级管理人员中的主要成员,同时在另一个投资者担任董事、监事或者高级管理人员;

(四)投资者参股另一投资者,可以对参股公司的重大决策产生重大影响;

(五)银行以外的其他法人、其他组织和自然人为投资者取得相关股份提供融资安排;

(六)投资者之间存在合伙、合作、联营等其他经济利益关系;

(七)持有投资者30%以上股份的自然人,与投资者持有同一上市公司股份;

(八)在投资者任职的董事、监事及高级管理人员,与投资者持有同一上市公司股份;

(九)持有投资者30%以上股份的自然人和在投资者任职的董事、监事及高级管理人员,其父母、配偶、子女及其配偶、配偶的父母、兄弟姐妹及其配偶、配偶的兄弟姐妹及其配偶等亲属,与投资者持有同一上市公司股份;

(十)在上市公司任职的董事、监事、高级管理人员及其前项所述亲属同时持有本公司股份的,或者与其自己或者其前项所述亲属直接或者间接控制的企业同时持有本公司股份;

(十一)上市公司董事、监事、高级管理人员和员工与其所控制或者委托的法人或者其他组织持有本公司股份;

(十二)投资者之间具有其他关联关系。

一致行动人应当合并计算其所持有的股份。投资者计算其所持有的股份,应当包括登记在其名下的股份,也包括登记在其一致行动人名下的股份。

投资者认为其与他人不应被视为一致行动人的,可以向中国证监会提供相反证据。

四、争议问题

一致行动人的认定。

五、简要评论

借壳上市是资本市场上常见的并购方式之一,是一种重要的间接上市途径。一般是非上市公司(借壳公司)通过收购或者其他合法方式获得上市公司(壳公司)的实际控制权,将原上市公司的资产、业务进行必要处理或者剥离后,再将自己所属业务注入已上市公司成为其主营业务,从而实现未上市资产和业务间接上市的行为。借壳上市往往是上市公司的母公司(集团公司)通过将主要资产注入上市子公司的方式实现上市。壳公司分为实壳公司、空壳公司和净壳公司三种类型。净壳公司指上市公司将全部资产、负债、业务及人员等置出,不再从事原来的主营业务,无负债、无法律纠纷、无违反上市交易规则、无遗留资产。本案中的宋都基业属于净壳公司。宋都集团欲借其子公司宋都基业上市,为借壳公司。

按照借壳上市的流程,首先要取得壳公司的控制权,然后进行资产置换。壳公司控制权的取得有股份转让、增发新股和间接收购三种方式。股份转让是指壳公司原控股股东将所持有的壳公司股份通过股权转让协议的方式转让给拟借壳上市企业,拟借壳公司以现金为对价收购该部分股份。借壳公司完成对上市壳公司的控股后,由壳公司向借壳公司的全体(或控股)股东定向增发新股,收购其持有的借壳公司股权。壳公司向其原控股股东出售其原有的业务及资产,原控股股东以现金为对价收购此部分资产[①]。宋都集团欲与宋都基业的原股东百科投资签订股权转让协议,采用的是股权转让的方式。取得控制权后进行资产置换,通过重组后的董事会对上市壳公司进行清理和内部重组,剥离不良资产,整顿提高壳公司原有的业务状况,改善经营业绩。

资产重组主要有壳公司原有资产负债置出和借壳公司的资产负债置入两种方式。壳公司原有资产负债置出包含关联置出和非关联置出。关联置出是指向壳公司原股东转让,或者由借壳公司接收。宋都控股、平安置业、郭某某与百科投资约定,此部分置出资产无偿赠与百科投资,百科投资不需要用现金购买,也属于关联置出。

我国允许收购人以取得股权的方式成为上市公司的控股股东。收购人包括投资者和与其一致行动的他人,本案属于一致行动人收购。一致行动人是指,在上市公司的收购及相关股份权益变动活动中有一致行动情形的投资者,他们之间互为一致行动人。一般情形下,一致行动人之间有股权控制关系,或者共受同一主体控制等关联关系。能够成为一致行动人的前提条件是,他们可以通过协议、其他安排等方式,共同持有壳公司具有表决权的股份,以此才能形成合力达到实际控制壳公司的目的。因此,在借壳上市过程中,收购人的子公司仅向壳公司注入资产并未实际获得壳公司股权的,即使收购人与子公司具有关联关系,也不应认定二者为"一致行动人"。百科投资认为宋都控股、平安置业和郭某某持有宋都集团的全部股份,三个股东与宋都集团存在经济利益关系,构成一致行动人。但实际情况是,宋都集团向宋都基业注入资产,宋都基业的实际控制权和经营权转让于宋都集团的三股东,宋都集团并未获得股权。因此本案中,虽然宋都集团的股份由平安置业、宋都控股和郭某某持有,但是难以认定四者为一致行动人。

---

① 郑云瑞著:《公司法学》,北京大学出版社2016年版,第300-305页。

案例3-2-3 营利法人：法定代表与法定代理

一、基本案情

王某某为九江公司的法定代表人。2001年10月26日，股东会决议同意其以公司名义投标珠海北岭村旧城改造项目，投资责任等均由其个人承担。2002年5月8日，杨某某、王某某、陈某某、林某某签订《投资珠海市北岭旧村改造前期投标协议书》（以下简称《协议书》），约定各自出资，由王某某所在九江公司投标，后期权责利各自分担。

2002年6月10日，中邦公司核准成立，法定代表人为王某某，登记股东为九江公司、杨某某、陈某某、林某某，公司董事为王某某、杨某某、陈某某、林某某。8月9日，中邦公司董事会作出决议，同意部分股东退股。如果改造项目成功，退股人不得参加分红，仅可取得一定的门面和地价指标；如果改造项目失败，经营者不赔偿投资人损失。8月18日，王某某代表九江公司退股，其持有的33%股权转让给杨某某，中邦公司的法定代表人变更为杨某某。同日，杨某某签署承诺书，加盖中邦公司公章，约定因九江公司积极退股，项目操作期间愿请王某某协助工作，每月上班10天工资为1万元，该项目今后所得利润分给王某某20%，另安排协议外2万平方米的第一期土建施工指标。退股协议上有王某某和杨某某的签名，并盖有九江公司和中邦公司公章。

10月8日，王某某、杨某某、陈某某、林某某四人召开中邦公司旧股东会，并通过了旧股东会决议，公司原股东九江公司愿意出让其持有的本公司33%股权给股东杨某某。转让后，原股东九江公司、陈某某、林某某在公司中的权利、义务终止。该决议上有四人签名并加盖九江公司和中邦公司公章。10月28日，中邦公司办理了变更登记手续，将公司法定代表人变更为杨某某，公司股东变更为李某和杨某某，其中李某出资100万，占股10%；杨某某出资900万，占股90%。

2004年10月9日，中邦公司名称变更为正邦公司，股东几经变更。2008年8月25日，杨某某将其在正邦公司的全部股份转出。自2008年8月起，清能公司成为正邦公司的股东，至同年12月，持股100%。后期九江公司、正邦公司与杨某某之间发生多次纠纷。九江公司起诉请求正邦公司支付北岭村改造项目20%的利润暂计900万元。

案号：最高人民法院（2015）民提字第69号

二、诉讼过程

广东省珠海市中级人民法院一审未支持九江公司的全部请求，九江公司提出上诉。广东省高级人民法院以原判决认定事实不清、证据不足为由，将本案发回重审。

珠海市中级人民法院重审认为：1. 在项目改造事务上，九江公司与王某某存在人格混同,九江公司可以作为原告主张承诺书中载明的给王某某的利益。2. 承诺书有效,驳回九江公司其他诉讼请求。九江公司提出上诉。

广东省高级人民法院支持了九江公司的请求,认为正邦公司负有向九江公司支付利润的义务。正邦公司不服,向最高人民法院申请再审。

最高人民法院判决撤销广东省高级人民法院判决并驳回九江公司的诉讼请求。理由有:1. 承诺书有效。虽然承诺书将王某某列为受益人,但享有中邦公司股权的是九江公司而非王某某个人,因此,20%利润的受益人是九江公司。2. 杨某某虽然签署承诺书并加盖中邦公司公章,但杨某某当时非中邦公司的法定代表人,无权代表,不能以此认定中邦公司的真实意思表示,而应当认定为杨某某个人的真实意思。3. 杨某某与九江公司先后签订了多份协议。从事实发展经过可以看出,承诺书已经被此后履行的协议替代,九江公司与杨某某之间因中邦公司33%股权转让产生的债权债务关系应当认定已经因履行完毕而终止。因此,九江公司无权再根据承诺书向杨某某主张权利,更无权向正邦公司主张权利。

三、关联法条

《中华人民共和国民法典》

第八十三条　营利法人的出资人不得滥用出资人权利损害法人或者其他出资人的利益;滥用出资人权利造成法人或者其他出资人损失的,应当依法承担民事责任。

营利法人的出资人不得滥用法人独立地位和出资人有限责任损害法人债权人的利益;滥用法人独立地位和出资人有限责任,逃避债务,严重损害法人债权人的利益的,应当对法人债务承担连带责任。

《中华人民共和国公司法》

第二十一条[①]　公司股东应当遵守法律、行政法规和公司章程,依法行使股东权利,不得滥用股东权利损害公司或者其他股东的利益。

公司股东滥用股东权利给公司或者其他股东造成损失的,应当承担赔偿责任。

第一百八十条[②]　董事、监事、高级管理人员对公司负有忠实义务,应当采取措施避免自身利益与公司利益冲突,不得利用职权牟取不正当利益。

---

① 本案审理时,法院适用的是《中华人民共和国公司法》(2005年版)第二十条　公司股东应当遵守法律、行政法规和公司章程,依法行使股东权利,不得滥用股东权利损害公司或者其他股东的利益;不得滥用公司法人独立地位和股东有限责任损害公司债权人的利益。

公司股东滥用股东权利给公司或者其他股东造成损失的,应当依法承担赔偿责任。

公司股东滥用公司法人独立地位和股东有限责任,逃避债务,严重损害公司债权人利益的,应当对公司债务承担连带责任。

② 本案审理时,法院适用的是《中华人民共和国公司法》(2005年版)第一百四十八条　董事、监事、高级管理人员应当遵守法律、行政法规和公司章程,对公司负有忠实义务和勤勉义务。

董事、监事、高级管理人员不得利用职权收受贿赂或者其他非法收入,不得侵占公司的财产。

董事、监事、高级管理人员对公司负有勤勉义务,执行职务应当为公司的最大利益尽到管理者通常应有的合理注意。

公司的控股股东、实际控制人不担任公司董事但实际执行公司事务的,适用前两款规定。

第二百一十条① 公司分配当年税后利润时,应当提取利润的百分之十列入公司法定公积金。公司法定公积金累计额为公司注册资本的百分之五十以上的,可以不再提取。

公司的法定公积金不足以弥补以前年度亏损的,在依照前款规定提取法定公积金之前,应当先用当年利润弥补亏损。

公司从税后利润中提取法定公积金后,经股东会决议,还可以从税后利润中提取任意公积金。

公司弥补亏损和提取公积金后所余税后利润,有限责任公司按照股东实缴的出资比例分配利润,全体股东约定不按照出资比例分配利润的除外;股份有限公司按照股东所持有的股份比例分配利润,公司章程另有规定的除外。

公司持有的本公司股份不得分配利润。

四、争议问题

在法人无授权的前提下,非法定代表人的公司股东以自己名义代表公司签署合同,并盖有公司公章的,合同项下的权利义务应否归该公司承受?

五、简要评论

公司法有公司财产独立性、公司股东不得滥用股东权利、董事等高级管理人员不得侵占公司财产和公司利润分配的若干限制性规定,可以认为,公司利润分配并非可以由大股东简单决定的事宜。公司的直接目的为盈利,股东投资成为公司股东的目的在于最终的利益分配。因此,法律保障每位投资者的利润分配权,不可由大股东单独决定。公司的利润分配应由董事会制定方案,股东会会议通过,然后按照通过的分配方案分配。因此,杨某某虽然持有中邦公司90%的股份,也不能代表中邦公司承诺将项目所获

---

① 本案审理时,法院适用的是《中华人民共和国公司法》(2005年版)第一百六十七条 公司分配当年税后利润时,应当提取利润的百分之十列入公司法定公积金。公司法定公积金累计额为公司注册资本的百分之五十以上的,可以不再提取。

公司的法定公积金不足以弥补以前年度亏损的,在依照前款规定提取法定公积金之前,应当先用当年利润弥补亏损。

公司从税后利润中提取法定公积金后,经股东会或者股东大会决议,还可以从税后利润中提取任意公积金。

公司弥补亏损和提取公积金后所余税后利润,有限责任公司依照本法第三十五条的规定分配;股份有限公司按照股东持有的股份比例分配,但股份有限公司章程规定不按持股比例分配的除外。

股东会、股东大会或者董事会违反前款规定,在公司弥补亏损和提取法定公积金之前向股东分配利润的,股东必须将违反规定分配的利润退还公司。

公司持有的本公司股份不得分配利润。

20%的利润支付给九江公司。也就是说,虽然承诺书上盖有中邦公司的公章,但不能以此认定构成中邦公司的真实意思表示,而应当认定为杨某某个人的意思表示。

我国公司法规定,法定代表人依照公司章程的规定,由董事长、执行董事或者经理担任,并依法登记。虽然代表和代理功能上相类似,有时会类推适用代理的规定,但在具体类型上,二者仍旧存在本质差别①。1. 法定代表人以法人名义所为的行为,属于法人的行为;代理人的行为系自为意思表示,而其效果归属于本人。2. 代理仅限于法律行为;代表除法律行为外,还兼及事实行为和侵权行为。3. 法定代理人是指依照法律规定代理无民事行为能力人或限制民事行为能力人行使民事权利、履行民事义务的自然人或者法人。法定代表人只能为自然人,是公司法人的负责人,其从事与公司经营活动相关的职务活动,在法律上属于履行职责的职务行为,该行为视为法人自身的行为。在法人无授权的前提下,非法定代表人的公司股东以自身名义代表公司签署合同的行为,既非职务行为亦非代理行为,即使盖有公司公章,该合同项下的权利义务也不应由公司承受。

本案中王某某以九江公司的名义签订多份合同,包括承诺书。其中虽然将王某某列为受益人,但享有正邦公司股权的是九江公司,而非王某某个人。王某某是九江公司的法定代表人,是王某某代表九江公司退股,因此,承诺书中20%利润的受益人是九江公司,而非王某某个人。因此,应当认为承诺书中所述内容是针对王某某代表的九江公司"退股"的补偿。

案例 3-2-4　营利法人:忠实义务

一、基本案情

美谷佳公司设立于2008年。2011年李某作为公司创始人成为股东(持股51%),在一审法庭辩论终结前持股14.5%。2015年4月28日前,李某担任美谷佳公司法定代表人、董事长、总经理职务。经营期间李某与牧某某等公司资本方产生矛盾。华佗在线公司设立于2013年,美谷佳公司实际为该公司控股股东(持股100%)。友德医公司设立于2014年8月,李某实际持有该公司85%股份。2014年1月,广东省二医(以下简称省二医)和华佗在线公司签订合作框架协议,约定双方合作共建网络医院。同年9月,省二医函告美谷佳公司表明其与华佗在线公司协商终止合作。2014年11月,友德医公司与省二医签订合作协议共建网络医院。

2017年,华佗在线公司与美谷佳公司提起诉讼,认为李某利用职务之便利,改变网络医院项目的合作方,并把本属于华佗在线公司的网络医院项目以出售友德医公司股权形式转让给案外人,损害公司利益。李某辩称,自身并非华佗在线公司董事高管,对华佗在线公司不负忠实义务;且华佗在线公司与友德医公司分别与省二医签署的合作

---

① 王泽鉴著:《民法概要》,北京大学出版社2009年版,第101页。

协议涉及项目业务范围不同。

案号：最高人民法院(2021)民申字第 1686 号

二、诉讼过程

广东省深圳市中级人民法院认为，此案系损害公司利益责任纠纷。华佗在线公司实际系美谷佳公司全资子公司，李某如有不当谋取华佗在线公司商业机会、损害华佗在线公司利益等行为，也必然对美谷佳公司的利益造成损害。李某作为美谷佳公司股东、法定代表人、董事长、总经理，其行为已违反对公司的忠实勤勉义务，美谷佳公司有权依法向李某主张权利，故法院判决李某向华佗在线公司支付赔偿金，并驳回了华佗在线公司、美谷佳公司的其他诉讼请求。华佗在线公司、美谷佳公司、李某不服，提起上诉。

广东省高级人民法院认为，子公司华佗在线公司的利益和母公司美谷佳公司的利益具有显见的一致性。因此，李某对母公司所负忠实义务和竞业禁止义务自然延伸至子公司华佗在线公司，方能实现公司法为母公司董监高（董事、监事、高级管理人员）设置忠实义务的立法目的。李某在担任美谷佳公司董事长、总经理及技术团队主要负责人期间，操控友德医公司，将华佗在线公司与省二医合作的网络医院项目交由友德医公司经营，非法获取了本属华佗在线公司的商业机会，并未向美谷佳公司股东会披露，确实损害了华佗在线公司及其母公司美谷佳公司的利益。故驳回上诉，维持原判。李某不服，向最高人民法院申请再审。

最高人民法院认为，公司法关于董事对公司所负的忠实义务、竞业禁止义务应包括公司的全资子公司、控股公司等，故李某对美谷佳公司、华佗在线公司均负有忠实义务和竞业禁止义务，原判决的认定并无不当。故驳回李某的再审申请。

三、关联法条

《中华人民共和国公司法》

第二十一条[①]　公司股东应当遵守法律、行政法规和公司章程，依法行使股东权利，不得滥用股东权利损害公司或者其他股东的利益。

公司股东滥用股东权利给公司或者其他股东造成损失的，应当承担赔偿责任。

第一百八十条[②]　董事、监事、高级管理人员对公司负有忠实义务，应当采取措施避

[①] 本案审理时，法院适用的是《中华人民共和国公司法》(2013 年版)第二十条　公司股东应当遵守法律、行政法规和公司章程，依法行使股东权利，不得滥用股东权利损害公司或者其他股东的利益；不得滥用公司法人独立地位和股东有限责任损害公司债权人的利益。

公司股东滥用股东权利给公司或者其他股东造成损失的，应当依法承担赔偿责任。

公司股东滥用公司法人独立地位和股东有限责任，逃避债务，严重损害公司债权人利益的，应当对公司债务承担连带责任。

[②] 本案审理时，法院适用的是《中华人民共和国公司法》(2013 年版)第一百四十七条　董事、监事、高级管理人员应当遵守法律、行政法规和公司章程，对公司负有忠实义务和勤勉义务。

董事、监事、高级管理人员不得利用职权收受贿赂或者其他非法收入，不得侵占公司的财产。

免自身利益与公司利益冲突,不得利用职权牟取不正当利益。

董事、监事、高级管理人员对公司负有勤勉义务,执行职务应当为公司的最大利益尽到管理者通常应有的合理注意。

公司的控股股东、实际控制人不担任公司董事但实际执行公司事务的,适用前两款规定。

第一百八十一条①　董事、监事、高级管理人员不得有下列行为:

(一) 侵占公司财产、挪用公司资金;

(二) 将公司资金以其个人名义或者以其他个人名义开立账户存储;

(三) 利用职权贿赂或者收受其他非法收入;

(四) 接受他人与公司交易的佣金归己有;

(五) 擅自披露公司秘密;

(六) 违反对公司忠实义务的其他行为。

第一百八十八条②　董事、监事、高级管理人员执行职务违反法律、行政法规或者公司章程的规定,给公司造成损失的,应当承担赔偿责任。

四、争议问题

李某是否对华佗在线公司负有忠实义务、竞业禁止义务?

五、简要评论

我国公司法规定了董事对公司履行的忠实义务及竞业禁止义务。董监高的忠实义务要求其应将公司利益置于个人利益之上,不得为实现个人利益而利用公司资源损害公司利益,董监高对公司负有的竞业禁止义务是忠实义务的内涵之一。为促使董监高人员依法为公司利益行使权利、履行义务,使公司的合法权益在受到侵害时能得到恢复或补偿,应当明确董监高人员违法执行职务给公司造成损害所应承担的法律责任。根据《中华人民共和国公司法》第一百八十八条,董监高人员承担赔偿责任应当具备以下条件:1. 必须有公司受到损害的事实存在。2. 损害行为必须是行为人违反法律、行政法规或者公司章程执行公司职务的行为。公司法明确规定公司的董监高对公司负有忠实义务和勤勉义务,因此,上述人员不履行忠实义务和勤勉义务的,也是违反法律的行

---

① 本案审理时,法院适用的是《中华人民共和国公司法》(2013年版)第一百四十八条　董事、高级管理人员不得有下列行为:(一) 挪用公司资金;(二) 将公司资金以其个人名义或者以其他个人名义开立账户存储;(三) 违反公司章程的规定,未经股东会、股东大会或者董事会同意,将公司资金借贷给他人或者以公司财产为他人提供担保;(四) 违反公司章程的规定或者未经股东会、股东大会同意,与本公司订立合同或者进行交易;(五) 未经股东会或者股东大会同意,利用职务便利为自己或者他人谋取属于公司的商业机会,自营或者为他人经营与所任职公司同类的业务;(六) 接受他人与公司交易的佣金归己有;(七) 擅自披露公司秘密;(八) 违反对公司忠实义务的其他行为。
　董事、高级管理人员违反前款规定所得的收入应当归公司所有。
② 本案审理时,法院适用的是《中华人民共和国公司法》(2013年版)第一百四十九条　董事、监事、高级管理人员执行公司职务时违反法律、行政法规或者公司章程的规定,给公司造成损失的,应当承担赔偿责任。

为。3. 违法行为与损害事实之间必须有因果关系。4. 行为人必须有过错，也就是必须有过失或者故意。承担责任的方式，可以根据受侵害的公司权益的性质、具体情况的不同，采取不同的办法，主要是赔偿公司的财产损失。

我国公司法中董监高人员忠实义务的设置滥觞于英美法系中的忠实义务，其内容是公司法允许董事等利用其公司权力去追逐自己的利益，只要他们能够向公正方证明该笔交易尽管是利己的，但对公司本质上也是公平的。一言以蔽之，禁止不公平的利益冲突行为才是董事忠实义务的宗旨。所以，对董事等是否履行忠实义务的审查，通常包含程序公平和实质公平两个层面：程序公平层面的审查，是指该项交易必须经过非利害关系股东或董事的同意，即从程序上实现对非公平交易的限制。实质公平层面的审查是指由法院对该交易的公平性作出最终的认定。即使该案件没有通过非利害关系的股东或董事的同意，只要法院认为其符合公平原则，该交易就是有效的，即从实质上确保利益冲突交易必须对公司是公平的。即使该交易通过了非利害关系股东或董事的批准或同意，法院却认为其不符合公平原则的，该交易也是无效的。所以董事忠实义务的本质是实现实质公平，如果程序公平与实质公平发生冲突，则应该由前者让位于后者①。

现行公司法对于董事义务的规定较为简略。基于公司的法人主体资格，母子公司互相独立，母公司的董事直接对子公司负忠实义务及竞业禁止义务并不符合我国公司法的规定。但为了保障公司及其他股东的合法权益，真正实现公司法设置忠实义务、竞业禁止义务的立法本意，董事对公司所负的忠实义务、竞业禁止义务应不限于董事所任职的公司自身，还应包括公司的全资子公司、控股公司等，如此方可督促董事审慎行事，合规履责。故在本案中，李某对美谷佳公司所负的忠实义务和竞业禁止义务应自然延伸至美谷佳公司的子公司华佗在线公司。

案例 3-2-5 营利法人：关联关系的认定

一、基本案情

橡胶一厂拥有本案中房屋的所有权，正达开发公司负责拆迁。2001 年 6 月 20 日双方签订房屋拆迁货币安置协议书，约定一次性货币安置费为 100 万元。协议签订后，正达开发公司支付 100 万元，房屋的拆迁安置补偿已经履行完毕。

2002 年 3 月 26 日，正大建筑公司与正达开发公司签订回迁安置协议书。正大建筑公司与橡胶一厂签订房屋买卖承诺书，以 140 万元的价格购买相应房屋。正大建筑公司与正达开发公司均系实业公司组建，两公司在签订案涉有关合同时，正大建筑公司的法定代表人同时为正达开发公司的股东，且正达开发公司的股东作为正大建筑公司的经办人在涉案合同上签字。

---

① 李军：《背信损害上市公司利益罪中"违背对公司忠实义务"的认定》，《政治与法律》2016 年第 7 期，第 49-59 页。

正达开发公司欠正大建筑公司330万元。正大建筑公司认为正达开发公司向橡胶一厂支付的100万元为替其支付的购房款,用于抵销欠款330万元。后期正大建筑公司未获房屋。

之后,正达开发公司无力开发,转由抚顺市新抚区人民政府(以下简称新抚区政府)作为责任主体,并由中华爱心基金会(以下简称爱心基金会)和中环公司负责执行涉案棚户区的改造。

正大建筑公司起诉请求正达开发公司、中环公司、新抚区政府、爱心基金会向其支付原由橡胶一厂所有的涉案房屋或支付相应的拆迁安置补偿款,未获法院支持。

案号:最高人民法院(2015)民申字第2111号

二、诉讼过程

辽宁省高级人民法院二审维持原判,正大建筑公司不服申请再审。

最高人民法院驳回正大建筑公司的再审申请,理由主要有:1.正大建筑公司与正达开发公司均系实业公司组建,两公司在签订案涉有关合同时,正大建筑公司的法定代表人同时为正达开发公司的股东,两公司部分股东相同,且正达开发公司的股东作为正大建筑公司的经办人在涉案合同上签字,此一系列事实足以证实正大建筑公司与正达开发公司之间存在关联关系。2.正达开发公司与正大建筑公司签订回迁安置协议书及补充协议,存在谋取不当拆迁安置补偿的意图,属于合同无效的情形,故驳回正大建筑公司的诉讼请求。

三、关联法条

《中华人民共和国公司法》

第二十二条[①] 公司的控股股东、实际控制人、董事、监事、高级管理人员不得利用关联关系损害公司利益。

违反前款规定,给公司造成损失的,应当承担赔偿责任。

第二百六十五条[②] 本法下列用语的含义:

(一)高级管理人员,是指公司的经理、副经理、财务负责人,上市公司董事会秘书

[①] 本案审理时,法院适用的是《中华人民共和国公司法》(2005年版)第二十一条 公司的控股股东、实际控制人、董事、监事、高级管理人员不得利用其关联关系损害公司利益。
违反前款规定,给公司造成损失的,应当承担赔偿责任。
[②] 本案审理时,法院适用的是《中华人民共和国公司法》(2005年版)第二百一十七条 本法下列用语的含义:(一)高级管理人员,是指公司的经理、副经理、财务负责人,上市公司董事会秘书和公司章程规定的其他人员。(二)控股股东,是指其出资额占有限责任公司资本总额百分之五十以上或者其持有的股份占股份有限公司股本总额百分之五十以上的股东;出资额或者持有股份的比例虽然不足百分之五十,但依其出资额或者持有的股份所享有的表决权已足以对股东会、股东大会的决议产生重大影响的股东。(三)实际控制人,是指虽不是公司的股东,但通过投资关系、协议或者其他安排,能够实际支配公司行为的人。(四)关联关系,是指公司控股股东、实际控制人、董事、监事、高级管理人员与其直接或者间接控制的企业之间的关系,以及可能导致公司利益转移的其他关系。但是,国家控股的企业之间不仅因为同受国家控股而具有关联关系。

和公司章程规定的其他人员。

（二）控股股东，是指其出资额占有限责任公司资本总额超过百分之五十或者其持有的股份占股份有限公司股本总额超过百分之五十的股东；出资额或者持有股份的比例虽然低于百分之五十，但依其出资额或者持有的股份所享有的表决权已足以对股东会的决议产生重大影响的股东。

（三）实际控制人，是指通过投资关系、协议或者其他安排，能够实际支配公司行为的人。

（四）关联关系，是指公司控股股东、实际控制人、董事、监事、高级管理人员与其直接或者间接控制的企业之间的关系，以及可能导致公司利益转移的其他关系。但是，国家控股的企业之间不仅因为同受国家控股而具有关联关系。

《中华人民共和国民法典》

第一百四十六条① 行为人与相对人以虚假的意思表示实施的民事法律行为无效。以虚假的意思表示隐藏的民事法律行为的效力，依照有关法律规定处理。

第一百五十四条 行为人与相对人恶意串通，损害他人合法权益的民事法律行为无效。

四、争议问题

营利法人之间关联关系的认定。

五、简要评论

《中华人民共和国公司法》第二百六十五条第四项有关关联关系的界定，前半句以列举的方式举出关联关系常见的主体与公司之间的法律关系，后半句以概括的方式囊括以上主体与公司之间的其他关系。从条文上可以理解为不论控股股东、实际控制人、董事、监事、高级管理人员与其直接或间接控制的公司之间存在何种关系，只要此种关系可以导致公司利益转移即可认定为关联关系。可见，关联关系为事实认定。公司法有关董事、监事、高级管理人员的忠实勤勉义务中有禁止自我交易的规定，自我交易使公司利益和关系人的利益产生此消彼长的冲突②，容易转移公司利益，需要立法予以禁止。

结合《中华人民共和国公司法》第二十二条来理解，法律并不禁止关联关系的存在，只是禁止利用关联关系损害公司利益。关联关系的认定本质上是为杜绝公司利益转移的风险，因为此种关系具有公司利益转移的可能性；如果此种利益转移产生的关联交易

---

① 本案审理时，法院适用的是《中华人民共和国合同法》第五十二条 有下列情形之一的，合同无效：（一）一方以欺诈、胁迫的手段订立合同，损害国家利益；（二）恶意串通，损害国家、集体或者第三人利益；（三）以合法形式掩盖非法目的；（四）损害社会公共利益；（五）违反法律、行政法规的强制性规定。
② 朱慈蕴著：《公司法原论》，清华大学出版社2011年版，第335页。

没有给公司利益造成危险,则不一定会基于关联关系带来合同无效等法律后果。关联人利益和公司利益之间存在冲突才是法律界定关联关系并规范关联交易的根本原因。

本案中正大建筑公司的法定代表人为正达开发公司的股东,两者均为实业公司开发设立,存在部分股东相同的情况。涉案合同签订时,正达开发公司的股东作为正大建筑公司的经办人在涉案合同上签字,两公司无论是在经营管理上还是在利益上均具有关联关系。一、二审法院根据合同法相关规定,认定后期回迁安置协议书属于以合法形式掩盖非法目的,掩盖双方之间的关联交易,以达到利益转移的目的,因此无效。但民法典颁布后,原合同法规定的"以合法形式掩盖非法目的"已不再被认定为合同无效事由,这主要是因为:一方面,"非法目的"的表述容易引发争议,因为它是当事人的主观意图,很难判定;另一方面,即便当事人的目的非法,但是,其实施的民事法律行为本身是否要被宣告无效,需要具体分析①。

案例 3-2-6 营利法人:关联交易的责任承担

一、基本案情

德奥公司注册于香港,董事为樊某某和于某1。1992年6月28日,该公司与新塘公司共同成立罗兰德公司,法定代表人为于某1,后变更为樊某某。

罗兰德公司与樊某某投资设立的一人公司香港国际公司共同设立紫云山庄公司,董事长为樊某某。2005年1月,罗兰德公司和香港国际公司各以1美元的价格将紫云山庄公司的全部股权转让予于某2。经查,于某2与于某1为同一人。

1994年,一拖公司、罗兰德公司与建业公司签订合同书,约定:一拖公司为建业公司在广发银行贷款1.5亿元提供存单质押担保,罗兰德公司为一拖公司的上述担保提供反担保。后建业公司无法偿还贷款。2004年5月14日,广发银行从一拖公司的定期存单项下划入款项。罗兰德公司同意向一拖公司履行反担保,并在偿还款项的同时提供七处房屋的抵押,于2005年1月办理抵押登记。

2005年3月,罗兰德公司将70 299.5平方米的土地使用权以人民币1 000万元的价格转让给紫云山庄公司,同年5月办理了相关过户手续。12月,罗兰德公司又将47 831.06平方米的土地使用权以人民币1 000万元的价格转让给紫云山庄公司。

2006年1月,樊某某与于某2签署协议,约定双方在处理罗兰德公司资产时必须与紫云山庄公司项下资产捆绑共同整体转让。紫云山庄公司项下资产整体转让价格不得低于1.2亿元,成功后高出部分双方平分。2006年5月30日,罗兰德公司将239 498.29平方米的土地使用权以人民币2.2亿元的价格转让给紫云山庄公司,但所载明价格与市国土局备案协议载明的7 200万元不同。

---

① 杨立新著:《中华人民共和国民法总则要义与案例解读》,中国法制出版社2017年版,第537页。

2006年8月1日,于某2与香港合生公司签订《紫云山庄项目合作协议书》,约定:于某2将紫云山庄公司100%的股权对价1600万元转让给香港合生公司,协议签订之日起6个月内,于某2须为紫云山庄公司取得项目全部用地的国有土地使用权证等。2006年11月20日,罗兰德公司将五块土地使用权以人民币2800万元的价格转让给紫云山庄公司。2007年5月17日,于某2与香港合生公司签订股权转让协议书,将紫云山庄公司全部股权及项下全部资产转让给香港合生公司。

2007年4月26日,增城市(现广州市增城区)人民政府同意土地使用权转让的会议纪要附表显示,七宗转让土地分别是罗兰德公司与紫云山庄公司于2005年12月、2006年5月和11月签订的协议中的七宗土地。紫云山庄公司的土地使用权转让发票、确认书、收据均无银行转账或其他相关付款凭证相印证。

2007年,一拖公司起诉要求判令罗兰德公司和紫云山庄公司连带承担偿还该公司款项的责任。

案号:最高人民法院(2014)民提字第111号

二、诉讼过程

河南省洛阳市中级人民法院认为:1. 罗兰德公司未按协议约定履行还款义务已构成违约,一拖集团有权要求罗兰德公司还款,并行使抵押权。2. 罗兰德公司与紫云山庄公司系关联公司,罗兰德公司通过转让土地使用权转移其资产,侵害了债权人的利益。紫云山庄公司接收了罗兰德公司的资产,亦应在此范围内承担罗兰德公司的债务。紫云山庄公司不服,提起上诉。

河南省高级人民法院维持原判。紫云山庄公司不服,申请再审。最高人民法院作出民事裁定,指令河南省高级人民法院再审。

河南省高级人民法院再审认为,罗兰德公司和紫云山庄公司系关联公司,紫云山庄公司受让罗兰德公司的土地使用权后,并没有向罗兰德公司足额支付对价,侵害了债权人的利益,应当承担责任,故驳回上诉,维持原判。紫云山庄公司不服,向最高人民法院申诉。

最高人民法院裁定提审此案,认为在案涉土地使用权转让期间内,紫云山庄公司与罗兰德公司存在共同被控制的关系,其相互之间的交易可能导致公司利益转移。本案证据表明,案涉土地使用权交易构成不当关联交易,损害了罗兰德公司的利益,并且在罗兰德公司不能履行到期债务的情况下,也损害了该公司债权人一拖公司的合法权益,关联交易方应承担责任,紫云山庄公司应当在前述紫云山庄虚构已付但实际并未支付的款项范围内承担连带责任。

三、关联法条

《中华人民共和国公司法》

第三条①　公司是企业法人,有独立的法人财产,享有法人财产权。公司以其全部财产对公司的债务承担责任。

公司的合法权益受法律保护,不受侵犯。

第二十二条②　公司的控股股东、实际控制人、董事、监事、高级管理人员不得利用关联关系损害公司利益。

违反前款规定,给公司造成损失的,应当承担赔偿责任。

第二百六十五条③　本法下列用语的含义:

(一)高级管理人员,是指公司的经理、副经理、财务负责人,上市公司董事会秘书和公司章程规定的其他人员。

(二)控股股东,是指其出资额占有限责任公司资本总额超过百分之五十或者其持有的股份占股份有限公司股本总额超过百分之五十的股东;出资额或者持有股份的比例虽然低于百分之五十,但依其出资额或者持有的股份所享有的表决权已足以对股东会的决议产生重大影响的股东。

(三)实际控制人,是指通过投资关系、协议或者其他安排,能够实际支配公司行为的人。

(四)关联关系,是指公司控股股东、实际控制人、董事、监事、高级管理人员与其直接或者间接控制的企业之间的关系,以及可能导致公司利益转移的其他关系。但是,国家控股的企业之间不仅因为同受国家控股而具有关联关系。

《中华人民共和国民法典》

第一百七十八条第一款　二人以上依法承担连带责任的,权利人有权请求部分或者全部连带责任人承担责任。

第一千一百六十八条　二人以上共同实施侵权行为,造成他人损害的,应当承担连带责任。

---

① 本案审理时,法院适用的是《中华人民共和国公司法》(2005年版)第三条　公司是企业法人,有独立的法人财产,享有法人财产权。公司以其全部财产对公司的债务承担责任。

有限责任公司的股东以其认缴的出资额为限对公司承担责任;股份有限公司的股东以其认购的股份为限对公司承担责任。

② 本案审理时,法院适用的是《中华人民共和国公司法》(2005年版)第二十一条　公司的控股股东、实际控制人、董事、监事、高级管理人员不得利用其关联关系损害公司利益。

违反前款规定,给公司造成损失的,应当承担赔偿责任。

③ 本案审理时,法院适用的是《中华人民共和国公司法》(2005年版)第二百一十七条　本法下列用语的含义:(一)高级管理人员,是指公司的经理、副经理、财务负责人,上市公司董事会秘书和公司章程规定的其他人员。(二)控股股东,是指其出资额占有限责任公司资本总额百分之五十以上或者其持有的股份占股份有限公司股本总额百分之五十以上的股东;出资额或者持有股份的比例虽然不足百分之五十,但依其出资额或者持有的股份所享有的表决权已足以对股东会、股东大会的决议产生重大影响的股东。(三)实际控制人,是指虽不是公司的股东,但通过投资关系、协议或者其他安排,能够实际支配公司行为的人。(四)关联关系,是指公司控股股东、实际控制人、董事、监事、高级管理人员与其直接或者间接控制的企业之间的关系,以及可能导致公司利益转移的其他关系。但是,国家控股的企业之间不仅因为同受国家控股而具有关联关系。

四、争议问题

实际控制人控制多个公司进行关联交易导致侵权的,共同被控制的公司应否承担赔偿责任?

五、简要评论

本案中,罗兰德公司与紫云山庄的法定代表人均为于某 2。关于两公司之间的土地使用权转让行为是否构成关联交易损害罗兰德公司的利益,进而损害其债权人一拖公司的利益,不但要考察不正当关联交易的认定(参见案例 3-2-5,此处略),还涉及不正当关联交易的法律后果。

按照《中华人民共和国公司法》第二十二条,公司控制人违反法律规定进行不正当关联交易行为,应当承担侵权责任。但在现实中,关联交易一般是通过合同这一表现形式来进行的,比如本案中的土地转让协议。只是因为交易的实质内容是虚构的、欺诈的或者是隐蔽的、严重不公平的,这才利用民法典规定的合同无效、可撤销规则加以救济。不正当关联交易发生时,债权人作为公司的外部人员,不可能及时知晓该行为的发生。待其发现时,关联交易往往已经造成了利害关系人的损害,此时采用侵权损害赔偿的方式救济比采用确认合同无效、撤销不公正合同的救济方式具有适用主体更广泛、时效利益更充分、对方抗辩事由更少、赔偿范围更广的优势。有些重要的不动产等特定物,还可以采用返还原物、排除妨碍、停止侵害等物权的救济方式,更有利于保护权利人的利益。

在七项土地使用权转让中,土地使用权转让价款过低且无银行转账等其他相应依据证明,大大降低了罗兰德公司的偿债能力。在一拖集团已履行担保合同的情况下,罗兰德公司无法继续履行反担保合同,以七处房屋对其进行优先偿还。因此,在罗兰德公司与紫云山庄通过不当关联交易共同损害了罗兰德公司债权人一拖公司的合法利益后,紫云山庄应当承担相应赔偿责任。按照民法典有关侵权责任的规定,一拖公司有权要求紫云山庄公司在其虚构已付但实际并未支付的款项范围内承担连带责任。

案例 3-2-7 营利法人:国有企业改制中的债务承担

一、基本案情

外贸总公司自 1992 年起与辽宁中行相继签订五份借款合同,分别由轻工公司、五矿公司和首钢矿业公司提供保证担保。

1998 年,国家对外贸易经济合作部(现商务部,以下简称外经贸部)向辽宁省对外贸易经济合作厅(现辽宁省商务厅,以下简称辽宁省外贸厅)下发《关于原则同意辽宁省对外贸易总公司改制为内部职工持股的有限责任公司的批复》,同意外贸总公司部分改制为内部职工持股的有限责任公司。外贸总公司于1999年改制设立汇明公司,由外贸总公司和内部职工持股会共同出资成立,双方均以现金入股,外贸总公司所认购的股份加上内部职工持股会认购的股份为总股本,内部职工股占总股本比例的49%。外贸总公司投入汇明公司的资产形成的股份,作为国有法人股,由外贸总公司持有并代行股东权利,承担股东义务,收取股利。

1999年辽宁省外贸厅(2016年撤销)同意轻工公司的改制申请报告,轻工公司于2000年改制设立万融公司,轻工公司占万融公司投资总额的51%,轻工公司工会占投资总额的49%。轻工公司改制过程中对公司资产进行了评估。因万融公司承担了轻工公司在辽宁中行的贷款,经有关主管部门批复同意,将轻工公司的相关资产作价转让给万融公司。之后,轻工公司与万融公司签订协议,将轻工公司相关资产通过债务抵销的方式转让给万融公司,该转让资产范围、转让方式、转让价格等均报经有关主管部门批准。辽宁中行是案涉贷款合同的原债权人,也是万融公司承担轻工公司8 000万元债务的债权人。由于万融公司整个账号都在该行开立,且万融公司与辽宁中行签订借款合同约定用于抵押担保的财产包括万融公司从轻工公司受让的资产并办理了产权变更登记手续,辽宁中行对轻工公司改制过程中通过转贷由万融公司偿还轻工公司欠辽宁中行部分贷款及以轻工公司资产转让抵债的安排属于明知,并无异议。

辽宁中行在多次催收未果,且各保证人未履行保证责任的情况下将其对外贸总公司共计十笔债权(包括一切从权利)转让给东方资产,东方资产又将上述借款债权转让给东信公司,东信公司又将上述借款债权转让给瑞阳公司。

2004年,汇明公司与外贸总公司签订还款协议,约定:外贸总公司对汇明公司欠款200万元,以其全资子公司三道沟仓库的房产抵偿。汇明公司受让仓库房产后,应当承担仓库房产下的全部债权债务和职工安置费用等等,2005年6月30日前完成房产过户。

瑞阳公司起诉请求判令外贸总公司偿还借款与利息,轻工公司、五矿公司和首钢矿业公司承担连带保证责任。外贸总公司与轻工公司借公司改制逃避债务,汇明公司与万融公司应承担相应连带责任。

案号:最高人民法院(2015)民二终字第53号

二、诉讼过程

辽宁省高级人民法院认为,外贸总公司偿还瑞阳公司借款本金及利息,汇明公司在此范围内对外贸总公司债务承担连带清偿责任;五矿公司与轻工公司对其担保范围内的债权承担连带清偿责任;万融公司在轻工公司债务范围内承担连带清偿责任;首钢矿业公司所担保债权已过保证期间,不承担保证责任。外贸总公司、轻工公司、汇明公司、万融公司不服,提起上诉。

最高人民法院认为:1.汇明公司是外贸总公司出资设立的有限责任公司,并不能得出外贸总公司将相应价位资产投入汇明公司的结论。2. 万融公司是轻工公司与其他股东设立的有限责任公司。瑞阳公司诉请轻工公司承担连带保证责任的案涉借款合同签订于万融公司设立之后。万融公司在轻工公司改制过程中,通过以贷款偿还轻工公司在辽宁中行部分债务的方式作为对价受让轻工公司的相关资产,不存在逃避辽宁中行债务的恶意和行为,因而也未侵犯作为辽宁中行债权受让人瑞阳公司的合法权益。因此,外贸总公司应偿还瑞阳公司借款本金及利息,汇明公司不需对外贸总公司、万融公司不需对轻工公司承担连带清偿责任。

瑞阳公司曾向最高人民法院申请再审,被裁定驳回。参见(2016)最高法民申1905号。

三、关联法条

《中华人民共和国公司法》(1999年版)

第七条[①] 国有企业改建为公司,必须依照法律、行政法规规定的条件和要求,转换经营机制,有步骤地清产核资,界定产权,清理债权债务,评估资产,建立规范的内部管理机构。

《全民所有制工业企业转换经营机制条例》

第十五条 企业享有资产处置权。

企业根据生产经营的需要,对一般固定资产,可以自主决定出租、抵押或者有偿转让;对关键设备、成套设备或者重要建筑物可以出租,经政府主管部门批准也可以抵押、有偿转让。法律和行政法规另有规定的除外。

企业处置生产性固定资产所得收入,必须全部用于设备更新和技术改造。

企业处置固定资产,应当依照国家有关规定进行评估。

四、争议问题

国有企业改制中的债务承担。

五、简要评论

国企改制始于20世纪80年代初。现有研究的基本共识是,第一阶段起始于国务院于1979发布的《关于扩大国营工业企业经营管理自主权的若干规定》,其主要方法可概括为"放权让利",放松对国企高度管制的计划经济方法,为企业相对自主决策留出政策余地。第二阶段始于1984年10月通过的《中共中央关于经济体制改革的决定》,其主要方法概括为"承包(租赁)经营",国企领导从单一的委任产生发展到以"承包(租赁)经营合同"方式产生,实行有一定自由度的权责利划分。第三阶段始于1986年的《中华人民共和国民法通则》,该法第八十二条规定了国企享有国家授予的经营权。1988年4月颁布

[①] 《中华人民共和国公司法》(2023年版)已经没有此条。

的《全民所有制工业企业法》,进一步界定了经营权的内容,其主要方法概括为"两权分离、转换机制"。1992年7月国务院发布《全民所有制工业企业转换经营机制条例》,为国企落实经营权并转换经营机制制定了政策性框架和法律法规。第四阶段始于1993年12月颁布的《中华人民共和国公司法》,依据公司制模式对国企进行改制,试图把国有企业的经营权通过改制方式转化为公司法意义上的法人财产权。党的十四届三中全会和十五届四中全会进一步推动了这项改革,其主要做法可概括为"公司制改造"和"建立现代企业制度",除国有独资公司之外,这一改制措施触及了企业资本结构。从以上简要回顾中可以看出,前三个阶段是国企内部在行政主管部门领导下进行的基本封闭式改革,只进行经营权探索,不涉及资本调整,不触及国企资本体制。随着改革的发展,公司制改革直接进入了国企产权体制改革。如果把国企改制定位在"产权体制"改革层面上,那么,公司法颁布之后进行的"公司化"浪潮才是真正意义上的国企改制。

国有企业公司化改制的问题在于国有资产并非完全属于法人,政府国资部门需要作为国有资产所有权人的代表行使出资人权益。类似本案外贸总公司和轻工公司这种国有企业改制完成后,原债权人起诉改制后的汇明公司和万融公司承担民事责任的案件占到国企改制引发的民事案件的绝大部分。《最高人民法院关于审理与企业改制相关的民事纠纷案件若干问题的规定》虽然为此类案件的审理提供了规范,但某些地方党政领导机关要求法院维护改革成果,支持地方政府在国企改制中引进非国有资本投资人的经营权益,插手司法审判,债权人利益难以得到充分保护[①]。

本案中,汇明公司与万融公司均为公司改制设立后的主体,均接收了原公司的出资。国有企业改制为公司,应依照法律、行政法规规定的条件和要求,转换经营机制,有步骤地清产核资、界定产权、清理债权债务、评估资产、建立规范的内部管理机构。企业以部分财产和债务组建新公司,新公司对原企业接收多少财产应以相关的验资报告为准。公司因经营不善导致严重亏损或者对外负担巨额债务时,股东将具有经营价值的资产转移到另一家新设立的公司,股东对原公司既不主动清算,也不申请注销,原班人马和财产在新公司"另起炉灶",将全部债务留在原公司的情形属于典型的逃避债务行为,可以根据公司法中的人格否认制度要求关联公司承担连带责任。本案中,外贸总公司与汇明公司之间的行为系平等主体间资产买卖支付对价的行为,非借改制之机故意转移和抽逃企业财产的违法行为。一审法院认定此行为属于借改制之机故意转移和抽逃企业财产的违法行为,侵犯了其他债权人的权利,对其他债权人不发生效力,超出了本案审理范围,属于程序违法。且企业资产转让或企业出售过程中给付对价的方式并非仅限于货币,承担安置职工的相关费用及对外债务也是支付对价的一种方式。

本案中瑞阳公司之所以要求汇明公司和万融公司一同为两大公司承担连带责任,是因为改制中财产转移会降低原公司的偿债能力,相当于利用新公司的独立人格来逃

---

① 刘晓阳:《国有企业改制的政策性与法律性思考——兼谈法释(2003)1号〈规定〉适用中的悖论》,《中国法学文档》2005年第1期,第20页。

避债务。随着企业改制等经济主体性质变化以及经营扩大等,会出现各种公司资产转移的形式,如公司身为控股股东、单凭财产转移还无法认定逃避债务。外贸总公司于1999年改制设立汇明公司,内部职工股占总股本比例的49%。外贸总公司投入汇明公司的资产形成的股份占比51%。虽然外贸总公司为控股股东,但是本案中除了财产转移的表象外,无法认定两主体设立公司的目的在于债务逃避,更难以请求汇明公司和万融公司与原公司承担连带责任。

案例3-2-8 营利法人:股东资格诉讼

一、基本案情

2007年4月26日,华东地勘局作为唯一出资人设立有色公司。2013年1月17日,华东地勘局、有色合伙、中静公司、云峰公司四方签订《江苏华东有色投资控股有限公司增资协议》(以下简称《增资协议》)。约定有色公司增资至12亿元,云峰公司、中静公司和有色合伙有意进行增资并成为该公司新股东,增资款分三期缴纳。如果增资方逾期缴纳增资款超过30个工作日,则守约方有权且应当在10个工作日内选择如下处置方式:1.按违约方实缴出资重新调整认缴出资及出资比例;2.取消违约方在协议项下的出资资格;3.要求违约方继续履行本合同,向有色公司补缴欠缴增资款。

《增资协议》签订后,参加增资的各方股东均按期缴付首期与第二期增资款。但有色合伙未能在约定缴纳时限内缴纳第三期增资款。2014年1月24日,华东地勘局与云峰公司达成会议纪要一份,载明:在2013年11月29日、2014年1月13日两次函告有色合伙且其仍未缴纳增资款后,华东地勘局与云峰公司决定按照《增资协议》的约定,取消有色合伙对有色公司的出资资格。

有色公司于2014年5月28日形成股东会年度会议决议一份,依据华东地勘局、云峰公司两方股东的认缴出资情况,减少公司注册资本,同时按两方股东的认缴出资重新确定了公司股东。该决议作出后,有色公司已申请办理工商变更登记手续,但至产生纠纷时仍未办理完毕。有色合伙对《增资协议》、股东会年度会议决议的真实性不持异议,但认为关于取消其出资资格的内容应为无效。对于有色公司现任高级管理人员九人决议处分全球公司(系有色公司控股子公司)的投资事宜,有色合伙认为此九人属于滥用职权处理投资事宜,给有色公司造成重大经济损失,且相关主体与监事会之间存在利害关系,处于紧急状态,不尽快提起诉讼会严重影响公司利益,因此向法院提起股东代表诉讼,请求判令高级管理人员九人、监事会现任四名成员与华东地勘局连带向有色公司进行损害赔偿。

案号:最高人民法院(2015)民申字第2204号

二、诉讼过程

江苏省高级人民法院认为,有色合伙在无股东资格的情形下,无权提起股东代表诉讼,裁定驳回起诉。有色合伙不服提起上诉。

最高人民法院裁定驳回上诉,维持原裁定。有色合伙不服,申请再审,最高人民法院裁定驳回再审申请,理由有:1. 有色公司股东会已经以股东会决议形式解除有色合伙的股东资格,且此决议已经生效,有色合伙在本案中丧失了股东资格,无权提起股东代表诉讼。2. 股东资格诉讼与股东代表诉讼是两类诉讼,不符合诉的合并的条件,无法在本案中合并审理。

三、关联法条

《中华人民共和国公司法》

第二十五条[①] 公司股东会、董事会的决议内容违反法律、行政法规的无效。

第一百九十条[②] 董事、高级管理人员违反法律、行政法规或者公司章程的规定,损害股东利益的,股东可以向人民法院提起诉讼。

《最高人民法院关于适用〈中华人民共和国公司法〉若干问题的规定(三)》[*]

第十七条 有限责任公司的股东未履行出资义务或者抽逃全部出资,经公司催告缴纳或者返还,其在合理期间内仍未缴纳或者返还出资,公司以股东会决议解除该股东的股东资格,该股东请求确认该解除行为无效的,人民法院不予支持。

在前款规定的情形下,人民法院在判决时应当释明,公司应当及时办理法定减资程序或者由其他股东或者第三人缴纳相应的出资。在办理法定减资程序或者其他股东或者第三人缴纳相应的出资之前,公司债权人依照本规定第十三条或者第十四条请求相关当事人承担相应责任的,人民法院应予支持。

《最高人民法院关于适用〈中华人民共和国公司法〉若干问题的规定(四)》

第二条 依据民法典第八十五条、公司法第二十二条第二款请求撤销股东会或者股东大会、董事会决议的原告,应当在起诉时具有公司股东资格。

[①] 本案审理时,法院适用的是《中华人民共和国公司法》(2013年版)第二十二条 公司股东会或者股东大会、董事会的决议内容违反法律、行政法规的无效。

股东会或者股东大会、董事会的会议召集程序、表决方式违反法律、行政法规或者公司章程,或者决议内容违反公司章程的,股东可以自决议作出之日起六十日内,请求人民法院撤销。

股东依照前款规定提起诉讼的,人民法院可以应公司的请求,要求股东提供相应担保。

公司根据股东会或者股东大会、董事会决议已办理变更登记的,人民法院宣告该决议无效或者撤销该决议后,公司应当向公司登记机关申请撤销变更登记。

[②] 本案审理时,法院适用的是《中华人民共和国公司法》(2013年版)第一百五十二条,与本条内容相同。

[*] 2023年版公司法于2024年7月1日起正式施行。截至本书出版时,公司法司法解释(一)至(五)尚未依据最新版本更新或废止。本书引用的现行公司法司法解释是根据法释〔2020〕18号修改的版本,其中涉及的条文是2018年版公司法。

《中华人民共和国民事诉讼法》

第一百二十二条　起诉必须符合下列条件：

（一）原告是与本案有直接利害关系的公民、法人和其他组织；

（二）有明确的被告；

（三）有具体的诉讼请求和事实、理由；

（四）属于人民法院受理民事诉讼的范围和受诉人民法院管辖。

四、争议问题

1. 股东资格的认定依据。
2. 股东会决议的效力。

五、简要评论

对于争议问题1，股东资格是投资人取得和行使股东权利、承担股东义务的基础[①]。股份有限公司股东资格的认定，以持有公司发行的股票为认定依据，通常不会发生纠纷。出现纠纷诉讼的，通常是有限责任公司。认定标准应当坚持内外有别：涉及公司外部法律关系即债权人与股东、债权人与公司时，应从保护善意第三人和交易安全出发，坚持形式要件优先于实质要件，将股东名册、登记材料等作为直接证据；涉及公司内部法律关系即股东与股东、股东与公司时，不存在公示主义和外观主义的适用余地，实质要件优先于形式要件，登记材料等仅作为一般证据。股东资格的丧失是指股东因法定原因或者依法定程序而丧失其股东身份。因是否享有股东资格提起的纠纷，属于股东资格纠纷，一般是股东资格确认之诉，即请求法院确认当事人享有股东资格。根据公司法及相关司法解释的规定，有限责任公司的股东会有权以股东会决议形式解除股东资格。有色合伙因未缴纳《增资协议》约定的增资款，被有色公司股东会年度会议解除其股东资格。股东会决议不存在违反法律、行政法规的情形，已经生效。虽然工商登记没有及时更改，导致对外公示与内部结构不符，但对于内部而言，有色合伙的股东资格于股东会决议生效时已丧失。

对于争议问题2，股东会决议是股东会就提请股东会会议审议的事项依法律或章程规定的程序表决形成的决议，是股东会意思表示的唯一法定形式[②]。股东代表诉讼又称股东派生诉讼，是指当公司的正当权益受到他人不法侵害，特别是受到有控制权的大股东、母公司、董事和管理人员的侵害，而公司怠于行使诉权时，符合法定条件的股东以自己名义为公司的利益对侵害人提起诉讼，追究侵权人法律责任的诉讼形式[③]。依照公司法的规定，股东提起确认股东会决议无效之诉属于股东代表诉讼。

---

① 金晓文著：《中国公司法原理与适用》，中国法制出版社2017年版，第109页。
② 范健、王建文著：《公司法》（第五版），法律出版社2018年版，第338-339页。
③ 郑云瑞著：《公司法学》，北京大学出版社2016年版，第133页。

股东资格诉讼与股东代表诉讼虽然都是与公司有关的诉讼，但两类诉讼的诉讼请求不同、法律关系不同，诉讼中当事人的诉讼地位也不同，是两个完全独立的诉讼。前一诉讼是前提，是基础，两类诉讼不符合诉的合并的条件。因此，有色合伙就其股东资格问题，可以另行向有管辖权的人民法院提起申请确认股东资格之诉。在股东代表诉讼中，股东只是代公司行使诉权，因此提起损害公司利益责任纠纷案件的原告必须具备公司的股东身份，以证明与本案具有直接利害关系。本案中有色合伙已经失去股东资格，公司利益与其个人利益之间不存在一荣俱荣的关系，不可再提起股东代表诉讼。

案例 3-2-9　营利法人：股东代表诉讼

一、基本案情

1995 年，朝开公司与永利公司、帕拉沃公司签订合作合同，三方约定在中国境内成立合作经营企业——富裕达公司。朝开公司负责项目前期开发、项目建筑安装工程施工的组织工作及协调各级政府有关部门办理各种报批手续，并按其在项目中所占权益比例承担项目投资。永利公司与帕拉沃公司按各自在项目中所占权益比例负担项目投资，二者按每平方米建筑面积 1 387 美元之定额及时将投资款打入合作公司，并由合作公司支付给朝开公司，由朝开公司统一包干使用。三方拟定了内容基本一致的公司章程。同日，三方还签订了一份补充协议，约定朝开公司统一包干使用的全部开发费总计 9 848 万美元，永利公司应承担的投资总额为 985 万美元，帕拉沃公司应承担的投资总额为 6 401 万美元，通过合作公司（合作公司成立前直接汇入朝开公司账号）支付给朝开公司。朝开公司为完成本项目从合作公司中提取总额为 7 386 万美元原属永利公司、帕拉沃公司应缴的投资总额后，将不可再单独挪用合作公司中不属于朝开公司的资金。之后，富裕达公司领取营业执照。1996 年，朝开公司更名为昆泰集团。之后，富裕达公司作出董事会决议，昆泰集团承担永利公司放弃的合作合同中规定的责权利。因项目装修标准提高，帕拉沃公司对其分得权益部分的投资额在合同规定基础上每建筑平方米增加 23 美元，除去其已支付的首期投资款，尚须向昆泰公司支付 50 482 174 美元。1997 年，验资报告认定富裕达公司共投入 1 200 万美元，投资方认缴的注册资本已投足。

2002 年 10 月 31 日，富裕达公司作出董事会决议，经过双方财务核对，截止到 2002 年 10 月 31 日，帕拉沃公司欠昆泰集团投资款 2 895 214.84 美元。该投资款应在合作双方股权转让前付给昆泰公司。2003 年 2 月 26 日富裕达公司作出董事会决议，决定自 2001 年 8 月 14 日起，昆泰集团所占权益比例由 35% 增加为 42.87%，帕拉沃公司降低为 57.13%。此后，双方因合作项目的建筑成本、审计等问题产生纠纷。

2004 年 4 月 16 日，昆泰集团向仲裁委员会提起仲裁申请，请求帕拉沃公司支付相应投资款、赔偿金和违约金。帕拉沃公司反请求终止合作合同，昆泰集团返还帕拉沃公司多支付的款项与全部利息。仲裁庭裁决，帕拉沃公司应向昆泰集团支付赔偿金，驳回昆泰集团要求帕拉沃公司支付违约金和投资款的仲裁请求,不支持帕拉沃公司的仲裁反请求。之后,富裕达公司进行特别清算,具体清算工作由北京市外商投资服务中心负责实施。

2007年9月26日,帕拉沃公司以昆泰公司对合作公司长期拒付投资款且有重大抽逃资金的违法行为等种种不良行为,已严重侵犯合作公司权益为由,请求北京市外商投资服务中心北京富裕达房地产开发有限公司特别清算委员会(以下简称清算委员会)以合作公司的名义对昆泰集团提起民事诉讼,要求昆泰集团向合作公司赔偿损失。清算委员会回复称:因清算委员会对此要求无法形成一致意见,不能按帕拉沃公司的要求实施。

帕拉沃公司将昆泰公司诉至北京市高级人民法院,要求昆泰公司向清算委员会补缴投资款,返还从富裕达公司所取走的、高于联合大厦建设成本的资金与利息,赔偿未依约投资所造成的联合大厦整体品质降低、房屋租金减少等的损失,返还私自提取、挪用的资金与利息,交还与联合大厦建设相关的全部原始凭证、合同、图纸及所有相关文件。

案号:最高人民法院(2013)民四终字第46号

二、诉讼过程

北京市高级人民法院认为:1. 帕拉沃公司是具有法定资格的公司股东,是股东代表诉讼的适格原告,在清算委员会无法提起诉讼的前提下,有权对另一股东侵害公司利益的行为提起股东代表诉讼。2. 仲裁委员会已经就双方的请求及反请求作出了终局裁决,并已进入执行阶段,帕拉沃公司不可就同一事实及理由提起诉讼,故裁定驳回帕拉沃公司的起诉。帕拉沃公司不服提出上诉。

最高人民法院裁定撤销北京市高级人民法院裁定,指令北京市高级人民法院对本案进行审理。理由有:1. 帕拉沃公司有权对昆泰集团提起股东代表诉讼。2. 本案诉讼与仲裁事实审查虽有重合,但法律关系不同。仲裁解决的是股东双方之间因合作经营合同关系而产生的纠纷,而诉讼需要解决的是一方股东(帕拉沃公司)是否有权代表合作公司向另一方股东(昆泰集团)主张权利,目的是确认昆泰集团是否违反出资义务和存在侵权行为,从而应否向合作公司承担相应的民事责任。因此,两个案件并不属于同一争议。

三、关联法条

《中华人民共和国公司法》

第一百八十九条[①] 董事、高级管理人员有前条规定的情形的,有限责任公司的股

[①] 本案审理时,法院适用的是《中华人民共和国公司法》(2005年版)第一百五十二条 董事、高级管理人员有本法第一百五十条规定的情形的,有限责任公司的股东、股份有限公司连续一百八十日以上单独或者合计持有公司百分之一以上股份的股东,可以书面请求监事会或者不设监事会的有限责任公司的监事向人民法院提起诉讼;监事有本法第一百五十条规定的情形的,前述股东可以书面请求董事会或者不设董事会的有限责任公司的执行董事向人民法院提起诉讼。

监事会、不设监事会的有限责任公司的监事,或者董事会、执行董事收到前款规定的股东书面请求后拒绝提起诉讼,或者自收到请求之日起三十日内未提起诉讼,或者情况紧急、不立即提起诉讼将会使公司利益受到难以弥补的损害的,前款规定的股东有权为了公司的利益以自己的名义直接向人民法院提起诉讼。

他人侵犯公司合法权益,给公司造成损失的,本条第一款规定的股东可以依照前两款的规定向人民法院提起诉讼。

东、股份有限公司连续一百八十日以上单独或者合计持有公司百分之一以上股份的股东，可以书面请求监事会向人民法院提起诉讼；监事有前条规定的情形的，前述股东可以书面请求董事会向人民法院提起诉讼。

监事会或者董事会收到前款规定的股东书面请求后拒绝提起诉讼，或者自收到请求之日起三十日内未提起诉讼，或者情况紧急、不立即提起诉讼将会使公司利益受到难以弥补的损害的，前款规定的股东有权为公司利益以自己的名义直接向人民法院提起诉讼。

他人侵犯公司合法权益，给公司造成损失的，本条第一款规定的股东可以依照前两款的规定向人民法院提起诉讼。

公司全资子公司的董事、监事、高级管理人员有前条规定情形，或者他人侵犯公司全资子公司合法权益造成损失的，有限责任公司的股东、股份有限公司连续一百八十日以上单独或者合计持有公司百分之一以上股份的股东，可以依照前三款规定书面请求全资子公司的监事会、董事会向人民法院提起诉讼或者以自己的名义直接向人民法院提起诉讼。

第一百九十条[1]　董事、高级管理人员违反法律、行政法规或者公司章程的规定，损害股东利益的，股东可以向人民法院提起诉讼。

《最高人民法院关于适用〈中华人民共和国公司法〉若干问题的规定（四）》

第二十四条　符合公司法第一百五十一条第一款规定条件的股东，依据公司法第一百五十一条第二款、第三款规定，直接对董事、监事、高级管理人员或者他人提起诉讼的，应当列公司为第三人参加诉讼。

一审法庭辩论终结前，符合公司法第一百五十一条第一款规定条件的其他股东，以相同的诉讼请求申请参加诉讼的，应当列为共同原告。

《中华人民共和国民事诉讼法》

第一百二十七条　人民法院对下列起诉，分别情形，予以处理：

（一）依照行政诉讼法的规定，属于行政诉讼受案范围的，告知原告提起行政诉讼；

（二）依照法律规定，双方当事人达成书面仲裁协议申请仲裁、不得向人民法院起诉的，告知原告向仲裁机构申请仲裁；

（三）依照法律规定，应当由其他机关处理的争议，告知原告向有关机关申请解决；

（四）对不属于本院管辖的案件，告知原告向有管辖权的人民法院起诉；

（五）对判决、裁定、调解书已经发生法律效力的案件，当事人又起诉的，告知原告申请再审，但人民法院准许撤诉的裁定除外；

（六）依照法律规定，在一定期限内不得起诉的案件，在不得起诉的期限内起诉的，不予受理；

（七）判决不准离婚和调解和好的离婚案件，判决、调解维持收养关系的案件，没有

---

[1]　本案审理时，法院适用的是《中华人民共和国公司法》（2005年版）第一百五十三条　董事、高级管理人员违反法律、行政法规或者公司章程的规定，损害股东利益的，股东可以向人民法院提起诉讼。

新情况、新理由,原告在六个月内又起诉的,不予受理。

《最高人民法院关于适用〈中华人民共和国民事诉讼法〉的解释》

第二百四十七条　当事人就已经提起诉讼的事项在诉讼过程中或者裁判生效后再次起诉,同时符合下列条件的,构成重复起诉:

(一) 后诉与前诉的当事人相同;

(二) 后诉与前诉的诉讼标的相同;

(三) 后诉与前诉的诉讼请求相同,或者后诉的诉讼请求实质上否定前诉裁判结果。

当事人重复起诉的,裁定不予受理;已经受理的,裁定驳回起诉,但法律、司法解释另有规定的除外。

四、争议问题

1. 股东代表诉讼的适格被告。
2. 本案与仲裁案处理的是否为同一争议?

五、简要评论

帕拉沃公司是香港法人。由于其与昆泰集团的合作经营企业合同的履行是在内地,应适用内地法律作为处理本案争议的准据法。昆泰公司与帕达沃公司均为富裕达公司股东,在穷尽内部救济程序后股东可以提起代表诉讼。

对于争议问题1,控股股东可以成为股东代表诉讼的适格被告。对于实际负责公司运行的董事、监事和高级管理人员(以下合称为董监高),公司法除了规定其勤勉忠实义务、禁止行为和赔偿责任以外,还赋予股东提起股东代表诉讼的权利。但是从公司法的条文来看,针对侵权者侵害公司以及股东利益的行为及其责任承担,主要主体均为董监高[①]。2013年修订的公司法在股东代表诉讼条款增加"他人"作为侵害公司利益的被告,公司法司法解释四也增加了"他人"的规定,在立法精神上,股东代表诉讼的被告应当包括股东,否则范围过于狭隘,不利于公司利益和股东利益的保护。

董监高作为股东代表诉讼的直接规范主体,原因在于其权限与公司经营层产生控制关系。作为公司治理结构的控制主体,董监高有可能以自身利益优先而伤害公司利益,公司在其操控下难以诉诸公正裁判,这也是股东代表诉讼制度的初始目的。然而能够控制公司经营管理的人,除了董监高之外,还有股东尤其是控股股东。如果控股股东的某些不正当行为损害了其他股东的利益,而公司由于受到此股东的实际控制怠于起诉或起诉不当,其他股东应有权利以自己和其他受害人的名义,代表公司提起诉讼。故公司陷于控制股东的控制而蒙受利益损失时,将控制股东纳入股东代表诉讼的被告范围,是完全必要且可行的[②]。本案中昆泰公司掌握着合作公司的控制权,属于控股股东,

---

[①] 参见《中华人民共和国公司法》第一百八十一条和一百八十八条。
[②] 吴才毓:《论股东代表诉讼之被告适格》,《西部法学评论》2015年第4期,第11-22页。

可以成为股东代表诉讼的被告。

对于争议问题2，一事不再理原则是民事诉讼的重要原则之一。为了避免没有意义的重复诉讼，控制诉讼成本的无谓支出与司法资源的无谓投入，保障当事人的权益不受国家公权力的二次侵害，各国和地区均在民事诉讼中规定该原则。我国民事诉讼法没有正面规定此原则，但在《中华人民共和国民事诉讼法》第一百二十七条第五项和相关司法解释中[①]有所体现。据此，人民法院的判决、裁定、调解书发生法律效力以后，当事人即不得再次上诉，如果对其生效判决仍有不服，可以依法向人民法院申请再审[②]。本案中，经过仲裁庭对两股东合同项下的价款纠纷进行仲裁之后，帕拉沃公司又对昆泰公司提起股东代表诉讼。仲裁的对象为股东间的合同纠纷，而诉讼标的为昆泰公司是否履行出资义务，不是同一法律关系，不适用一事不再理原则。

案例 3-2-10　营利法人：股利分配请求权

一、基本案情

2000年8月23日，长益公司与路桥公司共同签署《武汉华益路桥管理有限公司章程》（以下简称《章程》），共同投资设立中外合作经营企业——华益公司。同日，双方签订鄂港合作经营岱黄、汉施公路合同（以下简称合作合同），明确约定仲裁条款，相关争议提交中国国际经济贸易仲裁委员会进行仲裁。《章程》对收益分配和投资回收作出了约定，但华益公司未依照约定向长益公司分配并支付相应年度的收益。路桥公司在经营期间擅自收回作为合作条件的汉施公路的经营权，长益公司认为路桥公司滥用股东权利，通过与华益公司的关联交易获得利润，侵害长益公司的投资利益，故起诉请求华益公司支付利润及相应利息，路桥公司承担连带责任。两被告提出管辖权异议，认为应当提交中国国际经济贸易仲裁委员会进行仲裁。

案号：最高人民法院（2015）民四终字第4号

二、诉讼过程

湖北省高级人民法院裁定驳回两被告的管辖权异议，认为虽然双方约定了仲裁机构，但本案长益公司是向华益公司提起公司盈余分配之诉，华益公司并非涉案合作合同的当事人，不受仲裁条款约束，因而法院对该案具有管辖权。华益公司不服提起上诉。

最高人民法院裁定撤销原审裁定并驳回长益公司的起诉，理由是：本案中的公司盈余分配诉请不属于民事诉讼受案范围。华益公司章程明确约定董事会是合作公司的最

---

① 《最高人民法院〈关于适用中华人民共和国民事诉讼法〉的解释》第二百一十四条　原告撤诉或者人民法院按撤诉处理后，原告以同一诉讼请求再次起诉的，人民法院应予受理。

原告撤诉或者按撤诉处理的离婚案件，没有新情况、新理由，六个月内又起诉的，比照民事诉讼法第一百二十七条第七项的规定不予受理。

② 江伟主编：《民事诉讼法》（第五版），高等教育出版社2016年版，第265页。

高权力机构,有权对公司利润分配方案作出决定。长益公司的利益分配诉请并未提交华益公司董事会,其直接向人民法院起诉请求判令华益公司向股东分配利润缺乏法律依据。

三、关联法条

《中华人民共和国公司法》

第五十九条① 股东会行使下列职权:

(一) 选举和更换董事、监事,决定有关董事、监事的报酬事项;

(二) 审议批准董事会的报告;

(三) 审议批准监事会的报告;

(四) 审议批准公司的利润分配方案和弥补亏损方案;

(五) 对公司增加或者减少注册资本作出决议;

(六) 对发行公司债券作出决议;

(七) 对公司合并、分立、解散、清算或者变更公司形式作出决议;

(八) 修改公司章程;

(九) 公司章程规定的其他职权。

股东会可以授权董事会对发行公司债券作出决议。

对本条第一款所列事项股东以书面形式一致表示同意的,可以不召开股东会会议,直接作出决定,并由全体股东在决定文件上签名或者盖章。

第六十七条② 有限责任公司设董事会,本法第七十五条另有规定的除外。

董事会行使下列职权:

(一) 召集股东会会议,并向股东会报告工作;

(二) 执行股东会的决议;

(三) 决定公司的经营计划和投资方案;

(四) 制订公司的利润分配方案和弥补亏损方案;

---

① 本案审理时,法院适用的是《中华人民共和国公司法》(2013年版)第三十七条 股东会行使下列职权:(一) 决定公司的经营方针和投资计划;(二) 选举和更换非由职工代表担任的董事、监事,决定有关董事、监事的报酬事项;(三) 审议批准董事会的报告;(四) 审议批准监事会或者监事的报告;(五) 审议批准公司的年度财务预算方案、决算方案;(六) 审议批准公司的利润分配方案和弥补亏损方案;(七) 对公司增加或者减少注册资本作出决议;(八) 对发行公司债券作出决议;(九) 对公司合并、分立、解散、清算或者变更公司形式作出决议;(十) 修改公司章程;(十一) 公司章程规定的其他职权。

对前款所列事项股东以书面形式一致表示同意的,可以不召开股东会会议,直接作出决定,并由全体股东在决定文件上签名、盖章。

② 本案审理时,法院适用的是《中华人民共和国公司法》(2013年版)第四十六条 董事会对股东会负责,行使下列职权:(一) 召集股东会会议,并向股东会报告工作;(二) 执行股东会的决议;(三) 决定公司的经营计划和投资方案;(四) 制订公司的年度财务预算方案、决算方案;(五) 制订公司的利润分配方案和弥补亏损方案;(六) 制订公司增加或者减少注册资本以及发行公司债券的方案;(七) 制订公司合并、分立、解散或者变更公司形式的方案;(八) 决定公司内部管理机构的设置;(九) 决定聘任或者解聘公司经理及其报酬事项,并根据经理的提名决定聘任或者解聘公司副经理、财务负责人及其报酬事项;(十) 制定公司的基本管理制度;(十一) 公司章程规定的其他职权。

（五）制订公司增加或者减少注册资本以及发行公司债券的方案；

（六）制订公司合并、分立、解散或者变更公司形式的方案；

（七）决定公司内部管理机构的设置；

（八）决定聘任或者解聘公司经理及其报酬事项，并根据经理的提名决定聘任或者解聘公司副经理、财务负责人及其报酬事项；

（九）制定公司的基本管理制度；

（十）公司章程规定或者股东会授予的其他职权。

公司章程对董事会职权的限制不得对抗善意相对人。

第二百一十条[①] 公司分配当年税后利润时，应当提取利润的百分之十列入公司法定公积金。公司法定公积金累计额为公司注册资本的百分之五十以上的，可以不再提取。

公司的法定公积金不足以弥补以前年度亏损的，在依照前款规定提取法定公积金之前，应当先用当年利润弥补亏损。

公司从税后利润中提取法定公积金后，经股东会决议，还可以从税后利润中提取任意公积金。

公司弥补亏损和提取公积金后所余税后利润，有限责任公司按照股东实缴的出资比例分配利润，全体股东约定不按照出资比例分配利润的除外；股份有限公司按照股东所持有的股份比例分配利润，公司章程另有规定的除外。

公司持有的本公司股份不得分配利润。

《中华人民共和国民事诉讼法》

第一百二十二条 起诉必须符合下列条件：

（一）原告是与本案有直接利害关系的公民、法人和其他组织；

（二）有明确的被告；

（三）有具体的诉讼请求和事实、理由；

（四）属于人民法院受理民事诉讼的范围和受诉人民法院管辖。

《最高人民法院关于适用〈中华人民共和国公司法〉若干问题的规定（四）》

第十三条 股东请求公司分配利润案件，应当列公司为被告。

[①] 本案审理时，法院适用的是《中华人民共和国公司法》（2013年版）第一百六十六条 公司分配当年税后利润时，应当提取利润的百分之十列入公司法定公积金。公司法定公积金累计额为公司注册资本的百分之五十以上的，可以不再提取。

公司的法定公积金不足以弥补以前年度亏损的，在依照前款规定提取法定公积金之前，应当先用当年利润弥补亏损。

公司从税后利润中提取法定公积金后，经股东会或者股东大会决议，还可以从税后利润中提取任意公积金。

公司弥补亏损和提取公积金后所余税后利润，有限责任公司依照本法第三十五条的规定分配；股份有限公司按照股东持有的股份比例分配，但股份有限公司章程规定不按持股比例分配的除外。

股东会、股东大会或者董事会违反前款规定，在公司弥补亏损和提取法定公积金之前向股东分配利润的，股东必须将违反规定分配的利润退还公司。

公司持有的本公司股份不得分配利润。

一审法庭辩论终结前,其他股东基于同一分配方案请求分配利润并申请参加诉讼的,应当列为共同原告。

第十四条 股东提交载明具体分配方案的股东会或者股东大会的有效决议,请求公司分配利润,公司拒绝分配利润且其关于无法执行决议的抗辩理由不成立的,人民法院应当判决公司按照决议载明的具体分配方案向股东分配利润。

第十五条 股东未提交载明具体分配方案的股东会或者股东大会决议,请求公司分配利润的,人民法院应当驳回其诉讼请求,但违反法律规定滥用股东权利导致公司不分配利润,给其他股东造成损失的除外。

四、争议问题

1. 公司的权力机构及其职权范围。
2. 公司利润分配的程序。

五、简要评论

公司章程是由公司股东或发起人共同制定,对公司、股东、经营管理人员具有约束力的调整公司内部关系和经营行为的自治规则,具有法定性和自治性。自治性主要体现在三个方面:1. 公司章程作为一种行为规范,不是由国家制定而是由公司依法自行制定;2. 章程是一种法律以外的行为规范,靠公司自己执行,无须国家强制力保证实施;3. 章程作为内部规章,效力仅及于公司和相关当事人,不具有普遍约束力。公司章程的制定并非完全自由,与公司法规范存在联系。公司法中明确规定的强制性规范,章程不得与之相冲突。如果某种规范属于强制性规范,章程不得以股东意志为由作出相反规定。对于非强制性规范,可以作出不同甚至相反规定,可以排除公司法默认规范的适用。在不违反强制性规范的情况下,章程也应当注意填补公司法的授权性空白并弥补公司法的遗漏,细化或者补充公司法规范[1]。公司法规定股东会或股东大会一般为公司的权力机构,属于非强制性规范。本案中,公司章程明确约定董事会为公司的权力机构,享有公司法中股东会制订公司利润分配方案的权利,应遵其约定。因此,华益公司董事会享有公司法中股东会的职权,制定并通过公司利润分配方案。

股利分配请求权是指股东基于其公司股东的资格和地位所享有的请求公司向自己分配股利的权利[2]。股利分配请求权有抽象和具体之分。抽象意义上的股利分配请求权,是指股东基于其公司股东的资格和地位而享有的一种股东权权能。获得股利是股东投资的主要目的,也是公司作为营利性法人的本质要求。因此,抽象意义上的股利分配请求权是股东所享有的一种固有权,不允许通过公司章程或者公司治理机构予以剥夺。此种权利的内容并不必然相同,不同的公司可以通过章程确定不同的股利分配方法。由于公司的经营存在商业风险,公司是否实际盈利并不确定,所以股东在每一特定

---

[1] 范健、王建文著:《公司法》(第五版),法律出版社2018年版,第169-178页。
[2] 刘俊海著:《股份有限公司股东权的保护》(修订本),法律出版社2004年,第195-196页。

年度能否分得股利、每一年度股利的分配比例,都是不可能固定的。所以,抽象意义上的股利分配请求权实际上是一种期待权。只有公司盈利且章程规定分配方式或者股东大会通过股利分配方案等,股东才可以行使分配权,才产生具体意义上的股利分配请求权,即公司存在可供分配股利的利润时,股东根据股东会或者股东大会分派股利的决议而享有的、请求公司支付特定股利的权利。

一般情况下,只有在具体意义上的股利分配请求权成立时,股东才可以提起股利分配请求权之诉,人民法院也才可以作出要求公司对特定股东分配股利的裁判。因此,长益公司在董事会通过利润分配方案并享有具体意义上的利润分配请求权后才可以提起利润分配方案执行诉讼。

案例 3-2-11　营利法人:股权转让

一、基本案情

安瑞公司在工商机关登记的名义股东为孔某某和张某某,其中孔某某持72%股份,张某某持28%股份。安瑞公司于2012年2月27日通过决议,以韩某某由他人代持的安瑞公司大中华项目20%的股权抵销韩某某欠梁某某、张某某等5人的债务,公司以后分红按孔某某人民币2 400万元、项某2 000万元、梁某某2 800万元、王某800万元、陈某某550万元等5人比例分配。孔某某、韩某某、项某、梁某某、陈某某5人在上述决议上签字,安瑞公司在决议上加盖公司公章。

2013年6月7日孔某某、张某某将安瑞公司的100%股权及全部资产转让给他人。2014年5月24日安瑞公司作出股东会决议,绝对多数股东一致同意将公司后续重大事项,包括不限于对外协商公司整体转让事宜、接受并分配公司款项或资产等,均交给孔某某、张某某等二人共同处置,全体股东对二人共同代表签署确认的全部处置行为认可、同意并对外承担责任。梁某某认为孔某某、张某某擅自转让公司股权及资产的行为侵害了其合法权益,故诉至法院请求孔某某、张某某等5被告连带赔偿经济损失人民币2 800万元及利息。

案号:最高人民法院(2019)民申字第6378号

二、诉讼过程

贵州省贵阳市中级人民法院认为,2012年2月27日的决议有债权人的盖章签名及公司公章,经持有安瑞公司三分之二以上表决权的名义股东签字确认,应认定梁某某为出资人。此外,梁某某等5人对韩某某的债权为按份债权,各债权人分别享有自主决定权,即使债权人王某没有在决议上签字,也不影响该决议对梁某某已经产生法律效力。遂判决孔某某与张某某赔偿梁某某经济损失,但驳回了梁某某的其余诉讼请求。孔某某、张某某不服,提起上诉。

贵州省高级人民法院认为,梁某某从韩某某处取得安瑞公司的实际出资人身份,享有安瑞公司8.8%出资份额。张某某、孔某某从2013年6月7日签订股权及公司资产转让合同书时就侵害了梁某某的权利,应当及时归还梁某某的投资款。二审法院撤销了一审判决,判决孔某某、张某某分别赔偿梁某某经济损失人民币14 169 336.16元、1 979 895.84元及相应利息。孔某某不服,申请再审。

最高人民法院驳回孔某某的再审申请,理由为:债务人以其股权抵销对债权人的债务,该股权转让行为以目标公司决议的形式作出,且有法定代表人签字,所以债权人成为目标公司的隐名股并无不当。名义股东转让公司全部股权却未通知实际出资人,造成实际出资人损失的,应承担赔偿损失的责任。

三、关联法条

《中华人民共和国公司法》

第八十四条[①] 有限责任公司的股东之间可以相互转让其全部或者部分股权。

股东向股东以外的人转让股权的,应当将股权转让的数量、价格、支付方式和期限等事项书面通知其他股东,其他股东在同等条件下有优先购买权。股东自接到书面通知之日起三十日内未答复的,视为放弃优先购买权。两个以上股东行使优先购买权的,协商确定各自的购买比例;协商不成的,按照转让时各自的出资比例行使优先购买权。

公司章程对股权转让另有规定的,从其规定。

《最高人民法院关于适用〈中华人民共和国公司法〉若干问题的规定(三)》

第二十二条 当事人之间对股权归属发生争议,一方请求人民法院确认其享有股权的,应当证明以下事实之一:

(一)已经依法向公司出资或者认缴出资,且不违反法律法规强制性规定;

(二)已经受让或者以其他形式继受公司股权,且不违反法律法规强制性规定。

第二十四条 有限责任公司的实际出资人与名义出资人订立合同,约定由实际出资人出资并享有投资权益,以名义出资人为名义股东,实际出资人与名义股东对该合同效力发生争议的,如无法律规定的无效情形,人民法院应当认定该合同有效。

前款规定的实际出资人与名义股东因投资权益的归属发生争议,实际出资人以其实际履行了出资义务为由向名义股东主张权利的,人民法院应予支持。名义股东以公司股东名册记载、公司登记机关登记为由否认实际出资人权利的,人民法院不予支持。

[①] 本案审理时,法院适用的是《中华人民共和国公司法》(2013年版)第七十一条 有限责任公司的股东之间可以相互转让其全部或者部分股权。

股东向股东以外的人转让股权,应当经其他股东过半数同意。股东就其股权转让事项书面通知其他股东征求同意,其他股东自接到书面通知之日起满三十日未答复的,视为同意转让。其他股东半数以上不同意转让的,不同意的股东应当购买该转让的股权;不购买的,视为同意转让。

经股东同意转让的股权,在同等条件下,其他股东有优先购买权。两个以上股东主张行使优先购买权的,协商确定各自的购买比例;协商不成的,按照转让时各自的出资比例行使优先购买权。

公司章程对股权转让另有规定的,从其规定。

实际出资人未经公司其他股东半数以上同意，请求公司变更股东、签发出资证明书、记载于股东名册、记载于公司章程并办理公司登记机关登记的，人民法院不予支持。

第二十五条　名义股东将登记于其名下的股权转让、质押或者以其他方式处分，实际出资人以其对于股权享有实际权利为由，请求认定处分股权行为无效的，人民法院可以参照民法典第三百一十一条的规定处理。

名义股东处分股权造成实际出资人损失，实际出资人请求名义股东承担赔偿责任的，人民法院应予支持。

《中华人民共和国民法典》

第三百一十一条①　无处分权人将不动产或者动产转让给受让人的，所有权人有权追回；除法律另有规定外，符合下列情形的，受让人取得该不动产或者动产的所有权：

（一）受让人受让该不动产或者动产时是善意；

（二）以合理的价格转让；

（三）转让的不动产或者动产依照法律规定应当登记的已经登记，不需要登记的已经交付给受让人。

受让人依据前款规定取得不动产或者动产的所有权的，原所有权人有权向无处分权人请求损害赔偿。

当事人善意取得其他物权的，参照适用前两款规定。

四、争议问题

股权转让的条件。

五、简要评论

根据公司法的规定，股东名册是股东身份的直接证明。以出资的实际情况与登记记载是否一致为标准，公司股东可以分为隐名股东和显名股东。隐名股东指出资人虽然实际认缴出资，认购公司出资额，但在公司章程、股东名册和工商登记等材料中却记载为他人的投资人。与之相对的是显名股东，指在公司隐名投资过程中，约定将隐名股东的出资以自己名义出资、登记的名义投资人。隐名股东在股东名册上无名，其股份通过代持股关系由显名股东持有。此处隐名股东必须是实际出资人，须证明其与显名股东之间存在关于实际出资并享有投资权益、对方为名义股东的约定，并根据约定向公司实际履行了出资义务。本案中，股东名册上无梁某某之名，若其主张享有股东地位，须证明其为隐名股东。

---

① 本案审理时，法院适用的是《中华人民共和国物权法》第一百零六条　无处分权人将不动产或者动产转让给受让人的，所有权人有权追回；除法律另有规定外，符合下列情形的，受让人取得该不动产或者动产的所有权：（一）受让人受让该不动产或者动产时是善意的；（二）以合理的价格转让；（三）转让的不动产或者动产依照法律规定应当登记的已经登记，不需要登记的已经交付给受让人。

受让人依据前款规定取得不动产或者动产的所有权的，原所有权人有权向无处分权人请求赔偿损失。

当事人善意取得其他物权的，参照前两款规定。

从法律关系来看,隐名出资人与名义出资人之间存在着委托投资的法律关系。一方面,隐名出资人与名义出资人对向公司出资产生的权利义务分配达成协议;另一方面,就公司内部而言,公司章程、股东名册和登记资料记载股东均为显名股东①。在实际出资人与名义股东因出资权益的归属发生争议时,采纳严格的实质要件标准,以保护实际出资人的基本利益②。公司法司法解释三既承认了隐名出资人与实际出资人之间隐名投资合同的效力,也明确将隐名出资人与实际出资人之间的合同关系作为解决二者间投资权益归属纠纷的依据③。

在股权转让中,会涉及隐名股东与显名股东、公司其他股东和第三人之间的关系。对于其他股东而言,按照工商登记和股东名册,默认股东为显名股东,隐名股东若想获得股东地位,必须获得其他股东的同意,类似于股权转移。本案中韩某某是以其股权抵销对孔某某、项某、梁某某、王某、陈某某的债务。该股权转让行为以安瑞公司"大中华项目"形式作出,且有法定代表人孔某某签字与公司公章,梁某某确为安瑞公司隐名股东。此外,至于是否由半数以上通过、是否影响优先购买权、是否参与公司管理、是否影响公司人合性等,均是隐名股东显名为登记股东需要考量的问题,对本案中梁某某依据决议主张其应享有实际利益的股权变现价款这一隐名股东的权利并无影响。隐名股东的认定参见条例3-2-12。

案例3-2-12 营利法人:隐名投资关系的认定

一、基本案情

钟某、王某2为王某1的继承人。王某1与高某均系万资公司股东,高某占有60%的股份,任万资公司法定代表人,王某1占有40%的股份,两人系同居关系。王某1生前与庆铃公司的法定代表人马某某达成口头协议,以庆铃公司的名义为王某1、高某购买烟台银行的股份。2008年11月3日,新赢公司应王某1要求,委托辰能公司向万资公司转账汇款435万元,用于清偿新赢公司与王某1个人之间的债务,但用途未注明。12月1日,万资公司向庆铃公司转账汇款435万元,用途载明为货款。12月3日,庆铃公司与烟台银行签订股份认购协议,认购320万股,股款总计人民币608万元。支付相关款项后,烟台银行给庆铃公司出具了股权证,载明股东为庆铃公司,股权320万股。12月30日,庆铃公司向王某1出具证明一份,证明王某1在其购买烟台银行的股票中持100万股。同日向高某出具证明一份,证明高某在其购买烟台银行的股票中持50万股。

王某1去世后,钟某、王某2与庆铃公司为320万股的股权权属发生争议。庆铃公

---

① 郑云端著:《公司法学》,北京大学出版社2016年版,第99页。
② 范健、王建文著:《公司法》(第五版),法律出版社2018年版,第269页。
③ 胡晓静、崔志伟:《有限责任公司隐名出资法律问题研究——对〈公司法解释(三)〉的解读》,《当代法学》2012年第4期,第32-38页。

司出具声明称,庆铃公司用于购买王某1、高某所持共150万股股票的价款为万资公司出资,非王某1、高某个人汇款购买。钟某、王某2遂诉至法院,主张烟台银行中320万股票由其二人持有。

案号:最高人民法院(2015)民申字第497号

二、诉讼过程

山东省烟台市中级人民法院认为,王某1与庆铃公司达成口头代持股协议,王某1持有100万股的股权。钟某、王某2为王某1第一顺位继承人,有权继承100万股股权,对其余220万股股权无权主张。钟某、王某2不服提起上诉。

山东省高级人民法院驳回上诉,维持原判。两人不服,向最高人民法院申请再审。最高人民法院裁定驳回再审申请。

三、关联法条

《中华人民共和国公司法》

第一百四十七条[①]　公司的股份采取股票的形式。股票是公司签发的证明股东所持股份的凭证。

公司发行的股票,应当为记名股票。

《最高人民法院关于适用〈中华人民共和国公司法〉若干问题的规定(三)》

第二十一条　当事人向人民法院起诉请求确认其股东资格的,应当以公司为被告,与案件争议股权有利害关系的人作为第三人参加诉讼。

第二十二条　当事人之间对股权归属发生争议,一方请求人民法院确认其享有股权的,应当证明以下事实之一:

(一)已经依法向公司出资或者认缴出资,且不违反法律法规强制性规定;

(二)已经受让或者以其他形式继受公司股权,且不违反法律法规强制性规定。

四、争议问题

隐名投资关系的证明。

五、简要评论

根据民法典的规定,钟某、王某2继承王某1的财产,需要认定他们所主张的320万

[①] 本案审理时,法院适用的是《中华人民共和国公司法》(2005年版)第一百三十条　公司发行的股票,可以为记名股票,也可以为无记名股票。

公司向发起人、法人发行的股票,应当为记名股票,并应当记载该发起人、法人的名称或者姓名,不得另立户名或者以代表人姓名记名。

第一百三十一条　公司发行记名股票的,应当置备股东名册,记载下列事项:(一)股东的姓名或者名称及住所;(二)各股东所持股份数;(三)各股东所持股票的编号;(四)各股东取得股份的日期。

发行无记名股票的,公司应当记载其股票数量、编号及发行日期。

股股票为王某1的个人财产。在整个购买过程中,股权证书等证明出资股东为庆铃公司。王某1如果享有股权,需要证明其与庆铃公司之间存在代持股关系,或者股东会已经决议将股东变更为王某1但未进行变更登记。在股东名册没有更改、股东会也未通过变更决议的情况下,只能考虑王某1是否为烟台银行的隐名投资人。

隐名股东一般隐藏于显名股东之后且具有真实出资行为。确认隐名股东资格的前提条件有三:一是实际出资,这种出资应当以成为公司股东、实际享有股东权利为目的,而不是基于与公司或者其他股东之间的借贷关系。二是经半数以上股东同意。有限责任公司兼具资合性和人合性,如果一个人仅有资金可出,却与其他出资人不存在任何信任关系,也不能成为公司股东。三是不存在规避法律的情况。非法的隐名出资主要有两种情形——资金违法和主体违法,对于以合法形式掩盖非法目的的隐名投资协议,不能承认其合法性①。

根据股权与合同制度的基本原理,当隐名投资者要求确认其与公司等经营性组织之间存在投资关系时,争议的性质是股东身份权纠纷;当隐名投资者要求确认的仅是其与显名股东之间是否具有委托、信托等投资关系时,则属于投资合同纠纷。本案中,钟某、王某2主张庆铃公司持有的烟台银行320万股份均系代王某1持有,属于第二种情形。从庆铃公司向王某1出具的证明来看,王某1汇款委托庆铃公司购买100万股,但未证明其余220万股,可以据此认定庆铃公司与王某1之间达成了100万股的代持股协议。根据代持股协议,庆铃公司持有烟台银行的100万股应归王某1。钟某、王某2无法证明庆铃公司与王某1之间还存在代持另外220万股烟台银行股份的协议,则此220万股仍归庆铃公司所有。

法律关系是诉讼标的,是整个诉讼的核心,法律关系错乱或者重复会影响案件的审判。本案中出现两个法律关系,一是股权确认,二是继承关系。而从本案的诉讼请求来看,应该是股权确认纠纷,因此不能对继承关系作出判断,影响权益的实现。

案例 3-3　机关法人

一、基本案情

2007年3月8日,永锦公司作出股东会议决议,各股东一致同意,禹州市国资委将持有的永锦公司35%股权出让给杭州锦江集团出资的独资公司杭州远景公司,永锦公司其他股东放弃优先购买权。2007年3月8日,禹州市国资委与杭州远景公司签订股权转让协议,约定合计股权转让款为7 851.10万元。杭州远景公司后续向禹州市国资委支付股权转让款合计5 103.23万元。2010年之前,杭州远景公司、北京远景公司、北京嘉程公司系关联公司。2008年10月13日,北京远景公司向禹州市国资委出具函件表明愿支付剩余股权转让价款。2011年6月20日,禹州市国资委与北京嘉程公司签订

---

① 周强:《股权确认案件的判断标准》,《人民法院报》2010年1月20日,第7版。

《禹州市国有资产管理委员会还款协议》，约定由北京嘉程公司承担杭州远景公司所欠的2747.87万元。北京嘉程公司偿还了400万元，并于2011年9月19日向禹州市国资委出具还款计划书，于2016年4月1日出具还款承诺函。

禹州市国资局于2017年向一审法院起诉请求依法判决杭州远景公司、北京远景公司、北京嘉程公司立即支付股权转让款2247.87万元及滞纳金。被告辩称禹州市国资局作为本案的诉讼主体不适格。

案号：最高人民法院（2020）民申字第4844号

二、诉讼过程

河南省许昌市中级人民法院查明，禹州市国资委向人民法院提起诉讼主张权利时，因无组织机构代码证，无法作为原告提起本案诉讼，故禹州市国资委于2016年10月6日发文决定授权禹州市国资局对永锦公司股权转让事宜主张相关权利，该决定是行政机关履行其管理职能的行政手段，其目的是为避免国家利益受损，禹州市国资局是本案的适格原告。法院判决杭州远景公司、北京远景公司、北京嘉程公司支付禹州市国资局2247.87万元及滞纳金。三被告不服，提起上诉。

河南省高级人民法院审查后认为，根据中共禹州市委机构编制委员会及禹州市国资委出具的说明及相关文件，禹州市国资局是禹州市国资委的日常办事机构，负责全市国有资产的监督管理工作。二审期间禹州市国资局亦提交了组织机构代码证，具有国有资产监督管理职责，其以自己名义提起本案诉讼具有合理性。一审法院认为禹州市国资局是适格原告并无不当。三上诉人不服，申请再审。

最高人民法院认为，禹州市国资委是否具备法人资格并不以其是否具有组织机构代码证为必要条件，一审法院在关于其是否具备原告诉讼主体资格的问题上认识错误，但此对杭州远景公司、北京嘉程公司、北京远景公司的实体权利并未产生实际影响，已无纠正之必要。驳回杭州远景公司、北京远景公司、北京嘉程公司的再审申请。

三、关联法条

《中华人民共和国民法典》

第九十七条① 有独立经费的机关和承担行政职能的法定机构从成立之日起，具有机关法人资格，可以从事为履行职能所需要的民事活动。

---

① 本案审理时，法院适用的是《中华人民共和国民法通则》第五十条 有独立经费的机关从成立之日起，具有法人资格。

具备法人条件的事业单位、社会团体，依法不需要办理法人登记的，从成立之日起，具有法人资格；依法需要办理法人登记的，经核准登记，取得法人资格。

第一百七十六条① 民事主体依照法律规定或者按照当事人约定,履行民事义务,承担民事责任。

第一百八十六条② 因当事人一方的违约行为,损害对方人身权益、财产权益的,受损害方有权选择请求其承担违约责任或者侵权责任。

第五百零九条③ 当事人应当按照约定全面履行自己的义务。

当事人应当遵循诚信原则,根据合同的性质、目的和交易习惯履行通知、协助、保密等义务。

当事人在履行合同过程中,应当避免浪费资源、污染环境和破坏生态。

第五百五十二条 第三人与债务人约定加入债务并通知债权人,或者第三人向债权人表示愿意加入债务,债权人未在合理期限内明确拒绝的,债权人可以请求第三人在其愿意承担的债务范围内和债务人承担连带债务。

第五百七十八条④ 当事人一方明确表示或者以自己的行为表明不履行合同义务的,对方可以在履行期限届满前请求其承担违约责任。

四、争议问题

禹州市国资局是否具备原告诉讼主体资格?

五、简要评论

机关法人是指依照法律和行政命令组建,享有公权力,有独立的经费,以从事国家管理活动为主的各级国家机关⑤。机关法人自成立之日起,即具有法人资格。民法通则仅笼统规定了国家机关、事业单位和社会团体法人资格的取得,民法总则首次单独规定了机关法人的设立,民法典将机关法人定义为特别法人,在形式上完成了主体私法化。机关法人是行政法的主体,受公法约束,行使公权力,对教育、文化、军事及其他社会事务进行管理。当它们代表国家行使公权力时,体现的是国家意志,与被管理对象是纵向的管理服从关系,而非平等关系。近代国家基于"夜警国家"的理念,国家机关多承担不得侵害公民基本权利的消极义务,对社会与市场采取放任主义;现代国家基于"福利国家"的理念,国家机关多承担积极作为的义务,主动干预市场,广泛参与民事关系,此时,

---

① 本案审理时,法院适用的是《中华人民共和国民法总则》第一百七十六条 民事主体依照法律规定和当事人约定,履行民事义务,承担民事责任。
② 本案审理时,法院适用的是《中华人民共和国民法总则》第一百八十六条 因当事人一方的违约行为,损害对方人身权益、财产权益的,受损害方有权选择请求其承担违约责任或者侵权责任。
③ 本案审理时,法院适用的是《中华人民共和国合同法》第六十条 当事人应当按照约定全面履行自己的义务。
当事人应当遵循诚实信用原则,根据合同的性质、目的和交易习惯履行通知、协助、保密等义务。
④ 本案审理时,法院适用的是《中华人民共和国合同法》第一百零八条 当事人一方明确表示或者以自己的行为表明不履行合同义务的,对方可以在履行期限届满之前要求其承担违约责任。
⑤ 王利明主编:《中国民法典评注(总则编)》(上),人民法院出版社2021年版,第325-327页。

国家机关从事的是民事活动,例如购置办公用品、租用房屋、发包工程,以及与企业签订土地使用权出让合同等。因此,机关法人具有双重性,既是公法主体也是私法主体。当它们以民事主体身份出现时,形成的法律关系不是纵向的行政关系,而是平等主体之间的民事关系。

机关法人具有以下法律特征:1. 主要从事国家行政管理活动。机关法人的活动方式是利用国家权力对教育、文化、军事及其他社会事务进行管理。从事司法活动的法院、检察院也属于机关法人的范畴。2. 成立的方式为特许设立。机关法人的设立取决于宪法和法律的规定,其设立无须经专门机构核准登记。3. 经费由国家预算拨给。机关法人不从事经营活动,因此机关法人无法像企业法人那样通过经营获得盈利,机关法人的活动经费由国家拨给。4. 不得从事商业经营,不得滥用经费。这是对机关法人的限制性要求。

按照民法典的规定,机关法人分为两类,一是有独立经费的国家机关,二是承担行政职能的法定机构。前者包括国家权力机关法人、国家行政机关法人、国家审判机关法人、国家检察机关法人、国家法律监督机关法人、国家军事机关法人等。后者主要指承担行政职能的事业单位,包括:1. 根据法律、法规授权和中央有关政策规定,授权其行使行政职权的事业单位,包括执法(如动物防疫监督所、植物检疫所等)和管理(公路管理局、航道局等)两类。2. 职权性行政主体,因受行政机构和编制数额限制,列为事业单位的机构(如城建规划局、房地产管理局等)。3. 非行政主体,接受委托以委托人名义对外行使行政职权的事业单位(如旅游质量监督管理所、卫生监督所等)。4. 无法律法规授权而承担行政职能的事业单位(如劳动监察大队、城市管理监察大队等)[①]。

机关法人作为民事主体,只有在其从事为履行职能所需要的民事活动时,才有意义。这是因为机关法人的主要职能是行使公权力,而不是进行民事活动,只有为了行使其公权力的需要而进行民事活动时,机关法人才作为民事主体,其法人资格才有意义。因此,在本案中,禹州市国资委作为机关法人,因行使公权力而进行股权出让的民事行为是有效的。

案例 3-4　社会团体法人

一、基本案情

珠超公司和粤超公司的经营范围均包括对体育竞赛的组织经营活动。2005 年,国家体育总局将室内五人制足球列为我国正式开展的竞技体育项目。2009 年 7 月 8 日,广东省足协与珠超公司签订《新广东省室内五人制足球联赛协议书》(以下简称《协议

---

① 杨立新主编:《〈中华人民共和国民法典〉条文精释与实案全析(上)》,中国人民大学出版社 2020 年版,第 150 页。

书》),约定:1. 广东省足协批准珠超公司独家在广东省境内投资、组织、管理、运营和举办广东省室内五人制足球联赛,制定有关的规章、规则、标准和制度,决定参赛球队的数量和加盟球队的资格。从2009年协议生效之日起至2018年12月31日止共10年内,必须每年举办广东省室内五人制足球联赛,且不少于6支俱乐部共10轮30场比赛,并支付按期举办联赛的保证金10万元。2. 广东省足协批准珠超公司独家拥有广东省室内五人制足球联赛相关的知识产权和一切商业经营开发权利,且由此产生的一切经济收益归珠超公司所有,珠超公司承担联赛运营的相关开支和费用。3. 广东省足协向珠超公司提供诸如争取有关政府机构和主管部门对联赛的支持和批准等与举办联赛相关的协助服务,珠超公司支付相应劳务费用每年10万元。同年8月17日,广东省足协向珠超公司发出《举办广东省室内五人制足球联赛批准书》(以下简称《批准书》),批准珠超公司举办广东省室内五人制足球联赛,并独家享有《协议书》约定的赛事权利。

2012年6月,粤超公司将广东省足协和珠超公司诉至法院,称上述《协议书》《批准书》具有排除、限制竞争的效果,是限制同行业之间竞争的排他性协议,违反了反垄断法的规定以及中国足协章程、广东省足协章程的宗旨,请求判令无效。

案号:最高人民法院(2015)民申字第2313号

二、诉讼过程

广东省广州市中级人民法院驳回粤超公司的全部诉讼请求。粤超公司不服提起上诉,另主张:广东省足协不具有在广州市、深圳市举办五人制足球联赛的民事行为能力,《协议书》违反了反垄断法的禁止性规定。

广东省高级人民法院认为,根据广东省足协章程的规定,广东省足协负责组织、管理和指导全省足球运动发展,粤超公司主张广东省足协在广州市和深圳市不具有举办五人制足球联赛民事行为能力的理由不能成立。粤超公司不服,向最高人民法院申请再审,称:广东省足协签订案涉《协议书》时具有三重身份,既是法律法规授权的、具有管理公共事务职能的组织,又是市场经营者,还是社会团体,《协议书》因违反反垄断法的相关规定无效。

最高人民法院认为,广东省足协是非营利性社会团体法人,虽不以营利为目的,但并不意味着其不能从事一定的市场经营活动。按照社会团体登记管理条例的规定,广东省足协作为社会团体法人,可以在章程范围内对外开展民事活动,独立承担民事责任。广东省足协章程也规定广东省足协可以通过必要的活动为足球运动项目发展筹集资金。因此,广东省足协依章程可以从事与其职能有关的市场经营活动,粤超公司关于广东省足协是市场经营者的主张成立。关于其作为非营利性社团法人、不能作为法律上和经济上独立的商品生产者从事或参与经营活动并获得相关权益的主张,与有关规定和事实不符。

三、关联法条

《中华人民共和国反垄断法》

第二十一条 行业协会不得组织本行业的经营者从事本章禁止的垄断行为。

《中华人民共和国民法典》

第九十条 具备法人条件，基于会员共同意愿，为公益目的或者会员共同利益等非营利目的设立的社会团体，经依法登记成立，取得社会团体法人资格；依法不需要办理法人登记的，从成立之日起，具有社会团体法人资格。

第九十一条 设立社会团体法人应当依法制定法人章程。

社会团体法人应当设会员大会或者会员代表大会等权力机构。

社会团体法人应当设理事会等执行机构。理事长或者会长等负责人按照法人章程的规定担任法定代表人。

《社会团体登记管理条例》

第二条 本条例所称社会团体，是指中国公民自愿组成，为实现会员共同意愿，按照其章程开展活动的非营利性社会组织。

国家机关以外的组织可以作为单位会员加入社会团体。

第八条 登记管理机关、业务主管单位与其管辖的社会团体的住所不在一地的，可以委托社会团体住所地的登记管理机关、业务主管单位负责委托范围内的监督管理工作。

四、争议问题

广东省足协的民事主体身份。

五、简要评论

社会团体法人是具有民事权利能力和民事行为能力，依法独立享有民事权利和承担民事义务的社会组织。社会团体法人以谋求社团成员的共同利益为宗旨，主要包括各种政治团体（如各民主党派）、人民群众团体（如工会、妇联、共青团）、社会公益团体（如残疾人基金会）、文学艺术团体（如作家协会）、学术研究团体（如数学学会）等。在民法典中，社会团体法人与事业单位法人、捐助法人同属于非营利法人。将非营利法人作为法人的一类，既能涵盖事业单位法人、社会团体法人等传统法人形式，还能够涵盖基金会和社会服务机构等新的法人形式，符合我国国情，适应改革社会组织管理制度、促进社会组织健康有序发展的要求，有利于健全社会组织的法人治理结构，有利于加强对此类组织的引导和规范，促进社会治理创新。社会团体法人的特点主要有：

第一，依法成立。成立方式主要有两种：1. 依法不需要办理法人登记而又具备了法人条件的,这种社会团体从成立之日起即具备法人资格,如县以上各级工会组织。
2. 需要经核准登记后才能取得法人资格的,这种社会团体必须在经过核准登记后,才能取得法人资格。如各种协会、学会等。

第二,有必要的财产和经费。社会团体要开展活动,就要有相应的财产和经费。这种财产和经费可以是国家下拨的,也可以是其他组织或公民个人提供的,还可以是集资得来的。不管来自何种途径,这些财产和经费应由社会团体独立支配使用,并能以之来承担民事责任,才符合法人资格的要求。

第三,有自己的名称、组织机构和场所。社会团体的性质不同,其名称、组织机构和活动场所也不同,如××工会委员会、××协会等。如果社会团体没有自己的名称和组织机构,只是附属于其上级单位或是某机构的一部分,则不具备法人资格。

第四,能够独立承担民事责任。社会团体如果不能独立承担民事责任,就不具备法人资格,必须由具有法人资格的上级单位或机关来承担民事责任。

在本案中,广东省足协是广东省境内从事足球运动的单位和个人自愿结成的全省非营利性社会团体法人,虽然不以营利为目的,并不意味着其不能从事一定的市场经营活动。广东省足协作为社会团体法人,可以在章程范围内作为民事主体对外开展民事活动,独立承担民事责任。

检察要点:公司债权人利益保护

一、检察现状

公司作为市场活动的主体,是社会发展的基本单元。公司的设立、发展、消亡不仅关系到公司内部成员的收益,也关系到外部债权人的利益。依法平等保护各类市场主体的合法权益,是全面依法治国、建设社会主义法治国家的应有之义,因此保护债权人利益也是公司法的重要内容。检察机关作为社会治理的重要一环,已将监督力量投入到公司债权人利益保护领域。

(一)公司人格否认制度的理解适用

检察机关在正确理解与适用公司人格否认制度方面迈出了探索步伐。在深圳市丙投资企业(有限合伙)被诉股东损害赔偿责任纠纷抗诉一案中,浙江省金华市人民检察院依托事实,对企业正当融资担保与恶意转移公司资产、逃避债务的行为进行区分,结合主观表现与客观行为综合判断公司与股东是否存在混同,在认定丙企业股东未恶意逃避责任的情形下鼓励正当交易[①]。此案的成功抗诉为重整企业注了一剂强心针,增强

---

① 检例第77号:深圳市丙投资企业(有限合伙)被诉股东损害赔偿责任纠纷抗诉案,引自《最高人民检察院公报》2020年第6号(总第179号)第20-27页。

了投资者的信心,维护了重整计划的继续开展,保护了企业债权人合法利益。

(二) 债权人撤销权的理解适用

债务人的财产是债权实现的保证,但债务人恶意转移财产的行为屡见不鲜,为防止债务人财产不当减损,维护债权人利益,检察院聚焦债权人撤销权纠纷案件,履行检察职能。例如,在李文渊与洪美良股权转让纠纷案中,浙江省人民检察院抗诉认为,特定具体的逃避债务行为可以发生在债务风险形成之后,在担保之债已形成、负有担保责任且主债务人可能无法偿还债务的情形下,债务人低价转让资产,应视为逃避债务的行为[①]。该抗诉意见被法院采纳,再审法院给予此案准债权人撤销权的保护。

(三) 办理破产案件的探索

近年来,很多企业因资不抵债步入破产程序,法院受理的破产案件数量显著增多,如何高效办理破产案件成为政府与司法机关的工作重心之一。从2020年起,浙江、吉林、江苏等地检察机关纷纷出台破产案件检察监督的试行意见。2020年11月,江苏省人民检察院与最高检民事检察研究基地(东南大学民事检察研究中心)联合召开研讨会,深入探讨破产案件及虚假诉讼检察监督相关问题。目前,检察机关在针对破产案件虚假诉讼监督与职工债权支持起诉两方面有所突破,检察院建议法院对"僵尸企业"进行破产审查,充分保障了企业员工及债权人的合法权益[②]。

二、检察建议

公司人格独立和股东有限责任是公司法的基本原则,公司以其自身资产对外承担法律责任,股东则以出资额为限承担有限责任。检察机关在处理损害公司债权人利益责任纠纷时,应当重点审查该行为是否属于公司的正常经营行为。股东未滥用公司法人独立地位逃避债务并严重损害公司债权人利益的,不应当对公司债务承担连带责任。但若股东恶意转移公司资产,滥用公司法人独立地位逃避债务,损害公司债权人合法利益,检察机关应当否认公司独立人格,对股东的违法行为进行追责,维护公司债权人的合法利益[③]。检察机关在审查公司债权人纠纷的相关抗诉时,严格适用股东有限责任等产权制度,依法保护投资者的个人财产安全。

检察机关首先通过民事抗诉、检察建议等方式对法院涉及公司法人的民商事错案进行监督,为股东及债权人利益提供保障。其次应当加强对民事执行活动的监督,及时纠正法院违法违规的执行行为。检察机关对法院的监督需贯穿至案件的全过程当中,积极发挥监督职能,优化营商环境,在具体案件中处理好公司、股东与债权人之间的利益关系,为完善市场秩序提供法治保障。

---

① 李文渊与洪美良股权转让纠纷再审案判决书,(2013)浙民再字第21号。
② 卢志坚、唐晓宇、韩文津:《民事监督破解"谈破色变"困局》,《检察日报》2021年3月24日,第5版。
③ 唐英主编:《商事案例研究》,中国政法大学出版社2020年第1版,第30页。

管理市场主体的注册与登记是行政机关履行市场监管职责的重要方式,公司是市场中的重要主体,市场监督管理局等相关行政部门对公司的登记、注册以及相关经营行为具有监管的职能。检察机关发挥对公司的监管职能,应当加强与市场监督管理局以及其他具有市场监管职能的行政机关的交流沟通,针对行政机关执法过程中存在的问题及时提出对策、建议,推动相关职能部门履行职责的完善,实现行政监督与检察监督的有效衔接,促进市场经济有序发展。

第四章 合 伙

案例 4-1 合伙关系的认定

一、基本案情

2010年8月15日,浑源县政府向大同市政府提交《关于山西浑源东邦露天煤业有限责任公司调整井田的报告》,申请将东泥沟煤矿作为东邦公司的补充资源。2010年11月16日,陈某某、林某1(乙方)与林某2(甲方)就东泥沟煤矿合作事宜签订股东协议,约定乙方入股投资甲方总额为23 000万元;甲方负责具备开工条件所需的排土场、煤场以及开采所需的爆破材料,理顺解决与政府各相关部门、相邻各矿以及当地村民的关系和生产经营;乙方负责出纳财务管理、煤炭销售以及支付采矿工程款、生产管理开支、流动资金,甲方负责监督配合;甲方负责该项目的整体管理配合,收取的入股金主要用于该项目的初步设计、环评、土地征用、采矿价款等相关费用的支付上。后陈某某、林某1分别向林某2陆续支付了8 000万元、5 000万元,林某2亦分别向陈某某、林某1出具收条,确认收到上述款项。此后,双方在东泥沟煤矿进行煤矿开采,并已经销售取得利润。截至2012年4月份,陈某某、林某1共分得款项4 413万元。2012年4月,东泥沟煤矿因未取得煤矿采矿许可证被政府责令停产。

陈某某、林某1向福州市中级人民法院提起诉讼,以股东协议属于名为合作经营,实为采矿权购买及权益分配协议性质为由,诉请解除该股东协议并请求林某2返还投资款及利息。

案号:最高人民法院(2017)民再字第228号

二、诉讼过程

福建省福州市中级人民法院经审理认为,协议包括甲乙双方共同出资,共同经营东泥沟煤矿项目并分享收益的内容,故应认定股东协议为合伙协议,该协议系双方真实意思表示,合法有效。陈某某、林某1简单地以双方组成合伙体时的出资数额为依据主张分割财产,依据不足,遂判决驳回陈某某、林某1的全部诉讼请求。陈某某、林某1不服,提起上诉。

福建省高级人民法院认为,股东协议是名为双方合作经营,实为采矿权购买及权益分配的协议。因为采矿权的买卖及权益分配行为未经依法批准,违反法律强制性规定,实为无效合同。遂判决撤销一审判决,林某2分别退还陈某某、林某1的投资款,并赔偿损失;陈某某、林某1向林某2返还利润分配款。林某2向最高院申请再审。

最高人民法院认为,股东协议实为合伙协议,其解除后合伙终止。但因该协议已经履行,陈某某、林某1原投入合伙事务的资金已经转化为合伙财产,由合伙各方共同共有。陈某某、林某1退伙会导致合伙终止,只有在三方对合伙财产进行清算后,陈某某、林某1才可依据合同约定或法律规定请求分割合伙财产。故陈某某、林某1主张由林某2直接返还已投入合伙项目的合伙款,缺乏法律依据。判决撤销一审、二审判决,解除股东协议,并驳回陈某某、林某1的其他诉讼请求。

三、关联法条

《中华人民共和国民法典》

第九百六十七条① 合伙合同是两个以上合伙人为了共同的事业目的,订立的共享利益、共担风险的协议。

第九百六十八条② 合伙人应当按照约定的出资方式、数额和缴付期限,履行出资义务。

第九百六十九条③ 合伙人的出资、因合伙事务依法取得的收益和其他财产,属于合伙财产。

合伙合同终止前,合伙人不得请求分割合伙财产。

第九百七十条④ 合伙人就合伙事务作出决定的,除合伙合同另有约定外,应当经全体合伙人一致同意。

合伙事务由全体合伙人共同执行。按照合伙合同的约定或者全体合伙人的决定,可以委托一个或者数个合伙人执行合伙事务;其他合伙人不再执行合伙事务,但是有权监督执行情况。

合伙人分别执行合伙事务的,执行事务合伙人可以对其他合伙人执行的事务提出异议;提出异议后,其他合伙人应当暂停该项事务的执行。

四、争议问题

陈某某、林某1与林某2是否构成合伙关系?

---

① 本案审理时,法院适用的是《中华人民共和国民法通则》第三十条 个人合伙是指两个以上公民按照协议,各自提供资金、实物、技术等,合伙经营、共同劳动。
② 本案审理时,法院适用的是《中华人民共和国民法通则》第三十一条 合伙人应当对出资数额、盈余分配、债务承担、入伙、退伙、合伙终止等事项,订立书面协议。
③ 本案审理时,法院适用的是《中华人民共和国民法通则》第三十二条 合伙人投入的财产,由合伙人统一管理和使用。
合伙经营积累的财产,归合伙人共有。
④ 本案审理时,法院适用的是《中华人民共和国民法通则》第三十四条 个人合伙的经营活动,由合伙人共同决定,合伙人有执行或监督的权利。
合伙人可以推举负责人。合伙负责人和其他人员的经营活动,由全体合伙人承担民事责任。

五、简要评论

在民商分立的大陆法系国家,存在民事合伙和商事合伙的区分。民事合伙,是指数个合伙人共同组成的不以企业形式出现的合伙形态,通常是合伙人基于合伙协议所建立的追求共同目的的法律关系。商事合伙,一般是在商法中规定的合伙企业。两种经营形式都称为合伙却分别由民法和商法规定的原因,主要基于二者的以下区别:1.商事合伙一般要有字号和商号,在法律上称为商人,并受商法规范的调整;民事合伙由民法规定,大陆法系国家大多将民事合伙作为合同关系规定在债法中。2.商事合伙一般都按照商法的规定办理登记手续;民事合伙一般只需要合伙协议生效就可成立,不一定办理登记手续。3.商事合伙应当建立商业账簿;民事合伙并不一定必须建立商业账簿。4.民事合伙的合伙人必须以全体合伙人的名义执行合伙事务,否则效果不归属于全体合伙人;商事合伙则实行代理制或者代表制,只要以合伙组织的名义从事行为,行为结果就归合伙组织[1]。对于民事合伙与商事合伙,我国采用共同规范的模式,在实质性民商合一框架下,以民法典为基本法,合伙企业法具体规范为特别法的模式分别进行调整。民事合伙适用民法典相关规定,商事合伙适用合伙企业法相关规定[2]。

本案中,陈某某、林某1与林某2签订股东协议,能否据此认定三方构成合伙关系?合伙关系实质特征为共享利益、共担风险。实务中法院认定合伙关系成立的时候往往基于书面协议,通过出资、经营、收益、风险分担等因素对个人合伙关系进行认定。从本案股东协议约定的内容分析,三方当事人系就涉案煤矿合作事宜约定共同出资、共同经营,并共享收益;从股东协议履行情况看,三方当事人亦实际共同经营了煤矿,并共享了经营收益。在确定合同的性质时,应依合同的内容来定,而非依合同的名称来定,故本案合同名为股东协议,实为合伙合同。合伙协议解除后,原为三人的合伙仅剩林某2一人,合伙终止,因合伙协议已经履行,合伙人投入合伙事务的资金已经转化为合伙财产,由合伙各方共同共有,依据《中华人民共和国民法典》第九百六十九条,在全体合伙人未对合伙财产及合伙债权债务进行清算前,合伙人不能主张由其他合伙人退还其原投入合伙事务的资金。故陈某某、林某1诉请林某2返还投资款于法无据。

案例 4-2 合伙协议的效力

一、基本案情

1987年,渣林村村民王某1、王某2等人合伙开办老立山下煤矿(以下简称老矿),同村村民李某某等人开办塘梅冲煤矿(以下简称塘矿),因都是独眼井且无采矿许可证,以

---

[1] 王利明主编:《中华人民共和国民法总则详解》,中国法制出版社2017年版,第423-424页。
[2] 邰永林:《民事合伙与商事合伙的区分及适用》,《人民司法(案例)》2017年第20期,第4-6页。

上村民遂于1990年5月与渣林村村委会(以下简称村委会)协商联合办矿,并签订《塘梅冲、立山下两矿合办两年后转村办协议》。1990年11月,合办矿因无采矿许可证,被有关部门强行封闭。1992年11月,王某3与同村村民王某4等人在距已被封闭的老矿约60米处新开一个井口,称新立山下矿井(以下简称新矿)。同时,李某某等人将已封闭的塘矿进行了修复。1993年3月,塘矿合伙人与新矿合伙人签订联办协议书,约定将新开的塘矿与新矿联办,取名团结煤矿,使用村委会公章成功申办采矿许可证,有效期一年,属集体性质。1993年下半年,老矿原合伙人王某1、王某2等人多次找李某某等人协商要求确认他们为团结煤矿的合伙人,遭到李某某等人的拒绝。王某1、王某2等人遂向法院起诉。

经嘉禾县人民法院与郴州市中级人民法院两次审理,最后判决:团结煤矿收归村委会管理并行使开采权;由村委会补偿原塘矿合伙人李某某以及原新矿合伙人王某4、王某3等人。在执行判决过程中,村委会原主任、支书、文书于1996年6月16日与原塘矿合伙人代表、原新矿合伙人签订《渣林行政村团结煤矿转体协议书》(以下简称《转体协议书》),约定煤矿从1996年1月1日起属于三大股(村委会1股,塘矿1股,新矿1股)分红和管理,由行政村牵头。2004年8月20日,原塘矿和原新矿的全体股东16人经协商签订协议书,将团结煤矿原三大股股东中的两大股以6 000元一小股转让给王某3,其余15人不再享有权利、承担责任。双方将转让情况通知了村委会。协议签订后,王某3支付了约定的费用,要求参加团结煤矿的管理,被村委会拒绝。故王某3向嘉禾县人民法院提出诉讼,请求判令村委会给付1996年至2004年度团结煤矿利润款并支付违约金,并判令团结煤矿由其开采和管理。

案号:最高人民法院(2012)民抗字第23号

二、诉讼过程

湖南省嘉禾县人民法院认为,本案的焦点问题是《转体协议书》是否有效。根据已经发生法律效力的嘉禾县人民法院和郴州市中级人民法院的判决,团结煤矿的产权是集体性质,属渣林村全体村民所有。根据村委会组织法[①],《转体协议书》的签订应当提请村民会议或村民代表会议讨论决定,故该协议签订程序不符合法律规定,内容损害了全体村民的合法利益,应属无效。王某3根据以《转体协议书》为基础签订的协议书诉请

---

① 本案审理时,法院适用的是《中华人民共和国村民委员会组织法(试行)》(1988年版)第十条　村民会议由本村十八周岁以上的村民组成。
　　村民会议可以由十八周岁以上的村民参加,也可以由每户派代表参加。必要的时候,可以邀请本村的企业、事业单位和群众团体派代表参加会议。
　　村民会议的决定,由十八周岁以上的村民的过半数通过,或者由户的代表的过半数通过。
　　第十一条　村民委员会向村民会议负责并报告工作。
　　村民会议由村民委员会召集和主持。有五分之一以上的村民提议,应当召集村民会议。涉及全村村民利益的问题,村民委员会必须提请村民会议讨论决定。
　　村民会议有权撤换和补选村民委员会的成员。

参与团结煤矿的管理与分红,没有法律依据,不予支持。王某3不服,向郴州市中级人民法院提起上诉。

湖南省郴州市中级人民法院认为,《转体协议书》的签订虽未按照村委会组织法的规定经全体村民或村民代表讨论通过,但该法中亦未明确规定此种情形无效。在案件的执行过程中,村委会与原塘矿合伙人、原新矿合伙人根据实际情况,为了方便生产生活,提高煤矿效益,自愿达成的《转体协议书》,应属于有效协议。但《转体协议书》的签订,并非对团结煤矿采矿权的处分和划分。根据生效判决及《转体协议书》的约定,王某3的收受行为不能对抗村委会,原塘矿在团结煤矿的分红和管理权由村委会收回。王某3已实际支付的费用,可由村委会给予补偿。双方当事人均不服,申请再审。

湖南省高级人民法院再审认为,二审判决认定事实清楚,适用法律正确,遂驳回上诉,维持原判。王某3不服,向检察机关申诉。最高人民检察院向最高人民法院提出抗诉。

最高人民法院认为,在尊重《转体协议书》约定的基础上,2004年8月20日王某3与原塘矿和原新矿的其他股东签订的协议书,属合伙人份额内部转让协议,并依法通知村委会,是当事人的真实意思表示,不违反团结煤矿合伙人之间的约定,也未侵害村委会的权利,应为有效,且已履行完毕,当然对团结煤矿全体合伙人发生法律拘束力。根据《转体协议书》和协议书的约定,王某3应当占有三分之二的分红和管理权。

三、关联法条

《中华人民共和国民法典》

第六十一条　依照法律或者法人章程的规定,代表法人从事民事活动的负责人,为法人的法定代表人。

法定代表人以法人名义从事的民事活动,其法律后果由法人承受。

法人章程或者法人权力机构对法定代表人代表权的限制,不得对抗善意相对人。

第一百零一条　居民委员会、村民委员会具有基层群众性自治组织法人资格,可以从事为履行职能所需要的民事活动。

未设立村集体经济组织的,村民委员会可以依法代行村集体经济组织的职能。

第一百三十六条[1]　民事法律行为自成立时生效,但是法律另有规定或者当事人另有约定的除外。

行为人非依法律规定或者未经对方同意,不得擅自变更或者解除民事法律行为。

第一百四十三条[2]　具备下列条件的民事法律行为有效:

---

[1] 本案审理时,法院适用的是《中华人民共和国民法通则》第五十七条　民事法律行为从成立时起具有法律约束力。行为人非依法律规定或者取得对方同意,不得擅自变更或者解除。

[2] 本案审理时,法院适用的是《中华人民共和国民法通则》第五十五条　民事法律行为应当具备下列条件:(一)行为人具有相应的民事行为能力;(二)意思表示真实;(三)不违反法律或者社会公共利益。

（一）行为人具有相应的民事行为能力；

（二）意思表示真实；

（三）不违反法律、行政法规的强制性规定，不违背公序良俗。

第二百六十一条　农民集体所有的不动产和动产，属于本集体成员集体所有。

下列事项应当依照法定程序经本集体成员决定：

（一）土地承包方案以及将土地发包给本集体以外的组织或者个人承包；

（二）个别土地承包经营权人之间承包地的调整；

（三）土地补偿费等费用的使用、分配办法；

（四）集体出资的企业的所有权变动等事项；

（五）法律规定的其他事项。

第二百六十三条　城镇集体所有的不动产和动产，依照法律、行政法规的规定由本集体享有占有、使用、收益和处分的权利。

《中华人民共和国合伙企业法》

第二十二条　除合伙协议另有约定外，合伙人向合伙人以外的人转让其在合伙企业中的全部或者部分财产份额时，须经其他合伙人一致同意。

合伙人之间转让在合伙企业中的全部或者部分财产份额时，应当通知其他合伙人。

《中华人民共和国民事诉讼法》

第二百四十一条[①]　在执行中，双方当事人自行和解达成协议的，执行员应当将协议内容记入笔录，由双方当事人签名或者盖章。

申请执行人因受欺诈、胁迫与被执行人达成和解协议，或者当事人不履行和解协议的，人民法院可以根据当事人的申请，恢复对原生效法律文书的执行。

四、争议问题

《转体协议书》、协议书是否有效？

五、简要评论

物权可以分为所有权、用益物权和担保物权。所有权系对于物之使用价值和交换价值为全面支配的物权，又称为完全物权。用益物权系以支配物的使用价值为内容的物权。担保物权系以支配物的交换价值为内容的物权[②]。本案中，根据已经发生效力的嘉禾县人民法院(1994)嘉塘经初字第19号民事判决以及郴州市中级人民法院(1995)郴

[①] 本案审理时，法院适用的是《最高人民法院关于人民法院执行工作若干问题的规定（试行）》第八十六条　在执行中，双方当事人可以自愿达成和解协议，变更生效法律文书确定的履行义务主体、标的物及其数额、履行期限和履行方式。

和解协议一般应当采取书面形式。执行人员应将和解协议副本附卷。无书面协议的，执行人员应将和解协议的内容记入笔录，并由双方当事人签名或盖章。

[②] 王泽鉴著：《民法物权》，北京大学出版社2010年版，第38页。

民终字第 211 号民事判决,团结煤矿的所有权归村委会,属于集体所有,由村委会管理,行使开采权。集体所有权是指农民集体对集体所有的动产和不动产享有的占有、使用、收益和处分的权利。在集体所有的土地及其他自然资源上,可以设立承包经营权等用益物权①。团结煤矿作为农村集体所有的自然资源,可以设立经营管理等用益物权。村委会与原塘矿和原新矿的合伙人签订《转体协议书》,将团结煤矿的分红和管理权划分为三大股的行为并未侵害全体村民的所有权。一审法院认为"《转体协议书》约定团结煤矿属于村委会、原塘矿、原新矿三大股分红和管理,实际上是对团结煤矿产权的重新确定,应属涉及全村村民利益的问题,应当提请村民会议讨论决定"是错误的。村委会与原塘矿合伙人、原新矿合伙人根据实际情况,为了方便生产生活,提高煤矿效益,自愿达成《转体协议书》,将团结煤矿的分红和管理权划分为村委会、原塘矿、原新矿三方各占 1/3,并未侵害全体村民的所有权。该协议是当时渣林村村委会的法定代表人村主任以及村支书、村文书与王某 3 等人签订,并加盖了渣林村村委会的公章。因此,《转体协议书》的签订符合当事人的真实意思表示,合法有效。

在《转体协议书》的基础上,2004 年 8 月 20 日,原塘矿和原新矿的全体股东 16 人经协商签订协议书,由王某 3 受让上述股东在团结煤矿的分红和管理权。相对于团结煤矿而言,不管是原新矿的合伙人,还是原塘矿的合伙人,他们都属于团结煤矿内部的合伙人,他们之间合伙份额的转让属于合伙人之间的转让,只需通知其他合伙人即可,而不需其他合伙人同意。协议书签订时依法通知了村委会,该内部财产份额转让协议是当事人的真实意思表示,不违反团结煤矿合伙人之间的约定,也未侵害村委会的所有权,应为有效。因此,王某 3 有权参与团结煤矿的分红和管理,通过合伙人份额内部转让协议取得团结煤矿中原塘矿和原新矿各占的 1/3 份额,村委会应尊重经营者的利益,不能凭借煤矿所有权人代表的身份拒绝其他合伙人参加团结煤矿的经营管理的要求。

案例 4-3 合伙份额的转让

一、基本案情

2003 年 12 月 24 日,王某 1、王某 2 与曲某某、王某 3、赵某 1、姜某某、魏某某、金某(以下简称曲某某等六人)共八人签订合伙协议成立大禹煤矿。2008 年 7 月 23 日,在王某 1、王某 2 不知情的情况下,曲某某等六人制作大禹煤矿内部转让协议,约定曲某某、赵某 1、姜某某、魏某某、金某将其财产份额转让给王某 3,转让总价款 875 万元。曲某某等六人并未按照协议实际履行,而是将八名合伙人的全部财产份额以每人 175 万元的价格出售给合伙人之外的赵某 2。2008 年 7 月 26 日,王某 1、王某 2 得知情况后与曲某某等六人召开合伙人大会,表示不同意将合伙企业的财产份额出售给赵某 2,愿意以同等

---

① 尹田著:《物权法(第二版)》,北京大学出版社 2017 年版,第 298-299 页。

条件购买曲某某等六人的财产份额,但没有达成一致意见。2008年8月8日,王某1、王某2与曲某某等六人再次研究大禹煤矿转让事宜未有结果,曲某某等六人要求王某1、王某2积极配合相关手续的办理。后曲某某等六人又在当地报纸刊登了除名通知,将王某1、王某2从合伙企业中除名。

王某1、王某2于2008年8月12日起诉,请求判令曲某某等六人将大禹煤矿转让给赵某2的协议无效,确认其对转让的合伙财产份额享有优先购买权。经黑龙江省双鸭山市中级人民法院、黑龙江省高级人民法院两次审理,法院判决曲某某等六人未经王某1、王某2同意将其在大禹煤矿的份额转让给合伙人之外的赵某2,该行为无效。曲某某等六人在各自享有的大禹煤矿的份额因无效被返还后,如将该份额再行转让,王某1、王某2在同等条件下对该份额享有优先购买权。2010年2月1日,王某1、王某2向黑龙江省双鸭山市中级人民法院起诉,请求曲某某等六人将其在大禹煤矿的财产份额以每人175万元的价格转让给二人,并协助办理财产份额的转让、更名、过户手续。

案号:最高人民法院(2014)民抗字第17号

二、诉讼过程

黑龙江省双鸭山市中级人民法院认为,曲某某等六人未经王某1、王某2同意将其在大禹煤矿的份额转让给合伙人之外的赵某2,既违反了合伙协议书的约定,又违反了合伙企业法有关合伙份额转让的规定,应认定为无效。曲某某等六人分别收取的赵某2支付的转让价款175万元,应返还给赵某2,赵某2应从大禹煤矿退出。支持王某1、王某2要求购买六人在大禹煤矿的全部股权的诉求。曲某某等六人不服,提起上诉。

黑龙江省高级人民法院认为,曲某某等六人向赵某2转让大禹煤矿合伙份额的行为已经另案判决无效,且曲某某等六人在本案一、二审诉讼中已明确表示不再转让合伙份额,现亦无充分证据证实六人对外另行转让的情况。因此,王某1、王某2要求行使优先购买权的前提并不存在。王某1、王某2不服,申请再审。最高人民法院指令黑龙江省高级人民法院再审。

黑龙江省高级人民法院认为,一审判决认定事实清楚、处理结果正确,应予维持。最高人民检察院依职权提出抗诉。

最高人民法院认为,原判决认定事实清楚,适用法律正确,应予维持。

三、关联法条

《中华人民共和国合伙企业法》

第二十二条 除合伙协议另有约定外,合伙人向合伙人以外的人转让其在合伙企业中的全部或者部分财产份额时,须经其他合伙人一致同意。

合伙人之间转让在合伙企业中的全部或者部分财产份额时,应当通知其他合伙人。

第二十三条 合伙人向合伙人以外的人转让其在合伙企业中的财产份额的,在同等条件下,其他合伙人有优先购买权;但是,合伙协议另有约定的除外。

四、争议问题

1. 曲某某等六人在王某1、王某2不知情的情况下将大禹煤矿转让给赵某2的行为是否有效?

2. 王某1、王某2是否享有优先购买权?

五、简要评论

对于争议问题1,合伙是由两个以上民事主体根据协议,共同互约出资,共同经营,并对合伙债务承担无限连带责任的社会组织。本案中的大禹煤矿即为王某1、王某2与曲某某等六人签订合伙协议书,并且对出资金额、风险承担、经营管理、入伙退伙等事宜作出约定而成立的普通合伙。为了维护合伙企业经营的连续性,立法对合伙人对外转让合同份额进行了限制,除合伙协议另有约定外,须经其他合伙人一致同意。合伙虽具有团体性,但终系基于契约而成立,与各当事人的人格、信用与财产有密切关系,仍未脱离个人的因素[1]。因此,在合伙财产份额转让时应当考虑到合伙人之间的人合性。在本案中,曲某某等六人在王某1、王某2不知情的情况下将八名合伙人的全部财产份额出售给合伙人之外的赵某2的行为无效。

出资人关系从人合性到资合性的不同阶段,决定了出资份额转让从严到松的不同规定。股份有限公司股东之间的关系最为松散,因此其股份转让的限制最少[2]。有限责任公司介于人合性与资合性之间,股东转让股份的限制比合伙企业松、比股份有限公司严[3]。一方面要保证股权转让方相对自由地转让其出资,另一方面还要考虑有限责任公司资合和人合的混合性,尽可能维护公司股东间的信任基础。

对于争议问题2,合伙人的优先购买权是指合伙人向合伙人以外的人(第三人)转让其在合伙企业中的合伙份额或者法院对合伙人的合伙份额进行强制执行时,其他合伙人享有的以同等条件优先购买该合伙份额的权利。现行《中华人民共和国合伙企业法》

---

[1] 王泽鉴著:《民法总则》,北京大学出版社2013年版,第121页。
[2] 《中华人民共和国公司法》第一百五十九条 股票的转让,由股东以背书方式或者法律、行政法规规定的其他方式进行;转让后由公司将受让人的姓名或者名称及住所记载于股东名册。
股东会会议召开前二十日内或者公司决定分配股利的基准日前五日内,不得变更股东名册。法律、行政法规或者国务院证券监督管理机构对上市公司股东名册变更另有规定的,从其规定。
[3] 《中华人民共和国公司法》第八十四条 有限责任公司的股东之间可以相互转让其全部或者部分股权。
股东向股东以外的人转让股权的,应当将股权转让的数量、价格、支付方式和期限等事项书面通知其他股东,其他股东在同等条件下有优先购买权。股东自接到书面通知之日起三十日内未答复的,视为放弃优先购买权。两个以上股东行使优先购买权的,协商确定各自的购买比例;协商不成的,按照转让时各自的出资比例行使优先购买权。
公司章程对股权转让另有规定的,从其规定。

第二十三条、第四十二条①和第七十四条②，分别就一般情况和强制执行中合伙人的优先购买权作了规定。合伙人的优先购买权性质上属于形成权。合伙企业的部分合伙人向合伙人之外的人出售其财产份额，在双方确定转让价格等交易条件后，合伙企业的其他合伙人即享有对被转让财产份额的优先购买权，合伙协议另有约定的除外。

合伙企业法没有对"同等条件"进行解释。公司法司法解释（四）中对公司股东的优先购买权的相关规定可资借鉴③。在本案中，曲某某等六人将八名合伙人的全部财产份额以每人175万元的价格向非合伙人赵某2转让合伙财产份额，交易条件已经确定。王某1、王某2依法行使优先购买权，向曲某某等六人作出以同样价格购买其合伙财产份额的意思表示后，即在王某1、王某2与曲某某等六人之间形成了转让合伙财产份额的合同关系，转让价格为曲某某等六人与赵某2之间约定的对价数额。

案例4-4　合伙责任的承担

一、基本案情

2005年初，王某1、王某2、徐某某共同出资组建长城公司，聘请何某某为长城公司副总经理。2005年5月8日，徐某某、何某某代表尚在组建过程中的长城公司与刘某某签订《合作办理遵义县毛石镇芭蕉矿区开采证协议书》（以下简称《办证协议》），甲方为刘某某、杨某某，乙方为何某某、徐某某。遵义县毛石镇芭蕉钼镍矿区探矿权原系贵州省有色地质总队所有，面积3.04平方公里，现已转让给甲方。双方约定在原有探矿证钼镍矿种的基础上申办开采证，增补磷矿矿种。申办钼镍磷矿开采证的费用由乙方支付。开采证办理完毕后，乙方享有该矿区沙湾至高岗地区约1.6平方公里区域内所有矿种的开采权，其余地区的开采权归甲方所有，具体坐标待取得采矿证后另行明确。《办证协议》签订后，王某1、王某2、徐某某代表长城公司先后给付刘某某或按其指示交给镇政府等部门现金共计31.6万元。

2006年9月20日，刘某某作为主要发起人与杨某某、喻某某、罗某某共同出资成立

---

① 《中华人民共和国合伙企业法》第四十二条　合伙人的自有财产不足清偿其与合伙企业无关的债务的，该合伙人可以以其从合伙企业中分取的收益用于清偿；债权人也可以依法请求人民法院强制执行该合伙人在合伙企业中的财产份额用于清偿。

人民法院强制执行合伙人的财产份额时，应当通知全体合伙人，其他合伙人有优先购买权；其他合伙人未购买，又不同意将该财产份额转让给他人的，依照本法第五十一条的规定为该合伙人办理退伙结算，或者办理削减该合伙人相应财产份额的结算。

② 《中华人民共和国合伙企业法》第七十四条　有限合伙人的自有财产不足清偿其与合伙企业无关的债务的，该合伙人可以以其从有限合伙企业中分取的收益用于清偿；债权人也可以依法请求人民法院强制执行该合伙人在有限合伙企业中的财产份额用于清偿。

人民法院强制执行有限合伙人的财产份额时，应当通知全体合伙人。在同等条件下，其他合伙人有优先购买权。

③ 《最高人民法院关于适用〈中华人民共和国公司法〉若干问题的规定（四）》第十八条　人民法院在判断是否符合公司法第七十一条第三款及本规定所称的"同等条件"时，应当考虑转让股权的数量、价格、支付方式及期限等因素。

星源公司,2007年11月14日,贵州省国土资源厅为星源公司颁发芭蕉矿区钼镍磷矿采矿许可证。2009年4月,星源公司和在相邻区域拥有采矿权的葫芦岛贵达贸易有限公司整合成立贵达公司,刘某某任法定代表人。《办证协议》中约定的王某1、王某2、徐某某享有的1.6平方公里区域范围包含在上述星源公司、贵达公司的采矿权范围内。刘某某、星源公司、贵达公司未将上述事实告知王某1。

2008年3月17日,王某1、王某2、徐某某与方正圆公司就贵州省遵义县毛石镇芭蕉矿区沙湾至高岗地区1.6平方公里的区域内钼镍磷矿和3.04平方公里区域内磷矿的开采事宜达成《联合开采矿源合作协议》(以下简称《合作协议》)。《合作协议》签订后,因刘某某将《办证协议》中约定的1.6平方公里区域开采权申请在星源公司及整合后的贵达公司名下,致使方正圆公司与王某1、王某2、徐某某无法履行《合作协议》。方正圆公司起诉要求王某1、王某2、徐某某赔偿其损失,刘某某、星源公司、贵达公司在赔偿范围内承担连带赔偿责任。

另经查明,刘某某曾于2010年起诉请求解除案涉《办证协议》。经遵义市汇川区人民法院一审、遵义市中级人民法院二审终审,解除了案涉《办证协议》。在遵义市中级人民法院已经发生法律效力的(2011)遵市法民商终字第52号民事判决中明确,《办证协议》解除后,徐某某、何某某可对其提出的刘某某的违约责任及给徐某某、何某某造成的损失等请求,另案主张。

案号:最高人民法院(2014)民提字第83号

二、诉讼过程

济南市长清区人民法院认为,王某1、王某2、徐某某应当于判决生效之日起十日内赔偿方正圆公司损失980万元;刘某某、星源公司、贵达公司在980万元范围内承担连带赔偿责任。刘某某、星源公司、贵达公司不服,提起上诉。

山东省济南市中级人民法院认为,刘某某与方正圆公司不存在合作关系,方正圆公司要求刘某某承担980万元的可得利益损失没有依据。星源公司、贵达公司没有侵害方正圆公司的采矿权,不应承担赔偿责任。方正圆公司不服,申请再审。

山东省高级人民法院认为,刘某某与设立中的长城公司发起人王某1等三人形成事实上的合作关系。因刘某某将采矿许可证办在由其控股及任法定代表人的公司名下,并未将办理采矿许可证的实情告知王某1、徐某某等人,致使他们在不知情的情况下,与方正圆公司签订《合作协议》,导致《合作协议》无法履行,给方正圆公司造成了预期可得利益损失,王某1、王某2、徐某某对此损失应当承担赔偿责任;因刘某某与王某1等人存在合伙式的合作关系,对此损失亦应承担连带赔偿责任。刘某某不服,申请再审。

最高人民法院认为,《办证协议》合法有效。2008年3月17日签订《合作协议》的当事人并无刘某某,且《合作协议》约定的义务承担人为王某1、王某2。2005年5月8日签订《办证协议》的当事人为刘某某、何某某和徐某某,方正圆公司并非合同主体。根据合同相对性原理,刘某某向方正圆公司承担连带赔偿责任既无事实依据,亦无法律依据。因此,最高人民法院判决撤销山东省高级人民法院判决,维持济南市中级人民法院判决。

三、关联法条

《中华人民共和国民法典》

第一百零四条① 非法人组织的财产不足以清偿债务的,其出资人或者设立人承担无限责任。法律另有规定的,依照其规定。

第一百一十九条 依法成立的合同,对当事人具有法律约束力。

第五百六十六条 合同解除后,尚未履行的,终止履行;已经履行的,根据履行情况和合同性质,当事人可以请求恢复原状或者采取其他补救措施,并有权请求赔偿损失……

第九百六十七条② 合伙合同是两个以上合伙人为了共同的事业目的,订立的共享利益、共担风险的协议。

四、争议问题

刘某某应否承担赔偿方正圆公司980万元损失的连带责任?

五、简要评论

合伙的成立需要有书面合伙协议,应当载明包括合伙的名称和主要经营场所的地点、合伙人的姓名或者名称地址等内容,但民通意见规定的"事实合伙"③除外。事实合伙,是指两个以上的民事主体,没有书面合伙协议,未经工商行政管理部门核准登记,为了共同实施一定行为或者实现一定目的,依照口头协议结合起来,符合个人合伙其他条件的自然人的联合。事实合伙一旦不符合法律的规定,例如违反强制性规定或者公序良俗,或不具备法定的方式,或意思未趋于一致,或当事人一方意思表示有瑕疵时,都会导致合伙协议无效④。

事实合伙具有以下法律特征:1. 合伙的法律要件欠缺。合伙当事人一方口头作出要约,另一方口头作出承诺,但对合伙期间的具体出资、责任承担等未有明确约定。2. 事实合伙当事人均负有共同出资之义务。3. 事实合伙的权利、义务主体为参与合伙

---

① 本案审理时,法院适用的是《中华人民共和国民法通则》第三十五条 合伙的债务,由合伙人按照出资比例或者协议的约定,以各自的财产承担清偿责任。

合伙人对合伙的债务承担连带责任,法律另有规定的除外。偿还合伙债务超过自己应当承担数额的合伙人,有权向其他合伙人追偿。

② 本案审理时,法院适用的是《中华人民共和国民法通则》第三十条 个人合伙是指两个以上公民按照协议,各自提供资金、实物、技术等,合伙经营、共同劳动。

③ 《最高人民法院关于贯彻执行〈中华人民共和国民法通则〉若干问题的意见(试行)》第五十条 当事人之间没有书面合伙协议,又未经工商行政管理部门核准登记,但具备合伙的其他条件,又有两个以上无利害关系人证明有口头合伙协议的,人民法院可以认定为合伙关系。

④ 王泽鉴著:《民法学说与判例研究》(第一册),北京大学出版社2009年版,第94页。

的各方当事人,事实合伙人为了共同的合伙事务,共同经营,共同劳动。4. 在合伙经营中,已完成合伙事务的部分或全过程。

　　合伙协议与合作协议不同。合伙协议的当事人以共同出资、共同经营、共负盈亏为目的组成一个经营实体;而合作协议的当事人以共同完成一个项目为目的而临时组成一个合作体,只针对某一个或多个项目,在项目完成后就自然解散。本案中,王某1、王某2、徐某某作为《办证协议》的一方当事人,刘某某作为另一方当事人,双方之间的关系仅仅是签订合同的当事人。根据《办证协议》的约定,双方所负担的义务是明确的,即针对案涉芭蕉矿区钼镍磷矿的开采事宜,王某1、王某2、徐某某支付办证费用,由刘某某向有关部门申请办理采矿许可证,待采矿许可证办理完成后,各自享有相应矿区矿种的权利义务。《办证协议》中不存在合伙经营的内容,合同当事人并不存在符合合伙关系实质要件的约定。因此,山东省高级人民法院根据民法通则第三十条规定,认定刘某某与设立中的长城公司发起人构成合伙人关系是错误的。

　　对于案涉《办证协议》的履行争议,在《办证协议》已经解除的情况下,刘某某与王某1、王某2、徐某某之间基于《办证协议》所存在的权利义务已不具有诉请履行的基础。刘某某与王某1、王某2、徐某某之间在《办证协议》解除后也不存在事实上的合作关系。因此,山东省高级人民法院认定刘某某与王某1、王某2、徐某某基于合作关系对方正圆公司承担连带赔偿责任,适用法律错误。综上,刘某某并未与设立中的长城公司发起人构成合伙关系,其应根据《办证协议》约定向徐某某、何某某承担责任,而不应基于同其无法律关系的《合作协议》向方正圆公司承担违约责任。

检察要点:合伙关系的认定

一、检察现状

　　合伙多以信任为基础,又多因利益产生纠纷,在民事合伙①中,为尽力避免日后矛盾纠纷,当事人通常会签订合伙协议,但现实中合伙协议的不规范性常常会引发合伙关系认定纠纷,进而影响当事人的责任承担。实务中,检察机关立足监督职能,仔细梳理线索,在合伙纠纷领域对符合法定情形的法院裁判提出检察建议或抗诉。例如,在宜林公司与奥森公司、亿洲公司合伙协议纠纷案中,最高人民检察院针对项目合作协议书的性质认定问题向最高人民法院提起抗诉,与最高人民法院合力探索出联营合同效力的认定标准:在联营活动中,联营各方应当遵循共同经营、共负盈亏及共担风险的联营原则,不得损害任何联营方、联营体及其债权人的合法权益。只有在联营各方约定共同投资、共同收益而无须共同承担亏损责任时,该约定才会被认定为保底条款,此时所签订的联营合同将因该保底条款而无效。但是,当双方仅约定收益获取方式而未对亏损作出明

---

① 民事合伙与商事合伙的区分参见本书案例4-1。

确约定时,则并不必然导致联营合同的无效①。在张映彬、林钦盛与许汝锋合伙纠纷抗诉案中,检察机关审查事实后抗诉认为,此案合同书约定了包括成立合伙、申领采矿许可证、开采矿山、分配利润等内容,双方当事人的真实意思是共同经营采矿场,合同书及补充协议书的性质为合伙合同且有效,再审法院判决错误,遂提出抗诉,以保障合伙人的合法权益。该抗诉意见得到了最高人民法院的支持,依法改判②。

二、检察建议

民事合伙基于合伙协议设立,具有协议性,因此民法典将民事合伙纳入合同编予以调整。合伙协议是全体合伙人意思表示一致的产物,各方共同出资、共同经营、共担风险③,这一本质特征要求检察机关在审查是否存在合伙关系时不能仅凭合同的名称认定存在合伙关系,而应当根据合同的具体内容、当事人对合同的履行情况等综合认定合同各方的法律关系。司法实践中的合伙协议一般具有长期性和复杂性,法院在对协议性质的认定中,可能会误解协议各方民事法律行为的目的,进而对协议各方的关系作出错误的认定。检察机关在针对此类案件进行民事监督时,应当探求各方当事人签订协议时的真实意思表示,结合当事人的整体履行行为,对当事人各方是否构成共负盈亏、共担风险的法律关系作出判断,进而对各方当事人的关系进行最终认定。合伙协议本质上属于民事合同的一种类型,合伙协议的订立、履行、变更、解除等同样可以适用民法典合同编中确立的规则。在审判监督过程中,若当事人各方构成合伙关系,则应当进一步审查其是否构成对协议的完整履行,通过当事人的协议约定以及相关法律法规规定确定其法律责任。

---

① 吉林省宜林房地产开发有限公司与吉林省奥森房地产开发有限公司、吉林省亿洲房地产开发有限公司合伙协议纠纷抗诉案判决书,(2014)民抗字第29号。
② 张映彬、林钦盛与许汝锋合伙纠纷抗诉案判决书,(2012)民抗字第1号。
③ 王利明:《论民法典对合伙协议与合伙组织体的规范》,《甘肃社会科学》,2019年第3期,第27—35页。

第五章　民事权利

案例 5-1-1　人格权：死者的名誉权

一、基本案情

陈某某系天津已故曲艺演员吉某某（艺名荷花女）之母。吉某某自幼随父学艺，15岁起在天津登台演出，1944年19岁时病故。魏某某于1985年着手创作以吉某某为原型，表现旧社会艺人苦难生活的小说，但未将写小说一事告诉陈某某及其家人。在创作期间，魏某某曾先后三次找到陈某某，并给吉某某之弟写信了解吉某某的生平及从艺情况，索要吉某某照片。魏某某所著《荷花女》一书使用了吉某某的真实姓名和艺名，称陈某某为陈氏。书中虚构了吉某某从17岁到19岁病逝的两年间，先后同许某某等三人恋爱，并接收聘礼，其中于某某已婚，吉某某却愿意做于某某的妾。此外，小说还虚构了吉某某先后到当时天津帮会头头、大恶霸袁某某和刘某某家唱堂会并被袁、刘侮辱，最后影射吉某某系患性病打错针致死。

魏某某写完后投稿于《今晚报》，该报于1987年4月18日至6月12日在副刊上连载，每日刊登1篇，共计56篇，约11万字。小说刊登不久，陈某某及其亲属即以小说内容及插图有损吉某某名誉为由，先后两次去《今晚报》报社要求停载。《今晚报》报社以报纸要对读者负责为由予以拒绝。故陈某某向天津市中级人民法院提起诉讼。

魏某某辩称，《荷花女》体裁为小说，作者有权虚构，创作该小说的目的是通过对荷花女悲惨命运的描写，使读者热爱新社会，痛恨旧社会。小说并未损害吉某某的形象，而是美化抬高了她的形象，故不构成侵害陈某某与吉某某的名誉权。吉某某本人已故，陈某某与本案无直接利害关系，无权起诉。《今晚报》辩称，报社对小说不负有核实内容是否真实的义务。如该小说构成侵权，按"文责自负"原则，责任应由作者本人承担。吉某某早已死亡，保护死人名誉权没有法律根据。

来源：《中华人民共和国最高人民法院公报》1990年第2期

二、诉讼过程

天津市中级人民法院认为，公民享有名誉权，公民死亡后名誉权仍应受法律保护。陈某某系已故吉某某之母，在其女儿及本人名誉权受到侵害的情况下，有权提起诉讼，请求法律保护。魏某某所著《荷花女》体裁虽为小说，但使用了吉某某和陈某某的真实姓名，其中虚构了有损吉某某和陈某某名誉的情节,侵害其名誉权,应承担民事责任。《今晚报》报社对使用真实姓名的小说《荷花女》未作认真审查即予登载,致使损害吉某某和陈某某名誉的不良影响扩散,也应承担相应的民事责任。《今晚报》、魏某某不服一审判决,提起上诉。

天津市高级人民法院认为,原审认定事实清楚,证据充分可靠,适用法律正确。经法庭主持调解,双方于1990年4月20日自愿达成调解协议,由《今晚报》报社负责将双方商定的陈某某所写介绍吉某某生平真实情况的来信、魏某某所写表示道歉的复信,在原连载该小说版面上刊登,并附有道歉内容的编者按。经济赔偿问题双方自行解决。小说《荷花女》原版本不得以任何形式复印、出版发行。小说修改后,其出版发行必须征询吉某某有关亲属的意见。

三、关联法条

《中华人民共和国民法典》

第一百一十条[①]　自然人享有生命权、身体权、健康权、姓名权、肖像权、名誉权、荣誉权、隐私权、婚姻自主权等权利。

法人、非法人组织享有名称权、名誉权和荣誉权。

第九百九十四条[②]　死者的姓名、肖像、名誉、荣誉、隐私、遗体等受到侵害的,其配偶、子女、父母有权依法请求行为人承担民事责任;死者没有配偶、子女且父母已经死亡的,其他近亲属有权依法请求行为人承担民事责任。

《最高人民法院关于死亡人的名誉权应受法律保护的函》

一、吉某某(艺名荷花女)死亡后,其名誉权应依法保护,其母陈某某亦有权向人民法院提起诉讼。

二、《荷花女》一文中的插图无明显侵权情况,插图作者可不列为本案的诉讼当事人。

三、本案被告是否承担或如何承担民事责任,由你院根据本案具体情况确定。

《最高人民法院关于审理名誉权案件若干问题的解答》

五、死者名誉受到损害的,其近亲属有权向人民法院起诉。近亲属包括:配偶、父母、子女、兄弟姐妹、祖父母、外祖父母、孙子女、外孙子女。

九、撰写、发表文学作品,不是以生活中特定的人为描写对象,仅是作品的情节与生活中某人的情况相似,不应认定为侵害他人名誉权。

---

① 本案审理时,法院适用的是《中华人民共和国民法通则》第一百零一条　公民、法人享有名誉权,公民的人格尊严受法律保护,禁止用侮辱、诽谤等方式损害公民、法人的名誉。
② 本案审理时,法院适用的是《最高人民法院关于确定民事侵权精神损害赔偿责任若干问题的解释》第三条　自然人死亡后,其近亲属因下列侵权行为遭受精神痛苦,向人民法院起诉请求赔偿精神损害的,人民法院应当依法予以受理:(一)以侮辱、诽谤、贬损、丑化或者违反社会公共利益、社会公德的其他方式,侵害死者姓名、肖像、名誉、荣誉;(二)非法披露、利用死者隐私,或者以违反社会公共利益、社会公德的其他方式侵害死者隐私;(三)非法利用、损害遗体、遗骨,或者以违反社会公共利益、社会公德的其他方式侵害遗体、遗骨。

描写真人真事的文学作品，对特定人进行侮辱、诽谤或者披露隐私损害其名誉的；或者虽未写明真实姓名和住址，但事实是以特定人或者特定人的特定事实为描写对象，文中有侮辱、诽谤或者披露隐私的内容，致其名誉受到损害的，应认定为侵害他人名誉权。

编辑出版单位在作品已被认定为侵害他人名誉权或者被告知明显属于侵害他人名誉权后，应刊登声明消除影响或者采取其他补救措施；拒不刊登声明，不采取其他补救措施，或者继续刊登、出版侵权作品的，应认定为侵权。

四、争议问题

1. 死者是否享有名誉权？
2. 魏某某、《今晚报》的行为是否构成对吉某某和陈某某名誉权的侵害？

五、简要评论

名誉权，是指自然人、法人和其他组织对其名誉享有的不受他人侵害的权利，名誉包括品德、才干、名声、信誉等在社会中所获得的社会评价。死者是否享有名誉权，在司法实践和理论界引发了较多讨论。主要有下列几种观点：1. 死者权利保护说。该说认为，自然人死亡后，仍然可以继续享有某些人身权。死者权利保护说又可继续分为两种观点，一是自然人死亡后民事权利能力仍部分存在，二是民事权利能力和民事权利可以分离，尽管民事权利能力终于死亡，自然人仍然可以在死后享有某些民事权利。2. 死者法益保护说。该说认为，自然人死亡后，民事权利能力终止，不再享有人身权。但是，死者的某些人身利益（人身法益）继续存在，法律应予保护。有学者提出的保护死者"准名誉权"的说法，实质同于此说。3. 亲属权利保护说。该说认为自然人死亡后，民事权利能力终止，名誉权即告消灭。但是按照中国社会的一般观念，死者名誉的好坏往往会影响其近亲属的社会评价，因此，侵害死者名誉可能同时侵害其亲属的名誉，亲属可以自己的权利受侵害为依据要求行为人承担侵权责任。还有学者指出，纯粹侵害死者名誉时，因为死者人格已不存在，所以不是侵权行为；如果侵害死者名誉导致死者遗属名誉受损，则属于侵害了遗属的名誉权，或者损害了遗属对死者的敬爱追慕之情，也侵害了遗属的人格利益，遗属均得请求停止侵害和损害赔偿。4. 人格利益继承说。该说认为，人身权是专属权，不能继承，但是人身权和人身利益不能混为一谈，后者具有可继承性。就名誉而言，继承人所取得的不是名誉权，而是名誉利益的所有权。死者的身体利益、人格利益和部分身份利益都可以继承，名誉利益也可以由法律主体以遗嘱方式遗赠给他人。与此类似，有学者主张名誉权包括名誉所有权（一种无形财产权），自然人死亡后，名誉权消灭，但是名誉所有权成为遗产，可以继承[①]。虽然理论上有不同观点，最高

[①] 任丹丽、陈道英著：《宪法与民法的沟通机制研究——以人格权的法律保护为视角》，法律出版社2013年版，第9-10页。

人民法院的五个相关司法解释也在"名誉权"和"名誉"之间摇摆不定,但对死者名誉的保护都持肯定态度。《民法典》第九百九十四条则是对原《最高人民法院关于确定民事侵权精神损害赔偿责任若干问题的解释》第三条规定的承接,此条不仅维护了死者的名誉、荣誉、隐私等各项人格权益,并且在保护死者利益的基础上一并保护有利益关系的近亲属的个人权利,为其诉请精神损害赔偿提供请求权基础①。

本案另一争议焦点为魏某某、《今晚报》的行为是否构成对吉某某和陈某某名誉权的侵害。根据民法典的规定,用侮辱、诽谤等方式损害公民、法人的名誉构成名誉权侵权。尽管魏某某所著《荷花女》体裁为小说,但作者使用了吉某某和陈某某的真实姓名,其中虚构了有损吉某某和陈某某名誉的情节,其行为侵害了吉某某和陈某某的名誉权,应承担民事责任。《今晚报》虽辩称按"文责自负"原则,报社对小说不负有核实内容是否真实的义务,但小说《荷花女》中使用了真实姓名,故而法院认为其未作认真审查即予登载,致使损害吉某某和陈某某名誉的不良影响扩散,也应承担相应的民事责任。"文责自负"这一原则并不能完全免除编辑出版单位的审查核实义务。《最高人民法院关于侵害名誉权案件有关报刊社应否列为被告和如何适用管辖问题的批复》中就曾指出:报刊社对要发表的稿件,应负责审查核实。其后《最高人民法院关于审理名誉权案件若干问题的解答》也明确了文学作品侵害名誉权时,编辑出版单位也应当承担间接侵权责任。

案例 5-1-2 人格权:肖像权

一、基本案情

叶某曾在解放军某医院就脸部先天的青黑色斑痕进行治疗,效果良好。2001 年 10 月间,叶某发现交通出版社在其出版发行的《北京交通旅游图》上,刊登由广告公司经营的安贞医院的广告。该广告使用了其治疗脸部斑痕前后的照片作为病案。《北京交通旅游图》已经十几次刊登此照片,按地图上的记载,每次印数高达 50 万份。叶某认为安贞医院、交通出版社和广告公司的上述行为侵害其肖像权,向法院起诉。

安贞医院辩称:叶某所诉照片是其购买仪器设备时由供货方提供的,其在委托广告公司发布的广告中从病理角度使用了这张照片。这是一张局部照片,照片中人物的眼睛以上部分被遮挡,不能证明是叶某。照片只占地图上很小一部分,不会带来严重影响,且医院也未因使用这张照片而获利,没有侵害叶某的肖像权。交通出版社辩称:我社有发布广告的资格。叶某所诉我社发布广告中附带的照片,根本无法辨认肖像人是谁。我社在刊发广告过程中依法已尽审核义务,不构成侵害肖像权。广告公司辩称:照

---

① 刘云生:《民法典的民族性表达与死者的人格权益保护——〈民法典〉第 994 条的文化解释》,《法商研究》2021 年第 2 期,第 159-172 页。

片反映的只是局部病理情况,看不出肖像人是谁。即使肖像人是叶某,也只是局部照片,不构成侵权。

来源:《中华人民共和国最高人民法院公报》2003 年第 6 期

二、诉讼过程

北京市东城区人民法院认为,肖像是指以某一个人为主体的画像或照片等。肖像除与原形人在客观上相互独立,成为能让人力支配的物品外,还具有完整、清晰、直观、可辨的形象再现性或称形象标识性。叶某所诉照片,只有脸上的鼻子和嘴部分,不是完整的特定人形象,不能反映特定人相貌的综合特征,不能引起与特定人有关的思想或感情活动,因此不是法律意义上的肖像。叶某据此照片主张保护肖像权,理由不能成立。叶某不服,提起上诉。

北京市第二中级人民法院同样认为,《北京交通旅游图》上刊登的自然人面部局部器官照片,不能体现该自然人的外貌视觉形象,本身不构成肖像,维持原判。

三、关联法条

《中华人民共和国民法典》

第一百一十条①　自然人享有生命权、身体权、健康权、姓名权、肖像权、名誉权、荣誉权、隐私权、婚姻自主权等权利。

法人、非法人组织享有名称权、名誉权和荣誉权。

第一百二十条②　民事权益受到侵害的,被侵权人有权请求侵权人承担侵权责任。

第一千零一十八条　自然人享有肖像权,有权依法制作、使用、公开或者许可他人使用自己的肖像。

肖像是通过影像、雕塑、绘画等方式在一定载体上所反映的特定自然人可以被识别的外部形象。

四、争议问题

安贞医院、交通出版社、广告公司使用叶某的面部局部照片作为广告,是否侵犯其肖像权?

五、简要评论

肖像权是以肖像所体现的人格及财产利益为内容的民事权利,是自然人对自己的

---

① 本案审理时,法院适用的是《中华人民共和国民法通则》第一百条　公民享有肖像权,未经本人同意,不得以营利为目的使用公民的肖像。

② 本案审理时,法院适用的是《中华人民共和国民法通则》第一百二十条第一款　公民的姓名权、肖像权、名誉权、荣誉权受到侵害的,有权要求停止侵害,恢复名誉,消除影响,赔礼道歉,并可以要求赔偿损失。

肖像所拥有的精神利益,是自然人对自己的肖像享有的再现、使用并排斥他人侵害的权利[1]。实务中,肖像认定的标准在于载体上之形象是否为该特定自然人形象的真实、客观反映。肖像概念的核心在于可识别性,即借助一定表现形式的呈现,可使他人识别出本人。这些形式中最具可识别性的是容貌,但不以此为限。可识别性理论追求的是肖像与自然人外部形象之间的关联性,应就外部形象呈现之方法、特征、场合、相关文字说明等客观要件加以综合认定。王泽鉴先生的见解可资赞同:"肖像固以人之面部特征为主要内容,但应从宽解释,凡足以呈现个人外部形象者,均包括在内,例如拍摄某模特众所周知之美腿作商品广告,当可辨识其人时亦得构成对肖像权之侵害。"[2]

本案中,法院的审理焦点在于肖像的可辨认性。画像、照片等载体,如果其内容不能再现原形人的相貌综合特征,不能引起一般人产生与原形人有关的思想或感情活动,一般人不能凭直观清晰辨认该内容就是某一自然人的形象,这样的载体不能称为肖像。这里的辨认指的是一般人的认知、辨认能力。若载体所表现的内容,只有凭借高科技手段进行对比才能确定这是某一自然人特有的一部分形象而非该自然人清晰完整的形象,则这一载体也不能称为该自然人的肖像。基于此,当被使用的照片只能反映该自然人的局部特征而不能使一般人将此照片与原形人形成联系、辨认出原形人时,不构成对肖像权的侵害。

按照民法通则的规定,侵害肖像权的行为必须具备两个要件:一是未经本人同意,二是以营利为目的,缺一不可。有部分学者认为民法通则这一规定对公民肖像权的保护范围过于狭小,应当去除以营利为目的这一要件,否则无法对肖像权进行全面保护[3]。《民法典》第一千零一十九条删除了"以营利为目的"的要求,不再以营利性为判断肖像权人同意的标准,也不以营利性为侵害肖像权的构成要件。这样的改变主要是因为严格要求营利性不利于保护肖像权人的利益。本案由于案涉照片并不属于法律意义上的肖像,法院直接认定不构成侵犯肖像权,并未对这一侵害肖像权的构成要件进行进一步探讨。但民法典不再以营利性为认定构成侵权的做法,进一步扩大了对肖像权的保护范围,值得肯定。

案例 5-1-3 人格权:利用网络侵害名誉权

一、基本案情

兰世达公司在北京市顺义区某小区开有美容店,黄某某系该公司股东兼任美容师。

---

[1] 胡卫萍主编:《民法分论》,厦门大学出版社 2013 年版,第 255 页。
[2] 张红:《肖像权保护中的利益平衡》,《中国法学》2014 年第 1 期,第 266-284 页。
[3] 张红:《"以营利为目的"与肖像权侵权责任认定——以案例为基础的实证研究》,《比较法研究》2012 年第 3 期,第 63-76 页。

2017年1月17日,赵某陪同住小区一业主到该美容店做美容。黄某某与赵某因美容服务问题发生口角。公安部门对赵某作出行政处罚决定书,给予赵某行政拘留三日的处罚。双方发生纠纷后,赵某将黄某某从业主群中移出(赵某系小区业主微信群群主,微信号为X-calm),并多次在人数分别为345人和123人的两个业主微信群中对兰世达公司、黄某某进行造谣、诽谤、污蔑、漫骂,称黄某某有精神分裂,兰世达公司的仪器不正规、讹诈客户,兰世达公司因赵某的行为生意严重受损。

兰世达公司、黄某某认为赵某的行为严重损害自身名誉,诉请赵某赔礼道歉,并通过在北京市顺义区X房屋门口张贴公告、北京当地报纸刊登公告的方式消除影响、恢复名誉,赔偿兰世达公司损失2万元,赔偿兰世达公司、黄某某精神损害抚慰金各5 000元。

案号:(2018)京03民终725号(指导案例143号)

二、诉讼过程

北京市顺义区人民法院认为赵某侵害了兰世达公司与黄某某的名誉权,判决赵某张贴致歉声明,向原告赔礼道歉,张贴时间为七日;赵某赔偿兰世达公司经济损失3 000元、赔偿黄某某精神损害抚慰金2 000元;并驳回了原告的其他诉讼请求。宣判后,赵某提出上诉。

北京市第三中级人民法院同样认为,赵某将不当言论发至由不特定关系人组成的两个微信群,侵害了原告的名誉权,最终判决驳回上诉,维持原判。

三、关联法条

《中华人民共和国民法典》

第一百一十条①　自然人享有生命权、身体权、健康权、姓名权、肖像权、名誉权、荣誉权、隐私权、婚姻自主权等权利。

法人、非法人组织享有名称权、名誉权和荣誉权。

第九百九十条　人格权是民事主体享有的生命权、身体权、健康权、姓名权、名称权、肖像权、名誉权、荣誉权、隐私权等权利。

除前款规定的人格权外,自然人享有基于人身自由、人格尊严产生的其他人格权益。

第九百九十五条②　人格权受到侵害的,受害人有权依照本法和其他法律的规定请求行为人承担民事责任。受害人的停止侵害、排除妨碍、消除危险、消除影响、恢复名

---

①　本案审理时,法院适用的是《中华人民共和国民法通则》第一百零一条　公民、法人享有名誉权,公民的人格尊严受法律保护,禁止用侮辱、诽谤等方式损害公民、法人的名誉。

②　本案审理时,法院适用的是《中华人民共和国民法通则》第一百二十条　公民的姓名权、肖像权、名誉权、荣誉权受到侵害的,有权要求停止侵害,恢复名誉,消除影响,赔礼道歉,并可以要求赔偿损失。

誉、赔礼道歉请求权,不适用诉讼时效的规定。

第九百九十八条 认定行为人承担侵害除生命权、身体权和健康权外的人格权的民事责任,应当考虑行为人和受害人的职业、影响范围、过错程度,以及行为的目的、方式、后果等因素。

第一千条 行为人因侵害人格权承担消除影响、恢复名誉、赔礼道歉等民事责任的,应当与行为的具体方式和造成的影响范围相当。

行为人拒不承担前款规定的民事责任的,人民法院可以采取在报刊、网络等媒体上发布公告或者公布生效裁判文书等方式执行,产生的费用由行为人负担。

第一千零二十四条 民事主体享有名誉权。任何组织或者个人不得以侮辱、诽谤等方式侵害他人的名誉权。

名誉是对民事主体的品德、声望、才能、信用等的社会评价。

第一千一百六十五条[1] 行为人因过错侵害他人民事权益造成损害的,应当承担侵权责任。

依照法律规定推定行为人有过错,其不能证明自己没有过错的,应当承担侵权责任。

第一千一百八十二条[2] 侵害他人人身权益造成财产损失的,按照被侵权人因此受到的损失或者侵权人因此获得的利益赔偿;被侵权人因此受到的损失以及侵权人因此获得的利益难以确定,被侵权人和侵权人就赔偿数额协商不一致,向人民法院提起诉讼的,由人民法院根据实际情况确定赔偿数额。

第一千一百八十三条[3] 侵害自然人人身权益造成严重精神损害的,被侵权人有权请求精神损害赔偿。

因故意或者重大过失侵害自然人具有人身意义的特定物造成严重精神损害的,被侵权人有权请求精神损害赔偿。

《最高人民法院关于确定民事侵权精神损害赔偿责任若干问题的解释(2020修正)》

第四条 法人或者非法人组织以名誉权、荣誉权、名称权遭受侵害为由,向人民法院起诉请求精神损害赔偿的,人民法院不予支持。

四、争议问题

赵某在微信群中针对黄某某、兰世达公司的言论是否构成名誉权侵权?

---

[1] 本案审理时,法院适用的是《中华人民共和国侵权责任法》第六条 行为人因过错侵害他人民事权益,应当承担侵权责任。
根据法律规定推定行为人有过错,行为人不能证明自己没有过错的,应当承担侵权责任。
[2] 本案审理时,法院适用的是《中华人民共和国侵权责任法》第二十条 侵害他人人身权益造成财产损失的,按照被侵权人因此受到的损失赔偿;被侵权人的损失难以确定,侵权人因此获得利益的,按照其获得的利益赔偿;侵权人因此获得的利益难以确定,被侵权人和侵权人就赔偿数额协商不一致,向人民法院提起诉讼的,由人民法院根据实际情况确定赔偿数额。
[3] 本案审理时,法院适用的是《中华人民共和国侵权责任法》第二十二条 侵害他人人身权益,造成他人严重精神损害的,被侵权人可以请求精神损害赔偿。

五、简要评论

根据民法典的规定,自然人、法人及非法人组织享有名誉权,禁止用侮辱、诽谤等方式损害他人的名誉。不特定关系人组成的微信群具有公共空间属性,公民在此类微信群中发布侮辱、诽谤、污蔑或者贬损他人的言论也属于侵犯他人名誉权的行为。构成侵害名誉权,应当根据受害人确有名誉被损害的事实、行为人行为违法、违法行为与损害后果之间有因果关系、行为人主观上有过错来认定。其中,主观过错包括故意和过失两种形态,即便行为人主观上具有良好的意图,也并不意味着行为人一定没有过错。

认定微信群中的言论构成侵犯他人名誉权,应当符合名誉权侵权的全部构成要件,还应当考虑信息网络传播的特点并结合侵权主体、传播范围、损害程度等具体因素进行综合判断。赵某将不当言论发至有众多该小区住户的两个微信群,其主观过错明显,从微信群的成员组成、对其他成员的询问情况以及网络信息传播的便利、广泛、快捷等特点来看,涉案言论确易引发对黄某某、兰世达公司经营的美容店的猜测和误解,损害小区公众对兰世达公司的信赖,使小区公众对二者产生负面认识并造成黄某某个人及兰世达公司产品或者服务的社会评价降低,赵某的损害行为与黄某某、兰世达公司名誉受损之间存在因果关系,故赵某的行为符合侵犯名誉权的要件,已构成侵权。

行为人因过错侵害他人民事权益,应当承担侵权责任。公民、法人的名誉权受到侵害,有权要求停止侵害,恢复名誉,消除影响,赔礼道歉,并可以要求赔偿损失。黄某某、兰世达公司要求赵某基于侵犯名誉权之行为赔礼道歉,符合法律规定,赔礼道歉的具体方式由法院酌情确定。关于兰世达公司名誉权被侵犯产生的经济损失,兰世达公司提供的证据不能证明实际经济损失数额,但兰世达公司在涉诉小区经营美容店,赵某在有众多该小区住户的微信群中发表不当言论势必会给兰世达公司的经营造成不良影响,故对兰世达公司的该项请求,综合考虑赵某的过错程度、侵权行为内容与造成的影响、侵权持续时间、兰世达公司实际营业情况等因素酌情确定。关于黄某某主张的精神损害抚慰金,亦根据上述因素酌情确定具体数额。而兰世达公司主张的精神损害抚慰金,因缺乏法律依据,故不被法院支持。

案例 5-1-4　人格权:隐私权

一、基本案情

2015年4月3日21时15分,徐某某在其新浪微博上发表如下内容(配施某某受伤的照片九张):"父母南京某区人,男童于6岁(被)合法收养,虐待行为自去年被校方发现。近日,班主任发现其伤情日渐严重,性格也随之大变,出现畏惧人群等心理行为。班主任及任课老师在多方努力无果后,寻求网络帮助。恳请媒体和大伙的协助,希望这个孩子通过我们的帮助可以脱离现在的困境。"之后徐某某将该条微博删除。

当日22时40分，徐某某又在其新浪微博上发表如下内容（配原告施某某受伤的照片九张）："（我也在顶着各种压力，请网友理解）父母南京某区人，男童于6岁（被）合法收养，虐待行为自去年被校方发现。最初以为是偶尔情况，没好多说。近日，男童班主任发现男童伤情日渐严重，性格也随之大变，出现畏惧人群等心理行为。班主任及任课老师在多方努力无果后，试图寻求网络帮助。恳请媒体和大伙的协助。"该微博已由徐某某于2015年5月8日前删除。

徐某某在其新浪微博两次上传的同一组九张照片中有三张包含人的头面部，两次上传照片时均对头面部进行了模糊处理，九张照片已不具有明显的可识别性。此后，徐某某发表的新浪微博在网络上和媒体上被多次报道。

张某某、桂某某系施某某生父母，李某某系张某某表姐。2013年6月3日，经安徽省来安县民政局收养登记后，施某某由李某某夫妇收养。2015年4月5日，公安机关以涉嫌故意伤害罪将李某某刑事拘留，后变更为取保候审。南京市浦口区人民检察院以李某某涉嫌犯故意伤害罪，向南京市浦口区人民法院提起公诉。2015年4月5日，施某某由政府相关部门交由其生父母张某某、桂某某临时监护。李某某在公安机关对其询问时，称施某某所受伤是其所致。

张某某、桂某某认为徐某某未经许可，擅自将施某某的肖像及其养子身份信息对外发布，将李某某打施某某的事情以虐童为名发布到互联网，其行为侵犯施某某、张某某、桂某某的隐私权，遂向法院提起诉讼。

来源：《中华人民共和国最高人民法院公报》2016年第4期

二、诉讼过程

南京市江宁区人民法院认为，徐某某通过网络公开施某某遭受虐待的事实，是一种公开的网络举报行为，不存在主观上的过错。其对相关信息的披露是节制的，其目的是揭露可能存在的犯罪事实。微博文字与照片结合后，第三人不能明显识别出微博中的受害儿童即为施某某。因此，徐某某的网络举报行为未侵犯施某某、张某某、桂某某的隐私权。

三、关联法条

《中华人民共和国民法典》

第一百一十条① 自然人享有生命权、身体权、健康权、姓名权、肖像权、名誉权、荣誉权、隐私权、婚姻自主权等权利。

---

① 本案审理时，法院适用的是《中华人民共和国民法通则》第一百条 公民享有肖像权，未经本人同意，不得以营利为目的使用公民的肖像。
第一百零一条 公民、法人享有名誉权，公民的人格尊严受法律保护，禁止用侮辱、诽谤等方式损害公民、法人的名誉。

法人、非法人组织享有名称权、名誉权、荣誉权。

第一百二十条① 民事权益受到侵害的,被侵权人有权请求侵权人承担侵权责任。

第一千零三十二条 自然人享有隐私权。任何组织或者个人不得以刺探、侵扰、泄露、公开等方式侵害他人的隐私权。

隐私是自然人的私人生活安宁和不愿为他人知晓的私密空间、私密活动、私密信息。

第一千一百六十五条② 行为人因过错侵害他人民事权益造成损害的,应当承担侵权责任。

依照法律规定推定行为人有过错,其不能证明自己没有过错的,应当承担侵权责任。

《中华人民共和国未成年人保护法》

第六条 保护未成年人,是国家机关、武装力量、政党、人民团体、企业事业单位、社会组织、城乡基层群众性自治组织、未成年人的监护人以及其他成年人的共同责任。

国家、社会、学校和家庭应当教育和帮助未成年人维护自身合法权益,增强自我保护的意识和能力。

四、争议问题

徐某某是否侵害施某某、张某某、桂某某的隐私权?

五、简要评论

隐私权是指自然人享有的对其个人的与公共利益无关的个人信息、私人活动和私有领域进行支配的一种人格权。民法通则规定的具体人格权中不包含隐私权。此后有关立法虽然规定了保护隐私,也没有正式承认隐私权。学理上通过在侵权责任制度中保护隐私权,逐渐形成了隐私权的概念。2009年,《中华人民共和国侵权责任法》第二条明确列举了隐私权,这不仅从民事基本法的角度承认了隐私权是一项基本民事权利,而且将隐私权纳入侵权法的保护范围③。直至2017年出台民法总则,隐私权正式成为一项具体人格权。民法典人格权编的第六章更是进一步明确了隐私及隐私权的定义。侵犯隐私权的认定,应当根据受害人确有隐私被损害的事实、行为人行为违法、违法行为与损害后果之间有因果关系、行为人主观上有过错来认定。

---

① 本案审理时,法院适用的是《中华人民共和国侵权责任法》第二条 侵害民事权益,应当依照本法承担侵权责任。
本法所称民事权益,包括生命权、健康权、姓名权、名誉权、荣誉权、肖像权、隐私权、婚姻自主权、监护权、所有权、用益物权、担保物权、著作权、专利权、商标专用权、发现权、股权、继承权等人身、财产权益。
② 本案审理时,法院适用的是《中华人民共和国侵权责任法》第六条 行为人因过错侵害他人民事权益,应当承担侵权责任。
根据法律规定推定行为人有过错,行为人不能证明自己没有过错的,应当承担侵权责任。
③ 王利明:《隐私权概念的再界定》,《法学家》2012年第1期,第108-120页。

本案中,徐某某对相关信息的披露是节制的,对相关照片进行了模糊处理,也没有披露施某某的姓名和家庭住址,其目的是揭露可能存在的犯罪行为。徐某某所发微博的内容虽出现收养等词语,但微博文字与照片结合后,第三人不能明显识别出微博中的受害儿童即为施某某,徐某某所发微博的内容也未涉及张某某、桂某某的任何信息资料。至于徐某某发表微博后,网民对张某某、桂某某进行人肉搜索导致其相关信息被披露,不应由徐某某承担责任①。故法院最终认定徐某某的行为不构成侵犯隐私权。

案例 5-1-5　人格权：姓名权

一、基本案情

中建荣真建材公司在其官网首页处显示了边上配有周星驰照片的宣传广告,该广告下方注有"城市森林携手'星爷'一起见证生态墙板真功夫"的文字。其后,中建荣真建材公司在《旅伴》杂志上发布广告,在该宣传广告右侧配有周星驰肖像和签名的照片,照片上注有小字体文字"《功夫》剧组主演周星驰携手城市森林环保产业",照片旁配有文字"代表作:《功夫》《长江七号》《大话西游》《少林足球》《美人鱼》……与城市森林'生态环保'的初衷不谋而合"。周星驰认为中建荣真建材公司以营利为目的,未经本人同意利用其姓名及肖像做广告,侵犯了本人的姓名权和肖像权。请求判令中建荣真建材公司立即停止在其官网及《旅伴》杂志中的侵权行为,赔偿 31 125 001 元(其中财产性损害赔偿 3 000 万元、合理费用支出 112.5 万元、精神损害赔偿 1 元),并在其官网、《旅伴》杂志、新浪、搜狐以及一份全国性报纸上发表致歉声明,持续时间为 90 日。

周星驰作为甲方就其与被告中建荣真建材公司侵犯姓名权、肖像权一案,与乙方北京市世纪(上海)律师事务所签订聘请律师合同一份,聘请北京市世纪(上海)律师事务所的律师代理,约定代理费共计 112.5 万元,该代理费为乙方代理本案一审、二审和执行事项所收取的全部费用。

来源:《中华人民共和国最高人民法院公报》2020 年第 2 期

二、诉讼过程

上海市第一中级人民法院经审理认为,中建荣真建材公司未经允许以营利为目的使用周星驰肖像,构成了对原告肖像权的侵犯,在涉案广告上盗用原告姓名和艺名的行为构成了对原告姓名权的侵犯。中建荣真建材公司的侵害行为导致周星驰人格权权能中包含经济性利益的部分受损,有损其形象的商业价值,中建荣真建材公司应予以赔偿。但周星驰所受精神损害未达到严重程度,故法院对原告要求精神损害赔偿 1 元的诉讼请求不予支持。综上,上海市第一中级人民法院判决中建荣真建材公司赔偿周星驰

---

① 《中华人民共和国侵权责任法》第二十八条　损害是因第三人造成的,第三人应当承担侵权责任。

人民币58万元,并在其官网和《旅伴》杂志上分别刊发一则致歉声明,持续时间为30天,驳回了原告周星驰的其他诉讼请求。一审判决后,双方均未提出上诉,一审判决已发生法律效力。

三、关联法条

《中华人民共和国民法典》

第九百九十三条　民事主体可以将自己的姓名、名称、肖像等许可他人使用,但是依照法律规定或者根据其性质不得许可的除外。

第一千零一十二条①　自然人享有姓名权,有权依法决定、使用、变更或者许可他人使用自己的姓名,但是不得违背公序良俗。

第一千零一十四条　任何组织或者个人不得以干涉、盗用、假冒等方式侵害他人的姓名权或者名称权。

第一千零一十八条　自然人享有肖像权,有权依法制作、使用、公开或者许可他人使用自己的肖像。

肖像是通过影像、雕塑、绘画等方式在一定载体上所反映的特定自然人可以被识别的外部形象。

第一千零一十九条　任何组织或者个人不得以丑化、污损,或者利用信息技术手段伪造等方式侵害他人的肖像权。未经肖像权人同意,不得制作、使用、公开肖像权人的肖像,但是法律另有规定的除外。

未经肖像权人同意,肖像作品权利人不得以发表、复制、发行、出租、展览等方式使用或者公开肖像权人的肖像。

第一千一百八十二条②　侵害他人人身权益造成财产损失的,按照被侵权人因此受到的损失或者侵权人因此获得的利益赔偿;被侵权人因此受到的损失以及侵权人因此获得的利益难以确定,被侵权人和侵权人就赔偿数额协商不一致,向人民法院提起诉讼的,由人民法院根据实际情况确定赔偿数额。

第一千一百八十三条③　侵害自然人人身权益造成严重精神损害的,被侵权人有权请求精神损害赔偿。

因故意或者重大过失侵害自然人具有人身意义的特定物造成严重精神损害的,被

---

① 本案审理时,法院适用的是《中华人民共和国民法通则》第九十九条　公民享有姓名权,有权决定、使用和依照规定改变自己的姓名,禁止他人干涉、盗用、假冒。

法人、个体工商户、个人合伙享有名称权。企业法人、个体工商户、个人合伙有权使用、依法转让自己的名称。

② 本案审理时,法院适用的是《中华人民共和国侵权责任法》第二十条　侵害他人人身权益造成财产损失的,按照被侵权人因此受到的损失赔偿;被侵权人的损失难以确定,侵权人因此获得利益的,按照其获得的利益赔偿;侵权人因此获得的利益难以确定,被侵权人和侵权人就赔偿数额协商不一致,向人民法院提起诉讼的,由人民法院根据实际情况确定赔偿数额。

③ 本案审理时,法院适用的是《中华人民共和国侵权责任法》第二十二条　侵害他人人身权益,造成他人严重精神损害的,被侵权人可以请求精神损害赔偿。

侵权人有权请求精神损害赔偿。

第一千一百八十四条① 侵害他人财产的,财产损失按照损失发生时的市场价格或者其他合理方式计算。

《最高人民法院关于审理利用信息网络侵害人身权益民事纠纷案件适用法律若干问题的规定(2020修正)》

第十二条② 被侵权人为制止侵权行为所支付的合理开支,可以认定为民法典第一千一百八十二条规定的财产损失。合理开支包括被侵权人或者委托代理人对侵权行为进行调查、取证的合理费用。人民法院根据当事人的请求和具体案情,可以将符合国家有关部门规定的律师费用计算在赔偿范围内。

被侵权人因人身权益受侵害造成的财产损失以及侵权人因此获得的利益难以确定的,人民法院可以根据具体案情在50万元以下的范围内确定赔偿数额。

四、争议问题

中建荣真建材公司的行为是否对周星驰肖像权、姓名权构成侵权?

五、简要评论

商品化权也称为公开权、人格利益商业利用权、商事人格权等,是指民事主体包括自然人、法人、非法人组织对其具有一定声誉或吸引力的人格标识利益进行商品化利用并享有利益的抽象人格权③。商品化权的基本功能是保护具体人格权中具有财产价值的人格利益,依据商品化权,权利人可将自身享有的特定人格利益许可他人使用,并获得相应的收益。权利人可以直接在商业领域使用自己的人格标识,依靠个人特质吸引公众以获利;也可以转让、许可他人在商品或商业经营活动中使用该人格标识,通过转让费、许可费实现人格利益。实践中,许可是商品化权实现的主要途径,权利人享有排除他人擅自将自己的各类人格标识进行商业化利用的权利。商品化权的客体为民事主体对人格标识享有的人格利益,包括姓名、名称、肖像、声音、个人信息等,其主要特征为能够脱离权利人本身而独立存在,且能产生声誉及吸引力,有一定的市场价值。但依据法律规定或权利性质不得许可他人使用的,权利人不得许可,比如生命、健康、人格自由

---

① 本案审理时,法院适用的是《中华人民共和国侵权责任法》第十九条 侵害他人财产的,财产损失按照损失发生时的市场价格或者其他方式计算。

② 本案审理时,法院适用的是《最高人民法院关于审理利用信息网络侵害人身权益民事纠纷案件适用法律若干问题的规定》第十八条 被侵权人为制止侵权行为所支付的合理开支,可以认定为侵权责任法第二十条规定的财产损失。合理开支包括被侵权人或者委托代理人对侵权行为进行调查、取证的合理费用。人民法院根据当事人的请求和具体案情,可以将符合国家有关部门规定的律师费用计算在赔偿范围内。

被侵权人因人身权益受侵害造成的财产损失或者侵权人因此获得的利益无法确定的,人民法院可以根据具体案情在50万元以下的范围内确定赔偿数额。

精神损害的赔偿数额,依据《最高人民法院关于确定民事侵权精神损害赔偿责任若干问题的解释》第十条的规定予以确定。

③ 杨立新主编:《中华人民共和国民法典释义与案例评注·人格权编》,中国法制出版社2020年版,第21页。

等。此类人格要素若被许可使用,将会出现违反法律的规定、违背公序良俗、损害社会公共利益或国家利益的情形。

在本案中,中建荣真建材公司未经周星驰许可,仅从他人处购买了周星驰照片原片,便擅自用作广告宣传,该行为构成了对原告肖像权的侵犯。此外,公民享有姓名权,有权依法决定、使用、变更或者许可他人使用自己的姓名。姓名权的客体包括全名,以及其他能够与特定自然人建立对应关系的主体识别符号,例如笔名、艺名、雅号等。中建荣真建材公司在涉案广告上盗用周星驰姓名和艺名的行为构成了对周星驰姓名权的侵犯。

当姓名权和肖像权具有商业化使用权能时,当事人仅以民法典侵权责任编为依据进行主张,该人格权的精神利益和财产价值可一并予以保护,包括属于合理开支的律师费在内均应纳入人格权的损害赔偿范围。在酌定赔偿数额时,人民法院应结合权利类型、侵权方式、从侵权程度、被侵权人和侵权人的身份地位、经济情况、获利情况、过错类型、其他情形等方面予以综合考量。律师费用收取系当事人与律师之间意思自治之结果,法院不予干涉。司法解释明确规定被侵权人为制止侵权行为所支付的合理开支属于被侵权人的财产损失。原告周星驰主张合理费用支出 112.5 万元,但事实上,该费用包括了一审、二审和执行等事项,上海市第一中级人民法院认为,其要求中建荣真建材公司承担的费用应当限制在合理范围内。因此,综合考量原告周星驰为制止涉案侵权行为的诉讼成本、案件标的额、判赔额、案件复杂程度、律师工作量、相关律师收费标准等因素,法院最终确定合理费用支出 8 万元。

案例 5-2-1 财产权:物权

一、基本案情

金博公司与淇县政府签订了两份淇县补充耕地后备资源合作开发合同书,约定由金博公司负责合同所涉项目的投资开发及验收。上述合同签订后,金博公司与元恒公司就淇县项目,于 2012 年 8 月 1 日签订 2012 年二标段施工合同书、2012 年三标段施工合同书,又于 2013 年 9 月 16 日签订 2013 年三标段施工合同书。上述施工合同约定,由元恒公司负责涉案项目前后三个标段的复垦工作。工程完工后,经最终结算审核,金博公司、元恒公司及审核单位签字盖章形成竣工结算审核定案表,该表载明金博公司应支付元恒公司的工程款总额 1 647 万余元,金博公司通过淇县政府财政部门分三次向元恒公司支付了工程款,尚欠 12 万余元未予支付。

2013 年 7 月元恒公司承包万博公司在河南省襄城县的项目工程,万博公司已向元恒公司支付 698 万余元,尚欠 37 万余元未付。万博公司并未委托金博公司代为向元恒公司支付上述款项。金博公司与万博公司外聘财务人员系同一人。中国民生银行四份支付业务回单(付款)显示,2015 年 7 月 3 日,金博公司通过民生银行账户向元恒公司支付了四笔款项。四份回单的"客户附言"处分别载明：淇县 2012 年项目二标段、淇县 2012 年项目三标段、淇县 2013 年项目三标段、襄城县 2012 年 2013 年项目。上述四笔款项共计 436 万余元。

元恒公司因与刘玉荣的另案诉讼执行问题，其在中国建设银行股份有限公司郑州华亿支行的账户被榆林中院于 2015 年 1 月 10 日裁定冻结；金博公司向该账户划入上述四笔款项之后，榆林中院将上述款项扣划至该院执行账户。此后，金博公司以上述四笔款项系误转为由，向榆林中院提出执行异议，榆林中院裁定驳回其执行异议后，金博公司向该院提起执行异议之诉。

案号：最高人民法院（2017）民申字第 322 号

二、诉讼过程

陕西省高级人民法院查明金博公司与元恒公司之间经济往来后，确认金博公司转入元恒公司账户的 436 万余元，在扣除应支付的尚欠工程款 12 万余元后，其余 424 万余元系误转，判决认定金博公司就涉案误转金钱享有足以排除强制执行的民事权益，并判决不得执行上述款项。刘玉荣不服，向最高人民法院申请再审。

最高人民法院认为，金博公司关于涉案款项系误划的诉讼主张符合常理和日常逻辑，且与事实相符，应予认定。金博公司对于划款行为不具有真实的意思表示，元恒公司亦缺乏接受款项的意思表示，故该划款行为不属于能够设立、变更、终止民事权利和民事义务的民事法律行为，而仅属于可变更或撤销的民事行为，该款项的实体权益仍属金博公司所有，而不属于元恒公司。涉案款项因被榆林中院冻结并直接扣划至执行账户，元恒公司并未实际占有、控制或支配上述款项，故不具备适用"货币占有即所有"原则的基础条件。遂裁定驳回刘玉荣的再审申请。

三、关联法条

《中华人民共和国民法典》

第二百二十四条① 动产物权的设立和转让，自交付时发生效力，但是法律另有规定的除外。

第二百三十五条② 无权占有不动产或者动产的，权利人可以请求返还原物。

第四百六十二条③ 占有的不动产或者动产被侵占的，占有人有权请求返还原物；

---

① 本案审理时，法院适用的是《中华人民共和国物权法》第二十三条 动产物权的设立和转让，自交付时发生效力，但法律另有规定的除外。
② 本案审理时，法院适用的是《中华人民共和国物权法》第三十四条 无权占有不动产或者动产的，权利人可以请求返还原物。
③ 本案审理时，法院适用的是《中华人民共和国物权法》第二百四十五条 占有的不动产或者动产被侵占的，占有人有权请求返还原物；对妨害占有的行为，占有人有权请求排除妨害或者消除危险；因侵占或者妨害造成损害的，占有人有权请求损害赔偿。
占有人返还原物的请求权，自侵占发生之日起一年内未行使的，该请求权消灭。

对妨害占有的行为，占有人有权请求排除妨害或者消除危险；因侵占或者妨害造成损害的，占有人有权依法请求损害赔偿。

占有人返还原物的请求权，自侵占发生之日起一年内未行使的，该请求权消灭。

《中华人民共和国民事诉讼法》

第二百三十八条① 执行过程中，案外人对执行标的提出书面异议的，人民法院应当自收到书面异议之日起十五日内审查，理由成立的，裁定中止对该标的的执行；理由不成立的，裁定驳回。案外人、当事人对裁定不服，认为原判决、裁定错误的，依照审判监督程序办理；与原判决、裁定无关的，可以自裁定送达之日起十五日内向人民法院提起诉讼。

《最高人民法院关于适用〈中华人民共和国民事诉讼法〉的解释》

第三百零九条 案外人或者申请执行人提起执行异议之诉的，案外人应当就其对执行标的享有足以排除强制执行的民事权益承担举证证明责任。

第三百一十条 对案外人提起的执行异议之诉，人民法院经审理，按照下列情形分别处理：

（一）案外人就执行标的享有足以排除强制执行的民事权益的，判决不得执行该执行标的；

（二）案外人就执行标的不享有足以排除强制执行的民事权益的，判决驳回诉讼请求。

案外人同时提出确认其权利的诉讼请求的，人民法院可以在判决中一并作出裁判。

四、争议问题

案外人所有的款项被误划至被执行人账户，该款项是否适用"货币占有即所有"原则？

五、简要评论

物权变动，是指物权的得丧变更，包括物权的设立、变更、转让以及消灭。物权法理论根据当事人的意思在物权变动过程中所起的作用，将物权变动分为基于法律行为的物权变动和非基于法律行为的物权变动。前者指当事人通过实施法律行为，并进而依照法律的规定通过动产交付或者不动产登记而引发的物权变动。与基于法律行为的物权变动不同，非基于法律行为的物权变动直接根据法律的规定而发生，除遗嘱继承及遗

---

① 本案审理时，法院适用的是《中华人民共和国民事诉讼法》（2017年版）第二百二十七条 执行过程中，案外人对执行标的提出书面异议的，人民法院应当自收到书面异议之日起十五日内审查，理由成立的，裁定中止对该标的的执行；理由不成立的，裁定驳回。案外人、当事人对裁定不服，认为原判决、裁定错误的，依照审判监督程序办理；与原判决、裁定无关的，可以自裁定送达之日起十五日内向人民法院提起诉讼。

赠之外,通常与当事人是否存在追求物权变动效果的内心意志无关。

基于法律行为的物权变动,大陆法系各国和地区主要存在三种立法模式:意思主义、形式主义以及折中主义。意思主义,是指物权变动仅凭当事人的合意即可发生,无须采用其他外部表现形式。形式主义,是指除当事人就买卖、赠予等达成合意外,还需采用登记、交付等外部表现形式,物权变动才能发生。折中主义是指某些国家的立法兼采"意思主义"和"形式主义"两种物权变动模式,其通常的做法是:以某种模式为主,以另一种模式为例外①。我国采用的是以形式主义为主的"折中主义模式":原则上,不动产和动产的物权采用登记或交付的形式主义;例外情况下,某些不动产和动产的物权变动采用意思主义,某些需要登记的动产的物权变动依据交付而发生。

我国动产的物权变动以交付为生效原则,动产交付为动产占有的转移,可分为"现实交付"与"观念交付"两大类。现实交付是指对动产物质形态上的支配、控制的转移,为动产交易中交付的常态。观念交付是指交付本身并不导致实物占有的转移,仅发生观念上占有的移转。观念交付主要包括以下三种情形:1. 简易交付,是指在接受交付的一方已经占有标的物的情形,合同成立即视为交付完成。2. 占有改定,是指依照双方约定,财产让与人基于新的法律关系而继续占有标的物,新的法律关系成立即视为交付完成。3. 指示交付,是指以让与对特定第三人的标的物返还请求权的方式交付。货币作为民法上一种典型的、具有高度替代性的种类物和消费物,流通性系其基本属性,其典型特性为占有即所有。

本案中,虽然货币属特殊种类物,在一般情况下适用"占有即所有"原则,但金博公司向元恒公司误划 424 万余元,系通过银行账户转账实现,并非以交付为"物"的货币实现,元恒公司事实上并未从金博公司处获得与涉案 424 万余元相等价的货币,该误划款项的行为未能产生转移款项实体权益的法律效果,该款项的实体权益仍属金博公司所有,而不属于元恒公司。此外,涉案款项因被榆林中院冻结并直接扣划至执行账户,元恒公司并未实际占有、控制或支配上述款项,且因账户冻结及被划至执行账户使其得以与其他款项相区别,已属特定化款项。由于人民法院的冻结行为,被执行人未实际取得对金钱的管领和控制,即未实际取得对金钱的占有,故被执行人不满足"货币占有即所有"的构成要件。

案例 5-2-2 财产权:特殊动产

一、基本案情

徐某某与船厂签订造船合同,船舶于 2010 年 8 月建造完毕。2010 年 9 月 8 日和 2011 年 7 月 7 日,徐某某先后向原告王某 1 借款共计 300 万元。2013 年 9 月 30 日,徐

---

① 尹田著:《物权法》(第二版),北京大学出版社 2017 年版,第 78—80 页。

某某与王某1签订协议书,约定将涉案船舶所有权转让给王某1,抵偿其所欠王某1的全部债务,该协议生效后,涉案船舶仍由徐某某经营管理。

2014年5月和6月,王某1与远洋公司签订船舶委托经营管理合同,约定涉案船舶以远洋公司名义登记,船舶产权仍属王某1;该船舶由王某1使用经营,独立核算。根据将船舶挂靠在远洋公司名下的合意成立日期,该合同签署日期为2013年10月5日。

2015年5月5日,另案中徐某某的债权人王某2强行将涉案船舶在天津市滨海新区塘沽新港三号码头处开离。王某1为此诉诸法院。

案号:最高人民法院(2017)民申字第3692号

二、诉讼过程

天津海事法院判决,原告王某1依法享有涉案船舶所有权,王某2负有将涉案船舶返还王某1的义务。王某2不服,上诉请求撤销一审判决。

天津市高级人民法院认为,王某1与徐某某亦按照约定履行了涉案协议书,王某1取得讼争船舶的所有权。王某2擅自占有涉案船舶的行为,侵害了王某1依法享有的对该船舶的占有、使用和收益的权利,依法应将船舶返还王某1。判决驳回上诉,维持原判。

最高人民法院驳回了王某2的再审申请,理由如下:由于船舶为特殊动产,未经登记,并不影响物权变动的效力,但不能对抗善意第三人。涉案协议书约定由出让人继续占有经营,即王某1在协议书于2013年9月30日生效时取得了船舶所有权。王某2作为出让人徐某某的债权人和强制执行申请人,对于登记在远洋公司名下的涉案船舶公示信息并没有信赖利益,也不享有抵押权等物权,故王某2不属于善意第三人,其基于债权而产生的查封权利不能对抗所有权人王某1。王某2应将船舶返还给所有权人王某1。

三、关联法条

《中华人民共和国海商法》

第九条 船舶所有权的取得、转让和消灭,应当向船舶登记机关登记;未经登记的,不得对抗第三人。

船舶所有权的转让,应当签订书面合同。

《中华人民共和国民法典》

第二百一十五条[①] 当事人之间订立有关设立、变更、转让和消灭不动产物权的合同,除法律另有规定或者当事人另有约定外,自合同成立时生效;未办理物权登记的,不影响合同效力。

---

① 本案审理时,法院适用的是《中华人民共和国物权法》第十五条 当事人之间订立有关设立、变更、转让和消灭不动产物权的合同,除法律另有规定或者合同另有约定外,自合同成立时生效;未办理物权登记的,不影响合同效力。

第二百二十四条① 动产物权的设立和转让，自交付时发生效力，但是法律另有规定的除外。

第二百二十五条② 船舶、航空器和机动车等的物权的设立、变更、转让和消灭，未经登记，不得对抗善意第三人。

第二百三十五条③ 无权占有不动产或者动产的，权利人可以请求返还原物。

四、争议问题

涉案船舶的所有权人为谁？

五、简要评论

《中华人民共和国海商法》第九条、《中华人民共和国民法典》第二百二十四条、第二百二十五条均是针对物权变动而非合同效力的强制性规定，《中华人民共和国民法典》第二百一十五条则确立了不动产物权变动与合同效力的区分原则。区分原则是我国物权法的基本原则，也是物权变动的基本指导原则。它是指在基于法律行为的物权变动中应当区分合同的效力与物权变动的效力，物权是否变动对于合同的效力不发生影响④。涉及契约问题属于合同法调整，而调整物之归属和物之利用的民事关系适用物权法，合同法的任务是促进交易、鼓励竞争，而物权法的目标是定分止争、物尽其用。故除非法律有特别规定，合同一经成立，只要不违反法律、行政法规的强制性规定和社会公共利益，就可以发生效力。合同效力并不必然与登记联系在一起，登记是物权变动的公示方法，而非评判合同行为是否有效的依据。涉案协议书的性质为以物抵债协议，并不违反法律法规的强制性规定。船舶为特殊动产，未经登记，并不影响物权变动的效力。涉案协议书约定由出让人继续占有经营符合民法典的规定，即协议书生效时船舶所有权即发生变动，涉案船舶的所有权人为王某1。

作为特殊动产的船舶、航空器和机动车，其经济价值往往较大，在法律上被视为一种准不动产，这类动产的物权变动仍需遵守《中华人民共和国民法典》第二百二十四条之规定，自交付时发生效力。但若仅以交付为物权变动的要件，不足以充分贯彻物权公示原则。如果一律采取登记要件主义，将会影响交易便捷、增加交易成本、加重登记机关的负担。故我国现行立法对船舶和民用航空器均以登记为物权变动的对抗要件，即

---

① 本案审理时，法院适用的是《中华人民共和国物权法》第二十三条 动产物权的设立和转让，自交付时发生效力，但法律另有规定的除外。
② 本案审理时，法院适用的是《中华人民共和国物权法》第二十四条 船舶、航空器和机动车等物权的设立、变更、转让和消灭，未经登记，不得对抗善意第三人。
③ 本案审理时，法院适用的是《中华人民共和国物权法》第三十四条 无权占有不动产或者动产的，权利人可以请求返还原物。
④ 王利明：《论债权形式主义下的区分原则——以〈民法典〉第215条为中心》，《清华法学》2022年第3期，第5-19页。

未经登记不得对抗善意第三人①。善意第三人系不知道也不应当知道物权发生了变动的物权关系相对人,主要包括以取得所有权为目的的相对人、抵押权人、质权人和留置权人。船舶、航空器物权转让人的债权人在物权受让人已经支付对价并取得占有,只是没有过户登记时,不属于善意第三人。其意在贯彻物权优先效力。本案中,王某1取得船舶所有权后未办理登记,该船舶登记于远洋公司名下,王某2并非涉案船舶的抵押权人或质权人,其不属于善意第三人,王某2擅自将被查封的船舶开离港口并占有船舶于法无据。

案例 5-2-3 财产权:占有

一、基本案情

2013年10月30日,被告升东公司与被告中基公司签订委托代理进口合同,委托中基公司进口铁矿砂。2013年11月10日,涉案货物抵达港口。

2013年11月13日,中外运唐山公司与实业港务公司签订单船装卸合同,约定委托实业港务公司装卸涉案货物。同年11月18日,中外运唐山公司向中基公司出具入库单,载明货物存放区域为实业港务公司C区仓库。中外运唐山公司与中基公司签订仓储保管合同,约定中外运唐山公司负责中基公司进口货物的仓储保管及装卸作业,中外运唐山公司凭盖有中基公司财务部印章的正本提单发货。另外,2013年5月,中外运唐山公司与原告国贸公司签订合作协议书,约定中外运唐山公司按国贸公司放货通知办理出入库手续。

2013年11月21日,国贸公司与升东公司签署进口货物港口作业服务协议,约定国贸公司接受升东公司委托办理进口货物的出入库手续,并为升东公司垫付进口货物海关增值税,升东公司按期归还垫付的海关增值税,并向国贸公司支付服务费。如升东公司未能按期归还应付款项,国贸公司有权对货物进行拍卖或变卖,所得价款优先清偿所欠国贸公司的款项。后因升东公司未能依约清偿国贸公司垫付的海关增值税、服务费、违约金等,国贸公司欲留置在实业港务公司C区仓库的剩余涉案货物。

案号:(2019)最高法民申1654号

二、诉讼过程

天津市高级人民法院认为,国贸公司是否合法占有涉案货物,系属认定该公司是否享有留置权的关键。按照现有证据,难以认定国贸公司因与中外运唐山公司占有媒介关系的成立而取得第二级间接占有人地位,国贸公司并未占有涉案货物,并不具备行使

---

① 最高人民法院民法典贯彻实施工作领导小组主编:《中华人民共和国民法典物权编理解与适用》,人民法院出版社2020年版,第135页。

留置权的基本条件,国贸公司的相应主张不能成立。国贸公司不服终审判决,向最高人民法院提请再审。

最高人民法院认为,根据国贸公司与升东公司之间的进口货物港口作业服务协议,系升东公司以涉案货物向国贸公司设定质权,而非留置权。动产质权由债权人占有质物作为生效条件。原审法院通过对比国贸公司、中基公司分别提供的证据,结合中基公司曾向案外人放货的事实,认定国贸公司未能实际占有控制涉案货物,因而不能对该部分货物行使留置权或者质权,符合民事诉讼认证规则。综上,最高法院再审裁判结果为驳回国贸公司的再审申请。

三、关联法条

《中华人民共和国民法典》

第四百二十五条[1]　为担保债务的履行,债务人或者第三人将其动产出质给债权人占有的,债务人不履行到期债务或者发生当事人约定的实现质权的情形,债权人有权就该动产优先受偿。

前款规定的债务人或者第三人为出质人,债权人为质权人,交付的动产为质押财产。

第四百四十七条[2]　债务人不履行到期债务,债权人可以留置已经合法占有的债务人的动产,并有权就该动产优先受偿。

前款规定的债权人为留置权人,占有的动产为留置财产。

四、争议问题

国贸公司是否已经合法占有涉案货物?留置权是否成立?

五、简要评论

依照民法典的规定,留置权的享有以合法占有为其基本要件。本案中,国贸公司是否合法占有涉案货物,系属认定该公司是否享有留置权的关键。

占有可分为直接占有与间接占有两种形态。直接占有系直接对物有事实管领力的占有。间接占有系并不直接占有物,而基于占有媒介人对物有间接管领力的占有。成立间接占有的基本要件为:第一,应存在占有媒介人。第二,间接占有人应享有有效的

---

[1] 本案审理时,法院适用的是《中华人民共和国物权法》第二百零八条　为担保债务的履行,债务人或者第三人将其动产出质给债权人占有的,债务人不履行到期债务或者发生当事人约定的实现质权的情形,债权人有权就该动产优先受偿。
前款规定的债务人或者第三人为出质人,债权人为质权人,交付的动产为质押财产。

[2] 本案审理时,法院适用的是《中华人民共和国物权法》第二百三十条　债务人不履行到期债务,债权人可以留置已经合法占有的债务人的动产,并有权就该动产优先受偿。
前款规定的债权人为留置权人,占有的动产为留置财产。

对占有媒介人的返还请求权,但不受请求权是否附条件、期限、抗辩影响。第三,返还请求权应属于间接占有人。此外,在间接占有之上仍可设定间接占有,形成多阶层的间接占有。本案例中,涉案货物存放于实业港务公司仓库,实业港务公司为涉案货物的直接占有人,中外运唐山公司因与实业港务公司签订单船装卸合同,为涉案货物的间接占有人,中外运唐山公司对货物形成第一阶级的间接占有。

因此,解决争议焦点的关键在于国贸公司是否能对涉案货物形成间接占有或通过中外运唐山公司形成第二阶级的间接占有。一方面,国贸公司与实业港务公司之间并非任一合同法律关系的当事人,实业港务公司非国贸公司的占有媒介人,国贸公司未通过实业港务公司形成对涉案货物的间接占有。另一方面,国贸公司也不享有返还请求权,合作协议作为框架协议,无法认定是否适用于涉案货物,且仅记载同时具备货权人提货单和放货通知单的情形下方能提取相关货物,并未赋予国贸公司对第一级间接占有人中外运唐山公司就相关货物的返还请求权。此外,从实际履行来看,即使合作协议适用于涉案货物,国贸公司拟通过放货通知控制涉案货物,但在实际履行中涉案货物实际放货也不必然需要国贸公司的放货通知,国贸公司并没有对涉案货物形成有效控制,因此国贸公司也未能通过中外运唐山公司形成对涉案货物的间接占有。综上,国贸公司未直接占有涉案货物,也未能通过占有媒介人形成对涉案货物的间接占有。根据民法典关于留置权的规定,因国贸公司未合法占有涉案货物,对涉案货物不享有留置权。

事实上,我国是否对占有进行保护并不以有权无权为区分要点,无论是有权占有还是无权占有,均受保护,只是保护的程度不同。占有人对于他方侵占或者妨害自己占有的行为,可以行使法律赋予的占有保护请求权,如占有返还请求权、占有妨害排除请求权和占有妨碍请求权等。如果涉及有权占有,占有人可以主张违约、侵权、不当得利等;若同无权占有相关,占有人可以主张侵权,但损害赔偿范围仅限直接损失,不包括间接损失。

占有返还请求权的构成要件有四点。第一,占有被侵夺。侵夺,指违背占有人的意思,以法律禁止的私力剥夺占有人的占有,将占有人的占有物移转到自己的管理控制之下。胁迫、欺诈非侵夺。非因他人的侵夺而丧失占有的,如因受欺诈或者胁迫而交付的,不享有占有物返还请求权。此种情形下,原占有人要恢复占有,必须依法律行为的规定,主张撤销已经成立的法律关系等去解决。第二,请求权人须为占有被侵夺的占有人(无论其为有权占有人还是无权占有人;亦无论其为直接占有人还是间接占有人)。第三,须自侵夺之日起1年内行使(1年期间期满未行使的,占有返还请求权消灭)。1年的期间究竟为诉讼时效还是除斥期间存在争议。大陆通说认为系除斥期间。占有物返还请求权因除斥期间经过而未行使的,占有人如果对物享有其他实体权利(如所有权),仍然可以依照其实体权利提出返还请求。第四,被请求人为占有的侵夺人及侵夺人的占有继受人。须主张占有返还请求权之时,侵夺人仍为占有人(直接占有与间接占有均可)。否则,若侵夺人的占有已经(因为被盗、遗失,出卖并完成现实交付等原因)消灭,则对侵夺人不再享有占有返还请求权。

案例 5-2-4　财产权：债权

一、基本案情

五谷坊公司诉英发房开公司借款合同纠纷一案，双方达成调解。贵州省高级人民法院(2014)黔高执字第 7-1 号执行裁定书载明：本院依据已经发生法律效力的本院(2014)黔高民商初字第 2 号民事调解书，在执行五谷坊公司申请执行英发房开公司借款合同纠纷一案中，被执行人英发房开公司的全资子公司英发餐饮公司，曾代被执行人向申请执行人五谷坊公司偿还了 3 000 万元债务。

2012 年 12 月 14 日，英发餐饮公司向渝万公司借款 3 000 万元，借款期限自 2012 年 12 月 13 日至 2013 年 4 月 13 日。借款期限届满后，英发餐饮公司未偿还。2013 年 7 月 20 日，双方签订还款协议，约定英发餐饮公司于 2013 年 9 月 13 日前向渝万公司偿还全部借款本息 3 810 万元。但协议签订后，英发餐饮公司仍未按约履行还款义务。2014 年 4 月 19 日，渝万公司与英发餐饮公司签订债权转让协议，英发餐饮公司将对五谷坊公司享有的 3 000 万元到期债权及按银行同期贷款利率追索利息的权利转让给渝万公司。债权转让协议签订后，渝万公司和英发餐饮公司向五谷坊公司发出了债权转让通知书。渝万公司向五谷坊公司主张债权未果，遂向法院起诉。

案号：最高人民法院(2015)民二终字第 57 号

二、诉讼过程

贵州省高级人民法院认为，渝万公司称其从英发餐饮公司受让了该公司对五谷坊公司所享有的债权，主张英发餐饮公司与五谷坊公司之间存在企业借贷关系，则应当证明英发餐饮公司与五谷坊公司之间存在借贷的合意，并且发生了付款事实。但渝万公司和英发餐饮公司仅提供了英发餐饮公司向五谷坊公司付款的支付凭证，对于英发餐饮公司支付钱款的基础法律关系，渝万公司未提供证据予以证明。因此，现有证据无法认定英发餐饮公司与五谷坊公司之间存在企业借贷的法律关系，渝万公司未能证明其所受让的债权成立，应当承担举证不能的责任。渝万公司不服，提起上诉。

最高人民法院同样认为，债权人所转让的债权应当是合法有效的债权。受让人向债务人主张所受让的债权，应当证明其受让债权的合法性。原审判决认定事实清楚，适用法律正确，审判程序合法，处理结果适当，依法应予以维持。

三、关联法条

《中华人民共和国民法典》

第五百四十五条① 债权人可以将债权的全部或者部分转让给第三人,但是有下列情形之一的除外:

(一) 根据债权性质不得转让;

(二) 按照当事人约定不得转让;

(三) 依照法律规定不得转让。

当事人约定非金钱债权不得转让的,不得对抗善意第三人。当事人约定金钱债权不得转让的,不得对抗第三人。

第五百四十六条 债权人转让债权,未通知债务人的,该转让对债务人不发生效力。

债权转让的通知不得撤销,但是经受让人同意的除外。

第五百四十八条 债务人接到债权转让通知后,债务人对让与人的抗辩,可以向受让人主张。

《最高人民法院关于适用〈中华人民共和国民事诉讼法〉的解释》

第九十条 当事人对自己提出的诉讼请求所依据的事实或者反驳对方诉讼请求所依据的事实,应当提供证据加以证明,但法律另有规定的除外。

在作出判决前,当事人未能提供证据或者证据不足以证明其事实主张的,由负有举证证明责任的当事人承担不利的后果。

四、争议问题

渝万公司能否要求五谷坊公司支付债权转让款?

五、简要评论

债权是得请求他人为一定行为的民法上的权利。债发生的原因主要有合同、无因管理、不当得利和侵权行为四种。本案中的债权即基于合同而发生。债权转让又称"债权让与",是指在合同内容不变的前提下,让与人与受让人通过让与合同将债权由让与人转移给受让人的行为②。债权转让的基本前提为存在合法有效的债权,且被转让的债权具有可让与性。根据合同法的规定,不得转让的债权主要有三种情形:1. 根据合同性质不得转让的债权,主要是因为这类合同是基于特定当事人的身份关系订立的。合同权利转让给第三人,会使合同当事人发生变化,动摇合同订立的基础,可能会违反当事人订立合同的目的。2. 按照当事人约定不得转让的债权。根据契约自由原则,如果债务人只愿意向合同债权人履行债务,当事人在合同中可以特别约定禁止相对方转让债权的内容,此内容具有法律效力,对当事人双方具有约束力,因此不可转让。3. 依照

---

① 本案审理时,法院适用的是《中华人民共和国合同法》第七十九条 债权人可以将合同的权利全部或者部分转让给第三人,但有下列情形之一的除外:(一) 根据合同性质不得转让;(二) 按照当事人约定不得转让;(三) 依照法律规定不得转让。

② 杨巍著:《债法总论》,武汉大学出版社2017年版,第232页。

法律规定不得转让的债权。

本案的重点是关于债权转让的基本前提,即债权人转让的债权应当是合法且有效存在的债权。渝万公司称其从英发餐饮公司处受让了该公司对五谷坊公司享有的债权,则应当证明英发餐饮公司与五谷坊公司之间存在借贷的合意,而且发生了付款事实。但其并未提供充分证据证明英发餐饮公司与五谷坊公司之间存在合法有效的债权,根据民事诉讼法应当承担举证不能的责任。在案件审理过程中法院查明,英法餐饮公司向五谷坊公司的付款事实,是英发餐饮公司作为英发房开公司的全资子公司代执行的债务。故渝万公司主张的债权转让没有合法有效的债权为基础,不能要求五谷坊公司支付债权转让款。

此外,债权的让与应当通知债务人。未经通知,对债务人不发生效力。债权人未通知债务人,债务人仍可以向债权人履行合同义务并可以此为不向受让人履行合同义务的抗辩。

案例 5-2-5 财产权:抗辩权

一、基本案情

2010年12月31日,仙游国土局在仙游县招投标中心拍卖出让126-1地块国有建设用地使用权,焰豪公司以人民币41 200万元中标。2011年1月19日,焰豪公司向仙游县招标中心交纳6 000万元土地拍卖保证金。次日,焰豪公司与仙游国土局签订了拍卖成交确认书。同年1月26日,仙游国土局与焰豪公司签订国有建设用地使用权出让合同(以下简称出让合同),约定:126-1地块定金6 000万元,抵作土地出让价款。受让人于本合同签订之日起60日内(注:2011年3月27日前)一次性付清国有建设用地使用权出让价款。受让人不能按时支付国有建设用地使用权出让价款的,自滞纳之日起,每日按迟延支付款项的0.2‰缴纳违约金。延期付款超过60日,经出让人催交后仍不能支付国有建设用地使用权出让价款的,出让人有权解除合同,受让人无权要求返还定金,出让人可请求受让人赔偿损失。

2011年10月12日,仙游国土局向焰豪公司发出仙国土资〔2011〕第270号《关于解除出让合同的通知》,指出焰豪公司除支付定金6 000万元外,尚欠土地出让金和滞纳金共计人民币35 664.64万元。经该局2011年5月6日、7月19日、9月29日三次发函催告和限期缴纳,及法律顾问单位2011年8月25日发律师函催告和限期缴纳,焰豪公司仍未缴纳,违反了出让合同的约定,遂决定解除出让合同,收回126-1地块国有建设用地使用权,并不予返还焰豪公司支付的定金人民币6 000万元。2011年11月29日,焰豪公司起诉至福建省高级人民法院。

案号:最高人民法院(2013)民一终字第71号

二、诉讼过程

福建省高级人民法院认为,焰豪公司与仙游国土局签订的拍卖成交确认书、出让合同均为有效。但焰豪公司除了缴纳6 000万元定金外没有再缴纳其他土地出让金,构成违约,其主张享有履行抗辩权及解除合同的权利,缺乏事实和法律依据。仙游国土局通知解除合同符合合同法的规定,该通知到达焰豪公司即产生解除合同的法律效力。焰豪公司以仙游国土局存在违约为由要求双倍返还定金及赔偿损失的诉讼请求,不予支持。焰豪公司不服,提起上诉。

最高人民法院认为,在出让合同作为双务合同、焰豪公司与仙游国土局双方互负债务的情况下,焰豪公司关于仙游国土局丧失或者可能丧失履行债务能力的主张缺乏依据,其不安抗辩权的行使亦不符合合同法"及时通知"的程序要求。双方当事人明确约定了出让合同的履行先后顺序,焰豪公司以其有权行使同时履行抗辩权为由主张其并未构成违约,与出让合同约定的先后履行顺序不符,事实依据不成立。在本案出让合同的履行过程中,焰豪公司与仙游国土局均有违约行为。结合仙游国土局与焰豪公司在合同履行过程中的违约行为来看,二者的过错亦基本相当。仙游国土局在自己构成违约的情况下,无权行使单方合同解除权。双方当事人在解除案涉出让合同的意思表示上已经形成了合意,据此,对焰豪公司在本案诉讼中关于解除出让合同的诉请予以支持。焰豪公司与仙游国土局应各自承担相应的损失,并且互不承担违约责任。

三、关联法条

《中华人民共和国民法典》

第五百二十五条① 当事人互负债务,没有先后履行顺序的,应当同时履行。一方在对方履行之前有权拒绝其履行请求。一方在对方履行债务不符合约定时,有权拒绝其相应的履行请求。

第五百二十六条② 当事人互负债务,有先后履行顺序,应当先履行债务一方未履行的,后履行一方有权拒绝其履行请求。先履行一方履行债务不符合约定的,后履行一方有权拒绝其相应的履行请求。

第五百二十七条③ 应当先履行债务的当事人,有确切证据证明对方有下列情形之

---

① 本案审理时,法院适用的是《中华人民共和国合同法》第六十六条 当事人互负债务,没有先后履行顺序的,应当同时履行。一方在对方履行之前有权拒绝其履行要求。一方在对方履行债务不符合约定时,有权拒绝其相应的履行要求。
② 本案审理时,法院适用的是《中华人民共和国合同法》第六十七条 当事人互负债务,有先后履行顺序,先履行一方未履行的,后履行一方有权拒绝其履行要求。先履行一方履行债务不符合约定的,后履行一方有权拒绝其相应的履行要求。
③ 本案审理时,法院适用的是《中华人民共和国合同法》第六十八条 应当先履行债务的当事人,有确切证据证明对方有下列情形之一的,可以中止履行:(一)经营状况严重恶化;(二)转移财产、抽逃资金,以逃避债务;(三)丧失商业信誉;(四)有丧失或者可能丧失履行债务能力的其他情形。
当事人没有确切证据中止履行的,应当承担违约责任。

一的,可以中止履行:

(一) 经营状况严重恶化;

(二) 转移财产、抽逃资金,以逃避债务;

(三) 丧失商业信誉;

(四) 有丧失或者可能丧失履行债务能力的其他情形。

当事人没有确切证据中止履行的,应当承担违约责任。

第五百二十八条① 当事人依据前条规定中止履行的,应当及时通知对方。对方提供适当担保的,应当恢复履行。中止履行后,对方在合理期限内未恢复履行能力且未提供适当担保的,视为以自己的行为表明不履行主要债务,中止履行的一方可以解除合同并可以请求对方承担违约责任。

第五百六十三条② 有下列情形之一的,当事人可以解除合同:

(一) 因不可抗力致使不能实现合同目的;

(二) 在履行期限届满前,当事人一方明确表示或者以自己的行为表明不履行主要债务;

(三) 当事人一方迟延履行主要债务,经催告后在合理期限内仍未履行;

(四) 当事人一方迟延履行债务或者有其他违约行为致使不能实现合同目的;

(五) 法律规定的其他情形。

以持续履行的债务为内容的不定期合同,当事人可以随时解除合同,但是应当在合理期限之前通知对方。

第五百六十六条③ 合同解除后,尚未履行的,终止履行;已经履行的,根据履行情况和合同性质,当事人可以请求恢复原状或者采取其他补救措施,并有权请求赔偿损失……

四、争议问题

1. 仙游国土局能否解除出让合同?
2. 焰豪公司能否解除出让合同?

---

① 本案审理时,法院适用的是《中华人民共和国合同法》第六十九条 当事人依照本法第六十八条的规定中止履行的,应当及时通知对方。对方提供适当担保时,应当恢复履行。中止履行后,对方在合理期限内未恢复履行能力并且未提供适当担保的,中止履行的一方可以解除合同。

② 本案审理时,法院适用的是《中华人民共和国合同法》第九十四条 有下列情形之一的,当事人可以解除合同:(一)因不可抗力致使不能实现合同目的;(二)在履行期限届满之前,当事人一方明确表示或者以自己的行为表明不履行主要债务;(三)当事人一方迟延履行主要债务,经催告后在合理期限内仍未履行;(四)当事人一方迟延履行债务或者有其他违约行为致使不能实现合同目的;(五)法律规定的其他情形。

③ 本案审理时,法院适用的是《中华人民共和国合同法》第九十七条 合同解除后,尚未履行的,终止履行;已经履行的,根据履行情况和合同性质,当事人可以要求恢复原状、采取其他补救措施,并有权要求赔偿损失。

五、简要评论

本案属于建设用地使用权出让合同纠纷,主要涉及不安抗辩权、同时履行抗辩权以及违约责任的认定等问题。抗辩权是指对抗他人请求权的权利。民法上的抗辩权很多,例如同时履行抗辩权、后履行抗辩权、不安抗辩权、先诉抗辩权、时效消灭抗辩权等等。《中华人民共和国民法典》第五百二十五条至第五百二十七条规定了双务合同履行的同时履行抗辩权、先履行抗辩权和不安抗辩权。这三种抗辩权具有许多共同之处:1.立法目的相同,都是为了保证合同一方当事人履行债务后能实现其相应合同债权,避免合同当事人依合同履行债务后可能出现的风险;2.产生的法律基础相同,都是诚实信用原则在合同制度中的具体体现;3.都为法律赋予合同当事人的民事权利;4.都存在于互负债务的双务合同中;5.都为单方民事法律行为;6.都为一时抗辩权,一旦相对人履行债务,抗辩权就失去效力,抗辩人就应立即向相对人履行债务;7.都不承担违约责任;8.都只适用于有效合同①。

同时履行抗辩权是指在没有履行顺序的双务合同中,当事人双方应当同时履行,一方在对方履行之前有权拒绝其履行要求,一方在对方履行债务不符合约定时有权拒绝其相应的履行要求②。本案的双方当事人明确约定了出让合同的履行先后顺序,即焰豪公司支付剩余土地出让价款 35 200 万元在先,仙游国土局交付土地及办理相关产权登记手续在后,不满足同时履行抗辩权的构成要件。

不安抗辩权是指在有履行顺序的双务合同中,先履行一方有确切证据证明后履行一方在缔约后出现足以影响其对待给付的情形时,可以中止履行并在一定条件下可解除合同的权利③。但该种权利有一定的行使条件。法院认为焰豪公司不能行使不安抗辩权的理由主要有三点:1.仙游国土局是代表国家出让土地,不可能存在丧失或者可能丧失履行债务能力的情形。2.只要焰豪公司依据出让合同的约定,付清欠付的土地出让金,仙游国土局完全可以以该出让金付清所欠农行仙游县支行的款项,消除 126-1 地块上的抵押权,并将土地使用权变更登记在焰豪公司名下。3.仙游国土局在焰豪公司未付清土地出让金的情况下交付 126-1 地块,既表明其对于履行出让合同的诚意,也表明其以实际交付土地的行为来为履行出让合同提供担保。

在出让合同的履行过程中,焰豪公司与仙游国土局均有违约行为。仙游国土局在同焰豪公司签订出让合同时,案涉 126-1 地块的绝大部分已被分割登记在仙游国投名下,仙游国投还以其为抵押物向农行仙游县支行贷款。因此,在本案合同约定的履行期限内,案涉 126-1 地块上存在权利瑕疵,仙游国土局违反了出让合同所约定的提供净地的合同义务,构成违约。因此,仙游国土局在违约情形下单方面解除出让合同

---

① 田建强、牟文义、郭毅玲编著:《合同法案例教程》,西南交通大学出版社 2012 年版,第 81-82 页。
② 杨巍著:《债法总论》,武汉大学出版社 2017 年版,第 187 页。
③ 杨巍著:《债法总论》,武汉大学出版社 2017 年版,第 193 页。

的行为无效。焰豪公司未履行付清剩余土地出让价款的义务,亦构成违约。结合仙游国土局与焰豪公司在合同履行过程中的违约行为来看,二者的过错亦基本相当。对于合同解除的法律后果,焰豪公司与仙游国土局应各自承担相应的损失,并且互不承担违约责任。

案例 5-2-6　财产权：专利权

一、基本案情

原告 SMC 株式会社是成立于 1959 年 4 月 27 日的日本企业,业务范围包括自动控制设备的制造、加工与销售等,为涉案专利"电磁阀用筒形线圈"发明专利的权利人。SMC 株式会社发现中气公司在阿里巴巴网站上销售该侵权产品,且中气公司法定代表人倪某某为网站负责人,负责对外信息发布、发货,同时网站销售的收款账户为倪某某的个人银行账户。SMC 株式会社认为,中气公司与倪某某的行为系对侵权产品进行许诺销售和销售,且倪某某为中气公司实际控制人,提供个人银行账户收账的行为属于帮助侵权。综上,SMC 株式会社提起诉讼,请求判令中气公司和倪某某承担共同侵权责任,连带赔偿经济损失 100 万元。

案号：最高人民法院(2018)民再字第 199 号

二、诉讼过程

温州市中级人民法院、浙江省高级人民法院均认为中气公司与倪某某不构成共同侵权。倪某某在本案中提供个人银行账户代收中气公司货款,但由于其系中气公司的法定代表人,该行为亦应认定为职务行为,仅以此不足以证明倪某某有共同侵权之故意或为中气公司的侵权行为提供帮助。SMC 株式会社不服,向最高人民法院申请再审。

最高人民法院认为中气公司与倪某某构成共同侵权,但倪某某通过个人账户"代收账款"的行为不能构成专利法意义上的帮助侵权行为,理由如下：当事人作为公司法定代表人与控股股东,与仅有的另一股东存在姻亲关系,可认定其对公司有很强控制权与共同意志。另当事人明知被诉侵权产品可能落入被侵权人专利保护范围内,仍与公司实施制造、销售和许诺销售的侵权行为,共同完成被诉侵权产品的销售和货款回收。因此,当事人与公司主观上存在共同侵权的故意,客观上共同配合实施侵权行为,双方构成共同侵权并应对损害赔偿承担连带责任。遂判决中气公司、倪某某立即停止制造、销售、许诺销售侵害该发明专利权的产品,同时连带赔偿 SMC 株式会社经济损失 20 万元,合理费用 12 万余元。

三、关联法条

《中华人民共和国专利法》

第十一条① 发明和实用新型专利权被授予后,除本法另有规定的以外,任何单位或者个人未经专利权人许可,都不得实施其专利,即不得为生产经营目的制造、使用、许诺销售、销售、进口其专利产品,或者使用其专利方法以及使用、许诺销售、销售、进口依照该专利方法直接获得的产品。

外观设计专利权被授予后,任何单位或者个人未经专利权人许可,都不得实施其专利,即不得为生产经营目的制造、许诺销售、销售、进口其外观设计专利产品。

第七十一条② 侵犯专利权的赔偿数额按照权利人因被侵权所受到的实际损失或者侵权人因侵权所获得的利益确定;权利人的损失或者侵权人获得的利益难以确定的,参照该专利许可使用费的倍数合理确定。对故意侵犯专利权,情节严重的,可以在按照上述方法确定数额的一倍以上五倍以下确定赔偿数额。

权利人的损失、侵权人获得的利益和专利许可使用费均难以确定的,人民法院可以根据专利权的类型、侵权行为的性质和情节等因素,确定给予三万元以上五百万元以下的赔偿。

赔偿数额还应当包括权利人为制止侵权行为所支付的合理开支。

人民法院为确定赔偿数额,在权利人已经尽力举证,而与侵权行为相关的账簿、资料主要由侵权人掌握的情况下,可以责令侵权人提供与侵权行为相关的账簿、资料;侵权人不提供或者提供虚假的账簿、资料的,人民法院可以参考权利人的主张和提供的证据判定赔偿数额。

《中华人民共和国民法典》

第一千一百六十八条③ 二人以上共同实施侵权行为,造成他人损害的,应当承担连带责任。

---

① 本案审理时,法院适用的是《中华人民共和国专利法》(2008年版)第十一条 发明和实用新型专利权被授予后,除本法另有规定的以外,任何单位或者个人未经专利权人许可,都不得实施其专利,即不得为生产经营目的制造、使用、许诺销售、销售、进口其专利产品,或者使用其专利方法以及使用、许诺销售、销售、进口依照该专利方法直接获得的产品。

外观设计专利权被授予后,任何单位或者个人未经专利权人许可,都不得实施其专利,即不得为生产经营目的制造、许诺销售、销售、进口其外观设计专利产品。

② 本案审理时,法院适用的是《中华人民共和国专利法》(2008年版)第六十五条 侵犯专利权的赔偿数额按照权利人因被侵权所受到的实际损失确定;实际损失难以确定的,可以按照侵权人因侵权所获得的利益确定。权利人的损失或者侵权人获得的利益难以确定的,参照该专利许可使用费的倍数合理确定。赔偿数额还应当包括权利人为制止侵权行为所支付的合理开支。

权利人的损失、侵权人获得的利益和专利许可使用费均难以确定的,人民法院可以根据专利权的类型、侵权行为的性质和情节等因素,确定给予一万元以上一百万元以下的赔偿。

③ 本案审理时,法院适用的是《中华人民共和国侵权责任法》第八条 二人以上共同实施侵权行为,造成他人损害的,应当承担连带责任。

第一千一百六十九条① 教唆、帮助他人实施侵权行为的,应当与行为人承担连带责任。

教唆、帮助无民事行为能力人、限制民事行为能力人实施侵权行为的,应当承担侵权责任;该无民事行为能力人、限制民事行为能力人的监护人未尽到监护职责的,应当承担相应的责任。

《最高人民法院关于审理侵犯专利权纠纷案件应用法律若干问题的解释(二)》

第二十一条 明知有关产品系专门用于实施专利的材料、设备、零部件、中间物等,未经专利权人许可,为生产经营目的将该产品提供给他人实施了侵犯专利权的行为,权利人主张该提供者的行为属于民法典第一千一百六十九条规定的帮助他人实施侵权行为的,人民法院应予支持。

明知有关产品、方法被授予专利权,未经专利权人许可,为生产经营目的积极诱导他人实施了侵犯专利权的行为,权利人主张该诱导者的行为属于民法典第一千一百六十九条规定的教唆他人实施侵权行为的,人民法院应予支持。

四、争议问题

中气公司总经理倪某某是否与中气公司构成共同侵权?

五、简要评论

我国专利法所保护的对象是发明创造,即发明、实用新型和外观设计。专利法所指的发明有特定的含义,是指对产品、方法或者其改进所提出的新的技术方案,可具体分为产品发明与方法发明。实用新型则是指对产品的形状、构造或者其结合所提出的适于实用的新的技术方案,实用新型专利在技术水平上略低于发明专利。外观设计则是指对产品的形状、图案或者其结合以及色彩与形状、图案的结合所作出的富有美感并适于工业应用的新设计②。专利权具有独占性,专利权人除了自己实施专利技术外,除非有法律特殊规定,有权禁止其他任何人为生产经营目的实施其专利技术。"为生产经营目的"并不同于"营利目的",一些非营利事业的经营,例如环境保护、公交维修、气象预报等,也包含在生产经营范围之内。在这些领域中,同样不能未经专利权人许可而实施专利。

专利法中的共同侵权应符合民法典中关于共同侵权的要件:1. 加害主体为两人或者两人以上。2. 各加害人主观上具有共同意思。3. 各加害人彼此的行为之间客观上存在相互利用、配合或者支持。4. 各加害人行为造成的损害后果在其共同意思的范围

---

① 本案审理时,法院适用的是《中华人民共和国侵权责任法》第九条 教唆、帮助他人实施侵权行为的,应当与行为人承担连带责任。

教唆、帮助无民事行为能力人、限制民事行为能力人实施侵权行为的,应当承担侵权责任;该无民事行为能力人、限制民事行为能力人的监护人未尽到监护责任的,应当承担相应的责任。

② 吴汉东主编:《知识产权法(第五版)》,北京大学出版社2019年版,第145-148页。

内。在本案中,倪某某首先与中气公司具有共同意志。倪某某系中气公司的法定代表人、控股股东、执行董事和经理,仅有的另一名股东与其存在姻亲关系,倪某某对中气公司有着很强的控制权,其意志与中气公司的意志具有明显的共同性。其次,倪某某和中气公司理应知悉其被诉侵权产品可能侵犯 SMC 株式会社的本案专利权。倪某某作为中气公司的法定代表人,对其被诉侵权产品可能落入 SMC 株式会社本案专利权保护范围有着明确认知。在此情况下,倪某某和中气公司仍然实施了制造、销售和许诺销售被诉侵权产品的行为,可以认为其具有明显的共同侵权故意。最后,倪某某和中气公司客观上存在相互利用、配合或者支持的行为。倪某某以个人银行账户收取中气公司货款,中气公司对于倪某某的上述行为予以认可,两者共同完成了被诉侵权产品的销售和货款回收。可见,倪某某利用其对中气公司的控制权,实际与中气公司共同实施了制造、销售和许诺销售被诉侵权产品的行为。综上,倪某某与中气公司构成共同侵权。

专利法意义上的帮助侵权行为并非泛指任何形式的帮助行为,而是特指未经专利权人许可,为生产经营目的将侵权专用品提供给他人以实施侵犯专利权的行为。对于该款所规定的帮助侵权在专利侵权领域的适用,《最高人民法院关于审理侵犯专利权纠纷案件应用法律若干问题的解释(二)》第二十一条第一款进行了详细规定。根据该司法解释可知,专利法意义上的帮助侵权行为特指未经专利权人许可,为生产经营目的将专门用于实施专利的材料、设备、零部件、中间物等提供给他人以实施侵犯专利权的行为。本案中,倪某某提供个人银行账户用以收取公司货款,该行为并非提供上述特定侵权专用品,不能构成专利法意义上的帮助侵权行为。

案例 5-2-7 财产权:商标权

一、基本案情

自 2004 年以来,凯旋门公司开始使用"澳门豆捞"名称作为其餐饮服务品牌,至 2014 年止在全国取得了多项荣誉,其全国百余家加盟连锁店均在餐饮服务中使用"澳门豆捞"名称。2012 年 7 月 7 日,凯旋门公司注册了由左侧"凯旋门"图形和右侧"澳门豆捞"中文汉字组成的商标;2014 年 3 月 21 日,凯旋门公司注册了由图形、"澳门豆捞"中文汉字和英文字母"MACAODOULAO"组成的商标。

嵇某某于 2014 年 3 月 26 日取得个体工商户营业执照,企业字号为"珲春市时尚澳门豆捞城"。2014 年 6 月,珲春老火锅城在其门店招牌和报纸广告宣传中使用了"澳门豆捞"字样,其文字字形与凯旋门公司二项注册商标中的"澳门豆捞"中文汉字字形大致相同。珲春老火锅城在报纸上刊登了广告,宣称其加盟了澳门豆捞餐饮集团。凯旋门公司发现上述事实后,向吉林省珲春市工商行政管理局提起了行政投诉,截至本案一审开庭时,尚未得到处理和答复。凯旋门公司诉请判令珲春老火锅城停止侵犯"澳门豆捞"商标专用权,并赔偿损失人民币50万元。

案外人河南零叁柒壹澳门豆捞公司曾向商标局对凯旋门公司的"澳门豆捞"注册商标提出异议,并向国家工商行政管理总局(现国家市场监督管理总局)商标评审委员会(以下简称商标评审委员会)申请复审,商标评审委员会裁定:予以核准注册被异议的"澳门豆捞"商标。

案外人蚌埠豆捞公司曾向商标评审委员会提出申请,请求宣告凯旋门公司"澳门豆捞"注册商标无效,该申请已受理,截至一审开庭尚未作出结论。此前,凯旋门公司曾向安徽省蚌埠市工商行政管理局(现蚌埠市市场监督管理局)投诉,称蚌埠豆捞公司使用其注册商标进行虚假宣传,侵犯商标专用权。安徽省蚌埠市工商行政管理局以蚌埠豆捞公司对商品或者服务作虚假宣传为由,对其作出了罚款13 500元的行政处罚决定。

案号:最高人民法院(2017)民再字第262号

二、诉讼过程

吉林省延边朝鲜族自治州中级人民法院认为,本案为侵害商标权纠纷。珲春老火锅城使用相似的"澳门豆捞",构成不正当使用。判决珲春老火锅城停止侵犯凯旋门公司商标权并赔偿经济损失10万元。珲春老火锅城不服,提起上诉。

吉林省高级人民法院审理查明,北京知识产权法院于2015年11月23日撤销商标评审委员会关于"澳门豆捞"无效宣告请求裁定,并责令商标评审委员会重新作出裁定。二审法院认为,虽然有北京知识产权法院撤销商标评审委员会的裁定,但基于权利人的权利稳定性以及维权的时间成本考虑,本案不宜中止。二审法院同样认为珲春老火锅城构成不正当使用,判决驳回上诉,维持一审判决。珲春老火锅城不服,申请再审。

最高人民法院另查明,商标评审委员会依据蚌埠豆捞公司与凯旋门公司的生效判决,于2016年6月24日作出两份裁定,分别裁定涉及本案的两项注册商标在餐厅、餐馆服务上予以无效宣告,在其余服务上予以维持。相关当事人不服前述裁定已经向北京知识产权法院提起行政诉讼,但仍在一审审理程序中。最高人民法院认为,宣告无效的立法目的在于实现公平与秩序的协调和平衡。依据《中华人民共和国商标法》(以下简称商标法)的规定,本案宣告商标权无效的时间点应以作出日(2016年6月24日)为准,原一、二审判决在当日并未执行完毕,不属于商标法规定的不具有溯及力的情形,故商标评审委员会作出的两份裁定对原一、二审判决具有追溯力。因本案商标权在"餐厅、餐馆"服务上已被宣告无效,原一、二审判决已经丧失事实基础,遂判决撤销一审及二审的判决书,并驳回浙江凯旋门澳门豆捞控股集团有限公司的诉讼请求。

三、关联法条

《中华人民共和国商标法》

第四十七条 依照本法第四十四条、第四十五条的规定宣告无效的注册商标,由商标局予以公告,该注册商标专用权视为自始即不存在。

宣告注册商标无效的决定或者裁定,对宣告无效前人民法院做出并已执行的商标侵权案件的判决、裁定、调解书和工商行政管理部门做出并已执行的商标侵权案件的处理决定以及已经履行的商标转让或者使用许可合同不具有追溯力。但是,因商标注册人的恶意给他人造成的损失,应当给予赔偿。

依照前款规定不返还商标侵权赔偿金、商标转让费、商标使用费,明显违反公平原则的,应当全部或者部分返还。

第五十七条　有下列行为之一的,均属侵犯注册商标专用权:

（一）未经商标注册人的许可,在同一种商品上使用与其注册商标相同的商标的;

（二）未经商标注册人的许可,在同一种商品上使用与其注册商标近似的商标,或者在类似商品上使用与其注册商标相同或者近似的商标,容易导致混淆的;

（三）销售侵犯注册商标专用权的商品的;

（四）伪造、擅自制造他人注册商标标识或者销售伪造、擅自制造的注册商标标识的;

（五）未经商标注册人同意,更换其注册商标并将该更换商标的商品又投入市场的;

（六）故意为侵犯他人商标专用权行为提供便利条件,帮助他人实施侵犯商标专用权行为的;

（七）给他人的注册商标专用权造成其他损害的。

《中华人民共和国民事诉讼法》

第一百七十七条　第二审人民法院对上诉案件,经过审理,按照下列情形,分别处理:

（一）原判决、裁定认定事实清楚,适用法律正确的,以判决、裁定方式驳回上诉,维持原判决、裁定;

（二）原判决、裁定认定事实错误或者适用法律错误的,以判决、裁定方式依法改判、撤销或者变更;

（三）原判决认定基本事实不清的,裁定撤销原判决,发回原审人民法院重审,或者查清事实后改判;

（四）原判决遗漏当事人或者违法缺席判决等严重违反法定程序的,裁定撤销原判决,发回原审人民法院重审。

原审人民法院对发回重审的案件作出判决后,当事人提起上诉的,第二审人民法院不得再次发回重审。

四、争议问题

商标权在商标侵权判决执行完毕前被宣告无效的,是否具有追溯力?

五、简要评论

商标专用权,是指商标所有人依法对其注册商标所享有的专有权利,包括注册商标的专有使用权、禁止权、转让权、许可使用权和续展权等。我国法律保护注册商标所有人享有的商标利益不受侵犯。商品商标,是指商品生产者在自己生产或经营的商品上使用的商标。商品商标可以是具有某种含义或毫无任何意义的文字、图形或其组合,如同其他商标一样,只要不违反法律的禁用条款,不损害公共道德或他人的利益,具有商标的显著性,均可成为商品商标[①]。

注册商标中的商品商标,作为商标权人与商品使用者之间的纽带,只有附在核准使用的商品上随着商品流通,才能加强商品的知名度和竞争力,使商品使用者认知商品生产者及其商品的全部价值,增加商品的市场交易机会,满足商标权人实现其最大经济利益的目的。所以,商品商标与商品具有不可分离的属性。商标权人有权在商品的任何流通环节要求保护商品商标的完整性,保障其经济利益。未经注册商标所有人的许可,在同种商品或者类似商品上使用与其注册商标相近或者近似的商标,导致消费者对二者提供的产品和服务产生混淆,直接侵犯了商标权人所享有的商标专用权,损害了商标权人的经济利益。

从"澳门豆捞"四字来看,涉案商标属地名商标,但"澳门豆捞"商标经凯旋门公司长期使用,已经取得了一定的显著性特征,因此被商标局依法批准注册。珲春老火锅城"澳门豆捞"字样的使用并不是为表明其所在地或者商品的产地来源,在庭审中也并未提供证据证明其商品的原料产地为澳门,不构成对地名商标的善意使用。此外,珲春老火锅城未经凯旋门公司许可,在经营和广告宣传中使用与凯旋门公司"澳门豆捞"注册商标极为近似的文字图形,让消费者误以为珲春老火锅城为凯旋门公司的加盟连锁店,给商标权人造成了经济损失,其行为构成对"澳门豆捞"注册商标的侵权。

我国商标法最初未规定商标无效制度,因而削弱了商标注册的质量,产生了一些权利冲突或者注册不当的商标。1993年第一次修订商标法增加了商标注册撤销程序。第二次修订商标法完善了商标撤销制度,但当时在法律层面上并未使用商标权无效或注册无效的概念,商标仅能被"撤销"。第三次修订商标法引入了宣告注册商标无效的程序,分为商标局宣告无效和其他单位或者个人请求商标评审委员会宣告无效两种情形。

商标无效决定或裁定以有追溯力为原则,以无追溯力为例外。基于上述原因,在确定宣告无效的时间点时,应该考虑如下因素:1.该时间点应有对世性,应是社会公众均可公开得知并明确知晓的。2.该时间点应有确定性,应是一个确定的时点,原则上不宜随当事人的具体情况或者其他人为因素发生变动。3.该时间点应是较早的具有法律意义的时间点,尽量增加无效决定或裁定发挥追溯力的机会。如果以送达日作为商标权被宣告无效的时间点,则裁定作出日至送达日这一时间间隔可能被当事人利用,通过恶

[①] 侯丽艳、梁平主编:《经济法概论》(第2版),中国政法大学出版社2014年版,第183页。

意加快或者拖延执行或履行来影响无效裁定的追溯力,从而获得有利于自己的追溯力结果;以作出日作为确定商标权被宣告无效的时间点,不仅具有对世性和确定性,还可以在一定程度上增加无效裁定发挥追溯力的机会,实现结果公正。因此,宣告商标权无效的时间点应以无效裁定日(作出日)为准。

案例 5-2-8　财产权:地名商标

一、基本案情

1987年1月30日,江苏省灌南县汤沟镇酒厂经国家商标局核准,注册登记"TG"加文字"汤沟"(繁体)组合图形商标,注册商品类别为第33类(酒)商品,商标注册证为276470号。后由于该酒厂名称变更,"汤沟"注册商标先后由灌南县汤沟酒厂、江苏汤沟酒业有限公司继受。2004年9月,江苏汤沟酒业有限公司改制成为两相和公司。2005年1月,预算外资金管理局与两相和公司订立商标使用许可合同,将"汤沟"商标以普通许可形式有偿给予两相和公司使用。

2006年1月,预算外资金管理局和两相和公司在江苏省张家港市发现陶某经营的灌南县汤沟曲酒厂在企业名称中使用注册商标文字"汤沟",并在其生产的"珍汤"牌原浆酒产品包装装潢上以红底金字显示"汤沟"字样,认为陶某侵犯了预算外资金管理局和两相和公司的商标权,故诉至江苏省连云港市中级人民法院。陶某辩称:"汤沟"是县级以下行政区划的地名。汤沟镇以白酒业闻名于世,汤沟人都有合理、正当使用"汤沟"这一地名的权利。自己在居住地即汤沟镇汤沟街开办家庭经营形式的"灌南县汤沟曲酒厂",该字号经依法核准登记注册,应受法律保护。自己拥有注册商标"珍汤",生产的产品包装上均明确显示自己的商标。自己在产品包装装潢上独特使用"汤沟曲酒厂"的字样是对自己企业名称的宣传,是固有的权利,与预算外资金管理局、两相和公司的"汤沟"图案商标存在显著区别,不会为相关公众所混淆或误认,没有侵犯其商标权。

来源:《中华人民共和国最高人民法院公报》2007年第2期

二、诉讼过程

江苏省连云港市中级人民法院认为,陶某在企业名称中使用地名"汤沟"并在其产品外包装盒上加以突出使用,是为了表明其产品的产地,是对地名的正当使用,且与两相和公司和预算外资金管理局"汤沟"图形商标有明显区别,因此不会使相关公众对产品来源产生混淆或误认。陶某在产品包装装潢上使用"汤沟曲酒厂"、以红底金字显示"汤沟"字样的行为不构成对原告预算外资金管理局和两相和公司的不正当竞争,亦不构成对两原告商标权的侵犯,因此驳回原告的诉讼请求。预算外资金管理局与两相和公司不服,提出上诉。

江苏省高级人民法院认为,陶某在其产品包装的合理位置已明确标注其厂址"江苏省灌南县汤沟镇",足以表明商品产地的情况下,又在其产品包装上突出使用"汤沟"文字,其主观上并非出于标明其商品产地和来源的正当目的,不属于对商标的正当使用,亦不属于对其企业名称的正当使用,而是构成对预算外资金管理局和两相和公司"汤沟"注册商标权的侵犯。

三、关联法条

《中华人民共和国商标法》

第五十七条[①] 有下列行为之一的,均属侵犯注册商标专用权:

(一)未经商标注册人的许可,在同一种商品上使用与其注册商标相同的商标的;

(二)未经商标注册人的许可,在同一种商品上使用与其注册商标近似的商标,或者在类似商品上使用与其注册商标相同或者近似的商标,容易导致混淆的;

(三)销售侵犯注册商标专用权的商品的;

(四)伪造、擅自制造他人注册商标标识或者销售伪造、擅自制造的注册商标标识的;

(五)未经商标注册人同意,更换其注册商标并将该更换商标的商品又投入市场的;

(六)故意为侵犯他人商标专用权行为提供便利条件,帮助他人实施侵犯商标专用权行为的;

(七)给他人的注册商标专用权造成其他损害的。

第五十九条[②] 注册商标中含有的本商品的通用名称、图形、型号,或者直接表示商品的质量、主要原料、功能、用途、重量、数量及其他特点,或者含有的地名,注册商标专用权人无权禁止他人正当使用。

三维标志注册商标中含有的商品自身的性质产生的形状、为获得技术效果而需有的商品形状或者使商品具有实质性价值的形状,注册商标专用权人无权禁止他人正当使用。

商标注册人申请商标注册前,他人已经在同一种商品或者类似商品上先于商标注册人使用与注册商标相同或者近似并有一定影响的商标的,注册商标专用权人无权禁

[①] 本案审理时,法院适用的是《中华人民共和国商标法》(2001年版)第五十二条 有下列行为之一的,均属侵犯注册商标专用权:(一)未经商标注册人的许可,在同一种商品或者类似商品上使用与其注册商标相同或者近似的商标的;(二)销售侵犯注册商标专用权的商品的;(三)伪造、擅自制造他人注册商标标识或者销售伪造、擅自制造的注册商标标识的;(四)未经商标注册人同意,更换其注册商标并将该更换商标的商品又投入市场的;(五)给他人的注册商标专用权造成其他损害的。

[②] 本案审理时,法院适用的是《中华人民共和国商标法实施条例》(2002年版)第四十九条 注册商标中含有的本商品的通用名称、图形、型号,或者直接表示商品的质量、主要原料、功能、用途、重量、数量及其他特点,或者含有地名,注册商标专用权人无权禁止他人正当使用。

止该使用人在原使用范围内继续使用该商标,但可以要求其附加适当区别标识。

《最高人民法院关于审理商标民事纠纷案件适用法律若干问题的解释》

第一条　下列行为属于商标法第五十七条第(七)项规定的给他人注册商标专用权造成其他损害的行为:

(一)将与他人注册商标相同或者相近似的文字作为企业的字号在相同或者类似商品上突出使用,容易使相关公众产生误认的;

(二)复制、摹仿、翻译他人注册的驰名商标或其主要部分在不相同或者不相类似商品上作为商标使用,误导公众,致使该驰名商标注册人的利益可能受到损害的;

(三)将与他人注册商标相同或者相近似的文字注册为域名,并且通过该域名进行相关商品交易的电子商务,容易使相关公众产生误认的。

四、争议问题

陶某在其生产的原浆酒包装上使用"汤沟"字样,是否侵犯了预算外资金管理局、两相和公司的"汤沟"商标权?

五、简要评论

地名商标,是指将行政区划的地理名称或其他地理区域的名称、历史地名作为文字商标的内容或主要内容进行使用或予以注册的商标①。《中华人民共和国商标法》第十条第二款规定,县级以上行政区划的地名或者公众知晓的外国地名,不得作为商标。但是,地名具有其他含义或者作为集体商标、证明商标组成部分的除外;已经注册的使用地名的商标继续有效。地名商标作为一类特殊的注册商标,存在合理使用的情形。非商标权人在对自身产品进行叙述、说明时,可以使用已注册商标中含有的地名等元素,商标权人对此负有容忍义务。

地名商标中地名要素的公共性与注册商标专用权导致的排他性存在较大的冲突。商标权利人以地名为注册商标,其权利应当受到一定的限制,无权禁止他人在相同或类似商品上正当使用该地名来表示商品与地域因素之间的联系。但是如果有证据显示,他人使用该地名并不是出于标注产地的需要,而是出于攀附商标权人注册商标的商誉或知名度,以使消费者产生混淆或误认等不正当竞争意图的,则应当认定该使用行为超出了我国商标法规定的正当使用范畴。

"汤沟"属于地名。陶某在其产品包装的合理位置已明确标注其厂址"江苏省灌南县汤沟镇",足以表明商品产地的情况下,又在产品包装的中部使用较大的字体标注"汤沟"而非"汤沟镇",并且使用了和涉案注册商标中"汤沟"文字相同的繁体字,表明陶某的行为并非单纯出于标注商品产地的需要。陶某有意将"汤沟"与"曲酒厂"作不同的底色处理,故意突出"汤沟"二字,淡化"曲酒厂"三字,同时将自己的商标"珍汤"标注在很

---

① 《何为地名商标》,《中国地名》2016年第7期,第80页。

不起眼的位置,而且隐藏在复杂的装饰图案之中,不仔细辨别难以发现。因此,陶某的上述行为具有明显的攀附涉案"汤沟"商标的意图,构成商标权侵权。

案例 5-3　继承权

一、基本案情

2005年至2007年期间,老龙腾公司与东方财务公司先后签订了20份借款合同,最后一份借款合同的借款期限自2007年1月4日起至2008年1月4日止。2005年12月20日,老龙腾公司与东方财务公司签订一份最高额抵押合同,老龙腾公司以一处土地使用权及全部地上建筑物为上述20份借款合同项下借款提供抵押担保,最高抵押额度为1.5亿元,并办理了抵押登记手续。东方财务公司系中国银行业监督管理委员会黑龙江监管局批准成立的非银行金融机构,具备向成员单位发放贷款的能力。2004年9月17日,老龙腾公司作为东方财务公司成员单位报省银监局备案登记。老龙腾公司于2004年6月23日因未年检,被黑龙江省工商行政管理局吊销营业执照。哈尔滨市公安局户籍注销证明记载,老龙腾公司法定代表人尚某某因自杀死亡于2009年6月12日。新龙腾公司于2007年8月27日成立。

东方财务公司以老龙腾公司未偿还共计20笔借款为由,向黑龙江省高级人民法院提起诉讼,请求判令老龙腾公司偿还借款本金人民币及相应利息,且其对位于哈尔滨市道里区东五、东六街坊土地使用权及地上建筑物享有优先受偿权。

案号：最高人民法院(2012)民四终字第12号

二、诉讼过程

黑龙江省高级人民法院认为,老龙腾公司系东方财务公司的成员单位,双方签订的20份借款合同和4份延期还款协议及最高额抵押合同,均是双方当事人真实意思表示,不违反法律、行政法规的强制性规定,亦未违反中国银行业监督管理委员会关于向成员单位发放贷款的相关规定,故上述合同均应认定合法有效。东方财务公司依照借款合同约定实际发放了借款。借款期限届满后,老龙腾公司未如约履行还款义务,属违约行为,应当承担违约责任。东方财务公司对上述土地使用权及地上建筑物折价、变卖或拍卖所得价款享有优先受偿权。

案外人马某(老龙腾公司已故法定代表人尚某某的配偶)、新龙腾公司对一审判决不服,向最高人民法院申请再审,最高人民法院裁定黑龙江省高级人民法院另行组成合议庭对本案进行再审。黑龙江省高级人民法院再审认为,老龙腾公司虽已被吊销营业执照,但尚未被注销,仍具有公司主体资质,合法存在的公司股权依法可以继承。马某通过继承尚某某的股份成为老龙腾公司的股东,且其已实际委托代理人参加了本案诉讼,有权以个人名义行使老龙腾公司的相关权利并提出再审申请。在其他问题上再审认为一审判决正确。

马某不服上述再审判决,向最高人民法院提起上诉。二审庭审中东方财务公司称,马某与尚某某并无结婚登记记录,其配偶身份不应被认可,其也没有取得老龙腾公司的股东身份与权利,对诉讼标的没有请求权,不是适格的案外人,无权提起再审申请。最高人民法院认为,根据一、二审查明的事实,马某与老龙腾公司原法定代表人尚某某系夫妻关系,其作为尚某某的法定继承人,有权继承尚某某在老龙腾公司中的股东资格并依法维护老龙腾公司及其自身的合法权益,故马某作为适合的案外人,有权申请再审。

三、关联法条

《中华人民共和国民法典》

第一百二十四条　自然人依法享有继承权。

自然人合法的私有财产,可以依法继承。

第一千一百二十二条①　遗产是自然人死亡时遗留的个人合法财产。

依照法律规定或者根据其性质不得继承的遗产,不得继承。

第一千一百二十七条②　遗产按照下列顺序继承:

(一)第一顺序:配偶、子女、父母;

(二)第二顺序:兄弟姐妹、祖父母、外祖父母。

继承开始后,由第一顺序继承人继承,第二顺序继承人不继承;没有第一顺序继承人继承的,由第二顺序继承人继承。

本编所称子女,包括婚生子女、非婚生子女、养子女和有扶养关系的继子女。

本编所称父母,包括生父母、养父母和有扶养关系的继父母。

本编所称兄弟姐妹,包括同父母的兄弟姐妹、同父异母或者同母异父的兄弟姐妹、养兄弟姐妹、有扶养关系的继兄弟姐妹。

第一千一百六十一条③　继承人以所得遗产实际价值为限清偿被继承人依法应当

---

① 本案审理时,法院适用的是《中华人民共和国继承法》第三条　遗产是公民死亡时遗留的个人合法财产,包括:(一)公民的收入;(二)公民的房屋、储蓄和生活用品;(三)公民的林木、牲畜和家禽;(四)公民的文物、图书资料;(五)法律允许公民所有的生产资料;(六)公民的著作权、专利权中的财产权利;(七)公民的其他合法财产。

② 本案审理时,法院适用的是《中华人民共和国继承法》第十条　遗产按照下列顺序继承:
第一顺序:配偶、子女、父母。
第二顺序:兄弟姐妹、祖父母、外祖父母。继承开始后,由第一顺序继承人继承,第二顺序继承人不继承。没有第一顺序继承人继承的,由第二顺序继承人继承。本法所说的子女,包括婚生子女、非婚生子女、养子女和有扶养关系的继子女。本法所说的父母,包括生父母、养父母和有扶养关系的继父母。
本法所说的兄弟姐妹,包括同父母的兄弟姐妹、同父异母或者同母异父的兄弟姐妹、养兄弟姐妹、有扶养关系的继兄弟姐妹。

③ 本案审理时,法院适用的是《中华人民共和国继承法》第三十三条　继承遗产应当清偿被继承人依法应当缴纳的税款和债务,缴纳税款和清偿债务以他的遗产实际价值为限。超过遗产实际价值部分,继承人自愿偿还的不在此限。继承人放弃继承的,对被继承人依法应当缴纳的税款和债务可以不负偿还责任。

缴纳的税款和债务。超过遗产实际价值部分，继承人自愿偿还的不在此限。

继承人放弃继承的，对被继承人依法应当缴纳的税款和债务可以不负清偿责任。

《中华人民共和国公司法》

第九十条①　自然人股东死亡后，其合法继承人可以继承股东资格；但是，公司章程另有规定的除外。

第一百八十九条②　董事、高级管理人员有前条规定的情形的，有限责任公司的股东、股份有限公司连续一百八十日以上单独或者合计持有公司百分之一以上股份的股东，可以书面请求监事会向人民法院提起诉讼；监事有前条规定的情形的，前述股东可以书面请求董事会向人民法院提起诉讼。

监事会或者董事会收到前款规定的股东书面请求后拒绝提起诉讼，或者自收到请求之日起三十日内未提起诉讼，或者情况紧急、不立即提起诉讼将会使公司利益受到难以弥补的损害的，前款规定的股东有权为公司利益以自己的名义直接向人民法院提起诉讼。

他人侵犯公司合法权益，给公司造成损失的，本条第一款规定的股东可以依照前两款的规定向人民法院提起诉讼。

公司全资子公司的董事、监事、高级管理人员有前条规定情形，或者他人侵犯公司全资子公司合法权益造成损失的，有限责任公司的股东、股份有限公司连续一百八十日以上单独或者合计持有公司百分之一以上股份的股东，可以依照前三款规定书面请求全资子公司的监事会、董事会向人民法院提起诉讼或者以自己的名义直接向人民法院提起诉讼。

《最高人民法院关于适用〈中华人民共和国公司法〉若干问题的规定（四）》

第十六条　有限责任公司的自然人股东因继承发生变化时，其他股东主张依据公司法第七十一条第三款规定行使优先购买权的，人民法院不予支持，但公司章程另有规定或者全体股东另有约定的除外。

四、争议问题

1. 马某是否有权申请再审？
2. 股权能否继承？

---

① 本案审理时，法院适用的是《中华人民共和国公司法》（2005年版）第七十六条　自然人股东死亡后，其合法继承人可以继承股东资格；但是，公司章程另有规定的除外。

② 本案审理时，法院适用的是《中华人民共和国公司法》（2005年版）第一百五十二条　董事、高级管理人员有本法第一百五十条规定的情形的，有限责任公司的股东、股份有限公司连续一百八十日以上单独或者合计持有公司百分之一以上股份的股东，可以书面请求监事会或者不设监事会的有限责任公司的监事向人民法院提起诉讼；监事有本法第一百五十条规定的情形的，前述股东可以书面请求董事会或者不设董事会的有限责任公司的执行董事向人民法院提起诉讼。

监事会、不设监事会的有限责任公司的监事，或者董事会、执行董事收到前款规定的股东书面请求后拒绝提起诉讼，或者自收到请求之日起三十日内未提起诉讼，或者情况紧急，不立即提起诉讼将会使公司利益受到难以弥补的损害的，前款规定的股东有权为了公司的利益以自己的名义直接向人民法院提起诉讼。

他人侵犯公司合法权益，给公司造成损失的，本条第一款规定的股东可以依照前两款的规定向人民法院提起诉讼。

五、简要评论

我国民法典规定自然人依法享有继承权。继承权分为法定继承权与遗嘱继承权，其中法定继承权主要基于三种人身关系而取得，分别是婚姻关系、血缘关系与扶养关系。法院查明马某与老龙腾公司的已故法定代表人尚某某为夫妻关系，存在合法的婚姻关系。马某基于合法婚姻关系而享有法定继承权，可以继承被继承人的合法私有财产。根据公司法的规定，马某作为尚某某的合法继承人，可以在章程无相反规定的情形下继承股东资格。

关于股东资格继承的问题，2005年修订之前的公司法均无明文规定，学术界和实务界存在较大的争议。反对继承的理由是，有限责任公司具有人合性，公司的存在和延续需要股东之间相互信任与依赖，根据公司法关于股东出资转让的规定，继承人若想通过继承取得股东资格，必须经全体股东过半数同意[1]。2005年和2013年修订的公司法发生了转变，只要公司章程关于股东资格的继承另作规定，自然人股东就不可直接根据法定继承而取得股东资格，这就兼顾了老股东的利益与继承人的合法权益。有限责任公司具有人合性，更具有资合性，不能单纯侧重人合性或资合性，也不能因为公司潜在的股东纠纷而否定继承人的继承权，这些体现出公司法对股权作为一种财产权的确认。自2017年9月1日起施行的公司法司法解释（四）也倾向于股权继承人合性与资合性并重，明确了股东优先购买权的行使边界，公司章程若是对自然人股东地位的继承没有特别规定且其他股东无另外约定的，其他股东不可主张优先购买权。

继承的客体一般仅限于财产权利，而不包括传统民法意义上的人身权。民法典并未明文规定"股东资格"或"股权"为遗产范围，原因在于股权是一种综合性的权利，既有财产权的一面，又有非财产权的一面，后者表现为对公司经营、财务等方面的管理等。对于股权中的财产权益部分的继承，应当属于"个人合法财产"的遗产范围，而对于非财产性质的部分的继承问题，虽然公司法并没有对继承股东资格的法律效果作出明确规定，但可比照股份转让的法律效果来处理。继承人的继承权是法定权利，公司应当履行相应的法定义务。对于去世股东的合法继承人，公司应当注销已去世股东的出资证明书，向新股东（继承人）签发新的出资证明书等[2]。

案例 5-4　请求权

一、基本案情

陆某某的居室西侧与永达公司经营场所的东侧相邻，中间间隔一条宽15米左右的

---

[1] 郭明瑞等著：《继承法研究》，中国人民大学出版社2003年版，第10页。
[2] 《中华人民共和国公司法配套解读与案例注释》，中国法制出版社2015年版，第145页。

公共通道。永达公司为给该经营场所东面展厅的外部环境照明,在展厅围墙边安装了三盏双头照明路灯,每晚七时至次日晨五时开启。这些位于陆某某居室西南一侧的路灯,高度与陆某某居室的阳台持平,最近处离陆某某居室20米左右,其间没有任何物件遮挡。这些路灯开启后,灯光除能照亮永达公司的经营场所外,还能散射到陆某某居室及周围住宅的外墙上,并通过窗户对居室内造成明显影响。在陆某某居室的阳台上,目视夜间开启后的路灯灯光,亮度达到刺眼的程度。陆某某为此于2004年9月1日提起诉讼后,永达公司已于同年9月3日暂停使用涉案路灯。

陆某某向上海市浦东新区人民法院诉称,永达公司安装的三盏双头照明路灯在夜间发出散射的强烈灯光,直入原告居室,使原告难以安睡,为此出现了失眠、烦躁不安等症状,工作效率低下。被告设置的这些路灯违反了上海市《城市环境(装饰)照明规范》的规定①,构成光污染侵害,故请求判令被告停止和排除对原告的光污染侵害,拆除该路灯,公开向原告道歉,并给原告赔偿损失1 000元。审理中,原告将请求赔偿损失的金额变更为1元。

来源:《中华人民共和国最高人民法院公报》2005年第5期

二、诉讼过程

上海市浦东新区人民法院经审理认定,永达公司开启的涉案路灯灯光,已对陆某某的正常居住环境和健康生活造成了损害,构成环境污染。永达公司不能举证证明该侵害行为具有合理的免责事由,应承担排除危害的法律责任,因此法院判决永达公司排除对原告陆某某造成的光污染侵害。永达公司已于诉讼期间实际停止了开启涉案路灯,并承诺今后不再使用,于法无悖,应予支持。因永达公司的侵权行为没有给陆某某造成不良的社会影响,故对陆某某关于永达公司公开赔礼道歉的诉讼请求,不予支持。尽管陆某某只主张永达公司赔偿其损失1元,但因陆某某不能举证证明光污染对其造成的实际损失数额,故对该项诉讼请求亦不予支持。

三、关联法条

《中华人民共和国民法典》

第一百二十条 民事权益受到侵害的,被侵权人有权请求侵权人承担侵权责任。

第一千二百二十九条② 因污染环境、破坏生态造成他人损害的,侵权人应当承担侵权责任。

---

① 《城市环境(装饰)照明规范》由上海市质量技术监督局于2004年6月29日发布,2004年9月1日在上海市范围内实施。根据该规范附录A.2条和A.3条的定义,"外溢光/杂散光"是"照明装置发出的光中落在目标区域或边界以外的部分","障害光"是"外溢光/杂散光的数量或方向足以引起人们烦躁、不舒适、注意力不集中或降低对于一些重要信息(如交通信号)的感知能力,甚至对于动、植物亦会产生不良的影响"的光线,"光污染"是"障害光的消极影响"。

② 本案审理时,法院适用的是《中华人民共和国民法通则》第一百二十四条 违反国家保护环境防止污染的规定,污染环境造成他人损害的,应当依法承担民事责任。

第一千二百三十条　因污染环境、破坏生态发生纠纷,行为人应当就法律规定的不承担责任或者减轻责任的情形及其行为与损害之间不存在因果关系承担举证责任。

《中华人民共和国环境保护法》

第六十四条① 因污染环境和破坏生态造成损害的,应当依照《中华人民共和国侵权责任法》的有关规定承担侵权责任。

四、争议问题

1. 永达公司在自己权益范围内安装为自己提供照明的路灯,是否构成环境污染中的光污染?
2. 永达公司安装的路灯是否影响了陆某某的权利?
3. 被告应否为此承担责任及承担何种责任?

五、简要评论

上海市浦东新区人民法院认为,环境既然是影响人类生存和发展的各种天然的和经过人工改造的自然因素的总体,路灯灯光当然被涵盖其中。永达公司在自己的经营场所设置路灯,为自己的经营场所外部环境提供照明,本无过错。但由于永达公司的经营场所与周边居民小区距离甚近,中间无任何物件遮挡,永达公司路灯的外溢光、杂散光能射入周边居民的居室内,数量足以改变居室内人们夜间休息时通常习惯的暗光环境,且超出了一般公众普遍可忍受的范围,达到《城市环境(装饰)照明规范》所指的障害光程度,已构成由强光引起的光污染,遭受污染的居民有权进行控告。在此情况下,陆某某诉称涉案灯光使其难以安睡,为此出现了失眠、烦躁不安等症状,这就是涉案灯光对陆某某的实际损害,符合日常生活经验法则。根据《最高人民法院关于民事诉讼证据的若干规定》第十条②的规定,陆某某无须举证证明,应推定属实。永达公司不能举证证明其设置路灯的行为具有合理的免责事由,则应承担排除危害的法律责任。

一般侵权责任的构成要件包括加害行为、损害事实、加害行为与损害事实之间存在因果关系和行为人主观上有过错。特殊侵权责任则由法律规定,无须满足一般侵权责任的构成要件。《中华人民共和国民法典》第七章侵权责任编规制的环境污染侵权作为

---

① 本案审理时,法院适用的是《中华人民共和国环境保护法》(1989年版)第四十一条　造成环境污染危害的,有责任排除危害,并对直接受到损害的单位或者个人赔偿损失。
赔偿责任和赔偿金额的纠纷,可以根据当事人的请求,由环境保护行政主管部门或者其他依照法律规定行使环境监督管理权的部门处理;当事人对处理决定不服的,可以向人民法院起诉。当事人也可以直接向人民法院起诉。
完全由于不可抗拒的自然灾害,并经及时采取合理措施,仍然不能避免造成环境污染损害的,免予承担责任。
② 《最高人民法院关于民事诉讼证据的若干规定》第十条　下列事实,当事人无须举证证明:(一)自然规律以及定理、定律;(二)众所周知的事实;(三)根据法律规定推定的事实;(四)根据已知的事实和日常生活经验法则推定出的另一事实;(五)已为仲裁机构的生效裁决所确认的事实;(六)已为人民法院发生法律效力的裁判所确认的基本事实;(七)已为有效公证文书所证明的事实。
前款第二项至第五项事实,当事人有相反证据足以反驳的除外;第六项、第七项事实,当事人有相反证据足以推翻的除外。

一种特殊侵权行为,其损害往往是由于现代工业生产造成的,受害主体由于缺乏专业知识,时常处于弱势地位,很难证明加害主体存在过错。如果采用过错责任原则,受害人就可能因为不能证明污染者的过错而得不到赔偿。另外,按照受益原则,不论其主观上是否存在过错,排污人也应对污染行为造成的损害承担赔偿责任[1]。所以不同于一般侵权责任适用过错责任原则与"谁主张谁举证"的证明原则,环境污染侵权责任的归责原则为无过错责任,环境污染侵权引起的赔偿诉讼适用举证责任倒置规则,以保护受害人的合法权益。法律规定,因污染环境、破坏生态发生纠纷,行为人应当就法律规定的不承担责任或者减轻责任的情形及其行为与损害之间不存在因果关系承担举证责任[2]。

本案的争议焦点问题之一为加害人在自己权益范围之内安装为自己提供照明的路灯是否构成环境污染。法院根据环境保护法和《城市环境(装饰)照明规范》中"光污染"的规定,认定加害人安装的为自己照明的路灯事实上构成了光污染,路灯的外溢光、杂散光造成了受害人的正常居住环境与健康生活受损害的结果,受害人有权对此环境污染行为提起诉讼,要求加害人依法承担民事责任。加害人在诉讼中因无法举证证明路灯的安装与使用未造成实质损害而须承担侵权责任。

民法典中规定的"被侵权人有权请求侵权人承担侵权责任",是基于侵权行为所产生的请求权。当行为人的行为具备全部侵权责任构成要件的时候,会产生两个后果:一是对侵权人发生侵权责任,二是对被侵权人发生侵权请求权。侵权人承担侵权责任,就能够实现被侵权人的侵权请求权。民事请求权是一个体系,有本权请求权、原权请求权以及侵权请求权之分。本权请求权是本身就是请求权的权利,如债权、绝对权中包含的作为权利内容的请求权。而原权请求权和侵权请求权则是权利保护请求权。三种请求权的区别在于,本权请求权对应的是义务人的义务;原权请求权和侵权请求权对应的是责任。例如,债权人享有请求权,债务人负有履行债的义务;物权请求权是权利保护请求权,其所对应的就是侵害物权行为人的责任;侵权人承担的是责任,所对应的是受到侵害的权利人的权利,就是侵权请求权[3]。

案例 5-5 请求权竞合

一、基本案情

2008年12月15日,焦某某与中山国旅签订江苏省出境旅游合同,游览点为泰国、新加坡、马来西亚,行程共计10晚11日,保险项目为:旅行社责任险、购航空险、赠意外

---

[1] 寇广萍编:《侵权责任法》,中国政法大学出版社2017年版,第204页。
[2] 《最高人民法院关于民事诉讼证据的若干规定》(2008)第四条第一款 (三)因环境污染引起的损害赔偿诉讼,由加害人就法律规定的免责事由及其行为与损害结果之间不存在因果关系承担举证责任。
[3] 杨立新主编:《侵权责任法》,复旦大学出版社2010年版,第144页。

险。焦某某向中山国旅交纳了 4 560 元的团费。2008 年 12 月 21 日出发时,系由康辉旅行社组团出境旅游,中山国旅未就此征得焦某某同意。2008 年 12 月 26 日 23 时许,焦某某等人乘坐的旅游车在返回泰国曼谷途中发生交通事故,车辆侧翻,导致 1 人死亡,焦某某等多人受伤,旅游车驾驶员负全部责任。事发后,焦某某被送往泰国当地医院治疗,伤情被诊断为:脾破裂、左锁骨闭合性骨折、胸腔积血、腰椎压缩性骨折等。2009 年 2 月 27 日焦某某入住江苏省中医院治疗 17 天,由康辉旅行社垫付住院费 1 000 元。后焦某某又入院进行摘除肩部钢板手术,住院 30 天,中山国旅付给焦某某 20 000 元。经中山国旅委托,2009 年 12 月 4 日,南京金陵司法鉴定所对焦某某的伤残等级等进行鉴定后出具鉴定意见:被鉴定人焦某某脾切除构成八级伤残;腰一椎体三分之一以上压缩性骨折构成十级伤残;肋骨骨折构成十级伤残;左上肢功能部分丧失构成十级伤残;误工期限以伤后八个月为宜;护理期限以伤后六个月为宜;营养期限以伤后六个月为宜。中山国旅为此支付鉴定费 1 743 元。焦某某起诉要求中山国旅承担侵权责任。

来源:《中华人民共和国最高人民法院公报》2012 年第 11 期

二、诉讼过程

南京市鼓楼区人民法院认为,焦某某与中山国旅之间形成旅游合同关系后,中山国旅未经焦某某同意将旅游业务转让给第三人康辉旅行社,该转让行为属于共同侵权行为。现焦某某在旅游期间发生了交通事故,身体受到损害,并选择侵权之诉要求中山国旅与康辉旅行社承担连带赔偿责任,符合法律规定,法院予以支持。关于本案的赔偿范围,焦某某所称意外保险金并非基于侵权的实际损失,不予支持;焦某某所称泰国理赔款,不在本案处理范围,亦不予支持,焦某某可另行主张相应权利。中山国旅与康辉旅行社应向焦某某负连带赔偿责任。中山国旅不服,提起上诉。

南京市中级人民法院认为,康辉旅行社作为实际提供旅游服务的旅游经营者,所提供的食宿、交通运输等服务应当符合保障旅游者人身、财产安全的要求。中山国旅未经旅游者同意擅自将旅游业务转让给他人系违约行为,其所负有的安全保障义务不发生转移的效力。因此,中山国旅作为旅游合同服务的相对方,其对旅游者在旅游过程中遭受的损害,应当与康辉旅行社承担连带赔偿责任。故驳回上诉,维持原判。

三、关联法条

《中华人民共和国民法典》

第一百七十八条[①]　二人以上依法承担连带责任的,权利人有权请求部分或者全部

[①] 本案审判时,法院适用的是《中华人民共和国侵权责任法》第十三条　法律规定承担连带责任的,被侵权人有权请求部分或者全部连带责任人承担责任。
第十四条　连带责任人根据各自责任大小确定相应的赔偿数额;难以确定责任大小的,平均承担赔偿责任。
支付超出自己赔偿数额的连带责任人,有权向其他连带责任人追偿。

连带责任人承担责任。

连带责任人的责任份额根据各自责任大小确定;难以确定责任大小的,平均承担责任。实际承担责任超过自己责任份额的连带责任人,有权向其他连带责任人追偿。

连带责任,由法律规定或者当事人约定。

第一百八十六条 因当事人一方的违约行为,损害对方人身权益、财产权益的,受损害方有权选择请求其承担违约责任或者侵权责任。

第一千一百六十八条① 二人以上共同实施侵权行为,造成他人损害的,应当承担连带责任。

第一千一百七十九条② 侵害他人造成人身损害的,应当赔偿医疗费、护理费、交通费、营养费、住院伙食补助费等为治疗和康复支出的合理费用,以及因误工减少的收入。造成残疾的,还应当赔偿辅助器具费和残疾赔偿金;造成死亡的,还应当赔偿丧葬费和死亡赔偿金。

《最高人民法院关于审理人身损害赔偿案件适用法律若干问题的解释》

第十六条③ 被扶养人生活费计入残疾赔偿金或者死亡赔偿金。

《最高人民法院关于审理旅游纠纷案件适用法律若干问题的规定》

第三条 因旅游经营者方面的同一原因造成旅游者人身损害、财产损失,旅游者选择要求旅游经营者承担违约责任或者侵权责任的,人民法院应当根据当事人选择的案由进行审理。

第七条 旅游经营者、旅游辅助服务者未尽到安全保障义务,造成旅游者人身损害、财产损失,旅游者请求旅游经营者、旅游辅助服务者承担责任的,人民法院应予支持。

因第三人的行为造成旅游者人身损害、财产损失,由第三人承担责任;旅游经营者、旅游辅助服务者未尽安全保障义务,旅游者请求其承担相应补充责任的,人民法院应予支持。

第十条 旅游经营者将旅游业务转让给其他旅游经营者,旅游者不同意转让,请求解除旅游合同、追究旅游经营者违约责任的,人民法院应予支持。

旅游经营者擅自将其旅游业务转让给其他旅游经营者,旅游者在旅游过程中遭受损害,请求与其签订旅游合同的旅游经营者和实际提供旅游服务的旅游经营者承担连

---

① 本案审理时,法院适用的是《中华人民共和国侵权责任法》第八条,与本条内容相同。
② 本案审理时,法院适用的是《中华人民共和国侵权责任法》第十六条 侵害他人造成人身损害的,应当赔偿医疗费、护理费、交通费等为治疗和康复支出的合理费用,以及因误工减少的收入。造成残疾的,还应当赔偿残疾生活辅助具费和残疾赔偿金。造成死亡的,还应当赔偿丧葬费和死亡赔偿金。
③ 本案审理时,法院适用的是《最高人民法院关于审理人身损害赔偿案件适用法律若干问题的解释》(2003)第十七条 受害人遭受人身损害,因就医治疗支出的各项费用以及因误工减少的收入,包括医疗费、误工费、护理费、交通费、住宿费、住院伙食补助费、必要的营养费,赔偿义务人应当予以赔偿。
受害人因伤致残的,其因增加生活上需要所支出的必要费用以及因丧失劳动能力导致的收入损失,包括残疾赔偿金、残疾辅助器具费、被扶养人生活费,以及因康复护理、继续治疗实际发生的必要的康复费、护理费、后续治疗费,赔偿义务人也应当予以赔偿。
受害人死亡的,赔偿义务人除应当根据抢救治疗情况赔偿本条第一款规定的相关费用外,还应当赔偿丧葬费、被扶养人生活费、死亡补偿费以及受害人亲属办理丧葬事宜支出的交通费、住宿费和误工损失等其他合理费用。

带责任的,人民法院应予支持。

四、争议问题

中山国旅、康辉旅行社应否对焦某某的损失承担连带赔偿责任?

五、简要评论

连带责任,指各个责任人对外不分份额、不分先后次序地承担责任。在权利人提出请求时,各个责任人不得以超过自己应承担的部分为由拒绝。连带责任的目的在于保障债权人的合法权益,却相应地加重了债务人的责任。因此民法典明确规定,承担连带责任,须有当事人约定或法律规定。法律有明确规定的连带责任的类型主要有:因保证而承担的连带责任,合伙中的连带责任,因代理而承担的连带责任,因共同侵权而承担的连带责任,因共同债务而承担的连带责任,因出借业务介绍信、合同专用章或盖有公章的空白合同书而承担的连带责任等几种。本案属于因共同侵权而产生的连带责任。

请求权竞合,是指一个生活事实符合复数的请求权之构成要件,这些请求权所要达到的法律上的效果相同或者交叉,因而在相互之间发生竞合,致使各请求权不能完全并存。各请求权所要达到的法律效果相同,是指各请求权所要达到的法律效果,相互之间可以完全覆盖或者替代;各请求权所要达到的法律效果交叉,是指各请求权所要达到的法律效果只是部分重合,还有一部分并不能为对方覆盖或者替代。请求权竞合问题,是法律将社会生活的特征抽象后,根据不同的特征将其分成不同的类型,而以不同的法律规范进行调整。不同特征所涵盖的范围在边缘上是模糊的,或者说是交叉的。一旦某些具体的生活事件落入这种交叉地带,就符合不同法律规范的特征要求,从而可以支持不同的请求权,形成请求权竞合[①]。《最高人民法院关于审理旅游纠纷案件适用法律若干问题的规定》第三条即是关于旅游纠纷案件导致请求权竞合的直接规定。因旅游经营者方面的同一原因造成旅游者人身损害、财产损失,旅游者选择要求旅游经营者承担违约责任或者侵权责任的,人民法院应当根据当事人选择的案由进行审理。消费者在选择诉由时应慎重考虑。

焦某某与中山国旅签订出境旅游合同,双方形成旅游服务合同关系,中山国旅所提供的服务应当符合保障旅游者人身、财产安全的要求。中山国旅未经旅游者同意擅自将旅游业务转让给他人系违约行为,其所负有的安全保障义务不发生转移的效力。康辉旅行社作为实际提供旅游服务的旅游经营者,所提供的食宿、交通运输等服务亦应当符合保障旅游者人身、财产安全的要求,同时应受中山国旅与焦某某签订的旅游服务合同的约束。泰方车队属于受康辉旅行社委托、协助康辉旅行社履行旅游合同义务的旅游辅助服务者,与旅游者之间并未直接形成旅游服务合同关系,其为旅游者提供的交通服务是康辉旅行社履行旅游服务合同义务的延续,应认定为是代表康辉旅行社的行为。

[①] 段厚省著:《请求权竞合要论:兼及对民法方法论的探讨》,中国法制出版社2013年版,第68-78页。

泰方车队在代表康辉旅行社为旅游者提供交通服务的过程中未能安全驾驶造成车辆侧翻,致焦某某的身体受到损害,康辉旅行社应承担相应民事赔偿责任。中山国旅作为旅游服务合同的相对方,未经旅游者同意擅自将旅游业务转让给康辉旅行社,其对旅游者在旅游过程中遭受的损害应当与康辉旅行社承担连带赔偿责任。因此,焦某某要求中山国旅与康辉旅行社承担连带赔偿责任的诉请,符合法律规定。

检察要点:英烈名誉权、著作权

一、检察现状

(一) 英烈名誉权

英雄烈士的事迹和精神是中华民族共同的历史记忆和宝贵的精神财富,象征着国家的精神风貌与价值观念,但一些法律意识淡薄的人利用网络环境的虚拟特性,发表不实言论、诋毁烈士形象、侵害烈士人格权益及社会公共利益。为加强对英雄烈士的名誉权保护,法律规定了可由检察机关提起公益诉讼①。在《中华人民共和国英雄烈士保护法》(以下简称英雄烈士保护法)颁布后的一年内,全国英烈公益诉讼领域已立案75件,曾云侵害英烈名誉案作为全国第一例英烈名誉权公益诉讼案,彰显了司法机关对于维护英烈名誉的严肃态度②。2021年的《中华人民共和国刑法修正案(十一)》正式将侮辱、诽谤英烈的行为纳入刑法保护领域③,在该修正案出台后,江苏省南京市建邺区人民检察院在军事检察机关的支持配合下,对仇某(网名"辣笔小球")提起刑事附带民事诉讼,提请追究被告人仇某刑事责任,并请求判令其承担民事侵权责任,公开赔礼道歉,消除影响。建邺区人民法院审理后当庭宣判,采纳检察机关指控的事实、罪名及量刑建议,以仇某犯侵害英雄烈士名誉、荣誉罪判处有期徒刑八个月,并责令仇某自判决生效之日起十日内通过国内主要门户网站及全国性媒体公开赔礼道歉,消除影响④。检察机关提起英烈名誉刑事附带民事诉讼的做法,有效衔接了英雄烈士保护法,增强了民事公益诉讼制度的震慑力,具有很强的社会教育效果。

(二) 著作权

保护知识产权就是保护创新,检察机关强化对知识产权民事案件的监督,是深入推进知识产权检察综合履职的重要体现,有助于构建健康有序的创新环境。检察机关较

---

① 《中华人民共和国英雄烈士保护法》第二十五条第二款 英雄烈士没有近亲属或者近亲属不提起诉讼的,检察机关依法对侵害英雄烈士的姓名、肖像、名誉、荣誉,损害社会公共利益的行为向人民法院提起诉讼。
② 检例第51号:曾云侵害英烈名誉案,引自《最高人民检察院公报》2019年第2号(总第169号)第23-30页。
③ 《中华人民共和国刑法修正案(十一)》第三十五条 在刑法第二百九十九条后增加一条,作为第二百九十九条之一:"侮辱、诽谤或者以其他方式侵害英雄烈士的名誉、荣誉,损害社会公共利益,情节严重的,处三年以下有期徒刑、拘役、管制或者剥夺政治权利。"
④ 检例第136号:仇某侵害英雄烈士名誉、荣誉案,《检察日报》2022年2月22日,第8版。

为重视知识产权有关案件,监督范围比较广,多数集中在著作权权属纠纷、侵害作品放映权纠纷、侵害作品信息网络传播权纠纷三个领域。

1. 著作权权属纠纷

《中华人民共和国著作权法》(以下简称著作权法)规定了我国实行著作权自动保护原则①,即著作权的产生源于作品的创作完成,无须借助任何个人或组织的认定,此原则具有简便易行的优势。但在自动保护原则的逻辑演绎下,许多著作权人并没有对作品进行详细的登记,导致后期对作品著作权权属进行认定时易滋生纠纷,特别是某些年代较为久远的作品。著作权主体的合并、变化,作品形式及产生方式的多样化,使得著作权权属纠纷日渐增多。为解决著作权权属认定难题,检察机关在办理相关案件时,特别注重证据的收集与运用。在剪纸《大福狗》维权案中,王某创作该剪纸时间较早,且著作权证据留存意识不够强,在一审和二审中均不能证明此作品的独创性。浙江省金华市人民检察院审查后,综合当事人提供的著作权登记证书、创作过程及公开发表证明等证据,在补充查明案件事实和全面整理关联案件的基础上,认为王某应享有涉案作品的著作权,并向法院提出抗诉。再审法院撤销了原一、二审判决,认定王某为著作权人②。

2. 侵害作品放映权纠纷

根据我国著作权法的规定,放映权指通过放映机、幻灯机等技术设备公开再现美术、摄影、视听作品等的权利③。在作品放映权领域,较为典型的案件是江苏中国音像著作权集体管理协会(以下简称音集协)与常熟市虞山镇鑫龙娱乐会所(以下简称鑫龙会所)侵害作品放映权纠纷支持起诉系列案,江苏省常熟市人民检察院在梳理公益诉讼线索时发现部分娱乐场所存在未经授权点播音乐电视作品牟利的现象,因音乐电视作品关乎公共利益与知识产权保护,检察机关主动联系确认作品著作权的权利主体,并对其收集的相关证据进行审查。在审查相关证据后,支持音集协向法院提起知识产权诉讼。最终,音集协获得了胜诉判决,鑫龙会所随即停止了涉案作品放映权的侵害行为,并以赔偿权利人相关损失而结案④。该系列案是检察机关在作品放映权侵权领域充分运用支持起诉权的积极探索,营造了良好的营商环境。

3. 侵害作品信息网络传播权纠纷

信息网络传播权系著作权人享有的一项赋予其控制信息网络传播行为的权利⑤。在信息网络传播权纠纷领域,检察机关依法监督审判过程和审判结果,例如在奇艺公司

---

① 《中华人民共和国著作权法》第二条第一款 中国公民、法人或者非法人组织的作品,不论是否发表,依照本法享有著作权。
② 检察机关保护知识产权服务保障创新驱动发展典型案例:王某与某银行股份有限公司义乌篁园支行侵害著作权纠纷抗诉案,《检察日报》2022年4月26日,第1版。
③ 《中华人民共和国著作权法》第十条第十项 放映权,即通过放映机、幻灯机等技术设备公开再现美术、摄影、视听作品等的权利。
④ 2019年度检察机关保护知识产权典型案例(选登):江苏中国音像著作权集体管理协会与常熟市虞山镇鑫龙娱乐会所侵害作品放映权纠纷支持起诉系列案,《检察日报》2020年04月26日,第2版。
⑤ 北京知识产权法院著:《北京知识产权法院典型案例评析》,知识产权出版社2020年版,第260页。

与风行公司侵害作品信息网络传播权纠纷系列案中,北京市人民检察院发现,快乐阳光公司在2014年1月已在湖南省长沙市中级人民法院起诉风行公司,要求确认许可协议于2013年12月31日解除,该案在一、二审法院审理过程中尚未作出生效判决。但许可协议是否解除将直接影响到风行公司是否取得合法授权,影响到奇艺公司的诉讼请求是否可以实现。故检察机关认为案件焦点应转为查明长沙市中级人民法院审理的案件结果,以判断许可协议的效力。经审查发现该许可协议已解除,风行公司在2014年播放涉案节目没有合法授权,本案二审判决结果与之相悖。检察机关遂以"现有新的证据足以推翻原判决"为由,向北京市高级人民法院提出抗诉,再审法院全部采纳了检察机关的抗诉意见,《天天向上》《快乐大本营》《我是歌手》等十件案件全部依法改判[1]。

二、检察建议

(一) 英烈名誉权

英雄烈士的形象是民族精神和社会核心价值观的体现,具有公共利益的属性,《中华人民共和国英雄烈士保护法》确立了英雄烈士人格权益属于社会公共利益[2],为检察院针对英雄烈士名誉权、荣誉权侵权案件的公益诉讼提供了法律依据。

检察机关在履行此类公益诉讼职责时,要在提起诉讼前确认英雄烈士是否有近亲属及其近亲属是否提起诉讼,对于没有近亲属或下落不明的,可以通过公告的方式履行诉前告知程序,尊重近亲属对于英雄烈士名誉、荣誉的诉讼权利。但若侵权行为对社会公共利益造成严重损害后果,即使英烈近亲属提起了诉讼,检察机关仍可以提起公益诉讼,这种并行的保护模式符合检察公益诉讼的基本价值。在此类案件中,检察机关应当围绕侵权案件的构成要件收集证据,并且就侵权行为是否损害公共利益这一结果进行调查取证。在诉讼请求方面,检察机关可以提出赔偿损失的要求,作为侵权人侵害英烈名誉、损害公共利益的惩罚。对于赔偿金的管理,检察机关应监督有关行政职能部门设立专门账户,并监督其使用。为实现对英烈名誉的全面保护,检察院应当探索其他保护领域如商标领域等的侵权行为,加强与相关违法行为所涉及的行政管理部门的沟通交流。针对英烈保护案件的具体内容,结合各级检察机关的职能优势实现上下联动,采用一体化办案模式,遵循对应的监督原则,实现对相关行政部门的检察监督,对公安机关、政府有关部门怠于或违法履行职责造成公共利益损害的,检察机关应当依法对其进行监督纠正,严重损害公共利益的,检察机关可以对其提起行政公益诉讼[3]。

---

[1] 2018年度检察机关保护知识产权典型案例(选登):北京风行在线技术有限公司侵害作品信息网络传播权纠纷抗诉案,《检察日报》2019年04月26日,第2版。
[2] 《中华人民共和国英雄烈士法》第一条 为了加强对英雄烈士的保护,维护社会公共利益,传承和弘扬英雄烈士精神、爱国主义精神,培育和践行社会主义核心价值观,激发实现中华民族伟大复兴中国梦的强大精神力量,根据宪法,制定本法。
[3] 邵世星:《五方面把握英烈保护公益诉讼法律适用》,《检察日报》2018年5月23日,第3版。

（二）著作权

依法保护著作权是国家知识产权战略的重要内容，检察机关应当充分发挥检察职能，严厉打击侵犯著作权的违法犯罪行为，维护著作权人的合法权益[①]。著作权侵权涉及刑事与民事两大领域，这就要求检察机关在处理此类案件时树立正确的刑民衔接理念，严格遵循著作权法当中确立的"民事—行政—刑事"的责任顺序，将刑法作为最后一道防线，对侵犯著作权罪的认定应当遵从著作权法对相关术语的界定，只有被著作权法认定为可构成犯罪时检察机关才可以发挥提起公诉的职能，对该犯罪行为进行刑事追责，同时在民事法律关系中发挥其民事检察的职能，支持被侵权者提起民事诉讼，真正体现出民刑协同办案的优势，更好地实现法律体系的协调统一[②]。若只是单纯的著作权侵权案件，则检察机关也可以利用已收集到的资料为原告提供证据支持；打击著作权犯罪案件中，针对办案过程中发现的行政机关存在的监管漏洞，可以通过制发检察建议等方式督促有关部门履行职责，以此形成民事、行政、刑事三大领域对著作权的完整保护体系。企业知识产权合规管理有利于加强自身知识产权的保护和侵权防范工作，提升企业的生产经营效率和综合实力。然而，目前企业在知识产权合规管理中存在实践经验不足、人才队伍建设有待完善等问题。检察机关可以通过检察建议的方式，结合企业自身情况及可能面临的侵权风险帮助其堵漏建制，完善企业知识产权的合规建设；通过办理著作权相关案件，让涉案企业认罪认罚，同时监督企业积极进行合规整改，加大对知识产权领域的保护力度，以实现营商环境的优化[③]。

关于知识产权的检察工作，2022年1月至9月，全国检察机关受理的涉及知识产权的民事监督案件为468件，行政监督案件为130件，而在刑事领域，检察机关起诉的犯罪嫌疑人多达8 681人[④]。这说明知识产权领域，检察机关的工作重点仍然在刑事领域，缺乏在民事和行政领域检察职能的发挥。在民事检察监督方面，多停留在生效裁判文书的监督阶段，但对于审判过程中大量存在的不当虚增诉讼标的额、主张显然无效的知识产权、申请不必要的财产或证据保全等行为，其监督和打击力度极为有限，这些发生在诉讼过程中的违背诚信原则以及不必要的浪费司法资源的行为，也应当成为检察机关民事监督领域的工作重点[⑤]。此外，随着近年来依托互联网侵犯计算机软件、视听作品等著作权案件频发，检察机关在加大对此类案件刑事打击的同时，也应当加强其检察职能在民事领域内的发挥；如在权利人未意识到权利受侵犯时应当告知，保障其合法权益；加强与相关行政部门及行业协会的合作，帮助建立作品登记管理审核机制，强化著作权权属的管理与认定。

[①] 《最高人民检察院关于印发最高人民检察院第二十六批指导性案例的通知》，引自《最高人民检察院公报》2021年第4号（总第183号）第16-30页。
[②] 王迁：《论著作权保护刑民衔接的正当性》，《法学》2021年第8期，第3-19页。
[③] 冯科臻、李光奇：《三个维度推进企业合规》，《检察日报》2022年10月21日，第3版。
[④] 《最高检发布前三季度全国检察机关主要办案数据·依法能动履职，法律监督质效持续向好》，https://www.spp.gov.cn//xwfbh/wsfbt/202210/t20221015_589129.shtml#1，最后访问时间2022年10月24日。
[⑤] 牛廷彪：《如何实现对知识产权民事诉讼的精准监督》，《检察日报》2022年10月9日，第7版。

第六章 民事法律行为

案例 6-1-1 一般规定：民事法律行为的效力

一、基本案情

2008年9月29日，中设国际与中航油签订燃料油年度销售框架合同（以下简称框架合同），中航油向中设国际购买180号燃料油及380号燃料油，每月3万~6.5万吨，为期12个月。2008年9月19日，大港公司向中设国际出具提货确认函，称：中设国际有权向中航油供应现库存于大港公司的燃料油3万吨。大港公司与中设国际原有债权债务关系不变。在中设国际与中航油签署合同后，大港公司将保证无条件供油。9月22日，中设国际通知中航油到大港公司提取燃料油。10月7日，中航油出具收货证明，称已收到货。10月9日，中设国际开具北京增值税专用发票。同日，中航油出具收到全部上述增值税发票的确认函。2008年10月9日、10月10日，中航油向大港公司开具上海增值税专用发票，价税总额人民币16 530万元。2009年1月7日，自提货之日起已满三个月，中航油未向中设国际支付货款。此后，中设国际多次催款，中航油一直未支付。

中设国际以中航油已构成合同违约、严重损害其合法权益为由诉至法院。中航油辩称：中航油与中设国际签订的框架合同、中航油与大港公司签订的燃料油年度采购合同，虽然三方当事人均向对方出具了供货证明、收货证明、确认收货证明，并开具全额增值税发票，实际上并不存在真正意义上的买卖合同，只是一个"走单、走票、不走货"的虚假合同，其目的是增加产值，完成业绩考核。中航油从未收到中设国际的货物，中设国际也没有货物可交。双方之间签订的合同没有法律效力，不应受法律保护。

案号：最高人民法院(2014)民二终字第00056号

二、诉讼过程

北京市高级人民法院认为，框架合同系中设国际与中航油为买卖燃料油达成的协议，是双方当事人的真实意思表示，不违反法律、行政法规的强制性规定，合法有效。中航油辩称涉案合同系双方"走单、走票、不走货"的虚假合同，中设国际并未实际履行交货义务，但没有证据证明其主张。中设国际依约履行了供货义务，中航油未依约给付货款已经构成违约。中航油不服，提起上诉。

最高人民法院认为，中航油否认其与中设国际存在真实买卖合同的抗辩于法无据。

即使"走单、走票、不走货"的客观事实存在,我国现行法律、行政法规没有禁止性规定,双方当事人意思表示真实,中航油以此为由主张买卖合同无效,本院不予支持。中设国际在大港公司向其出具提货确认函,明确表示保证无条件向中航油供油的前提下,已经依约向中航油发出了提货通知单,中航油也已向中设国际出具了收货证明,确认其已收到案涉货物。因此,中航油应当依法向中设国际支付合同项下的货款并承担逾期付款的违约责任。

三、关联法条

《中华人民共和国民法典》

第一百四十三条① 具备下列条件的民事法律行为有效:

(一) 行为人具有相应的民事行为能力;

(二) 意思表示真实;

(三) 不违反法律、行政法规的强制性规定,不违背公序良俗。

第五百零九条 当事人应当按照约定全面履行自己的义务。

当事人应当遵循诚信原则,根据合同的性质、目的和交易习惯履行通知、协助、保密等义务。

当事人在履行合同过程中,应当避免浪费资源、污染环境和破坏生态。

第五百七十七条 当事人一方不履行合同义务或者履行合同义务不符合约定的,应当承担继续履行、采取补救措施或者赔偿损失等违约责任。

四、争议问题

1. 中航油与中设国际签订的框架合同是否有效?
2. 中航油应否支付中设国际相关货款并承担逾期付款的违约责任?

五、简要评论

私法自治,指个人得依其意思形成私法上之权利义务关系。法律行为乃实践私法自治的主要手段。私法自治的精神在于"个人自主",个人既能自主决定,就其行为应"自我负责",相对人的信赖及交易安全亦须兼筹并顾②。民事法律行为制度,是民法总则甚至是整个民法的核心制度之一。从比较法上看,绝大部分国家民法之中,尤其是采用潘德克顿体系的国家民典中均有法律行为制度。民事行为只有具备一定的有效要件,才能产生预期的法律效果。根据民法典的相关规定,民事法律行为应具备下列有效要件:

---

① 本案审理时,法院适用的是《中华人民共和国民法通则》第五十五条 民事法律行为应当具备下列条件:(一)行为人具有相应的民事行为能力;(二)意思表示真实;(三)不违反法律或者社会公共利益。
② 王泽鉴著:《民法总则》,北京大学出版社2013年版,第300页。

第一,行为人具有相应的民事行为能力。法律不仅要求民事法律行为的行为人必须具有民事行为能力,而且要求民事行为能力与行为人"相应"。对于自然人而言,完全民事行为能力人可以单独实施法律行为,限制民事行为能力人只能实施与其年龄、智力相适应的行为,无民事行为能力人则不能实施民事行为。对于法人而言,其民事权利能力是与其民事行为能力相一致的,法人的行为能力不能超出法律或章程规定的业务范围。所以,法人实施民事法律行为,必须在核准登记的生产经营和业务范围之内。除此之外,法人只能从事维持其存在所必需的法律行为。本案中框架合同的当事人中航油和中设国际,作为法人在法律规定的经营范围内达成买卖燃料油的协议是符合法律规定的。

第二,意思表示真实。意思表示是法律行为的核心要素,法律保护民事主体的法律行为,就是保护当事人内心希望发生法律效力的意思表示。意思表示真实,要求行为人的内心意愿为行为人自觉自愿而产生,同时与其所表达的意思相一致。在民法上,当事人内心希望发生某种法律效力的意思,称为效果意思;用以表达其内心效果意思的行为方式,称为表示意思。通常情况下,表示意思与效果意思是一致的,但也可能出现两者不一致的情形,此即意思表示有瑕疵。意思表示有瑕疵的行为,如属于法律规定应被宣告无效或被撤销的情况,则不产生法律效力。虽然中航油否认与中设国际之间存在真实的买卖燃料油的意思表示,但是没有证据证明。本案框架合同经双方签署生效,之后双方的履行行为也表明当事人达成买卖燃料油的意思表示是真实的。

第三,内容不违反法律、行政法规的强制性规定,不违背公序良俗。所谓不违反法律,指的是意思表示的内容不得与法律的强制性或禁止性规范相抵触,也不得滥用法律的授权性或任意性规定以规避法律。所谓社会公共利益,是社会全体成员的共同利益,社会经济秩序、政治安定、道德风尚等皆应包括在内。我国现行法律、行政法规没有对"走单、走票、不走货"的交易行为予以明确禁止,燃料油买卖亦不违反公序良俗。

第四,符合法定形式。民事法律行为的形式即行为人意思表示的方式。民事法律行为的表现形式因法律规定和当事人的不同要求而各有差异。当法律规定某项民事法律行为必须采用某种特定的形式或当事人约定的某种形式时,符合该形式即成为该民事法律行为的有效条件。本案中设国际与中航油签订框架合同,符合法定形式。

关于民事法律行为的有效要件,民法典基本上沿袭了民法通则的规定,主要有两点改进:1. 增加了行政法规,并将不违法限缩为法律法规的强制性规定,与合同法司法解释的相关规定保持一致①。2. 将不违反社会公共利益②改为不违反公序良俗。我国学说通常认为,该条所谓"社会公共利益"及"社会公德",在性质和作用上与公序良俗相

---

① 《最高人民法院关于适用〈中华人民共和国合同法〉若干问题的解释(一)》第四条 合同法实施以后,人民法院确认合同无效,应当以全国人大及其常委会制定的法律和国务院制定的行政法规为依据,不得以地方性法规、行政规章为依据。
② 《中华人民共和国民法通则》第七条 民事活动应当尊重社会公德,不得损害社会公共利益,扰乱社会经济秩序。第五十八条第一款第五项 违反法律或者社会公共利益的民事行为无效。

当,"社会公共利益"相当于"公共秩序","社会公德"相当于"善良风俗"①。以"公序良俗"取代"社会公共利益",不仅可以规制违反伦理道德的法律行为,也与民法典总则编的基本原则相契合。

案例 6-1-2 一般规定：债权行为与物权变动

一、基本案情

臧某某以房屋拆迁补偿安置款购得一房屋并于 2008 年 8 月登记至其名下,与家人共同使用该房屋。2011 年 8 月 12 日,李某以臧某某代理人的名义将该房屋以 80 万元价格售与谢某某,后登记至谢某某名下。臧某某虽确实曾向谢某某出具由其亲笔签名的出售房屋事项的公证委托书,但并未作出与谢某某进行房屋交易的意思表示。2011 年 10 月,连某某与谢某某签订买卖合同,以 110 万元价格购买该房产;2012 年 4 月 5 日,房屋所有权登记至连某某名下。

2012 年 7 月 5 日,连某某曾向上海市浦东新区人民法院起诉要求谢某某交付系争房屋,臧某某作为第三人申请参加该案诉讼。上海市浦东新区人民法院于 2013 年 8 月 19 日作出(2012)浦民一(民)初字第 21647 号民事判决,认定以第三人臧某某名义与谢某某签订的上海市房地产买卖合同无效,谢某某与连某某签订的上海市房地产买卖合同有效,连某某善意取得系争房屋所有权。但因谢某某自始至终未合法取得系争房屋而客观履行不能,驳回连某某要求谢某某交付房屋的诉讼请求。

后连某某以其已合法取得系争房屋、臧某某严重侵犯其作为物权人对物权的行使为由提起诉讼,要求臧某某迁出涉案房屋。

来源:《中华人民共和国最高人民法院公报》2015 年第 10 期

二、诉讼过程

上海市浦东新区人民法院认为,根据连某某提供的证据,足以证明其系涉案房屋的合法产权人,依法享有占有、使用、收益和处分的权利。臧某某现已非上述房屋的产权人,已无权居住使用上述房屋,故连某某要求臧某某迁出上述房屋应予准许。鉴于本案的实际情况,应给予被告一定时间另行解决居住问题,因此判决支持连某某的诉讼请求。臧某某不服,提起上诉。

上海市第一中级人民法院认为,生效判决已确认以臧某某名义与谢某某签订的买卖合同无效,第一手房屋买卖并非原始产权人臧某某之真实意思表示,该买卖合同对臧某某自始不发生法律效力,臧某某占有、使用房屋具有合法依据。虽然连某某已取得系

---

① 梁慧星著:《民法总论》,法律出版社 2011 年版,第 51 页。

争房屋的房地产权证,完成了房屋的权利交付过程,但其自始未曾取得过系争房屋的占有、使用权,其径行要求系争房屋实际占用人臧某某迁出,法院不予支持。因第二手的买卖合同有效,谢某某未能合法取得系争房屋而客观上无法履行交付房屋的义务,连某某可向谢某某主张违约责任以寻求救济。据此,二审法院撤销一审判决,改判驳回连某某要求臧某某从系争房屋内迁出的诉讼请求。

三、关联法条

《中华人民共和国民法典》

第一百四十三条① 具备下列条件的民事法律行为有效:

(一)行为人具有相应的民事行为能力;

(二)意思表示真实;

(三)不违反法律、行政法规的强制性规定,不违背公序良俗。

第二百三十五条② 无权占有不动产或者动产的,权利人可以请求返还原物。

第三百一十一条③ 无处分权人将不动产或者动产转让给受让人的,所有权人有权追回;除法律另有规定外,符合下列情形的,受让人取得该不动产或者动产的所有权:

(一)受让人受让该不动产或者动产时是善意;

(二)以合理的价格转让;

(三)转让的不动产或者动产依照法律规定应当登记的已经登记,不需要登记的已经交付给受让人。

受让人依据前款规定取得不动产或者动产的所有权的,原所有权人有权向无处分权人请求损害赔偿。

当事人善意取得其他物权的,参照适用前两款规定。

四、争议问题

连某某能否依据返还原物请求权要求臧某某搬离房屋?

---

① 本案审理时,法院适用的是《中华人民共和国民法通则》第五十五条 民事法律行为应当具备下列条件:(一)行为人具有相应的民事行为能力;(二)意思表示真实;(三)不违反法律或者社会公共利益。
第一百一十七条 侵占国家的、集体的财产或者他人财产的,应当返还财产,不能返还财产的,应当折价赔偿。
② 本案审理时,法院适用的是《中华人民共和国物权法》第三十四条 无权占有不动产或者动产的,权利人可以请求返还原物。
③ 本案审理时,法院适用的是《中华人民共和国物权法》第一百零六条 无处分权人将不动产或者动产转让给受让人的,所有权人有权追回;除法律另有规定外,符合下列情形的,受让人取得该不动产或者动产的所有权:(一)受让人受让该不动产或者动产时是善意的;(二)以合理的价格转让;(三)转让的不动产或者动产依照法律规定应当登记的已经登记,不需要登记的已经交付给受让人。
受让人依照前款规定取得不动产或者动产的所有权的,原所有权人有权向无处分权人请求赔偿损失。
当事人善意取得其他物权的,参照前两款规定。

五、简要评论

本案主要涉及两个问题。

其一，谢某某是否为无权处分人。意思表示真实，是民事法律行为成立的必备条件。民事法律行为是行为人自愿实施并且能够引起其预期的法律后果的行为。在第一手买卖合同交易中，李某虽持载有"授权其代为办理系争房屋买卖手续"的公证书，但已经生效的(2012)浦民一(民)初字第21647号判决书中认为此授权"并不表示案外人李某有权代为臧某某作出出售系争房屋的决定"，即虽然臧某某授权案外人李某办理房屋买卖相关事宜，但房屋买卖的意思表示仍需由所有权人作出，不能由出具授权书的行为径直推断臧某某有出售系争房屋的意思表示。因此在本案中李某的行为应属无权代理，且事后臧某某不愿意对李某的代理行为进行追认，此代理行为无效，谢某某与臧某某之间的房屋买卖合同也归于无效。由此判定谢某某对系争房屋不享有所有权。据此，在第二手买卖合同交易中，因登记的产权人谢某某并不是真正的产权人，故其出售系争房屋的行为应系无权处分。

其二，连某某能否依据返还原物请求权要求臧某某搬离房屋。本案中谢某某与连某某签订房屋买卖合同并办理了产权变更手续，连某某成为系争房屋的所有权人，但在房屋未予交付，而臧某某又实际占有房屋的情况下，发生了所有权与占有权能分离的情况。连某某基于返还原物请求权向臧某某提起诉讼。返还原物请求权是指物权人针对无权占有标的物之人的，请求其返还该物的权利。其与排除妨害请求权和消除危险请求权都属于物权请求权的具体类型，即物权遭受不法侵害后，物权人为恢复物权完满状态而依法享有的请求权①。返还原物请求权行使的要件包括：(1)一方享有涉案标的物的相应物权；(2)另一方是现在占有涉案标的物之人；(3)另一方的占有构成无权占有。本案中，生效判决(2012)浦民一(民)初字第21647号已确认连某某与谢某某就系争房屋所签订的买卖合同有效，且系争房屋权利已核准登记至连某某名下，故系争房屋的物权变动过程已完全完成，连某某依法享有对该房屋的相应物权。系争房屋自登记至臧某某名下至今，其一直在实际居住从未搬离，当然符合"现在占有涉案标的物之人"的条件。但是，本案中生效判决已确认第一手的房屋买卖并非原始产权人臧某某之真实意思表示，该买卖合同对其自始不发生法律效力，其一直居住在系争房屋内并占有、使用该房屋具有合法依据，这种占有行为当属有权占有，并非无权占有。因此，虽然连某某为系争房屋的登记产权人，但臧某某实际占有房屋，且其占有具有本权依据，属于有权占有，不符合返还原物请求权的构成要件。因此，连某某请求臧某某从系争房屋内迁出的诉讼请求法律依据不足，无法得到法院的支持。

签订房屋买卖合同后，出卖方应向买受方履行权利与实物的双重交付，在买受方已

---

① 江必新、何东宁等著：《最高人民法院指导性案例裁判规则理解与适用·物权卷》，中国法制出版社2016年版，第67页。

取得房屋产权而未实际占有的情况下,其仅仅基于物权请求权要求有权占有人迁出,法院应作慎重审查。若占有人对房屋的占有具有合法性、正当性,买受方应以合同相对方为被告提起债权给付之诉,要求对方履行交付房屋的义务或在房屋客观上无法交付的情况下承担相应的违约责任。在当前无权处分、虚假买卖引发此类诉讼日益增多的情况下,通过合同之诉更有利于平衡、规制各方当事人的权利义务,更接近于本案的个案正义。

案例 6-1-3 一般规定:抵押物转让行为的效力

一、基本案情

索特公司将其拥有使用权的土地抵押给银行用于贷款担保。后索特公司与新万基公司签订联合开发协议及补充协议。协议中约定以新万基公司出资、索特公司出土地使用权的方式共同进行房地产开发。新万基公司明知索特公司的土地使用权已抵押给银行,还约定索特公司对该开发项目不承担经营风险和亏损责任。根据协议,索特公司的主要义务为办理土地解押手续,并配合开发工作;新万基公司的主要义务为资金按时到位及按时支付索特公司利润款。双方明确了违约责任的适用。

签订协议后,索特公司未回复新万基公司要求其配合开发及办理土地解押手续的进度表和致函,亦未配合进行开发。其后,因索特公司未经银行同意擅自将抵押物与他人进行房地产合作开发,银行认为严重侵害其抵押权,要求索特公司停止侵权。新万基公司为项目开发而与尚筑公司签订开发顾问暨营销代理合同,与杨某某签订房屋拆除合同,与中冶赛迪公司签订建筑工程设计合同并付出相关费用,还支付了索特旅游公司职工工资、房交会参展费和展台设计搭建费等费用。索特公司认为新万基公司未按合同履行相应义务,构成违约,故提起诉讼,要求解除合同,并由新万基公司向索特公司支付违约金 1 000 万元。新万基公司反诉称,其积极开展开发工作,但索特公司未履行合同主要义务并企图毁约,要求索特公司支付违约金 6 000 万元。

案号:最高人民法院(2010)民抗字第 67 号

二、诉讼过程

重庆市高级人民法院认为,合作开发房地产合同以共同投资、共享利润、共担风险为构成要件。本案中,对于双方在金三峡花园项目开发中的利益分配与风险承担,仅由补充协议作了规定。根据补充协议确定的权利和义务,索特公司并不承担项目的经营风险。因此,双方当事人之间的法律关系不具备共担风险这一要件,双方签订的协议在法律性质上不属于合作开发房地产合同。从权利义务的具体内容来看,索特公司在提供该宗地的使用权之后,获得固定金额的对价,其实质是土地使用权转让,即索特公司是土地转让人，新万基公司是受让人。该土地使用权转让行为违反《中华人民共和国担保法》规定，应属无效，故不存在合同解除和违约责任的问题，应当由索特公司就新万基公司因此遭受的损失承担赔偿责任。新万基公司不服，提起上诉。

最高人民法院认为，双方在协议中以约定的方式将先行解除涉案土地上抵押权负担的义务赋予索特公司，既保障抵押权不受侵害，又不妨害抵押人和受让土地第三人的利益，与法律保障各方当事人利益平衡的立法精神并不相悖，也不违反法律规定。根据不动产物权变动的原因与结果相区分的原则，物权转让行为不能成就，并不必然导致物权转让的原因及债权合同无效，双方签订的协议是债权形成行为而非物权变动行为。故双方签订的联合开发协议应为有效。索特公司未履行合同义务，构成根本违约，应承担违约责任。

判决生效后，最高人民检察院提起抗诉。最高人民法院再审认为，索特公司在合同中承诺在约定时间内将涉案土地上的抵押权解除，在不影响开发的前提下办理解除抵押手续，故双方的合意是在抵押权已经消灭的条件下完成对土地使用权的实际处分，因此合同应为有效。双方主张对方构成违约均依据不足，但合同确未实际履行，故确定违约责任时应考虑利益平衡，对违约金进行调整。

三、关联法条

《中华人民共和国民法典》

第一百五十三条　违反法律、行政法规的强制性规定的民事法律行为无效。但是，该强制性规定不导致该民事法律行为无效的除外。

违背公序良俗的民事法律行为无效。

第二百一十五条　当事人之间订立有关设立、变更、转让和消灭不动产物权的合同，除法律另有规定或者当事人另有约定外，自合同成立时生效；未办理物权登记的，不影响合同效力。

第四百零六条[①]　抵押期间，抵押人可以转让抵押财产。当事人另有约定的，按照其约定。抵押财产转让的，抵押权不受影响。

抵押人转让抵押财产的，应当及时通知抵押权人。抵押权人能够证明抵押财产转

[①] 本案审理时，法院适用的是《中华人民共和国物权法》第一百九十一条　抵押期间，抵押人经抵押权人同意转让抵押财产的，应当将转让所得的价款向抵押权人提前清偿债务或者提存。转让的价款超过债权数额的部分归抵押人所有，不足部分由债务人清偿。

抵押期间，抵押人未经抵押权人同意，不得转让抵押财产，但受让人代为清偿债务消灭抵押权的除外。

《中华人民共和国担保法》第四十九条　抵押期间，抵押人转让已办理登记的抵押物的，应当通知抵押权人并告知受让人转让物已经抵押的情况；抵押人未通知抵押权人或者未告知受让人的，转让行为无效。

转让抵押物的价款明显低于其价值的，抵押权人可以要求抵押人提供相应的担保；抵押人不提供的，不得转让抵押物。

抵押人转让抵押物所得的价款，应当向抵押权人提前清偿所担保的债权或者向与抵押权人约定的第三人提存。超过债权数额的部分，归抵押人所有，不足部分由债务人清偿。

让可能损害抵押权的,可以请求抵押人将转让所得的价款向抵押权人提前清偿债务或者提存。转让的价款超过债权数额的部分归抵押人所有,不足部分由债务人清偿。

《最高人民法院关于审理涉及国有土地使用权合同纠纷案件适用法律问题的解释》

第十二条 本解释所称的合作开发房地产合同,是指当事人订立的以提供出让土地使用权、资金等作为共同投资,共享利润、共担风险合作开发房地产为基本内容的合同。

四、争议问题

抵押物转让行为的效力。

五、简要评论

抵押物转让包含两个过程:一为抵押人与抵押物受让人以抵押物为标的订立抵押物转让合同的过程;二为抵押人通过登记或交付完成向抵押物受让人转移抵押物所有权的过程。《中华人民共和国物权法》(简称《物权法》)第一百九十一条规定未经抵押权人同意的抵押物转让行为无效。此规定严格限制抵押物的流转,不利于物尽其用。因此,《民法典》第四百零六条修改了原《物权法》第一百九十一条关于禁止抵押物转让的规则,规定抵押人转让抵押财产的无须通知抵押权人或征得抵押权人同意,允许抵押人自由转让抵押财产[1]。允许抵押物转让的优点主要体现在以下两个方面:一是放开抵押物的转让可以充分发挥物的效用,并大幅提升物的利用效率,从而贯彻物尽其用的原则;二是可以提升交易的便捷程度,避免不当增加抵押物转让的交易成本[2]。

本案中,最高人民法院认定双方签订的联合开发协议有效,理由是:1. 双方的合意是在抵押权已经消灭的条件下完成对土地使用权的实际处分,是双方的真实意思表示,认定合同有效有利于实现各方之间的利益平衡,符合立法精神。2. 基于物权变动原因和结果相区分的原则,物权转让行为不能成就,并不必然导致物权转让的原因即债权合同无效。双方签订的联合开发协议及补充协议作为讼争土地使用权转让的原因行为,是一种债权行为,并非该块土地使用权转让的物权变动。相关法律关于未经通知抵押权人而导致物权转让行为无效的规定,其效力不应及于物权变动的原因行为。因为当事人可以在合同约定中完善物权转让的条件,使其转让行为符合法律规定。从本案的裁判来看,最高人民法院对未经抵押权人同意转让抵押物的合同效力倾向于认定其有效。

当然,在民法典颁布之后,其回归了抵押权的对世效力及抵押物自由转让的传统法

---

[1] 王利明:《〈民法典〉抵押物转让规则新解——兼评〈民法典〉第406条》,《法律科学(西北政法大学学报)》2021年第1期,第39-46页。
[2] 黄薇主编:《中华人民共和国民法典物权编释义》,法律出版社2020年版,第510页。

理①,不再限制抵押物的自由转让,也肯定了抵押物流转合同的效力,这有利于实现保障抵押权与物尽其用的价值平衡,发挥了积极作用。

案例 6-1-4 一般规定:民间借贷

一、基本案情

2011年10月18日,浦发银行、地中海酒店及侯某某签订了委托贷款合同,合同约定:侯某某委托浦发银行向地中海酒店出借人民币1.2亿元,借款利率为年利率24%(月利率为2%),借款期限为6个月,借款合同到期日为2012年4月25日;按月付息,付息日为每月20日;在贷款期内借款人未依约按时支付贷款利息的,贷款人有权加收延付利息的罚息;借款人未按约定归还贷款本息的,贷款人有权对逾期贷款加收合同利率上的50%的罚息。

利贞公司以其名下某宗土地,为前述委托贷款合同中地中海酒店的债务提供抵押担保并办理抵押登记手续,该公司同时承诺对抵押物拍卖、变卖所得款项不足以清偿债权部分承担连带责任。紫瑞公司、太阳公司、黄某、王某、李某分别向侯某某出具了借款担保承诺书,均明确承诺为委托贷款合同中地中海酒店的债务提供连带责任保证担保。

基于上述抵押担保和保证担保,2011年10月25日和26日,浦发银行分3笔贷款向地中海酒店发放了1.2亿元贷款本金。案涉借款2011年11月20日之前(含该日)的利息已清偿,之后贷款本息均未偿还。贷款到期后,浦发银行向一审法院起诉请求:确认案涉委托贷款合同合法有效,地中海酒店向浦发银行偿还借款本金人民币1.2亿元以及相关借款利息及罚息;本案相关抵押人及保证人承担连带清偿责任。

来源:《中华人民共和国最高人民法院公报》2020年第4期

二、诉讼过程

广东省深圳市中级人民法院认为,案涉委托贷款并非民间借贷,根据中国人民银行有关商业银行贷款利率不再实行上限管理的规定,借款人有关案涉利息、罚息等总额应以中国人民银行公布的同期同类贷款利率的四倍为限的主张不应予支持,其应依约承担相应违约责任。判决地中海酒店向浦发银行支付贷款本金人民币1.2亿元及其利息、罚息,其中贷款期内按照贷款利率即年利率24%计算利息,贷款到期后按照贷款利率上浮50%计算罚息。地中海酒店等不服一审判决,提出上诉。

广东省高级人民法院驳回上诉,维持原判。地中海酒店不服,向最高人民法院申请再审。

---

① 刘家安:《〈民法典〉抵押物转让规则的体系解读——以第406条为中心》,《山东大学学报(哲学社会科学版)》2020年第6期,第71-79页。

最高人民法院经审理认为,侯某某委托浦发银行向地中海酒店发放贷款,属于委托贷款法律关系,应根据民间借贷的相关规则确定案涉委托贷款利率上限。同一时期的利息等费用之和以不超过银行同类贷款利率的四倍为宜,对超出该部分的不予保护,故一、二审判决有违上述民间借贷司法解释的相关规定,应予调整。因此,最高人民法院判决地中海酒店应向浦发银行支付贷款本金人民币1.2亿元及其利息,其中利息以1.2亿元为基数,按中国人民银行同期同类贷款利率四倍计算,自2011年11月21日起至清偿之日止。

三、关联法条

《中华人民共和国民法典》

第六百六十七条[①] 借款合同是借款人向贷款人借款,到期返还借款并支付利息的合同。

第六百八十条[②] 禁止高利放贷,借款的利率不得违反国家有关规定。

借款合同对支付利息没有约定的,视为没有利息。

借款合同对支付利息约定不明确,当事人不能达成补充协议的,按照当地或者当事人的交易方式、交易习惯、市场利率等因素确定利息;自然人之间借款的,视为没有利息。

《最高人民法院关于审理民间借贷案件适用法律若干问题的规定》

第一条 本规定所称的民间借贷,是指自然人、法人和非法人组织之间进行资金融通的行为。

经金融监管部门批准设立的从事贷款业务的金融机构及其分支机构,因发放贷款等相关金融业务引发的纠纷,不适用本规定。

第十三条 具有下列情形之一的,人民法院应当认定民间借贷合同无效:

(一)套取金融机构贷款转贷的;

(二)以向其他营利法人借贷、向本单位职工集资,或者以向公众非法吸收存款等方式取得的资金转贷的;

(三)未依法取得放贷资格的出借人,以营利为目的向社会不特定对象提供借款的;

(四)出借人事先知道或者应当知道借款人借款用于违法犯罪活动仍然提供借款的;

(五)违反法律、行政法规强制性规定的;

---

① 本案审理时,法院适用的是《中华人民共和国合同法》第一百九十六条 借款合同是借款人向贷款人借款,到期返还借款并支付利息的合同。

② 本案审理时,法院适用的是《中华人民共和国合同法》第二百一十一条 自然人之间的借款合同对支付利息没有约定或者约定不明确的,视为不支付利息。

自然人之间的借款合同约定支付利息的,借款的利率不得违反国家有关限制借款利率的规定。

(六) 违背公序良俗的。

第二十五条① 出借人请求借款人按照合同约定利率支付利息的,人民法院应予支持,但是双方约定的利率超过合同成立时一年期贷款市场报价利率四倍的除外。

前款所称"一年期贷款市场报价利率",是指中国人民银行授权全国银行间同业拆借中心自2019年8月20日起每月发布的一年期贷款市场报价利率。

第二十九条 出借人与借款人既约定了逾期利率,又约定了违约金或者其他费用,出借人可以选择主张逾期利息、违约金或者其他费用,也可以一并主张,但是总计超过合同成立时一年期贷款市场报价利率四倍的部分,人民法院不予支持。

《中国银监会关于印发商业银行委托贷款管理办法的通知》

第三条 本办法所称委托贷款,是指委托人提供资金,由商业银行(受托人)根据委托人确定的借款人、用途、金额、币种、期限、利率等代为发放、协助监督使用、协助收回的贷款,不包括现金管理项下委托贷款和住房公积金项下委托贷款。

委托人是指提供委托贷款资金的法人、非法人组织、个体工商户和具有完全民事行为能力的自然人。

现金管理项下委托贷款是指商业银行在现金管理服务中,受企业集团客户委托,以委托贷款的形式,为客户提供的企业集团内部独立法人之间的资金归集和划拨业务。

住房公积金项下委托贷款是指商业银行受各地住房公积金管理中心委托,以住房公积金为资金来源,代为发放的个人住房消费贷款和保障性住房建设项目贷款。

四、争议问题

1. 委托贷款行为性质应如何界定?
2. 如何确定委托贷款法律关系中利息上限?

五、简要评论

民间借贷,是指自然人、法人和非法人组织之间进行资金融通的行为。与之相对应的是金融借贷,是指经金融监管部门批准设立的从事贷款业务的金融机构及其分支机构,向自然人、法人和非法人组织发放贷款的行为。最高人民法院于1991年颁布的《关于人民法院审理借贷案件的若干意见》对民间借贷主体的规定仅限于至少一方是公民(自然人),而对于企业与企业之间的借贷,按照中国人民银行1996年颁布的《贷款通则》和最高人民法院相关司法解释的规定,一般以违反国家金融监管秩序而被认定为无效,这一制度性规定在司法界被长期遵守。多年来,企业为了规避企业间资金拆借无效的规定,多通过虚假交易、名义联营、企业高管以个人名义借贷等方式进行民间融资,导致

---

① 本案审理时,法院适用的是《最高人民法院关于人民法院审理借贷案件的若干意见》第六条 民间借贷的利率可以适当高于银行的利率,各地人民法院可根据本地区的实际情况具体掌握,但最高不得超过银行同类贷款利率的四倍(包含利率本数)。超出此限度的,超出部分的利息不予保护。

企业风险大幅增加，民间借贷市场秩序受到破坏。

直到 2015 年，《最高人民法院关于审理民间借贷案件适用法律若干问题的规定》（以下简称《规定》）才对企业间借贷进行了放宽。从《规定》第十一条可以看出，尽管《规定》对于企业之间的民间借贷予以放宽，不再进行一律无效的处理，但也是有条件的认可。具有下列情形之一的，人民法院应当认定民间借贷合同无效：1. 套取金融机构信贷资金又高利转贷给借款人，且借款人事先知道或者应当知道的；2. 以向其他企业借贷或者向本单位职工集资取得的资金又转贷给借款人牟利，且借款人事先知道或者应当知道的；3. 出借人事先知道或者应当知道借款人借款用于违法犯罪活动仍然提供借款的；4. 违背社会公序良俗的；5. 其他违反法律行政法规效力性强制性规定的。因此，企业为了生产经营的需要而相互拆借资金，司法应当予以保护。

确定某一借贷行为的性质是明确借款利率上限的前提。《规定（2020 第二次修正）》将民间借贷利率的上限调整为一年期贷款市场报价利率的四倍，"一年期贷款市场报价利率"是指中国人民银行授权全国银行间同业拆借中心自 2019 年 8 月 20 日起每月发布的一年期贷款市场报价利率。而最高人民法院在 2020 年发布的《关于新民间借贷司法解释适用范围问题的批复》中明确，由地方金融监管部门监管的小额贷款公司、融资担保公司、区域性股权市场、典当行、融资租赁公司、商业保理公司、地方资产管理公司等七类地方金融组织，属于经金融监管部门批准设立的金融机构，其因从事相关金融业务引发的纠纷，不适用新民间借贷司法解释，即仍遵守综合利率不超过 24% 的规定。

本案中，发放贷款的机构虽为银行，但银行是依据侯某某委托开展相关业务，实为委托贷款。委托贷款指由法人、非法人组织、个体工商户和具有完全民事行为能力的自然人等委托人提供资金，由受托人根据委托人确定的贷款对象、用途、金额期限、利率等代为发放，协助监督使用，并协助收回的贷款。名义贷款人作为受托人，只收取委托贷款的服务手续费，不承担委托贷款的风险。委托贷款直接来源于委托人的自有资金，此与出借人以自有资金进行民间借贷别无二致。委托贷款兼具民间借贷和金融借款的双重属性，但委托贷款本质上是民间借贷，只是在操作过程中要符合金融借款合法合规性程序审核的要求。因而，委托贷款的利率上限应参照民间借贷的相关规则，以合同成立时一年期贷款市场报价利率的四倍为准。

案例 6-2-1　无效民事法律行为：违反强制性规定

一、基本案情

2016 年 11 月，泰安银行与渤海信托签订资金信托合同，约定泰安银行将其合法持有的资金 3 亿元委托渤海信托运用于向北京黄金交易中心提供贷款，贷款期限为两年。渤海信托后向北京黄金交易中心发放 3 亿元信托贷款，由青旅公司为上述信托贷款提供连带责任保证担保。

2017年11月30日，泰安银行与营口银行签订2017TAYK1101信托受益权转让合同（以下简称信托受益权转让合同），约定泰安银行向营口银行转让其持有的上述资金信托合同项下的全部信托受益权，转让价款为3亿元。同日，双方又签订了2017TAYK1101-1信托受益权转让合同（以下简称2017回购协议），明确在一年后将上述收益权及债务人的履行风险赎回，并按照合同的约定返还转让金3亿元、支付转让溢价款。2018年11月23日，营口银行与泰安银行再次签订2018TAYK1101信托受益权转让合同（以下简称2018回购协议），约定营口银行将上述资金信托合同项下享有的全部信托受益权转让给泰安银行，本次信托受益权转让本金为3亿元，转让溢价款为1909.67万元。

2018年11月涉案贷款到期后，北京黄金交易中心未偿还本金，利息支付至2017年12月20日。执行债务人未果后，2020年1月，泰安银行将营口银行诉上法庭，要求法院判决上述回购协议无效，并判决营口银行返还其转让款3亿元及利息。

案号：最高人民法院（2021）民申字第2277号

二、诉讼过程

辽宁省营口市中级人民法院认为，《关于规范金融机构资产管理业务的指导意见》（以下简称《指导意见》）第十三条在规定"金融机构不得为资产管理产品投资的非标准化债权类资产或者股权类资产提供任何直接或间接、显性或隐性的担保、回购等代为承担风险的承诺"的同时，也在第二十九条明确按照"新老划断"原则设置过渡期，确保平稳过渡。案涉合同属于存量业务，现行金融监管政策允许此类存量业务合同继续履行，有助于稳定相关市场预期，维护金融市场交易安全，也表明由此可能产生的金融风险处于可控制的范围之内，不构成损害社会公共利益等合同无效的情形。法院驳回起诉。泰安银行不服，提起上诉。

辽宁省高级人民法院认为，《中华人民共和国信托法》允许依法转让信托受益权，《指导意见》也明确规定了"新老划断"原则确保平稳过渡。故案涉合同继续履行不存在损害社会公共利益或违背公序良俗的情形。判决驳回上诉，维持原判。泰安银行不服，申请再审。

最高人民法院认为，双方签订的2017回购协议和2018回购协议存在违反行业规章规定，但依据《指导意见》和《关于规范金融机构同业业务的通知》（以下简称《同业业务通知》）的内容、制定目的以及违反该规定产生的法律后果，以上规定并不属于涉及金融安全、市场秩序、国家宏观经济政策等公序良俗的"效力性强制性规定"。原审判决认定泰安银行与营口银行签订的本案回购协议为有效合同并无不当，双方应当按照约定履行合同义务。最高人民法院遂驳回再审申请。

三、关联法条

《中华人民共和国民法典》

第一百四十三条① 具备下列条件的民事法律行为有效：

（一）行为人具有相应的民事行为能力；

（二）意思表示真实；

（三）不违反法律、行政法规的强制性规定，不违背公序良俗。

第一百五十三条② 违反法律、行政法规的强制性规定的民事法律行为无效。但是，该强制性规定不导致该民事法律行为无效的除外。

违背公序良俗的民事法律行为无效。

《中华人民共和国信托法》

第四十八条 受益人的信托受益权可以依法转让和继承，但信托文件有限制性规定的除外。

《关于规范金融机构资产管理业务的指导意见》

第十三条 主营业务不包括资产管理业务的金融机构应当设立具有独立法人地位的资产管理子公司开展资产管理业务，强化法人风险隔离，暂不具备条件的可以设立专门的资产管理业务经营部门开展业务。

金融机构不得为资产管理产品投资的非标准化债权类资产或者股权类资产提供任何直接或间接、显性或隐性的担保、回购等代为承担风险的承诺。

金融机构开展资产管理业务，应当确保资产管理业务与其他业务相分离，资产管理产品与其代销的金融产品相分离，资产管理产品之间相分离，资产管理业务操作与其他业务操作相分离。

第二十二条第一款 金融机构不得为其他金融机构的资产管理产品提供规避投资范围、杠杆约束等监管要求的通道服务。

第二十九条 本意见实施后，金融监督管理部门在本意见框架内研究制定配套细则，配套细则之间应当相互衔接，避免产生新的监管套利和不公平竞争。按照"新老划断"原则设置过渡期，确保平稳过渡。过渡期为本意见发布之日起至2020年底，对提前完成整改的机构，给予适当监管激励。过渡期内，金融机构发行新产品应当符合本意见的规定；为接续存量产品所投资的未到期资产，维持必要的流动性和市场稳定，金融机构可以发行老产品对接，但应当严格控制在存量产品整体规模内，并有序压缩递减，防止过渡期结束时出现断崖效应。金融机构应当制定过渡期内的资产管理业务整改计划，明确时间进度安排，并报送相关金融监督管理部门，由其认可并监督实施，同时报备中国人民银行。过渡期结束后，金融机构的资产管理产品按照本意见进行全面规范（因

---

① 本案审理时，法院适用的是《中华人民共和国民法总则》第一百四十三条 具备下列条件的民事法律行为有效：（一）行为人具有相应的民事行为能力；（二）意思表示真实；（三）不违反法律、行政法规的强制性规定，不违背公序良俗。

② 本案审理时，法院适用的是《中华人民共和国民法总则》第一百五十三条 违反法律、行政法规的强制性规定的民事法律行为无效，但是该强制性规定不导致该民事法律行为无效的除外。

违背公序良俗的民事法律行为无效。

子公司尚未成立而达不到第三方独立托管要求的情形除外),金融机构不得再发行或存续违反本意见规定的资产管理产品。

《关于规范金融机构同业业务的通知》

第五条　买入返售(卖出回购)是指两家金融机构之间按照协议约定先买入(卖出)金融资产,再按约定价格于到期日将该项金融资产返售(回购)的资金融通行为。买入返售(卖出回购)相关款项在买入返售(卖出回购)金融资产会计科目核算。三方或以上交易对手之间的类似交易不得纳入买入返售或卖出回购业务管理和核算。

买入返售(卖出回购)业务项下的金融资产应当为银行承兑汇票、债券、央票等在银行间市场、证券交易所市场交易的具有合理公允价值和较高流动性的金融资产。卖出回购方不得将业务项下的金融资产从资产负债表转出。

四、争议问题

泰安银行与营口银行签订的2017回购协议和2018回购协议是否合法有效?

五、简要评论

无效民事行为,是指自始、当然、确定不发生当事人预期的法律效果的民事行为。自始无效是指从行为开始时起就没有法律约束力。当然无效是指民事行为存在无效的因素超出了意思自治的界限,或者违反法律、行政法规的强制性规定,或者损害社会公共利益,或者违背善良风俗原则。确定无效是指从开始时就没有效力,以后任何事实都不能使之有效。无效的民事行为可分为全部无效的民事行为和部分无效的民事行为。部分无效的民事行为是指民事行为的一部分内容不具备民事行为的有效要件时,该部分民事行为不具有效力,不影响其他部分效力的,其他部分仍具有效力。无效的民事行为还可以分为绝对无效的民事行为和相对无效的民事行为。绝对无效的民事行为是指违反了法律、行政法规的强制性规定的民事行为。相对无效的民事行为是指行为内容具有违法性,但只涉及特定第三人利益,应由该特定第三人主张无效的民事行为。民法通则对无效民事行为的规定在民法总则中演化为四个条文,民法典也继续沿用该四个条文[①]。

实务中判断某些行为的效力时,应当把握无效行为最本质的特点,从是否具有违法性出发来确认行为是否有效。民法总则增加了违背公序良俗这一无效的情形。在规定违反法律、行政法规强制性规定的民事法律行为无效的同时,还规定了一个但书,即"该

---

① 《中华人民共和国民法典》第一百四十四条　无民事行为能力人实施的民事法律行为无效。
第一百四十六条　行为人与相对人以虚假的意思表示实施的民事法律行为无效。
以虚假的意思表示隐藏的民事法律行为的效力,依照有关法律规定处理。
第一百五十三条　违反法律、行政法规的强制性规定的民事法律行为无效。但是,该强制性规定不导致该民事法律行为无效的除外。
违背公序良俗的民事法律行为无效。
第一百五十四条　行为人与相对人恶意串通,损害他人合法权益的民事法律行为无效。

强制性规定不导致民事法律行为无效的除外"。说明在法律和行政法规的规范中,有一些虽然也是强制性规定,却不是效力性强制性规定,而是管理性强制性规定,违反效力性强制性规定的后果是民事法律行为无效,违反管理性强制性规定则不一定导致该民事法律行为无效,而要看所违反的管理性强制性规定的法律属性。人民法院对于"强制性规定"的判断,要在考量该规定所保护的法益类型、违法行为的法律后果以及交易安全保护等因素的基础上,慎重作出认定。对于违反强制性规定中涉及金融安全、市场秩序、国家宏观政策等的,应当以违背公序良俗认定该行为无效。

在本案中,泰安银行与营口银行的行为系金融机构之间的买入返售和卖出回购行为,即双方按照协议约定先买入(卖出)金融资产,再按约定价格于到期日将该项金融资产返售(回购)的资金融通行为。最高人民法院认为案涉回购协议违反了《同业业务通知》中关于"买入返售(卖出回购)业务项下的金融资产应当为银行承兑汇票、债券、央票等在银行间市场、证券交易所市场交易的具有合理公允价值和较高流动性的金融资产"及《指导意见》中关于"金融机构不得为资产管理产品投资非标准化债权类资产或者股权类资产提供任何直接或间接、显性或者隐性的担保、回购等代为承担风险的承诺"等规定,但上述规定并不属于"效力性强制性规定"。特别是根据《指导意见》第二十九条,以2020年底为过渡期,允许在此之前的存量业务继续履行。本案信托受益权转让合同与2017回购协议均于《指导意见》颁布前签订,2018回购协议虽于《指导意见》颁布后签订,但系双方为履行上述两份合同而签订的从属性质的合同,故案涉合同应认定为有效合同,双方应当按照约定履行合同义务。

案例6-2-2　无效民事法律行为:恶意串通损害他人合法权益

一、基本案情

1997年4月10日,中国人民银行同意南方总公司并入华侨信托公司,并入后债权债务由华侨信托公司接收。1999年1月16日,广东省高级人民法院指定广国投(广东国际信托投资公司)清算组负责广国投的破产清算工作。此外,广国投清算组享有第78号、第108号民事裁定书中对华侨信托公司的债权。

华侨信托公司依据2015年12月24日的70号判决,享有信托房产公司3 600万元的债权权益。2015年8月11日,华侨信托公司委派周某某出任港华贸易公司法定代表人。2016年4月19日,华侨信托公司与广东物资拍卖行公司签订委托拍卖合同,约定华侨信托公司委托广东物资拍卖行公司拍卖华侨信托公司享有的70号判决项下债权权益,广东物资拍卖行公司后刊登拍卖公告。4月26日,港华贸易公司向广东物资拍卖行公司转让100万元保证金。4月28日,广东物资拍卖行公司作为拍卖人与港华贸易公司作为买受人签订拍卖成交确认书,成交价为底价4 850万元。港华贸易公司为唯一竞拍人。广东物资拍卖行公司与港华贸易公司依约分别向华侨信托公司转让保证金与剩余价款。华侨信托公司的关联公司先后向港华贸易公司转账100万元、4 743万元。2016年9月19日,港华贸易公司以信托房产公司、华侨信托公司为被告向广州市中级人民法院起诉,请求确认70号判决项下所有权益转让给港华贸易公司的民事法律行为合法有效,债权及所有权益归港华贸易公司所有。随后,港华贸易公司撤回起诉。

2017年11月7日,广国投清算组以华侨信托公司、港华贸易公司、信托房产公司为被告,诉请判决华侨信托公司向港华贸易公司转让70号判决项下的债权权益的行为无效。

案号:最高人民法院(2021)民终字第492号

二、诉讼过程

广东省高级人民法院认为,因华侨信托公司与港华贸易公司存在人员混同和管理从属、实际参与竞拍的只有港华贸易公司一人、拍卖款的资金主要来源于关联企业、华侨信托公司通过拍卖获得的款项也未向广国投清算组偿还债务,可以认定广国投清算组的利益因华侨信托公司与港华贸易公司的恶意串通行为受到损害。本案符合前述法律规定的恶意串通损害国家、集体或者第三人利益的情形,判决确认华侨信托公司向港华贸易公司转让70号判决项下权益的行为无效。华侨信托公司与港华贸易公司不服,向最高人民法院提起上诉。

最高人民法院审理认为,原审判决认定事实清楚,适用法律正确,判决驳回上诉,维持原判。

三、关联法条

《中华人民共和国民法典》

第一百五十四条① 行为人与相对人恶意串通,损害他人合法权益的民事法律行为无效。

第一百五十七条 民事法律行为无效、被撤销或者确定不发生效力后,行为人因该行为取得的财产,应当予以返还;不能返还或者没有必要返还的,应当折价补偿。有过错的一方应当赔偿对方由此所受到的损失;各方都有过错的,应当各自承担相应的责任。法律另有规定的,依照其规定。

四、争议问题

华侨信托公司将70号判决项下的权益转让给港华公司的行为是否有效?

---

① 本案审理时,法院适用的是《中华人民共和国合同法》第五十二条 有下列情形之一的,合同无效:(一)一方以欺诈、胁迫的手段订立合同,损害国家利益;(二)恶意串通,损害国家、集体或者第三人利益;(三)以合法形式掩盖非法目的;(四)损害社会公共利益;(五)违反法律、行政法规的强制性规定。

五、简要评论

《民法典》第一百五十四条规定的恶意串通，是指行为人与相对人勾结，为牟取私利而实施的损害他人合法权益的民事法律行为。本条中的"他人"应作广义理解，包括国家、集体、第三人。此外，需注意恶意串通与虚假表示的不同，在虚假表示的民事法律行为中，行为人与相对人表示出的意思均非真意，而恶意串通的双方当事人所表达的都是内心真意。恶意串通行为的构成要件有：1. 当事人双方在实施民事行为时有损害他人合法权益的故意；2. 行为人双方在实施民事行为时有串通一气互相勾结的行为，若无这种勾结、串通，民事行为将不可能实施或以另外的内容实施；3. 该民事行为履行的结果损害他人的合法权益。这一规定，与合同法中的恶意串通有比较大的改变：第一，在损害客体上，没有规定损害国家、集体和第三人的利益，而是笼统规定为损害他人合法权益；第二，对于恶意串通行为的后果，只规定民事法律行为无效没有规定应当收缴双方取得的财产，也没有规定将追缴双方取得的财产收归国家、集体所有或者返还第三人。这样的规定去除了公法层面的法律后果，回归民事行为的本质。

在司法实践中，对于"恶意串通"的认定通常需要考察以下因素：1. 当事人之间是否存在特殊关系，如夫妻、子女、关联企业等；2. 当事人之间的交易是否有违商业惯例、交易习惯、一般常理、一般大众的交易思维，如在买卖合同中，双方约定的对价过分高于或低于市场价，此时，恶意串通的主观故意可能性较大。

首先，从转让行为背景看，广国投清算组对华侨信托公司的债权于2001年进入执行程序，而华侨信托公司一直未向广国投清算组清偿任何债务。在广国投清算组向华侨信托公司发出书面通知，明确表示已请求执行法院通知信托房产公司直接向广国投清算组履行债务的情况下，华侨信托公司仍将该权益转让给港华贸易公司，具有逃避债务的主观恶意。其次，从行为主体看，华侨信托公司对港华贸易公司存在管理与被管理关系，2015年8月11日，华侨信托公司向港华贸易公司发出通知，委派周某某出任广东港华贸易发展公司法定代表人，而周某某曾是华侨信托公司的部门经理并代表华侨信托公司处理诉讼案件。再次，从竞拍资金来源看，港华贸易公司交纳拍卖款的资金主要来源于华侨信托公司的关联公司。该关联公司于2016年4月26日、5月4日分别向港华贸易公司的银行账户汇入100万元、4743万元，港华贸易公司在转账同日支付竞拍保证金100万元、拍卖款余款4750万元。然后，从拍卖过程及价款情况看，案涉拍卖仅港华贸易公司一家公司作为竞买人参与竞拍，且拍卖以4850万元的底价成交，拍卖成交价款与拍卖债权数额具有较大差距。最后，从转让的履行与后果看，华侨信托公司向港华贸易公司低价转让70号判决项下的权益，必然导致华侨信托公司责任财产实质减损，降低了华侨信托公司的对外偿债能力，影响广国投清算组债权的实现。华侨信托公司将70号判决项下权益转让给港华贸易公司的行为符合恶意串通损害第三人利益的法定情形，应属无效。

案例 6-2-3　无效民事法律行为：部分无效

一、基本案情

2001年2月28日，乾坤公司与北宅街道办事处签订土地使用权出让协议，约定北宅街道将北宅工业区内土地约150亩（涉案出让土地中的84亩经鲁政土字〔2002〕35号文批准转为建设用地）的土地使用权出让给乾坤公司，每亩地价为6.88万元，总价款约为1 032万元。合同签订后，乾坤公司分两次共缴纳土地出让金488万元。后乾坤公司涉案土地的相关项目获得了项目立项、规划、环保等审批手续。2003年1月16日，青岛市崂山区原国土资源局（后更名为青岛市国土资源和房屋管理局崂山国土资源分局，以下简称崂山国土分局）就出让北宅街道沟崖村土地与乾坤公司签订国有土地使用权出让合同（以下简称出让合同）及补充协议。出让合同中约定，受让人延期付款超过6个月的，出让人有权解除合同，收回土地，受让人无权要求返还定金，出让人可请求受让人赔偿因违约造成的其他损失。本合同项下宗地出让方案需经山东省人民政府批准，本合同自山东省人民政府批准之日起生效。

同年3月26日，乾坤公司向崂山国土分局的派出机构——崂山区人民政府北宅街道办事处土地规划与矿产资源管理所交付300万元支票一张，但并未实际划转300万元，此后再未缴纳剩余土地出让金。2005年6月6日，崂山国土分局以乾坤公司未按合同约定如期缴纳全部土地出让金以及项目用地违反青岛市人民政府文件为由，要求解除合同。乾坤公司认为崂山国土分局单方解除合同给其造成损失，故提起诉讼，请求判令崂山国土分局履行出让合同，交付项下全部土地。

案号：最高人民法院（2007）民一终字第84号

二、诉讼过程

山东省高级人民法院认为，崂山国土分局有权转让已履行了农用地转为建设用地批准手续的部分涉案土地，故出让合同部分有效。乾坤公司部分履行了付款义务，崂山国土分局应在政府批准的农用地转建设用地范围内向乾坤公司交付涉案土地。崂山国土分局不服，提起上诉。

最高人民法院认为，出让合同虽约定合同须经批准方可生效，但在合同签订前，合同项下部分土地已经审批由农业用地转为建设用地，故该部分土地未经审批不影响相应部分合同的效力；合同项下其余部分土地因未经审批，按约定合同尚未生效。本案中认定部分合同无效，不会影响其他部分的效力。因此，涉案合同经过政府批准的部分有效，未经批准的部分无效。对于合同的有效部分，双方均有义务履行。涉案合同于2003年1月16日签订，截至2003年3月26日，乾坤公司向崂山国土分局交付土地出让金

488 万元,远未达到 84 亩土地的出让金总额 5 782 089.6 元。乾坤公司未在合同约定期限内履行合同有效部分的交纳土地出让金的义务,解除合同条件已经成就,崂山国土分局解除合同的行为有效。

三、关联法条

《中华人民共和国民法典》

第一百五十五条　无效的或者被撤销的民事法律行为自始没有法律约束力。

第一百五十六条　民事法律行为部分无效,不影响其他部分效力的,其他部分仍然有效。

第五百零二条①　依法成立的合同,自成立时生效,但是法律另有规定或者当事人另有约定的除外。

依照法律、行政法规的规定,合同应当办理批准等手续的,依照其规定。未办理批准等手续影响合同生效的,不影响合同中履行报批等义务条款以及相关条款的效力。应当办理申请批准等手续的当事人未履行义务的,对方可以请求其承担违反该义务的责任。

第五百六十二条②　当事人协商一致,可以解除合同。

当事人可以约定一方解除合同的事由。解除合同的事由发生时,解除权人可以解除合同。

《最高人民法院关于适用〈中华人民共和国民法典〉合同编通则若干问题的解释》

第十二条　合同依法成立后,负有报批义务的当事人不履行报批义务或者履行报批义务不符合合同的约定或者法律、行政法规的规定,对方请求其继续履行报批义务的,人民法院应予支持;对方主张解除合同并请求其承担违反报批义务的赔偿责任的,人民法院应予支持。

人民法院判决当事人一方履行报批义务后,其仍不履行,对方主张解除合同并参照违反合同的违约责任请求其承担赔偿责任的,人民法院应予支持。

合同获得批准前,当事人一方起诉请求对方履行合同约定的主要义务,经释明后拒绝变更诉讼请求的,人民法院应当判决驳回其诉讼请求,但是不影响其另行提起诉讼。

负有报批义务的当事人已经办理申请批准等手续或者已经履行生效判决确定的报批义务,批准机关决定不予批准,对方请求其承担赔偿责任的,人民法院不予支持。但是,因迟延履行报批义务等可归责于当事人的原因导致合同未获批准,对方请求赔偿因此受到的损失的,人民法院应当依据民法典第一百五十七条的规定处理。

《中华人民共和国土地管理法》

第四十四条　建设占用土地,涉及农用地转为建设用地的,应当办理农用地转用审

---

① 本案审理时,法院适用的是《中华人民共和国合同法》第四十四条　依法成立的合同,自成立时生效。法律、行政法规规定应当办理批准、登记等手续生效的,依照其规定。
② 本案审理时,法院适用的是《中华人民共和国合同法》第九十三条　当事人协商一致,可以解除合同。当事人可以约定一方解除合同的条件。解除合同的条件成就时,解除权人可以解除合同。

批手续。

永久基本农田转为建设用地的，由国务院批准。

在土地利用总体规划确定的城市和村庄、集镇建设用地规模范围内，为实施该规划而将永久基本农田以外的农用地转为建设用地的，按土地利用年度计划分批次按照国务院规定由原批准土地利用总体规划的机关或者其授权的机关批准。在已批准的农用地转用范围内，具体建设项目用地可以由市、县人民政府批准。

在土地利用总体规划确定的城市和村庄、集镇建设用地规模范围外，将永久基本农田以外的农用地转为建设用地的，由国务院或者国务院授权的省、自治区、直辖市人民政府批准。

四、争议问题

1. 出让合同的效力。
2. 崂山国土分局是否有权解除合同？

五、简要评论

民事法律行为部分无效，是指民事法律行为内容的一部分不具备民事法律行为的有效条件而无效，但其他部分仍然有效的效力状态。民事法律行为根据无效原因存在于行为内容的全部或部分，可分为全部无效或部分无效。当无效原因存在于民事法律行为内容的全部时，则该民事法律行为全部不发生效力；当无效原因存在于行为内容的部分时，若该部分无效，其他部分仍然有效。依照民法典总则编的规定，民事法律行为部分无效、无效部分除去后将影响其他部分效力的，该民事法律行为应全部归于无效；无效部分除去后不影响其他部分效力的，其他部分仍然有效。

所谓部分无效不影响其他部分效力的民事法律行为，主要有下述情形：1. 民事法律行为内容的数量超过法律许可的范围，超过的部分无效。例如借贷合同约定利息超过国家规定的最高利率，高于国家规定的最高利率的部分无效。又如遗嘱将全部财产遗赠他人而剥夺了法定继承人的应得份额，违反继承法关于应继承份额的规定，则相当于法定继承人应继承份额的遗赠部分因违反强制性规定而无效。2. 民事法律行为的标的，由数种不同事项拼合而成，其中一项或数项无效。例如买卖合同标的物有数个，其中之一为法律禁止流通物，则该项买卖中仅买卖禁止流通物部分无效，其他部分仍可有效。3. 民事法律行为非主要条款，因违反法律禁止性规定或公序良俗而无效。例如雇佣合同约定"工伤概不负责"，该约款因违反相关法律和公序良俗而无效，但雇佣合同本身并不无效。再如借贷合同由主管机关担当保证人，保证条款因违反民法典关于机关法人不得担任保证人的强制性规定而无效，但借贷合同并不因此而无效。

部分无效分为量上的无效和质上的无效，通常这种无效条款具有独立性和可分性，亦即独立于合同的其他有效部分并可与之分离。只有在合同的部分无效条款与其他条款具有不可分性,或者合同目的违法,或者其他条款的有效性对当事人没有实际意义,无法实现合同目的等特殊情况下,才能确认合同全部无效。此制度的本意在于不拘泥于合同整体外观,而尊重当事人的合法真意,对稳定民事关系、维护当事人的正当利益具有积极意义。根据我国土地管理法的规定,国有土地使用权的出让涉及农用地转为建设用地等事项,应当依法办理农用地转用审批手续。因此,国有土地使用权出让合同应当自通过审批之日起生效,未通过审批的合同无效。如果合同中未通过审批的部分属于量上的无效,其与合同中通过审批的部分可以分离,应当认定通过审批的部分有效。具体到本案,出让合同中未通过审批而无效的部分不影响通过审批部分的效力,因此应当认定合同中经过政府批准的土地使用权出让有效,未经政府批准的土地使用权出让无效,其他合同条款仍然有效。

国有土地使用权出让合同部分有效的,合同双方在有效部分范围内仍然应当履行合同义务。一方未在合同约定的期限内履行合同义务,至双方约定的解除合同的条件成就时,享有合同解除权的一方有权解除合同。根据民法典的规定,出让人解除合同应当通知受让人,该通知到达受让人时合同解除。

案例6-2-4 无效民事法律行为:无效的后果

一、基本案情

竞佳公司(后更名为安居公司)与水电公司以合作建设公路名义签订协议,约定安居公司出资人民币300万元汇入水电公司指定银行。协议签订后,安居公司指派职员杨某某将300万元办成自带汇票后汇至玉林市工商银行,又转汇至玉林农行城郊支行下属汇源储蓄所杨某某账户。该300万元被全部取出后分四笔转存至汇源储蓄所陈某某(水电公司经理、法人代表)账户中,水电公司开出收到安居公司300万元的收据。之后,杨某某和陈某某一起到汇源储蓄所,将300万元改为四张定期存单的定期存款,户名为陈某某,存期1年,但该存单上未记明储户姓名,在密码栏上打上了设立密码的标记。后陈某某在储蓄存款凭条、取款凭条、定期存单上储户签章栏内写上"竞佳公司"的字样。该四张定期存单由安居公司收执并出具收条。

事后,陈某某以丢失存单为由,持个人身份证向玉林农行申请挂失。玉林农行核对信息后,为其办理了挂失手续。陈某某陆续将300万元提前支取。安居公司持存单到汇源储蓄所兑付时,被告知存单已挂失,并被没收作废票处理。安居公司起诉请求判令玉林农行归还300万元存款本金,并赔偿利息损失。

来源:《中华人民共和国最高人民检察院公报》2005年第Z1期

二、诉讼过程

广西壮族自治区玉林市中级人民法院认为,安居公司的存款行为违反金融法规,认定四张定期存单无效。因该存单为不记名存单,玉林农行办理挂失的行为违反金融法规,因此判决玉林农行返还存款并按银行同期活期存款利率赔偿安居公司损失。该判决生效后,玉林农行不服生效判决,申请再审。

广西壮族自治区高级人民法院再审认为,该存款行为未违反金融法规。讼争存单因有户名及密码,不属于不记名存单,汇源储蓄所办理挂失的行为也未违反金融法规。储户签章栏中陈某某所书写的字样属涂改变造存单。安居公司无权对该存单名下的款项主张权利,因此撤销一审法院判决,驳回安居公司的诉讼请求。

安居公司不服,向广西壮族自治区人民检察院提出申诉。最高人民检察院审查后认为再审判决认定事实和适用法律均有错误,遂向最高人民法院提出抗诉。

最高人民法院再审认为,安居公司公款私存,应确认四张定期存单无效。写在储户签章栏内的字样只能认定为签章行为,不能以此认定该存单记名或经涂改。玉林农行出具不记名式存单后又为陈某某办理挂失手续,应对存单被挂失的法律后果承担主要责任。但安居公司对造成本案的损失也有过错,应承担相应的过错责任,利息损失由自己负担。故判决玉林农行返还存款,驳回安居公司的其他诉讼请求。

三、关联法条

《中华人民共和国民法典》

第一百五十五条　无效的或者被撤销的民事法律行为自始没有法律约束力。

第一百五十七条[①]　民事法律行为无效、被撤销或者确定不发生效力后,行为人因该行为取得的财产,应当予以返还;不能返还或者没有必要返还的,应当折价补偿。有过错的一方应当赔偿对方由此所受到的损失;各方都有过错的,应当各自承担相应的责任。法律另有规定的,依照其规定。

《中华人民共和国商业银行法》(以下简称商业银行法)

第四十八条　企业事业单位可以自主选择一家商业银行的营业场所开立一个办理日常转账结算和现金收付的基本账户,不得开立两个以上基本账户。

任何单位和个人不得将单位的资金以个人名义开立账户存储。

《储蓄管理条例》

第三条　本条例所称储蓄是指个人将属于其所有的人民币或者外币存入储蓄机构,储蓄机构开具存折或者存单作为凭证,个人凭存折或者存单可以支取存款本金和利息,储蓄机构依照规定支付存款本金和利息的活动。

任何单位和个人不得将公款以个人名义转为储蓄存款。

---

① 本案审理时,法院适用的是《中华人民共和国民法通则》第五十八条第二款"无效的民事行为,从行为开始起就没有法律约束力"和第六十一条"民事行为被确认为无效或者被撤销后,当事人因该行为取得的财产,应当返还给受损失的一方。有过错的一方应当赔偿对方因此所受的损失,双方都有过错的,应当各自承担相应的责任。双方恶意串通,实施民事行为损害国家的、集体的或者第三人的利益的,应当追缴双方取得的财产,收归国家、集体所有或者返还第三人"。

第三十条　存单、存折分为记名式和不记名式。记名式的存单、存折可以挂失，不记名式的存单、存折不能挂失。

《最高人民法院关于审理存单纠纷案件的若干规定》

第五条　对一般存单纠纷案件的认定和处理

（一）认定

当事人以存单或进账单、对账单、存款合同等凭证为主要证据向人民法院提起诉讼的存单纠纷案件和金融机构向人民法院提起的确认存单或进账单、对账单、存款合同等凭证无效的存单纠纷案件，为一般存单纠纷案件。

（二）处理

人民法院在审理一般存单纠纷案件中，除应审查存单、进账单、对账单、存款合同等凭证的真实性外，还应审查持有人与金融机构间存款关系的真实性，并以存单、进账单、对账单、存款合同等凭证的真实性以及存款关系的真实性为依据，作出正确处理。

1. 持有人以上述真实凭证为证据提起诉讼的，金融机构应当对持有人与金融机构间是否存在存款关系负举证责任。如金融机构有充分证据证明持有人未向金融机构交付上述凭证所记载的款项的，人民法院应当认定持有人与金融机构间不存在存款关系，并判决驳回原告的诉讼请求。

2. 持有人以上述真实凭证为证据提起诉讼的，如金融机构不能提供证明存款关系不真实的证据，或仅以金融机构底单的记载内容与上述凭证记载内容不符为由进行抗辩的，人民法院应认定持有人与金融机构间存款关系成立，金融机构应当承担兑付款项的义务。

3. 持有人以在样式、印鉴、记载事项上有别于真实凭证，但无充分证据证明系伪造或变造的瑕疵凭证提起诉讼的，持有人应对瑕疵凭证的取得提供合理的陈述。如持有人对瑕疵凭证的取得提供了合理陈述，而金融机构否认存款关系存在的，金融机构应当对持有人与金融机构间是否存在存款关系负举证责任。如金融机构有充分证据证明持有人未向金融机构交付上述凭证所记载的款项的，人民法院应当认定持有人与金融机构间不存在存款关系，判决驳回原告的诉讼请求；如金融机构不能提供证明存款关系不真实的证据，或仅以金融机构底单的记载内容与上述凭证记载内容不符为由进行抗辩的，人民法院应认定持有人与金融机构间存款关系成立，金融机构应当承担兑付款项的义务。

4. 存单纠纷案件的审理中，如有充足证据证明存单、进账单、对账单、存款合同等凭证系伪造、变造，人民法院应在查明案件事实的基础上，依法确认上述凭证无效，并可驳回持上述凭证起诉的原告的诉讼请求或根据实际存款数额进行判决。如有本规定第三条中止审理情形的，人民法院应当中止审理。

四、争议问题

1. 存单的性质。
2. 存单挂失后的法律后果。

五、简要评论

无效民事法律行为的直接后果是民事行为在当事人之间不产生拘束力,具体法律后果参见《民法典》第一百五十五条和第一百五十七条。这种无拘束力是一种事实状态,不问当事人的意思如何,既不需要当事人主张,也不须经过任何程序。存款人将公款私存,违反了商业银行法和《储蓄管理条例》的规定,由此违法行为而产生的存单应被认定为无效存单。

无效民事法律行为发生后,因该行为取得的财产应当返还给受损失的一方。除此之外,各国民法都规定因无效民事行为造成损失的,有过错的一方要赔偿对方的损失;双方均有过错的,各自承担相应的民事责任。传统民法理论认为,因过错而致民事行为无效给对方造成财产损失,是一种侵权行为,应当承担赔偿对方损失的民事责任。但也有学者认为该责任是一种缔约过失责任[①]。当事人在订立合同过程中,基于特殊的信赖关系和诚实信用原则负有先合同义务,任何一方违反先合同义务,往往会给对方当事人造成信赖利益损失。如果当事人故意或过失地违反这些义务而导致合同无效或撤销并给对方造成损失,该缔约上有过错的当事人就应赔偿对方因此所受的损失。存款人过错致使存单无效的,仍有权要求银行返还存款本金。银行违反《储蓄管理条例》对不记名存单办理挂失,存在过错,应对存款人(持单人)由此遭受的损失承担责任。但存款人放任他人填写存款凭条,且对存单和存款凭条不作核对,亦对存单被挂失存在过错,应自行承担部分损失。

存单可分为记名存单和不记名存单。不记名存单是指没有记载存款人名称的存单,持单人享有不记名存单项下存款的付款请求权。最高人民法院认为,虽然存款凭条上户名为陈某某,并设有密码,但是其持有的定期存单并未记名。至于存单上标有密码标记,银行并未向储户作特别提示,存款凭条与存单不一致的,应以存单为准。存单上"桂林市竞佳电器实业公司"字样是写在"储户签章"栏内,而不是书写在"存款人"或"储户"栏内,只能认定是一种签章行为,不能以此认定该存单记名或经涂改。因此,存单应当与存款凭条的记载相符,在二者记载内容不一致时,应以存单记载为准。存款凭条上注明了户名但存单上未记载存款人名称的,该存单应被认定为不记名存单。

案例 6-3　附条件与附期限的民事法律行为

一、基本案情

2003 年 8 月 21 日,新裕公司与葡之京公司签订了购买葡之京公司 50 辆桑塔纳轿

---

① 冉克平:《缔约过失责任性质新论——以德国学说与判例的变迁为视角》,《河北法学》2010 年第 2 期,第 115-120 页。

车的销售协议。新裕公司8月22日从工行高新支行开出面额为590万元的银行承兑汇票作为付款方式。出票人签章处加盖新裕公司财务专用章及其法定代表人黄国庆的印章,工行高新支行亦予以承兑。新裕公司在票据背面加盖"本票不得背书转让"字样后交给葡之京公司。葡之京公司随后将该汇票连同公司结算财务专用章、法定代表人私章交予其开户行民生银行崇文门支行的工作人员要求贴现。因民生银行崇文门支行无此项业务,故由其工作人员向民生总行营业部代为办理。2003年8月25日,民生总行营业部向中国工商银行查询,中国工商银行北京市崇文门支行崇文分理处复函表示汇票属实。民生总行营业部遂于8月27日与葡之京公司(法定代表人蒋某参加)签订了贴现协议,并在贴现凭证(代申请书)、贴现协议及银行承兑汇票背书人栏上加盖葡之京公司结算财务专用章及蒋某的印章。贴现协议约定"申请贴现时葡之京公司应向民生总行营业部提交承兑汇票及相对应增值税发票,……贴现时葡之京公司应真实有效地完成票据背书转让行为,且背书时不得附加任何条件"。

新裕公司没有如期收到货物遂怀疑蒋某诈骗,并于2003年向北京市公安局报案。9月11日,蒋某因涉嫌合同诈骗罪、诈骗罪被北京市公安局拘留。2005年3月10日,北京二中院判决罪名成立。

2003年12月1日,新裕公司以葡之京公司、民生银行崇文门支行为被告,向江苏省苏州市中级人民法院(以下简称苏州中院)提起诉讼,请求判令返还该汇票,法院裁定暂停承兑结算该银行汇票。2004年2月23日,民生总行营业部就该汇票向工行高新支行提示付款,被工行高新支行以苏州中院的裁定为由拒付。

2004年3月5日,新裕公司变更诉讼请求,请求判令:1. 葡之京公司将该汇票返还新裕公司;2. 葡之京公司、民生总行营业部不享有票据权利;3. 新裕公司对民生总行营业部不承担票据责任。新裕公司的诉讼请求在一审中得到支持,在二审中,江苏省高级人民法院作出江苏省高级人民法院(2005)苏民二终字第0191号判决,驳回新裕公司诉讼请求。

2004年6月28日,民生总行营业部以葡之京公司、新裕公司、工行高新支行为被告,诉至北京市第二中级人民法院,请求支付票款本金、利息及费用,被裁定驳回。

2006年1月5日,苏州中院裁定解除对该汇票的冻结。2006年1月9日,民生总行营业部持该汇票至工行高新支行提示付款,工行高新支行向民生总行营业部出具收条一张。此后,双方就该汇票的承兑付款事宜往来函件数次,均未达成一致。民生总行营业部起诉至苏州中院,请求判令工行高新支行支付该汇票的票款590万元、利息及相关费用。

案号:最高人民法院(2009)民提字第74号

二、诉讼过程

江苏省苏州市中级人民法院认为,江苏省高级人民法院(2005)苏民二终字第0191号民事判决仅对票据本身作出了认定,并没有认定民生总行营业部享有票据权利。营业部办理贴现时,违反中国人民银行要求审查真实贸易背景的书面材料规定,也违反贴现协议,且无法律要求"不得背书"须正面盖章,推断营业部对该汇票上"本票不得背书转让"的字样是由新裕公司在出票时加盖这一事实是明知,故其取得票据具有重大过失,因此判决驳回民生总行营业部的诉讼请求。民生总行营业部不服,向江苏省高级人民法院提起上诉,双方当事人并未提交新的证据。

江苏省高级人民法院认为,民生总行营业部取得本案汇票并无重大过失,且支付了对价,系合法持票人,有权向承兑人工行高新支行请求支付汇票金额、相应利息以及有关费用,其上诉请求成立,应予支持。一审判决认定事实有误,适用法律不当,判决撤销一审判决,工行高新支行向民生总行营业部支付590万元及相应利息,支付相关费用10 472元。工行高新支行不服,向最高人民法院提起再审。

最高人民法院认为,二审判决认定事实清楚,适用法律正确,判决维持二审判决。

三、关联法条

《中华人民共和国票据法》(以下简称票据法)

第十二条　以欺诈、偷盗或者胁迫等手段取得票据的,或者明知有前列情形,出于恶意取得票据的,不得享有票据权利。

持票人因重大过失取得不符合本法规定的票据的,也不得享有票据权利。

第二十七条　持票人可以将汇票权利转让给他人或者将一定的汇票权利授予他人行使。

出票人在汇票上记载"不得转让"字样的,汇票不得转让。

持票人行使第一款规定的权利时,应当背书并交付汇票。

背书是指在票据背面或者粘单上记载有关事项并签章的票据行为。

第三十三条　背书不得附有条件。背书时附有条件的,所附条件不具有汇票上的效力。

将汇票金额的一部分转让的背书或者将汇票金额分别转让给二人以上的背书无效。

第三十四条　背书人在汇票上记载"不得转让"字样,其后手再背书转让的,原背书人对后手的被背书人不承担保证责任。

第五十三条　持票人应当按照下列期限提示付款:

(一)见票即付的汇票,自出票日起一个月内向付款人提示付款;

(二)定日付款、出票后定期付款或者见票后定期付款的汇票,自到期日起十日内向承兑人提示付款。

持票人未按照前款规定期限提示付款的,在作出说明后,承兑人或者付款人仍应当继续对持票人承担付款责任。

通过委托收款银行或者通过票据交换系统向付款人提示付款的,视同持票人提示付款。

《支付结算办法》

第九十二条 商业汇票的持票人向银行办理贴现必须具备下列条件：

（一）在银行开立存款账户的企业法人以及其他组织；

（二）与出票人或者直接前手之间具有真实的商品交易关系；

（三）提供与其直接前手之间的增值税发票和商品发运单据复印件。

《中国人民银行关于切实加强商业汇票承兑贴现和再贴现业务管理的通知》

所办理的每笔票据贴现，必须要求贴现申请人提交增值税发票、贸易合同复印件等足以证明该票据具有真实贸易背景的书面材料，必要时，贴现银行要查验贴现申请人的增值税发票原件。对不具有贸易背景的商业汇票，不得办理贴现。

《最高人民法院关于审理票据纠纷案件若干问题的规定》

第十四条 票据债务人依照票据法第十二条、第十三条的规定，对持票人提出下列抗辩的，人民法院应予支持：

（一）与票据债务人有直接债权债务关系并且不履行约定义务的；

（二）以欺诈、偷盗或者胁迫等非法手段取得票据，或者明知有前列情形，出于恶意取得票据的；

（三）明知票据债务人与出票人或者与持票人的前手之间存在抗辩事由而取得票据的；

（四）因重大过失取得票据的；

（五）其他依法不得享有票据权利的。

第十九条 票据法第十七条规定的票据权利时效发生中断的，只对发生时效中断事由的当事人有效。

第四十七条 依照票据法第二十七条的规定，票据的出票人在票据上记载"不得转让"字样，票据持有人背书转让的，背书行为无效。背书转让后的受让人不得享有票据权利，票据的出票人、承兑人对受让人不承担票据责任。

第五十二条 依照票据法第二十七条的规定，出票人在票据上记载"不得转让"字样，其后手以此票据进行贴现、质押的，通过贴现、质押取得票据的持票人主张票据权利的，人民法院不予支持。

四、争议问题

1. 当事人约定票据"不得背书转让"是否需要盖章？
2. 行使索款权的期限。

五、简要评论

本案的第一个争议焦点是关于票据"不得背书转让"的盖章要求。票据约定"不得背书转让"其实并不是民事法律行为中所指的条件，而是限定性背书。民事法律行为中的"条件",是指当事人约定的、能够决定民事法律行为产生或者终止法律效力的客观情况,属于法律事实的范畴,具有未来性、或然性、意定性、合法性等特点。票据法规定背书不得附有条件,此处的"条件"是指作为背书成立的前提条件,诸如免作拒绝证书①、免作拒付通知②或其他条件。可见,我国是不允许附条件背书的,因为票据是一种完全有价证券,持票人必须持有合法取得的票据才能主张其票据权利。背书是附属票据行为,背书人转让的是出票人通过法定的记载事项设立的票据权利,背书人无权增加或减少出票人所创设的票据权利。因此,背书人在转让该票据权利时,不得附有条件,若是附条件的背书,则不发生票据上的效力,但背书行为本身依然是有效的法律行为。这一点与民法上附条件的法律行为不同。附条件的民事法律行为,是指附有决定该行为效力发生或者消灭条件的民事法律行为。票据的条件则具有特殊性。根据票据的性质和票据正常流通的实践要求,背书转让票据,只能是单纯性背书,即背书是无条件的。票据法将"附条件"与"不得转让"分为两条规定,可知背书人在汇票上记载"不得转让"字样不属于"附条件"的范围。

本案的第二个争议焦点为行使索款权的期限问题。本案当事人在票据出票时就对汇票效力作了定期付款约定,属于附期限的法律行为。所谓附期限的法律行为,指的是在意思表示中含有期限的民事法律行为。期限与条件在民事法律行为中容易混淆,但实际有所区别。条件是不确定的偶然性事实,期限是确定的必然性事实;条件之事实成就与否是不确定的,期限是肯定会到来的。所以,即使民事法律行为中约定了某一条件,但如果该条件属于必然会发生的事件,那么实质上还是法律上所指的"期限"。例如约定"合同三日后生效"是附期限,约定"合同自甲方取得许可证之日起生效"则是附条件,显然附条件的法律行为存在可能无法实现的风险;但如果约定"合同自甲方去世之日起终止",由于死亡必然会发生,所以该约定实质上还是附期限。

期限还可分为始期与终期。始期是使民事法律行为效力发生的期限,终期是民事法律行为效力终止的期限。在终期届至时,既有的效力便告解除,故也称解除期限。在票据中所附的期限属于始期,商业汇票只有到期后,付款人才可以向收款人(或持票人)付款。持票人若总是不向付款人提示付款,那么付款人的付款义务就不能解除。为了促使持票人尽快向付款人提示付款,票据法才对权利期间做了明确规定,以保证票据权利的及时行使。在提示付款期内,付款人足额付款后,全体票据债务人的责任解除,整个票据活动的过程才算圆满结束。

---

① 拒绝证书,是指用以证明持票人曾经依法行使票据权利而被拒绝,或者无法行使票据权利的一种公证文书。持票人藉此得以行使追索权利。根据《中华人民共和国票据法》第六十二条的规定,持票人行使追索权时,应当提供被拒绝承兑或者被拒绝付款的有关证明。

② 拒付通知是汇票遭到拒付时,持票人应在拒付后一个营业日内,将拒付事实通知前手背书人,前手应于接到通知后一个营业日内,再通知他的前手背书人,直到通知出票人。根据《中华人民共和国票据法》第六十六条的规定,持票人应当自收到被拒绝承兑或者被拒绝付款的有关证明之日起三日内,将被拒绝事由书面通知其前手;其前手应当自收到通知之日起三日内书面通知其再前手。持票人也可以同时向各汇票债务人发出书面通知。

案例 6-4　民事法律行为的变更和解除

一、基本案情

2005年7月,王某进入中兴通讯工作,劳动合同约定王某从事销售工作,基本工资每月3840元。该公司的《员工绩效管理办法》规定:员工半年、年度绩效考核分别为S、A、C1、C2四个等级,分别代表优秀、良好、价值观不符、业绩待改进;S、A、C(C1、C2)等级的比例分别为20%、70%、10%;不胜任工作原则上考核为C2。王某原在该公司分销科从事销售工作,2009年1月后因分销科解散等原因,转岗至华东区从事销售工作。2008年下半年、2009年上半年及2010年下半年,王某的考核结果均为C2。中兴通讯认为,王某不能胜任工作,经转岗后,仍不能胜任工作,故在支付了部分经济补偿金的情况下解除了劳动合同。

2011年7月27日,王某提起劳动仲裁。同年10月8日,仲裁委作出裁决:中兴通讯支付王某违法解除劳动合同的赔偿金余额36 596.28元。中兴通讯认为其不存在违法解除劳动合同的行为,故于同年11月1日诉至法院,请求判令不予支付解除劳动合同赔偿金余额。

来源:最高人民法院指导案例18号(最高人民法院审判委员会讨论通过2013年11月8日发布)

二、诉讼过程

杭州市滨江区人民法院判决,中兴通讯于本判决生效之日起十五日内一次性支付王某违法解除劳动合同的赔偿金余额36 596.28元。

三、关联法条

《中华人民共和国民法典》

第一百一十九条　依法成立的合同,对当事人具有法律约束力。

第一百三十六条　民事法律行为自成立时生效,但是法律另有规定或者当事人另有约定的除外。

行为人非依法律规定或者非经对方同意,不得擅自变更或者解除民事法律行为。

第四百六十五条　依法成立的合同,受法律保护。

依法成立的合同,仅对当事人具有法律约束力,但是法律另有规定的除外。

《中华人民共和国劳动合同法》

第三十九条　劳动者有下列情形之一的,用人单位可以解除劳动合同:

(一)在试用期间被证明不符合录用条件的;

（二）严重违反用人单位的规章制度的；

（三）严重失职，营私舞弊，给用人单位造成重大损害的；

（四）劳动者同时与其他用人单位建立劳动关系，对完成本单位的工作任务造成严重影响，或者经用人单位提出，拒不改正的；

（五）因本法第二十六条第一款第一项规定的情形致使劳动合同无效的；

（六）被依法追究刑事责任的。

第四十条 有下列情形之一的，用人单位提前三十日以书面形式通知劳动者本人或者额外支付劳动者一个月工资后，可以解除劳动合同：

（一）劳动者患病或者非因工负伤，在规定的医疗期满后不能从事原工作，也不能从事由用人单位另行安排的工作的；

（二）劳动者不能胜任工作，经过培训或者调整工作岗位，仍不能胜任工作的；

（三）劳动合同订立时所依据的客观情况发生重大变化，致使劳动合同无法履行，经用人单位与劳动者协商，未能就变更劳动合同内容达成协议的。

第四十一条 有下列情形之一，需要裁减人员二十人以上或者裁减不足二十人但占企业职工总数百分之十以上的，用人单位提前三十日向工会或者全体职工说明情况，听取工会或者职工的意见后，裁减人员方案经向劳动行政部门报告，可以裁减人员：

（一）依照企业破产法规定进行重整的；

（二）生产经营发生严重困难的；

（三）企业转产、重大技术革新或者经营方式调整，经变更劳动合同后，仍需裁减人员的；

（四）其他因劳动合同订立时所依据的客观经济情况发生重大变化，致使劳动合同无法履行的。

裁减人员时，应当优先留用下列人员：

（一）与本单位订立较长期限的固定期限劳动合同的；

（二）与本单位订立无固定期限劳动合同的；

（三）家庭无其他就业人员，有需要扶养的老人或者未成年人的。

用人单位依照本条第一款规定裁减人员，在六个月内重新招用人员的，应当通知被裁减的人员，并在同等条件下优先招用被裁减的人员。

第四十八条 用人单位违反本法规定解除或者终止劳动合同，劳动者要求继续履行劳动合同的，用人单位应当继续履行；劳动者不要求继续履行劳动合同或者劳动合同已经不能继续履行的，用人单位应当依照本法第八十七条规定支付赔偿金。

四、争议问题

用人单位在末位淘汰制下擅自解除与末等考核等级劳动者的劳动合同是否合法？

五、简要评论

对于民事法律行为的解除，民法典和合同法的规定相似，尊重意思自治。当事人基于自愿、平等等民法原则作出民事法律行为，并受该生效的民事法律行为的拘束。用人单位中兴通讯与劳动者王某签订劳动合同，应当受该生效劳动合同的拘束，不得擅自解除该劳动合同。劳动合同法规定了用人单位解除劳动合同的三种情况：即时解除、预告解除和裁员解除，限制用人单位随意、单方解除劳动合同。本案中，用人单位中兴通讯提出的解除劳动合同的理由为劳动者王某"不能胜任工作"，属于前述情形中的预告解除。中兴通讯若想证明单方解除合同的理由符合法律规定，须提出充分证据证明劳动者王某存在符合解除劳动合同的法定情形，也即承担证明王某"不能胜任工作"的举证责任。

为了保护劳动者的合法权益，构建和发展和谐稳定的劳动关系，我国劳动法和劳动合同法对用人单位单方解除劳动合同的条件进行了明确限定。中兴通讯以王某不胜任工作、经转岗后仍不胜任工作为由解除劳动合同，对此应负举证责任。根据中兴通讯《员工绩效管理办法》的规定，"C（C1、C2）考核等级的比例为10%"，虽然王某曾经考核结果为C2，但是C2等级并不完全等同于"不能胜任工作"，中兴通讯仅凭该限定考核等级比例的考核结果，不能证明劳动者不能胜任工作，不符合据此单方解除劳动合同的法定条件。虽然2009年1月王某从分销科转岗，但是转岗前后均从事销售工作，并存在分销科解散导致王某转岗这一根本原因，故不能证明王某系因不能胜任工作而转岗。因此，中兴通讯主张王某不胜任工作，经转岗后仍然不胜任工作的依据不足，存在违法解除劳动合同的情形，应当依法向王某支付经济补偿标准两倍的赔偿金。

企业采取绩效管理的方法本身并无问题，但应做到合法合理。劳动者业绩处于末位的情况客观存在，企业需要合理确认末位劳动者的水平是否处于正常范围，而不能简单认定末位劳动者不能胜任工作，末位业绩并不等于"不能胜任工作"。即使劳动者绩效考核处于末位并确认为不能胜任本职工作，用人单位也不能直接单方解除劳动合同，而应对劳动者进行转岗或培训，只有在劳动者经转岗或培训后仍不能胜任工作时才可解除合同①。2016年11月30日，最高人民法院公布的《第八次全国法院民事商事审判工作会议（民事部分）纪要》第29点强调，用人单位在劳动合同期限内通过"末位淘汰"或"竞争上岗"等形式单方解除劳动合同，劳动者可以请求用人单位继续履行劳动合同或者支付赔偿金，明确表明以"末位淘汰"与"竞争上岗"为由的单方解除劳动合同行为违法。

---

① 孙亚南、孙玉松主编：《经济法》，西安电子科技大学出版社2016年版，第263-264页。

案例 6-5　民事法律行为要件的特别规定

一、基本案情

1996年2月14日,黑龙江省工行与聚兴集团公司签订最高额为1 200万元的借款合同。当日,黑龙江省工行与聚兴开发公司签订抵押合同,约定以该公司的一处房产为前述借款的抵押。合同签订后,黑龙江省工行向聚兴集团公司发放贷款880万元。聚兴集团公司第一笔借款300万元到期后,因暂时困难无力偿还,黑龙江省工行与聚兴集团公司、聚兴开发公司协商达成了延期还款协议,将还款期限延至1997年8月13日。至1998年10月20日,聚兴集团公司尚欠贷款本金880万元及利息未还。

黑龙江省工行诉至法院,请求聚兴集团公司及聚兴开发公司返还本金及利息;如不能偿还借款本息,请求依法拍卖抵押物清偿债务。在(1998)黑经初字第68号判决书中,黑龙江省高级人民法院认为,本案所涉借款合同、抵押合同、延期还款协议均有效。聚兴集团公司未能按期偿还借款本息属违约行为,应承担偿还本息的民事责任。聚兴集团公司不能按期偿还债务,应以聚兴开发公司抵押的房产折价或者拍卖、变卖所得价款优先偿还黑龙江省工行。

一审判决生效后,黑龙江省工行向黑龙江省高级人民法院申请执行,并申请查封聚兴开发公司所抵押的房产。该院作出执行裁定,查封了上述房产户籍档案。后因司法拍卖流拍,聚兴集团公司与黑龙江省工行达成协议,黑龙江省工行同意聚兴集团用上述房产抵偿债务。法院解除了对上述房产的查封。2005年4月13日,黑龙江省工行以前述和解协议未实际履行为由,向黑龙江省高级人民法院申请恢复执行。2005年10月30日,黑龙江省工行将此债权变卖给长城资产公司。2011年3月23日,长城资产公司因受让本案债权,向黑龙江省高级人民法院申请恢复强制执行。2011年6月23日,长城资产公司对本案债权予以拍卖,张某竞买取得该笔债权。2011年8月25日,黑龙江省高级人民法院裁定变更张某为本案申请执行人。

案号：最高人民法院(2013)民二终字第84号

二、诉讼过程

2012年6月14日,黑龙江省高级人民法院作出(2012)黑监民监字第58号民事裁定,认为(1998)黑经初字第68号判决书确有错误,裁定再审本案。

黑龙江省高级人民法院再审认为,张某依法受让本案债权,黑龙江省工行在本案债权中的权利义务已全部由张某承继。一审认定借款合同、抵押合同、延期还款协议均有效正确,应予维持。上述合同所涉三方均应依约定履行,聚兴集团公司未能按时偿还借款本息属违约行为,应承担偿还本息的责任。聚兴集团公司不能按期偿还债务,张某有权依照担保法的规定,以聚兴开发公司抵押的房产折价或者拍卖、变卖所得价款优先受偿。

聚兴集团公司不服黑龙江省高级人民法院的上述民事判决,向最高人民法院提起上诉,称本案债权转让未发生法律效力,长城资产公司没有将债权转让依法通知债务人,或者在全国或省级有影响的报纸上发布转让公告,因此本案债权转让尚未发生法律效力。

最高人民法院经审理后对聚兴集团公司的上述主张不予支持,判决驳回上诉,维持原判。

三、关联法条

《中华人民共和国民法典》

第一百三十五条 民事法律行为可以采用书面形式、口头形式或者其他形式;法律、行政法规规定或者当事人约定采用特定形式的,应当采用特定形式。

第五百四十六条 债权人转让债权,未通知债务人的,该转让对债务人不发生效力。

债权转让的通知不得撤销,但是经受让人同意的除外。

《最高人民法院关于审理涉及金融资产管理公司收购、管理、处置国有银行不良贷款形成的资产的案件适用法律若干问题的规定》(已失效)

第六条 金融资产管理公司受让国有银行债权后,原债权银行在全国或者省级有影响的报纸上发布债权转让公告或通知的,人民法院可以认定债权人履行了《中华人民共和国合同法》第八十条第一款规定的通知义务。

在案件审理中,债务人以原债权银行转让债权未履行通知义务为由进行抗辩的,人民法院可以将原债权银行传唤到庭调查债权转让事实,并责令原债权银行告知债务人债权转让的事实。

《最高人民法院关于金融资产管理公司收购、处置银行不良资产有关问题的补充通知》

一、国有商业银行(包括国有控股银行)向金融资产管理公司转让不良贷款,或者金融资产管理公司受让不良贷款后,通过债权转让方式处置不良资产的,可以适用本院发布的上述规定。

二、国有商业银行(包括国有控股银行)向金融资产管理公司转让不良贷款,或者金融资产管理公司收购、处置不良贷款的,担保债权同时转让,无须征得担保人的同意,担保人仍应在原担保范围内对受让人继续承担担保责任。担保合同中关于合同变更需经担保人同意的约定,对债权人转让债权没有约束力。

三、金融资产管理公司转让、处置已经涉及诉讼、执行或者破产等程序的不良债权时,人民法院应当根据债权转让协议和转让人或者受让人的申请,裁定变更诉讼或者执行主体。

四、争议问题

案涉债权转让是否已经发生法律效力?

五、简要评论

不良资产剥离是指国有商业银行将其部分不良资产债权依法转让给国家成立的资产管理公司,由其经营处置的一种债权转让行为。20 世纪 90 年代末,中国进行了一次大规模的国有商业银行不良资产处置,在借鉴国外做法的基础上,结合本国实际情况,将贷款剥离转移给信达、华融、长城和东方四家资产管理公司①。自 2001 年 4 月 23 日起施行的《最高人民法院关于审理涉及金融资产管理公司收购、管理、处置国有银行不良贷款形成的资产的案件适用法律若干问题的规定》正是在此背景下出台,为规范不良资产剥离中的法律关系和行为提供指引。2005 年 5 月 30 日,最高人民法院又颁布了《最高人民法院关于金融资产管理公司收购、处置银行不良资产有关问题的补充通知》,以期更好地维护金融资产安全,降低不良资产处置成本。

最高人民法院认为,长城资产公司已于 2012 年 7 月 11 日在《生活报》上公告送达债权转让通知,符合本院《关于审理涉及金融资产管理公司收购、管理、处置国有银行不良贷款形成的资产的案件适用法律若干问题的规定》第六条第一款的规定和本院《关于金融资产管理公司收购、处置银行不良资产有关问题的补充通知》的精神,应当认定长城资产公司已将案涉债权转让通知聚兴集团公司,该债权转让已经发生法律效力。

我国民法典有关债权转让的规定表明,若债权人未通知债务人债权转让,则该转让行为对债务人并无拘束力。债权的让与对原合同的债务人有一定影响,从维护债务人的利益出发,应当对债权转让行为作出适当限制。债权转让行为发生在债权人与债权受让人之间。因合同具有相对性,该转让合同对债务人并不产生约束,只有债权人履行通知义务,才能使被转让的债权对债务人发生效力。至于通知的方式,民法典并未明确规定,一般可采取口头、书面、邮寄、公证等方式通知债务人,在实践中也有债权人、债务人、受让人三方签订债权转让协议的方式。

《最高人民法院关于审理涉及金融资产管理公司收购、管理、处置国有银行不良贷款形成的资产的案件适用法律若干问题的规定》第六条第一款的规定表明,债权人可在无法通知债务人时采用公告的方式进行通知送达,但仅限于金融资产管理公司处置不良资产的情形。案涉债权经过两次转让,由张某合法取得,张某为本案债权的合法债权人。长城资产公司作为债权人在《生活报》上公告送达了债权转让通知,符合该司法解释对公告通知的要求。法律、行政法规对债权转让的通知并无特别形式的规定,当事人之间也并无关于债权转让应采取何种通知形式的约定,故应认定债权人长城资产公司履行了债权让与的通知义务,该转让对债务人产生效力。

---

① 杨华主编:《金融风险预防与控制》,河南科学技术出版社 2013 年版,第 264 页。

检察要点：虚假诉讼、一房二卖、质押执行

一、检察现状

（一）虚假诉讼

虚假诉讼俗称"打假官司"，是指当事人单方或者与他人恶意串通，以谋取非法利益为目的，采取虚构事实、伪造证据等手段，捏造民事法律关系，通过提起民事诉讼或仲裁等合法途径，规避法律法规，侵害国家利益、社会公共利益或他人合法权益，妨害司法秩序的行为①。虚假诉讼主要包括逃避管理类虚假诉讼、逃避债务类虚假诉讼、获取其他非法利益类虚假诉讼这三类②。案件主要集中在民间借贷纠纷、房地产权属纠纷、追索劳动报酬等涉财领域。

1. 调查核实案件中的异常现象为重点

检察机关办理虚假诉讼案件的重点为调查核实案件中的异常现象，如合同约定和履行明显不符合惯例、案件进度较同类案件异常快、庭审过程明显缺乏对抗性、双方当事人在诉讼过程对主张的案件事实和证据高度一致等。在武汉乙投资公司等骗取调解书虚假诉讼监督案中，武汉市人民检察院接到案外人相关举报，经对该案件进行审查后发现，该案属于为回避级别管辖规定而拆分起诉，法院受理异常；涉案商品房订购协议书与正常的商品房买卖交易惯例不符，合同形式异常；乙投资公司法定代表人方某在刑事侦查中供述四份商品房订购协议书系伪造，合同目的异常；双方无房屋买卖交易的情形，支付及返还"定金"说辞异常。检察机关遂向法院提出抗诉，再审判决撤销四份涉案调解书，驳回甲商贸公司全部诉讼请求③。

2. 凝聚惩防虚假诉讼合力为目标

目前，检察机关也注重与公安机关、法院、司法行政机关的沟通协作，多措并举合力打击虚假诉讼。司法机关正在积极建立各职能部门之间的虚假诉讼案件信息共享机制和相关线索移送机制，力求建立完善虚假诉讼刑民交叉案件协调惩治、虚假诉讼整治联席会议等工作机制。在李卫俊等"套路贷"虚假诉讼案中，江苏省常州市金坛区人民检察院便发挥了职能协同作用，在发现李卫俊等人具有"套路贷"典型特征，有涉嫌黑恶犯罪嫌疑后，积极履行民事检察职能，向人民法院调取李卫俊等人提起的民事诉讼情况。检察机关发现，李卫俊等人提起民事诉讼上百起，多为民间借贷纠纷，且借条均为格式合同，多数案件被人民法院缺席判决。遂对此异常线索开展调查核实工作，审查后认为

---

① 吕洪涛、兰楠：《〈最高人民检察院第十四批指导性案例〉解读》，《人民检察》2019年第12期，第27-35页。
② 王振友：《民事虚假诉讼检察监督》，《中国检察官》2017年第17期，第44-47页。
③ 检例第53号：武汉乙投资公司等骗取调解书虚假诉讼监督案，引自《最高人民检察院公报》2019年第3号（总第170号）第21-30页。

李卫俊等人构成虚假诉讼,相关民事判决应予纠正,故向人民法院提出再审检察建议42件、抗诉8件。金坛区人民法院对该批50件案件一并作出民事裁定,撤销原审判决①。

为解决虚假诉讼这一难题,诸多一线司法者立足于办案实践,提出检察机关监督民事虚假诉讼的模型。例如,王子涵主任提出了"三——二——三"办案模型,以期规范化提高司法实践的可操作性。第一个"三"为案件线索甄别的三环筛选:第一个环节看结案方式,调解结案的虚假诉讼比例更高;第二个环节看案由类型,多为拆迁区分家析产、继承、房屋买卖合同纠纷,民间借贷等涉财案件;第三个环节看庭审过程,如当事人均未到庭参加诉讼、被告基本予以自认、庭审过于顺畅等。"二"为审查机制的二元结构,即以"本案"为中心的多维度审查机制与以民事行政检察部门为主导的一体化审查机制,前者需从时间、空间、证据、诉讼过程、社会背景五个维度进行全方位审查,后者要求上下级检察院的民事行政检察部门联动,检察机关民事行政检察部门与侦监、反贪、反渎部门联合,检察机关与法院、公安信息共享。最后的"三"为构建民事监督、刑事监督、其他监督三位一体的监督模型,全方位规制虚假诉讼②。

(二) 一房二卖

在房价大幅攀升的现实背景下,一房二卖现象时有发生,其折射出的是契约不被遵守的诚信危机。针对一房二卖这类公民重点关心的案件,检察机关加强了相关案件的民事检察工作。例如,在郑某安与某物业发展公司商品房买卖合同纠纷案中,检察机关指出房屋差价损失是当事人在订立合同时应当预见的内容,属可得利益损失,应当由违约方予以赔偿;并对签约在先的买受人出租房屋所获取的租金收益进行分析,认为该租金收益系买受人基于合法占有而享有的权益,而非买受人基于出卖人违约所获得的利益,不能作为法院酌减违约赔偿金的考量因素。故最高人民检察院认为生效判决适用法律确有错误,且有失公平,向最高人民法院发出再审检察建议。再审中,在法庭主持下,郑某安与某物业发展公司达成调解协议,由某物业发展公司另行支付郑某安差价损失450万元③。检察机关立足于合同法的相关规定④,认为从事房地产开发的公司知悉涉案房屋市价,对买受人造成的差价损失也是明知的,应予赔偿。但法院从实践角度出发,会结合案件具体情况综合考虑双方过错、权利人真实损失等因素,一般不会全额支持房屋差价。上述案件以调解结案,在一定程度上显示出双方当事人对检察机关办案理念的认可。

---

① 检例第87号:李卫俊等"套路贷"虚假诉讼案,引自《最高人民检察院公报》2021年第2号(总第181号)第181-30页。
② 王子涵:《检察机关监督民事虚假诉讼的模型设计》,《中国检察官》2016年第1期,第68-71页。
③ 检例第156号:郑某安与某物业发展公司商品房买卖合同纠纷再审检察建议案,《检察日报》2022年7月16日,第4版。
④ 本案审理时,检察机关适用的是《中华人民共和国合同法》第一百一十三条 当事人一方不履行合同义务或者履行合同义务不符合约定,给对方造成损失的,损失赔偿额应当相当于因违约所造成的损失,包括合同履行后可以获得的利益,但不得超过违反合同一方订立合同时预见到或者应当预见到的因违反合同可能造成的损失。

（三）质押执行

民事执行检察监督权在2012年民事诉讼法修订版中被首次明确提出①，意味着检察机关对民事执行展开监督得到了立法上的认可。检查监督范围由原先的审判阶段扩展到执行阶段，是为了适应我国民事司法环境需求。法院内部监督效率虽高，但依靠自我约束实现对执行权的监督不具有刚性，作用十分有限。而民事执行检察监督作为外部监督的手段之一，可对法院的执行活动进行指引、约束和纠正，督促保障民事执行程序合法合规，是目前最合理有效的外部监督模式。检察监督相比较其他方式的监督，比如人大监督、当事人申请监督，更具有专门性、职能性和统一性②。

在金融借贷活动中，银行等金融机构往往会要求借款人提供一定的担保以保障债权得以实现，存单质押是较为常见的担保方式之一。质权人通过司法途径要求实现质权时，也会遇到一些法律难题，检察机关的及时介入与监督可对法律适用、执行程序等问题进行把关。例如江苏某银行申请执行监督案，江苏省扬中市人民检察院受理某银行的监督申请后，认为某银行为申请解除对存单的冻结，向法院承诺对申请解除冻结错误造成的损失承担责任，不构成对出质人债务的保证，法院裁定执行其财产错误；法院引导某银行先后提起执行异议之诉、普通确权之诉，导致某银行饱受诉累，且未将强行划扣的260万元执行回转，法院的错误执行行为应予纠正。扬中市人民检察院向扬中市人民法院发出检察建议书后，法院采纳了检察建议并纠正了错误裁定③。扬中市人民检察院对前述问题的理解适用对其他检察机关办理类似案件具有重要借鉴意义。

二、检察建议

在民事检察监督发展的过程中，检察机关一直试图在纠正与救济、被动与主动、支持与监督中寻找检察权与审判权的平衡点，既让人民群众在每一起司法案件中感受到公平正义，又能确保公正的法官按照法定程序不偏不倚地凭借自己的专业知识作出判决。虚假诉讼、一房二卖、质押执行都是不合法的民事法律行为，构成了对公共利益的侵犯，检察机关对此类判决进行检察监督有利于维护社会公平正义。

（一）虚假诉讼

虚假诉讼妨害了司法秩序，但其行为包括虚假公证虚假调解、虚假仲裁等多种形式，且具有隐蔽性。当事人或案外人针对涉嫌虚假诉讼申请检察监督时，检察机关不应局限于关联案件所展示的证据材料而加重当事人的举证义务，要敏锐捕捉案件处理全过程中的异常现象，及时进行调查核实。如果情况属实，应当支持其监督申请，若经过深入调查不存在虚假诉讼的情形也应当及时向申请人澄清事实，作出回应。这样才能

---

① 《中华人民共和国民事诉讼法》（2012年版）第二百三十五条　人民检察院有权对民事执行活动实行法律监督。
② 吴光陆著：《强制执行法》，三民书局股份有限公司2007年版，第102-106页。
③ 检例第108号：江苏某银行申请执行监督案，引自《最高人民检察院公报》2021年第6号（总第185号）第21-28页。

充分发挥检察机关对司法权的监督和制约功能,严厉打击妨害司法秩序的行为①。

（二）一房二卖

在"一房二卖"诉讼纠纷中,可得利益的损失计算具有一定的复杂性。由于法律规定较为笼统,不同法院对于可得利益损失的理解不同,便需要综合考虑可预见性规则、减损规则、损益相抵规则等因素合理确定。在此类案件赔偿金额的认定上,由于法院对可得利益的自由裁量空间较大,针对其判决的不合理程度,检察机关也应合理选择抗诉或者检察建议的方式进行监督。检例156号中"一房二卖"的情形也可以类推适用于一物二卖、股权二重换让等判决中违约损害赔偿数额计算的监督。

（三）质押执行

审判工作的结束并不意味着民事案件的终结,还需要看判决是否能够得到有效执行。执行程序中,可能存在对执行行为的异议以及对执行标的的异议,针对两种不同的异议应当引导当事人选择不同的救济路径。对执行行为存在异议的应当告知当事人进行复议,若对执行标的存在异议则应提起执行异议之诉。在判决书执行阶段,当事人处于一个相对弱势的地位,法院在怠于履行执行职责之时,检察机关应当根据当事人的申诉向人民法院发出说明理由通知书,让人民法院针对拖延执行的原因向当事人进行说明;涉及复杂的执行案件时,检察机关可以发挥协助作用,维护当事人的合法利益。若检察机关在法院的执行过程中发现程度较轻的违法行为,应当及时提出检察建议,对于法院执行错误造成的他人财产损失的,应当监督法院进行执行回转,保护当事人的合法权利益。若法院执行过程中违法行为较重,则应当向上级法院发出纠正违法通知书,在其中阐述纠正原因及相关意见。上述途径检察机关应当根据法院在执行行为中存在的问题灵活适用,推动执行工作的合法进行。

---

① 李群芳、范思力:《民事检察监督启动机制实证研究——以贵州省Q自治州检察院50件民事检察监督案件为样本》,《南海法学》2021年第4期,第59—67页。

第七章 代 理

案例 7-1-1 有权代理：委托代理

一、基本案情

1995年4月2日，工行新洲支行原法定代表人经与中银公司法定代表人协商后拟定一份共同经营证券业务协议书稿，主要内容为：1. 工行新洲支行在中银公司协助下在武汉证券交易中心取得会员资格和席位，具体申办手续由工行新洲支行提供，所需席位费、保证金等申办费用由中银公司支付。2. 工行新洲支行负责刻制"中国工商银行新洲县支行武汉证券交易专用章"一枚借给中银公司使用且只能在武汉证券交易中心（以下简称武证交中心）开立账户用，该行若需从事证券投资活动时中银公司应无条件为其代理。3. 中银公司支持工行新洲支行对证券业务的管理，派员参与证券业务经营并在经营后每月付给该行席位管理费4万元。该协议书稿经中银公司加盖公章及法定代表人名章后，工行新洲支行未在合同上签字盖章，但其在同年4月20日提供了关于申请武证交中心会员资格的报告及其营业执照、资产负债表、交易员名单等申报材料后，与中银公司共同到武证交中心递交了申办席位的手续。

同年6月2日，武证交中心原则同意接收工行新洲支行为甲类会员，具体审批手续待集中上报中行（中国银行）湖北省分行后统一办理，同时要求其缴纳席位费、清算交割保证金等费用。当日，中银公司代工行新洲支行缴纳了上述费用。后中银公司持武证交中心的入会通知书自行刻制了"新洲县工商银行驻武汉证券交易中心业务专用章"。武证交中心确定了工行新洲支行的席位，并核发了交易员入场证，该证所载明的单位名称均为"新洲县工商银行"。同年8月，武证交中心对其会员单位的交易员及席位管理情况进行检查时，工行新洲支行再次书面确认交易员3人为经其法人代表所授权的交易员。同年9月5日，工行新洲支行收取了中银公司以"返利款"名义支付的半年席位费24万元。

同年9月1日、9月5日和9月7日，交易员徐某某以工行新洲支行证券业务部的名义作为卖出买回单位与作为买入卖还单位的恒昌信用社分别签订了三份1992年两年期国债券的回购交易合同。三份合同均盖有"新洲县工商银行驻武汉证券交易中心业务专用章"和徐某某名章。合同签订后，恒昌信用社分别将购券款共2 500万元转入合同约定的户名为"工行新洲支行证券业务部"的账户上，后该款全部被中银公司支配使用。回购期限届满后,中银公司及工行新洲支行未偿还购券款及约定利息,恒昌信用社遂向湖北省高级人民法院对工行新洲支行提起诉讼,请求判令该行按约定偿还回购款 27 774 500 元及逾期利息并承担诉讼费用。

案号:最高人民法院(1997)经终字第 257 号

二、诉讼过程

湖北省高级人民法院认为:1. 本案当事人在没有实物券的情况下场外从事国债回购交易,违反了国家有关规定,应认定合同无效。2. 中银公司自行刻制工行新洲支行驻武证交中心的业务专用章从事国债回购业务,且在收到恒昌信用社的购券款后自行使用,不按期归还,应对本案纠纷负主要责任;工行新洲支行虽未在协议上盖章,但其根据约定提供了有关材料并收取了中银公司的席位管理费,负有不可推卸的责任。鉴于本案购券款已被中银公司使用,应由该公司返还本金并赔偿利息损失,如到期不能偿付,则由工行新洲支行负连带清偿责任。工行新洲支行不服,向最高人民法院提起上诉,双方未提交新的证据。

最高人民法院认为,原审判决认定事实清楚,适用法律正确。但鉴于中国人民银行自 1997 年 9 月 1 日下调贷款及逾期还款利率的实际情况,对本案购券款的逾期利息应作相应调整。

三、关联法条

《中华人民共和国民法典》

第一百五十七条① 民事法律行为无效、被撤销或者确定不发生效力后,行为人因该行为取得的财产,应当予以返还;不能返还或者没有必要返还的,应当折价补偿。有过错的一方应当赔偿对方由此所受到的损失;各方都有过错的,应当各自承担相应的责任。法律另有规定的,依照其规定。

四、争议问题

委托代理的法律责任。

五、简要评论

工行新洲支行委托中银公司代为进行证券交易,但工行新洲支行并未在书面协议上签字盖章,故不具有证券交易资格的中银公司私刻印章所进行的代理证券回购交易行为无效,不产生工行新洲支行被代理的法律后果。工行新洲支行虽然未在书面协

---

① 本案审理时,法院适用的是《中华人民共和国经济合同法》第十六条第一款 经济合同被确认无效后,当事人依据该合同所取得的财产,应返还给对方。有过错的一方应赔偿对方因此所受的损失;如果双方都有过错,各自承担相应的责任。

上签字，但其与中银公司共同进行席位申报并指派了交易员，因此存在相应的过错，应对中银公司以其名义签订本案合同的后果承担相应的过错责任。

委托，是委托人与受托人约定，由受托人处置委托人事务的民事法律关系；代理则是代理人在代理权限内，以被代理人的名义实施民事法律的行为。两者的根本区别在于：1. 代理包括委托代理、法定代理和指定代理三种类型。委托合同是由双方当事人基于相互信任的基础而约定的合同关系，是委托代理的基础，与法定代理、指定代理无关。委托合同还适用于代理制度以外的不涉及第三人的经济行为和单纯的事务行为，法定代理和指定代理都不能适用。2. 代理只适用本人与代理关系中第三人的关系，即代理属于对外关系；委托合同只适用于委托与受委托的对内关系。3. 代理关系的成立，被代理人授予代理人代理权属于单方法律行为，无须代理人的承诺。委托合同属于双方法律关系，即委托合同法律关系的成立，首先应有受委托人的承诺，若受委托人不作承诺，委托人就不可能委托其处理委托事务，委托合同则不能成立。

一般来说，如果委托行为有效且代理行为适当，则代理人的代理行为所产生的法律后果由被代理人承担。但是，存在几种情况是代理人也需要承担相应的法律责任。1. 委托书授权不明的，代理人应当向第三人承担民事责任，被代理人负连带责任。如果代理人知道被委托代理的事项违法仍然进行代理活动的，由被代理人和代理人负连带责任。2. 如果代理人以被代理人的名义同自己或者同自己所代理的其他人进行民事活动造成损失的，应当承担民事责任。这种情况实际上是代理人滥用代理权。如果代理人和第三人串通，损害被代理人利益的，由代理人和第三人负连带责任。3. 如果属于没有代理权、超越代理权或者代理权终止后的代理行为，只有经过被代理人的追认，被代理人才承担法律责任；未经追认的行为，由行为人承担法律责任。如果本人知道他人以本人的名义实施民事行为而不作否认表示的，视为同意。如果第三人知道行为人没有代理权、超越代理权或者代理权已经终止还与行为人实施民事行为给他人造成损失的，由第三人和行为人负连带责任。

本案工行新洲支行虽然未在书面协议上签字，但工行新洲支行用实际行为履行了协议，那么委托合同应当视为成立。虽然本案中的委托合同因为违反了国家有关证券管理的规定而无效，但是代理授权行为具有无因性，即基础法律关系的不成立、无效或不生效不影响代理授权行为的效力，因此工行新洲支行授权中银公司的授权行为不受影响。即使认为，工行新洲支行的行为并不属于默示合意，或者是中银公司私刻印章使用不在工行新洲支行的授权范围之内，那么中银公司的行为则属于无权或越权代理，但工行新洲支行根据该协议的约定向中银公司提供了申办席位的有关材料并收取了中银公司的席位管理费，同样存在过错，仍有不可推卸的责任。

案例 7-1-2　有权代理：法律后果

一、基本案情

2005年3月12日，金华公司与皓羽公司签订"楚天星座"商品房保底包干销售合同（以下简称销售合同）。2006年3月28日，双方签订《"楚天星座"商品房保底包干销售合同补充协议》（以下简称《补充协议》）。销售合同约定：皓羽公司代理销售由金华公司开发的"楚天星座"项目，所有对外销售面积由金华公司签字盖章后，交由皓羽公司负责对外销售；该项目的商品房买卖合同以及文件均需由金华公司加盖公章后方能生效，其他任何单位和个人签订均属无效。《补充协议》约定：2006年4月份暂时封盘1个月作为宣传炒作本楼盘的策划月。

2006年4月苏某某与金华公司就购买×号、××号商铺签订了两份武汉市商品房买卖合同。其中×号合同的出卖人签章处盖有"金华公司楚天星座销售合同专用章"，买受人签章处有苏某某的签字。××号合同的委托代理机构签章处盖有"皓羽公司销售合同专用章"，买受人签章处有苏某某的签字，金华公司未在该合同的出卖人签章处签章。苏某某先后通过现金、银行转账以及皓羽公司报批安装在"楚天星座"的POS（Point of Sales，销售点）机向皓羽公司支付购房款共计5 631 010元。皓羽公司分别向苏某某开具三张收款收据，其中，皓羽公司开具的2 000 000元收据载明为定金，与两份认购合同记载的定金合计金额相符。

皓羽公司于2006年6月20日向金华公司发出《解除销售合同的通知》。此后，皓羽公司销售人员退出售楼部并于2006年7月30日对安装在"楚天星座"的POS机办理了撤机手续，金华公司重新组织人员对该项目进行销售。2006年9月29日，金华公司将××号商铺出售给李某，商品房买卖合同于2006年9月30日向武汉市房产管理局备案。2006年10月31日，苏某某到"楚天星座"售楼部要求办理交房手续时，金华公司以该公司并未与其签订合同也未收到其购房款为由拒绝。苏某某遂起诉请求确认其与金华公司就"楚天星座"×、××号商铺签署的×号合同与××号合同有效。

案号：最高人民法院(2012)民抗字第24号

二、诉讼过程

湖北省武汉市中级人民法院认为，×号合同虽是皓羽公司以被代理人名义签订，但皓羽公司不是合同相对方，苏某某没有理由向其支付×号商铺的购房款；皓羽公司未以被代理人的名义签订××号合同，且苏某某也未向被代理人支付××号商铺的购房款。因此，皓羽公司的行为均不构成表见代理。苏某某不服，提起上诉。

湖北省高级人民法院认为，关于×号合同，苏某某不知皓羽公司没有收取购房款的权限,金华公司亦未就此事向苏某某宣示,故苏某某支付购房款的行为并无不当。关于××号合同,虽然金华公司未在合同上盖章,仅有皓羽公司的盖章,但该合同中明确约定出卖人为金华公司,委托代理机构为皓羽公司,买受人为苏某某,且从×号合同签订过程看,苏某某对于皓羽公司作为受托人,有权代理金华公司销售的事实是清楚的,××号合同直接约束金华公司和苏某某,该合同应为有效。金华公司不服二审判决,向检察机关提出申诉。最高人民检察院向最高人民法院提出抗诉。

最高人民法院认为,根据在销售案涉楼盘时,金华公司已授予皓羽公司独家全程的代理权限、皓羽公司系以金华公司的名义销售案涉商铺、×号合同尾部加盖有出卖人金华公司的销售合同专用章、××号合同尾部亦有皓羽公司以金华公司委托代理人身份加盖的销售合同专用章等情形,足以认定皓羽公司的销售行为已构成有权代理。

三、关联法条

《中华人民共和国民法典》

第一百六十二条[①] 代理人在代理权限内,以被代理人名义实施的民事法律行为,对被代理人发生效力。

第一百七十二条 行为人没有代理权、超越代理权或者代理权终止后,仍然实施代理行为,相对人有理由相信行为人有代理权的,代理行为有效。

第九百二十五条 受托人以自己的名义,在委托人的授权范围内与第三人订立的合同,第三人在订立合同时知道受托人与委托人之间的代理关系的,该合同直接约束委托人和第三人;但是,有确切证据证明该合同只约束受托人和第三人的除外。

四、争议问题

皓羽公司向苏某某销售×号、××号商铺行为的法律后果应否归属于金华公司?

五、简要评论

代理是指代理人依据代理权,以被代理人的名义对第三人实施民事行为,直接对被代理人发生效力。代理制度的存在,使民事主体可以通过他人的行为来为自己获得利益,这就"扩大了本人在法律交往中实现自己利益的范围"[②],从而扩张了私法自治。通过为无行为能力或限制行为能力人设定法定代理人作为其私法自治的辅助[③],弥补了被代理人行为能力的欠缺。根据我国民法的规定及学理上的归纳,代理的法律特征可以

---

① 本案在审理时,法院适用的是《中华人民共和国民法通则》第六十三条 公民、法人可以通过代理人实施民事法律行为。
代理人在代理权限内,以被代理人的名义实施民事法律行为。被代理人对代理人的代理行为,承担民事责任。
依照法律规定或者按照双方当事人约定,应当由本人实施的民事法律行为,不得代理。
② [德]卡尔·拉伦茨著,王晓晔等译:《德国民法通论》(下册),法律出版社2003年版,第814页。
③ 梁慧星著:《民法总论》(第四版),法律出版社2011年版,第216页。

概括为以下几个方面：1. 代理人在代理权限之内实施代理行为。委托代理人应依据被代理人的授权进行代理。法定代理人或指定代理人也只能在法律规定或者指定的代理权限内进行代理行为。但是代理人实施代理行为时有独立进行意思表示的权利。为了更好地行使代理权和维护被代理人的利益，代理人可以在代理权限内根据具体情况为意思表示，完成代理任务。2. 代理人以被代理人的名义实施代理行为。3. 代理行为是具有法律意义的行为。代理是一种民事行为，只有代理人为被代理人实施的是能够产生民事权利义务的行为才是代理行为，如代签合同。4. 代理行为直接对被代理人发生效力。民法通则规定被代理人对代理人的代理行为承担民事责任，这里的民事责任，严格地讲是指违反义务的后果，如违约责任、侵权责任等。而在代理行为有效的情况下，被代理人所承受的，实际上是法律行为有效所带来的法律效果，如因有效合同而发生的债权债务关系等。因此，民法典将"承担民事责任"改为"对被代理人发生效力"，能够更为准确地描述代理行为的法律后果。

本案中，金华公司委托皓羽公司独家全程代理销售楼盘。买受人苏某某签订的×号合同，出卖人处有金华公司盖章，皓羽公司属于有权代理，对金华公司发生效力。××号合同出卖人处虽是皓羽公司盖章，但苏某某知道金华公司与皓羽公司之间的代理销售关系，该合同直接约束金华公司。因此，皓羽公司向苏某某销售×号、××号商铺行为的法律后果应当都归属于金华公司。

案例 7-1-3　有权代理：代理义务的履行

一、基本案情

2004年9月28日，中教信清算组向特殊教育学校（更名前为海南聋哑学校）出具一份授权委托书，授权特殊教育学校代理行使其对海南省琼山籍国用(1998)字第01-0441号土地的使用、收益、交换、转让等权利。2007年1月31日，中教信清算组与中孚所签订一份委托代理协议，委托中孚所律师代理其与海口市人民政府关于土地使用权处罚决定纠纷一案。

2007年12月13日，海口市国土环境资源局（现海口市自然资源和规划局）对中教信清算组作出《关于以核发换地权益书收回国有土地使用权的处理决定》（以下简称《处理决定》），以核发换地权益书的方式收回原中国教育科技信托投资有限公司琼山籍国用(1998)字第01-0441号国有土地使用权证项下41 251.92平方米土地的使用权，按评估价给中教信清算组核发换地权益书。2008年1月23日，中孚所律师赵某某作为中教信清算组的代理人向海口市法制局（现海口市司法局）递交《行政复议申请书》，请求撤销海口市国土环境资源局这一《处理决定》。2008年8月28日，海口市国土环境资源局同意撤销。2008年8月，特殊教育学校与中孚所签订一份委托代理协议，协议前言载明：中教信清算组已将原琼山籍国用(1998)字第01-0441号土地使用权赠送给特殊教育学校，但该宗地被海口市政府决定无偿收回权益证书。鉴于此，约定由中孚所指派赵某某律师作为代理人，争取通过法律手段改变海口市政府已经作出的收地决定；本代理为风险代理，只有海口市政府改变收地决定，恢复该宗地的使用权，特殊教育学校才向中孚所支付律师代理费。

2008年12月27日，特殊教育学校向中孚所致《关于无法履行律师代理费的函》，载明：经我们友好协商达成委托代理协议后，你所积极争取以行政复议或行政诉讼等多种方式与政府部门交涉，最后市国土环境资源局决定恢复中教信清算组对该块地的使用权，达到我们协议的最终目的。中教信清算组不同意我校将该块地拍卖，拍卖违背了国家规定，因此我校没有能力履行你所的律师代理费。2009年11月5日，中孚所向特殊教育学校发律师函催收代理费，后向法院起诉，请求特殊教育学校支付律师代理费510万元。

案号：最高人民法院(2014)民提字第224号

二、诉讼过程

海南省海口市中级人民法院认为：从时间来看，在中孚所与特殊教育学校签订委托代理协议之前，海口市国土环境资源局就已撤销《处理决定》；从因果关系来看，中孚所没有证据证明其实施了哪些具体代理行为，因此中孚所请求支付法律服务费没有事实依据。中孚所不服一审判决，提起上诉称：律师接受委托对外实施代理行为，是自委托人向受托人出具授权委托书开始的，一审法院在双方签订委托代理协议的日期上纠缠，并据此认定中孚所没有实施代理行为，是不顾事实的认定。特殊教育学校早在2008年12月就已经通过《关于无法履行律师代理费的函》认可了中孚所的代理工作，承认己方应当支付律师费。

海南省高级人民法院认为，一审法院认定基本事实清楚，适用法律正确，驳回上诉，维持原判。中孚所申请再审。

最高人民法院认为，通过特殊教育学校致中孚所《关于无法履行律师代理费的函》的内容，以及特殊教育学校在向中教信清算组提交的《特殊教育学校关于要求中教信清算组协助办理"无偿赠送土地"拍卖有关手续的请示》中的陈述可知，特殊教育学校已经承认中孚所在案涉行政争议处理中尽到了委托代理义务，不能完全以委托代理协议签订的时间来判断中孚所是否尽到委托代理义务。双方委托代理协议签订时间晚于委托代理事项基本完成之时的事实，也从另一角度证明，中孚所在代理业务过程中，存在先履行代理义务，后补签委托代理协议的可能。综合案件事实进行判断，可以认定中孚所已尽委托代理协议约定的代理义务。

三、关联法条

《中华人民共和国民法典》

第一百六十三条①　代理包括委托代理和法定代理。

委托代理人按照被代理人的委托行使代理权。法定代理人依照法律的规定行使代理权。

第一百六十四条②　代理人不履行或者不完全履行职责，造成被代理人损害的，应当承担民事责任。

代理人和相对人恶意串通，损害被代理人合法权益的，代理人和相对人应当承担连带责任。

四、争议问题

中孚所是否已履行代理义务？

五、简要评论

代理权是代理制度的核心，指代理人基于被代理人的意思表示、法律的直接规定或者有关机关的指定，能够以被代理人的名义为意思表示或者受领意思表示，其法律效果直接归于被代理人的权利。代理权的发生原因包括：1. 基于法律规定而发生。这是法定代理权的发生原因。例如民法典规定，未成年人的父母因具有监护人身份而成为未成年的代理人，其监护人身份是依法律规定产生法定代理权的根据。2. 基于被代理人的授权行为而发生。这是委托代理权的发生原因。所谓授权行为，是指被代理人对代理人授权代理权的行为。在实践中，授权行为常与某种基础法律关系相结合，包括委托合同关系、合伙合同关系、劳动合同关系及企业内部组织关系等。本案中特殊教育学校对中孚所律师代理权的授予即来源于其与中孚所之间的委托合同关系。民法典将代理分为委托代理和法定代理，民法通则还多一个指定代理。指定代理严格地讲只是一种特殊的法定代理，而非一种独立的代理类型。因此，民法典删去指定代理的规定，较为妥当。

代理权的行使是指代理人在代理权限内，以被代理人的名义独立、依法、有效地实施民事行为，以达到被代理人所希望的或者客观上符合被代理人利益的法律效果。根据民法典及相关法律的规定，委托代理的代理人在行使代理权的过程中应当遵循以下原则：1. 代理人应在代理权限内行使代理权。代理人未经被代理人的同意，不得擅自扩大、变更代理权限。代理人超越或者变更代理权限所为的行为，非经被代理人追认，

---

① 本案审理时，法院适用的是《中华人民共和国民法通则》第六十四条　代理包括委托代理、法定代理和指定代理。委托代理人按照被代理人的委托行使代理权，法定代理人依照法律的规定行使代理权，指定代理人按照人民法院或者指定单位的指定行使代理权。

② 本案审理时，法院适用的是《中华人民共和国民法通则》第六十六条　没有代理权、超越代理权或者代理权终止后的行为，只有经过被代理人的追认，被代理人才承担民事责任。未经追认的行为，由行为人承担民事责任。本人知道他人以本人名义实施民事行为而不作否认表示的，视为同意。代理人不履行职责而给被代理人造成损害的，应当承担民事责任。代理人和第三人串通，损害被代理人的利益的，由代理人和第三人负连带责任。第三人知道行为人没有代理权、超越代理权或者代理权已终止还与行为人实施民事行为给他人造成损害的，由第三人和行为人负连带责任。

对被代理人不发生法律效力,由此给被代理人造成经济损失的,代理人还应承担赔偿责任。2. 代理人应亲自行使代理权,不得任意转托他人代理,因为代理人与被代理人之间,通常具有人身信赖关系。3. 代理人应积极行使代理权,尽勤勉和谨慎义务。代理人应从维护被代理人的利益出发,争取在对被代理人最为有利的情况下完成代理行为。判断代理人行使代理权是否维护被代理人利益的标准,因代理的种类不同而不同。对于委托代理,其标准为是否符合被代理人的主观利益;对于法定代理,其标准为是否符合被代理人的客观利益。主观利益,指代理行为应当符合委托代理合同订立时当事人意思表示一致达成的内容和方式;客观利益,则指代理行为应当最大限度地尊重被监护人的真实意愿,符合被代理人的最佳利益。

本案为委托代理合同纠纷,主要争议问题为中孚所的代理义务履行与否。在委托代理中,代理义务的履行应当以双方意思表示一致达成的内容和方式为标准。本案双方约定的代理内容明确,但对义务履行与否产生分歧。中孚所认为其在实质效果上已经达到双方协议的目的,应当被认定为代理义务已经履行完毕。特殊学校认为其委托代理关系自2008年8月签订委托代理协议时成立,中孚所证明其履行义务的证据皆发生在2008年8月之前,因此认定中孚所未履行代理义务。最高人民法院认为,在实践代理业务过程中,存在先履行代理义务,后补签委托代理协议的可能。因此,认定代理义务履行与否不能仅仅依靠代理关系产生的时间先后顺序,还应当结合具体的委托事项及实际达到的效果来加以判断。

案例 7-1-4　有权代理:隐名代理

一、基本案情

2010年8月16日,燃料油公司与华明公司签订燃料油代理协议书(以下简称代理协议),约定:华明公司委托燃料油公司代理经营燃料油业务,燃料油公司接受华明公司委托执行本协议及签订中方与外方的采购合同和销售合同;华明公司自行承担购销合同项下除银行对外收/开证及付款等银行行为以外的全部义务;如果外方未能按照规定开立信用证或者按期信用证付款,由此产生的所有损失由华明公司承担。

2010年10月18日,燃料油公司与优尼科公司签订采购合同。同日,燃料油公司与尼日利亚ATLANTICFINAPLUX公司签订销售合同。

2011年5月18日,华明公司向燃料油公司出具担保书,其中记载:华明公司与燃料油公司签订代理协议,由于该项业务多次修改采购合同及开立信用证,现华明公司同意就燃料油公司与优尼科公司签订的采购合同及与尼日利亚ATLANTICFINAPLUX公司签订的销售合同操作过程中产生的全部费用及损失进行担保。如优尼科公司不承担开立信用证等费用,尼日利亚ATLANTICFINAPLUX公司不支付或不按时支付货款,华明公司将支付全部费用及货款并承担无限连带责任。优尼科公司于2011年5月18日、2012年4月18日向燃料油公司出具承诺函，表示自愿加入燃料油公司与华明公司的债权债务关系，其保证将包括货款、代理费、银行费用、占用资金回报在内的全部款项支付给燃料油公司。后因优尼科公司未按期履行承诺函，其又于2012年6月6日出具情况说明，表示其将在同年6月底前将上述款项支付给燃料油公司。2012年7月6日，优尼科公司再次出具的担保函，表示其将在同年8月至9月30日前将款项支付给燃料油公司，否则将承担全部法律责任。

2012年10月16日，燃料油公司以优尼科公司与华明公司未依承诺给付燃料油公司所垫付的信用证项下款项为由，向天津市第一中级人民法院提起诉讼。因燃料油公司将诉讼请求金额由人民币5 000万元增加至人民币6 519.253万元，优尼科公司、华明公司为此提出管辖权异议，天津市第一中级人民法院裁定将案件移送天津市高级人民法院审理。华明公司主张，其受优尼科公司委托，代替优尼科公司与燃料油公司签订本案的代理协议，优尼科公司作为代理协议的实际委托人，燃料油公司信用证项下垫付款项应由优尼科公司直接承担。

案号：最高人民法院(2015)民四终字第33号

二、诉讼过程

天津市高级人民法院认为，华明公司与燃料油公司签订的代理协议系双方当事人真实意思表示，且不违反法律、行政法规的强制性规定，合法有效。由于华明公司未能提交证据证明燃料油公司在订立代理协议时即知晓华明公司与优尼科公司之间存在委托代理关系，故华明公司以优尼科公司为代理协议的实际委托人为由，提出代理协议应直接约束燃料油公司和优尼科公司的主张，因缺乏事实依据，不能成立。燃料油公司已经依照华明公司的委托完成了代理协议项下签订购销合同的义务。故燃料油公司因此支付的费用及受到的损失，应由华明公司承担。华明公司不服，提起上诉。

最高人民法院经审理认为，一审判决并无不当，故驳回上诉，维持原判。

华明公司曾向最高人民法院申请再审，被裁定驳回，参见(2018)最高法民申6273号。

三、关联法条

《中华人民共和国民法典》

第一百六十二条[①]　代理人在代理权限内，以被代理人名义实施的民事法律行为，对被代理人发生效力。

---

① 本案审理时，法院适用的是《中华人民共和国民法通则》第六十三条　公民、法人可以通过代理人实施民事法律行为。
代理人在代理权限内，以被代理人的名义实施民事法律行为。被代理人对代理人的代理行为，承担民事责任。
依照法律规定或者按照双方当事人约定，应当由本人实施的民事法律行为，不得代理。

第九百二十五条 受托人以自己的名义,在委托人的授权范围内与第三人订立的合同,第三人在订立合同时知道受托人与委托人之间的代理关系的,该合同直接约束委托人和第三人;但是,有确切证据证明该合同只约束受托人和第三人的除外。

第九百二十六条 受托人以自己的名义与第三人订立合同时,第三人不知道受托人与委托人之间的代理关系的,受托人因第三人的原因对委托人不履行义务,受托人应当向委托人披露第三人,委托人因此可以行使受托人对第三人的权利。但是,第三人与受托人订立合同时如果知道该委托人就不会订立合同的除外。

受托人因委托人的原因对第三人不履行义务,受托人应当向第三人披露委托人,第三人因此可以选择受托人或者委托人作为相对人主张其权利,但是第三人不得变更选定的相对人。

委托人行使受托人对第三人的权利的,第三人可以向委托人主张其对受托人的抗辩。第三人选定委托人作为其相对人的,委托人可以向第三人主张其对受托人的抗辩以及受托人对第三人的抗辩。

四、争议问题

华明公司和燃料油公司是否构成委托代理关系?

五、简要评论

本案系委托代理合同纠纷,核心问题为在隐名代理关系中存在交易第三人时如何确定代理法律效果的归属。隐名代理是指代理人以自己的名义,在委托人的授权范围内与第三人订立合同的代理方式。根据第三人知道和不知道代理人与被代理人之间代理关系的不同,有不同的处理方式。隐名代理的构成要件包括:1. 代理人以自己的名义与第三人订立合同;2. 代理人是在被代理人的授权范围内实施隐名代理行为;3. 代理人实施隐名代理行为是以其与被代理人之间的约定或法律允许隐名代理为前提的。隐名代理制度产生于中世纪早期。进入17世纪,英国的商品经济快速发展,尤其是海外贸易活动更加频繁,加之受到判例法、海商法、商事法等因素的影响,产生了代理商和经纪人这两类商业代理人,使得"代理"一词最终作为独立的概念从雇主与受雇人关系中分离出来被广泛使用。随着经济的进一步发展,特别是经纪人的出现,不公开本人姓名的代理在商业活动中非常普遍。本人姓名对第三人来说,已变得不太重要[1]。隐名代理的操作灵活性和便捷性使其在实践中得到广泛应用,无论是英美法系还是大陆法系,都在一定程度上认可了隐名代理[2]。我国民法通则继受了大陆法系代理制度中的"显名原则",没有规定隐名代理。民法总则制定过程中,应否规定隐名代理也存在很大争议。反对的主要理由是隐名代理是特定时期外贸业务的要求,如今我国外贸体制已经发生

---

[1] 姜圣复、付本超:《隐名代理和我国外贸代理法律制度的完善》,《当代法学》2001年第7期,第71-73页。
[2] 徐海燕著:《英美代理法研究》,法律出版社2000年版,第178-179页。

根本性变化,不再存在适用隐名代理制度的社会经济环境①。赞成的理由主要是随着经济的发展,隐名代理制度不再局限于我国的对外贸易中,在民事生活领域也有应用的广泛需求②。虽然民法总则的三次审议稿中均有隐名代理的条款,但是民法总则最终还是没有规定隐名代理。

外贸代理是由外贸公司充当国内客户和供货部门的代理人,代理委托方签订进出口合同,收取一定的佣金或手续费。外贸企业需要承担相应的责任,而价格和其他合同条款的最终决定权属于委托方,进出口盈亏和履约责任最终由委托方承担。外贸代理以被代理人的名义(更多的是以代理人自己的名义)从事代理活动。在实践中,外贸代理人经常选择不公开委托人的身份,主要是为了保护商业秘密或其他考虑,因此,隐名代理制度在对外贸易中广泛适用。本案中,华明公司与燃料油公司签订代理协议,约定华明公司委托燃料油公司经营燃料油业务,华明公司是委托方,燃料油公司是受托方。燃料油公司接受华明公司的委托执行代理协议及以自己的名义签订中方与外方的购销合同。后燃料油公司分别以自己的名义与优尼科公司和尼日利亚 ATLANTICFINAPLUX 公司签订采购合同与销售合同。因此,华明公司与燃料油公司之间存在隐名代理关系。

与直接代理不同,隐名代理中受托人与第三人之间的行为后果是间接归于委托人。依据民法典的规定,在隐名代理中,只有第三人在订立合同时知道受托人与委托人之间的代理关系的,该合同才能直接约束委托人和第三人。虽然华明公司主张其受优尼科公司委托,隐名代理优尼科公司与燃料油公司签订本案的代理协议,但是华明公司未提出证据证明燃料油公司在签订代理协议时知道华明公司与优尼科公司之间存在委托代理关系,因此华明公司与优尼科公司之间并不存在隐名代理关系。代理协议中明确约定"购销合同条款由双方与国外供货商确定",华明公司作为购销合同项下货物的实际买方、卖方,在知晓合同相关内容的情况下,仍于 2011 年 5 月 18 日出具担保书为购销合同的履行进行担保,应当视为华明公司确认燃料油公司作为受托人,已经依照其委托完成了代理协议项下签订购销合同的义务。因此,依据代理协议的约定,应由华明公司作为该协议的实际委托人承担隐名代理产生的法律效果。

案例 7-1-5 有权代理:职务代理

一、基本案情

中信晚报支行于 2006 年 7 月 3 日向李某某出具借条"今借到李某某人民币捌佰万

---

① 尹田:《民事代理之显名主义及其发展》,《清华法学》2010 年第 4 期,第 18-24 页。方新军:《〈民法总则〉第七章"代理"制度的成功与不足》,《华东政法大学学报》2017 年第 3 期,第 35-48 页。
② 马新彦:《民法总则代理立法研究》,《法学家》2016 年第 5 期,第 121-138 页。梁慧星:《民法总则立法的若干理论问题》,《暨南学报(哲学社会科学版)》2016 年第 1 期,第 19-40 页。

元整。期限自 2006 年 7 月 3 日至 2006 年 7 月 27 日,共计 25 天。同时我行委托李某某将该款汇至平安科技公司在我行开立的账户,借款以捌佰万元资金到账为准。我行保证按期归还,如不能按期归还,双方协商解决,解决不成将由洛阳市人民法院判决,并按借款金额每天支付 20% 违约金"。该借条加盖中信晚报支行公章,并由时任行长蒋某某签字。当日,李某某按照中信晚报支行要求将 800 万元分两次汇入其指定的账户内。

该款到期后,中信晚报支行未能按期归还。2006 年 11 月 5 日,李某某诉至法院请求判令中信晚报支行归还 800 万元并支付违约金。中信晚报支行辩称:李某某持有借条上加盖的印章不是其名称,系伪造。银行不具有借款的主体资格,向李某某借款违反法律禁止性规定。蒋某某在借条上签字的行为是个人行为,不构成表见代理,李某某不具有法律上的善意。其中有 550 万元是向平安科技公司账户汇入的货款,平安科技公司是直接借款人,李某某与平安公司构成借款合同关系。

案号:最高人民法院(2013)民提字第 21 号

二、诉讼过程

河南省洛阳市中级人民法院认为,本案中的借条是由中信晚报支行时任负责人(行长)蒋某某以该支行的名义出具,蒋某某作为该支行的法定代表人,其以支行名义向李某某借款,是职务行为。因此,中信晚报支行是该借款合同的当事人,应承担相应的民事责任。但双方约定"如不能按期归还,按借款金额每天支付 20% 违约金"的比例过高,且不符合法律规定。根据本案具体情况,酌定由中信晚报支行按中国人民银行同期贷款利率的 3 倍计付利息。中信晚报支行不服提起上诉,认为蒋某某是中信晚报支行的负责人,一审认定其为法定代表人错误。银行向自然人借款超出银行正常业务范围,蒋某某的行为不具备职务行为的前提,一审认定蒋某某的行为系职务行为是错误的。

河南省高级人民法院认为,一审法院裁判并无不当。蒋某某在借款当时系该支行行长,是该支行的负责人,借条又是蒋某某在其办公室出具,还加盖有印文为"中信晚报支行"的印章,蒋某某以该支行名义向李某某借款并出具借条的行为是职务行为。该行为法律效果应归属于中信晚报支行。遂判决驳回上诉,维持原判。中信晚报支行不服,申请再审。

最高人民法院认为,一、二审判决认定事实清楚,适用法律正确。商业银行法规定的十四项业务内容,是商业银行的经营业务范围,并非商业银行从事民事行为的范围,没有禁止商业银行作为企业法人在进行经营业务的同时进行其他民事行为。所以银行具有借款主体资格,蒋某某代表中信晚报支行出具借条是职务行为,不能认定为超越权限。蒋某某依职权从事的民事行为对该行产生法律效力,故判决维持原判。

三、关联法条

《中华人民共和国民法典》

第六十一条　依照法律或者法人章程的规定,代表法人从事民事活动的负责人,为法人的法定代表人。

法定代表人以法人名义从事的民事活动,其法律后果由法人承受。

法人章程或者法人权力机构对法定代表人代表权的限制,不得对抗善意相对人。

第一百七十条[①]　执行法人或者非法人组织工作任务的人员,就其职权范围内的事项,以法人或者非法人组织的名义实施的民事法律行为,对法人或者非法人组织发生效力。

法人或者非法人组织对执行其工作任务的人员职权范围的限制,不得对抗善意相对人。

第五百零四条[②]　法人的法定代表人或者非法人组织的负责人超越权限订立的合同,除相对人知道或者应当知道其超越权限外,该代表行为有效,订立的合同对法人或者非法人组织发生效力。

《中华人民共和国商业银行法》

第三条　商业银行可以经营下列部分或者全部业务:

(一) 吸收公众存款;

(二) 发放短期、中期和长期贷款;

(三) 办理国内外结算;

(四) 办理票据承兑与贴现;

(五) 发行金融债券;

(六) 代理发行、代理兑付、承销政府债券;

(七) 买卖政府债券、金融债券;

(八) 从事同业拆借;

(九) 买卖、代理买卖外汇;

(十) 从事银行卡业务;

(十一) 提供信用证服务及担保;

(十二) 代理收付款项及代理保险业务;

(十三) 提供保管箱服务;

(十四) 经国务院银行业监督管理机构批准的其他业务。

经营范围由商业银行章程规定,报国务院银行业监督管理机构批准。

商业银行经中国人民银行批准,可以经营结汇、售汇业务。

---

① 本案审理时,法院适用的是《中华人民共和国民法通则》第四十三条　企业法人对它的法定代表人和其他工作人员的经营活动,承担民事责任。

② 本案审理时,法院适用的是《中华人民共和国合同法》第五十条　法人或者其他组织的法定代表人、负责人超越权限订立的合同,除相对人知道或者应当知道其超越权限的以外,该代表行为有效。

四、争议问题

1. 蒋某某向李某某出具借条的行为是否为职务行为？
2. 中信晚报支行应否向李某某承担返还借款的责任？

五、简要评论

法人的法定代表人是依照法律或者法人章程的规定，代表法人从事民事活动的负责人。法定代表人基于法人资格而产生。按照商业银行法的规定①，本案中的中信晚报支行是中信银行股份有限公司的分支机构，不具有法人资格。因此，一审法院关于中信晚报支行行长、负责人是该支行法定代表人的认定是错误的。尽管如此，蒋某某作为时任中信晚报支行的负责人，有权代表该行进行民事行为。出具借条是在其办公场所，借条的内容也表明是中信晚报支行向李某某借款，而非蒋某某个人向李某某借款。因此，蒋某某代表中信晚报支行向李某某出具借条的行为应当认定为职务行为。职务行为通常是指工作人员行使职务的行为，是履行职责的活动，与工作人员的个人行为相对应。当事人的行为之所以被认定为职务行为，往往是因为其担任特定职务，被认定为具有代表性质。

职务代理，是指执行法人或者非法人工作任务的人员，就其职权范围内的事项，以法人或者非法人组织的名义实施民事法律行为，对法人或者非法人组织发生效力。职务代理根据代理人所担任的职务而产生，无须法人或其他组织的特别授权，其法律效果应当参照委托代理的规定。尽管职务代理也是一种授权代理，但是法人在指示或者委托工作人员对外进行法律行为时，可能并不像一般委托代理那样进行外部授权，其内部授权更多地体现为公司章程中对各类工作人员职权范围的列举和限定，或者是通过内部的决议行为对各类工作人员的职权范围进行决定。正因如此，民法典总则编才对职务代理作了单独规定，这相对于民法通则是一个进步。《最高人民法院关于贯彻执行〈中华人民共和国民法通则〉若干问题的意见（试行）》第五十八条"企业法人的法定代表人和其他工作人员，以法人名义从事的经营活动，给他人造成经济损失的，企业法人应当承担民事责任"和民法通则第三十四条第二款"合伙负责人和其他人员的经营活动，由全体合伙人承担民事责任"，这些规定将法定代表人和其他人员规定在一起，包含了代表和职务代理。民法典总则编将二者区分开来，将"经营范围"表述改变为"职权范围"，并将此扩展适用于所有的法人和非法人组织。本案中，蒋某某作为时任中信晚报支行的负责人（行长），在其职权范围内，以中信晚报支行的名义出具借条，应当构成职务代理，对中信晚报支行发生效力，中信晚报支行应当向李某某承担返还借款的责任。

---

① 《中华人民共和国商业银行法》第二十二条　商业银行对其分支机构实行全行统一核算，统一调度资金，分级管理的财务制度。

　　商业银行分支机构不具有法人资格，在总行授权范围内依法开展业务，其民事责任由总行承担。

案例 7-2　无权代理

一、基本案情

2009 年 12 月 21 日,高能公司与峰联公司签订一份房地产项目居间合同(以下简称居间合同),约定:峰联公司(甲方)是会展中心(项目公司)的实际控制人,并合法拥有中国沈阳市浑南新区天坛街 12 号(以下简称会展中心地块)的开发建设权。甲方有意转让其持有的会展中心的全部或部分股权,继而转让会展中心地块的开发建设权,故委托高能公司(乙方)提供居间和顾问服务。在该合同尾部,甲方峰联公司处未加盖公司印章,法定代表人或委托代理人处由付某某签字;项目公司会展中心处未加盖会展中心公章,法定代表人或委托代理人处也由付某某签字;乙方高能公司处加盖了高能公司印章,法定代表人或委托代理人处由邵某某签字。

会展中心地块的土地使用权由会展中心于 2002 年 4 月 25 日通过划拨方式取得,终止日期为 2042 年 6 月 29 日。2009 年 12 月 18 日,浑南新区管委会根据 2009 年第 237 号市政府业务会议授权,将该地块重新规划,按国家规定的土地出让金评估价格毛地挂牌出让。2009 年 12 月 23 日沈阳市规划和国土资源局浑南新区分局根据会展中心申请,注销了会展中心土地使用证。2009 年 12 月 28 日,华发公司、会展中心、华纳公司、华耀公司签订拆迁补偿安置合同,由华发公司成功竞买且由华纳公司、华耀公司取得会展中心地块使用权后,由华发公司和会展中心保证华纳公司、华耀公司向会展中心支付拆迁补偿款;会展中心于 6 个月内自行拆迁完毕。2010 年 1 月 27 日,沈阳市规划和国土资源局浑南新区分局分别与华纳公司、华耀公司签订土地出让协议。2010 年 3 月 8 日,沈阳市政府向华纳公司、华耀公司颁发了土地使用证。

高能公司认为居间合同约定促成委托方和意向受让方签订转让合同、转让会展中心地块的房地产开发建设权,该居间事项已经完成,应当获得报酬,故于 2010 年 7 月提起诉讼,请求判令峰联公司、会展中心、付某某立即支付给高能公司居间报酬及逾期支付报酬期间的利息。

案号:最高人民法院(2011)民四终字第 38 号

二、诉讼过程

辽宁省高级人民法院认为:1. 会展中心为合同约定的项目公司,既不享有权利亦不承担义务,不是合同的当事人。居间合同上峰联公司未加盖公章,付某某在峰联公司法定代表人或委托代理人处代表签字。峰联公司对付某某代理行为的追认使得付某某的行为构成有权代理,高能公司和峰联公司是居间合同的当事人。2. 从合同使用的词句看,峰联公司欲转让的标的物为其所持有的会展中心的"全部股权或部分股权";从合同目的看,以股权为待促成转让合同的标的物符合峰联公司和意向受让方的合同目的;从居间报酬的计算标准和支付方法看,本案当事人也是围绕股权转让而作出的约定。因此居间合同约定的居间事项为转让会展中心所有的"股权",高能公司未完成居间事项,无权要求支付居间报酬。高能公司不服,提起上诉。

最高人民法院认为,一审判决认定事实基本清楚,适用法律正确,依法判决驳回上诉,维持原判。

高能公司曾向最高人民法院申请再审,被裁定驳回,参见最高人民法院(2013)民申字第1272号。

三、关联法条

《中华人民共和国民法典》

第一百四十二条　有相对人的意思表示的解释,应当按照所使用的词句,结合相关条款、行为的性质和目的、习惯以及诚信原则,确定意思表示的含义。

无相对人的意思表示的解释,不能完全拘泥于所使用的词句,而应当结合相关条款、行为的性质和目的、习惯以及诚信原则,确定行为人的真实意思。

第一百七十一条①　行为人没有代理权、超越代理权或者代理权终止后,仍然实施代理行为,未经被代理人追认的,对被代理人不发生效力。

相对人可以催告被代理人自收到通知之日起三十日内予以追认。被代理人未作表示的,视为拒绝追认。行为人实施的行为被追认前,善意相对人有撤销的权利。撤销应当以通知的方式作出。

行为人实施的行为未被追认的,善意相对人有权请求行为人履行债务或者就其受到的损害请求行为人赔偿。但是,赔偿的范围不得超过被代理人追认时相对人所能获得的利益。

相对人知道或者应当知道行为人无权代理的,相对人和行为人按照各自的过错承担责任。

第四百六十六条②　当事人对合同条款的理解有争议的,应当依据本法第一百四十二条第一款的规定,确定争议条款的含义。

---

① 本案审理时,法院适用的是《中华人民共和国民法通则》第六十六条　没有代理权、超越代理权或者代理权终止后的行为,只有经过被代理人的追认,被代理人才承担民事责任。未经追认的行为,由行为人承担民事责任。本人知道他人以本人名义实施民事行为而不作否认表示的,视为同意。

代理人不履行职责而给被代理人造成损害的,应当承担民事责任。

代理人和第三人串通,损害被代理人的利益的,由代理人和第三人负连带责任。

第三人知道行为人没有代理权、超越代理权或者代理权已终止还与行为人实施民事行为给他人造成损害的,由第三人和行为人负连带责任。

② 本案审理时,法院适用的是《中华人民共和国合同法》第一百二十五条　当事人对合同条款的理解有争议的,应当按照合同所使用的词句、合同的有关条款、合同的目的、交易习惯以及诚实信用原则,确定该条款的真实意思。

合同文本采用两种以上文字订立并约定具有同等效力的,对各文本使用的词句推定具有相同含义。各文本使用的词句不一致的,应当根据合同的目的予以解释。

合同文本采用两种以上文字订立并约定具有同等效力的,对各文本使用的词句推定具有相同含义。各文本使用的词句不一致的,应当根据合同的相关条款、性质、目的以及诚信原则等予以解释。

第九百六十四条① 中介人未促成合同成立的,不得请求支付报酬;但是,可以按照约定请求委托人支付从事中介活动支出的必要费用。

四、争议问题

居间合同当事人以及居间事项的认定。

五、简要评论

本案争议问题解决的前提在于判断付某某的行为是否构成无权代理。无权代理有广、狭义之分,广义的无权代理包括表见代理。本案主要涉及狭义的无权代理,是指行为人既没有代理权,也没有令相对人相信代理权存在的事实或理由,而以被代理人的名义所为的代理。民法通则和合同法都规定了无权代理的三种类型,即没有代理权、超越代理权和代理权终止以后的代理行为,但是没有规定被代理人不追认时行为人对相对人所承担的具体责任。《民法典》第一百七十一条则在上述规定的基础上对行为人的责任予以明确——无权代理中被代理人不予追认的,对于被代理人不发生法律效力,由行为人承担责任。

被代理人的追认属于单方法律行为,不以行为人和相对人的同意为必要。被代理人的追认既可以向行为人表示,也可以向相对人表示②。无权代理如果能经被代理人追认,就成为有权代理。被代理人追认的意思向无权代理人或者相对人表示,可以明示也可以默示③。无权代理人如实施了多项无权代理行为,被代理人可以追认其中一项或者多项,但是对某一项无权代理行为的追认,应当是概括的,不能只追认利益的方面而不追认不利益的方面。追认的意思表示到达相对人时生效,民事行为自始发生效力④。同时,为了平衡被代理人和相对人的利益,相对人有催告权和撤销权。相对人行使催告权应当向被代理人表示。行使催告权应当在被代理人追认之前。民法典规定相对人可以催告被代理人自收到通知之日起三十日内予以追认。在追认期内被代理人未作表示的,视为拒绝追认。

若无权代理人实施的行为未被代理人追认,将会产生相应的法律责任。1. 无权代

---

① 本案审理时,法院适用的是《中华人民共和国合同法》第四百二十七条 居间人未促成合同成立的,不得要求支付报酬,但可以要求委托人支付从事居间活动支出的必要费用。
② 陈甦主编:《民法总则评注》(下册),法律出版社 2017 年版,第 1215 页。
③ 《中华人民共和国民法典》第五百零三条 无权代理人以被代理人的名义订立合同,被代理人已经开始履行合同义务或者接受相对人履行的,视为对合同的追认。
④ 《最高人民法院关于适用〈中华人民共和国民法典〉总则编若干问题的解释》第二十九条 法定代理人、被代理人依民法典第一百四十五条、第一百七十一条的规定向相对人作出追认的意思表示的,人民法院应当依据民法典第一百三十七条的规定确认其追认意思表示的生效时间。

理人向相对人承担履行债务或赔偿损失的责任。对此,世界各国立法不尽一致:日本民法和法国民法规定,无权代理人对相对人负损害赔偿责任;德国民法规定,应根据相对人的选择,或履行无权代理行为所产生的义务,或者承担损害赔偿责任[①]。显然我国民法典的规定更加趋近于德国民法。2. 无权代理人对被代理人承担侵权责任。依据《民法典》第一百七十一条第四款的规定,如果相对人明知无权代理人无代理权仍与其实施民事行为,造成被代理人损失的,行为人与相对人按照各自的过错承担责任。

在本案中,付某某作为峰联公司的法定代表人,虽事先未经公司同意,在与高能公司签订居间合同中以法定代表人的身份进行签字盖章,但其代表的是公司而非个人,并且峰联公司事后对付某某的代理行为进行了追认。因此,高能公司认为付某某为无权代理的主张不能成立。作为项目公司的会展中心,未参与居间合同的协商过程,且非合同当事方,不应作为本案适格当事人。综上,无权代理认定的关键在于被代理人追认与否,而非简单地满足没有代理权、超越代理权和代理权终止三要件之一。

案例 7-3　表见代理

一、基本案情

谭某某系农行云阳支行工作人员。唐某1系生州公司的法定代表人。唐某1、刘某1、刘某2共谋以高额利息揽储的名义,利用假存单采用"体外循环"的方式骗取资金。2009年1月14日,钟某某作为存款方,刘某2作为生州公司的代表签订引资融资协议。钟某某通过邵某某联系上李某某,称其到农行云阳支行存款有高额利息回报。李某某于2009年1月14日到达重庆市云阳县,并于2009年1月15日办理存款。当日上午,刘某1、刘某2等人带领李某某到谭某某在农行云阳支行云江大道原分理处的办公室,并向其介绍谭某某是谭行长,谭某某将事先准备好的承诺书交给李某某。李某某看后,谭某某在该承诺书上签名。随后,刘某1、曾某带李某某到农行云阳支行杏家湾分理处柜员程某的营业窗口办理了存款业务。唐某1、刘某1、谭某某、刘某2、曾某、唐某2经重庆市第二中级人民法院(2010)渝二中法刑初字第105号刑事判决认定,利用假存单骗取李某某1 000万元构成金融诈骗罪,判处刑罚。2009年12月2日,李某某诉称,基于在农行云阳支行办公场所对谭某某"行长"身份的信赖,其办理1 000万元的定期存款,谭某某的行为构成表见代理,行为后果应由农行云阳支行承担。

案号:最高人民法院(2013)民提字第 95 号

二、诉讼过程

重庆市第二中级人民法院认为,根据《最高人民法院关于审理存单纠纷案件的若干

[①] 朱庆育著:《民法总论》,北京大学出版社2016年版,第361页。

规定》第六条第二项第三目①规定，李某某预先收取的高额利息175万元应冲抵本金，加上一审法院已执行交付的价值553 600元的轿车，李某某已收回本金2 303 600元，其余本金及法定利息应由用资人承担偿付责任，农行云阳支行对用资人不能偿还的本金部分承担40%的赔偿责任。李某某不服，提起上诉。

重庆市高级人民法院认为，谭某某的行为不能代表农行云阳支行。理由为：1. 谭某某并非农行云阳支行的行长，其行为不能代表该支行。2. 表见代理中的相对人应当是善意无过错的，才能符合合同法中"相对人有理由相信行为人有代理权"，构成表见代理。李某某本身具有过错，谭某某的行为不构成表见代理。因此，农行云阳支行不应对李某某的1 000万元款项承担兑付义务。故判决撤销一审判决，驳回李某某的诉讼请求。李某某不服，申请再审。

最高人民法院认为，二审判决认定事实清楚，适用法律正确，依法予以维持。

三、关联法条

《中华人民共和国民法典》

第一百七十二条　行为人没有代理权、超越代理权或者代理权终止后，仍然实施代理行为，相对人有理由相信行为人有代理权的，代理行为有效。

四、争议问题

农行云阳支行应否对李某某的1 000万元款项承担兑付义务？

五、简要评论

表见代理，是指行为人没有代理权，但使相对人有理由相信其有代理权，法律规定被代理人应负授权责任的无权代理。普通法系的法律认为外表授权产生于禁止翻供规则，法律不允许当事人否认别的有理智的人从他的言行中得出的合理结论。一个人的言行向相对人表示已授权给某人，而实际上他未授权，这就构成了外表授权。从维护交易安全、公平及善意第三人的利益出发，法律承认外表授权是产生代理权的法律事实，其效力使表见代理人获得代理权②。民法法系代理制度的价值在于尊重当事人的意思，考虑本人的利益。但若只尊重当事人一方的意思，不考虑相对人的意思和利益，则代理制度的价值将无法实现。因此，对于被代理人与行为人之间存在特殊关系或者有授权表象情形的，承认表见代理。表见代理的制度价值在于维护交易安全，使个人静的安全与社会动的安全得到协调。我国民法典肯定了表见代理的制度价值。

---

① 《最高人民法院关于审理存单纠纷案件的若干规定》第六条第二项第三目　出资人将资金交付给金融机构，金融机构给出资人出具存单或进账单、对账单或与出资人签订存款合同，出资人再指定金融机构将资金转给用资人的，首先由用资人返还出资人本金和利息。利息按人民银行同期存款利率计算至给付之日。金融机构因其帮助违法借贷的过错，应当对用资人不能偿还出资人本金部分承担赔偿责任，但不超过不能偿还本金部分的百分之四十。

② 梁慧星著：《民法总论》（第四版），法律出版社2011年版，第239-241页。

表见代理的构成要件为：1. 行为人实施代理行为时无代理权，或者对于所实施的代理行为无代理权。2. 有使相对人相信行为人具有代理权的事实或理由。这一要件以行为人与被代理人之间存在某种事实上或者法律上的联系为基础。这种联系是否存在或者是否足以使相对人相信行为人有代理权，应依一般交易情况而定。通常情况下，行为人持有被代理人发出的证明文件，如被代理人的介绍信、盖有合同专用章或者盖有公章的空白合同书，或者有被代理人向相对人所做的授予其代理权的通知或者公告，这些证明文件构成认定表见代理的客观依据。对上述客观依据，相对人负有举证责任。3. 相对人为善意。这是表见代理成立的主观要件，即相对人不知行为人所为的行为系无权代理行为；如果相对人出于恶意，即明知他人为无权代理仍与其实施民事行为，就失去了法律保护的必要，表见代理不能成立。4. 行为人与相对人之间的民事行为具备民事行为的有效要件。表见代理能发生有权代理的法律效果，应具备民事行为的有效要件，即行为人具有相应的民事行为能力、意思表示真实以及不违背法律行政法规的强制性规定，不违背公序良俗。如果不具备民事行为的有效要件，则不成立表见代理。在构成表见代理的情况中，相对人相信行为人具有代理权，往往与本人具有过失有关，但表见代理的成立不以本人主观上具有过失为必要条件，即使本人没有过失，只要客观上有使相对人相信行为人有代理权的依据，即可构成表见代理。

在本案中，李某某主张其与谭某某商谈存款事宜时，有理由相信谭某某为"行长"。根据表见代理构成要件之规定，除了代理人的无权代理行为在客观上形成具有代理权的表象之外，相对人还需在主观上善意且无过失地相信行为人有代理权。李某某对谭某某行长的身份未经核实即轻信，对存款过程中诸多不合常规的操作未产生怀疑，并且在主观上具有违规追求高额利息的故意，未尽到合理的注意义务，因此不符合善意无过失的要件，不能认定谭某某的行为构成表见代理。因此，在认定表见代理关系成立与否之时，要同时结合具体案情考虑到相对人是否尽到合理的注意义务，是否符合善意的要件。

案例 7-4 独家代理

一、基本案情

2005 年 4 月，飞蕾公司与富士医疗公司签订地区总代理合同书，约定飞蕾公司向富士医疗公司购买相关医疗产品，飞蕾公司在相关区域内是富士医疗公司产品的唯一合法销售代理。后双方由于 2008 年 2 月 4 日签订大区总代理合同书将飞蕾公司的独家销售代理区域进一步扩大。

2010 年 6 月 12 日，富士医疗公司向飞蕾公司发出《有关产品价格变更的通知》，富士医疗公司将于 2010 年 6 月 12 日起对通知附件所列的全部产品执行新的价格。同日，飞蕾公司致富士医疗公司《关于延期支付累计货款的通知函》称,富士医疗公司自 2009 年 12 月起以各种理由削减飞蕾公司的正常订货数量,并且针对飞蕾公司反复要求的市场急需商品长期不予稳定供货。富士医疗公司还将相同产品提供给无权销售的其他公司,帮助其他公司在飞蕾公司的销售区域内串货,直接破坏飞蕾公司的销售体系。飞蕾公司同时要求暂时延期支付以往的累计货款。2010 年 6 月 17 日,富士医疗公司回函飞蕾公司,要求飞蕾公司在 2010 年 7 月 16 日前一次性支付累计货款,否则富士医疗公司将解除合同。另鉴于飞蕾公司没有诚信的单方面违约行为,富士医疗公司从即日起停止向飞蕾公司提供合同范围内的任何产品并行使厂商固有的权利和职责。2010 年 7 月 19 日,富士医疗公司向飞蕾公司发出《解除大区总代理合同书及其相关补充协议的通知》,立即解除 2008 年 2 月 4 日签订的大区总代理合同及其相关补充协议,包括但不限于 2008 年 3 月 28 日签订的补充合同以及 2009 年 2 月 20 日签订的补充协议等。

飞蕾公司向上海市第一中级人民法院起诉要求富士医疗公司、富士胶片公司共同承担违约责任。

案号:最高人民法院(2018)民再字第 82 号

二、诉讼过程

上海市第一中级人民法院认定富士医疗公司并不存在串货违约、未按约供货、擅自解除合同等违约行为,富士胶片公司不应当与富士医疗公司共同承担赔偿责任,驳回飞蕾公司全部诉讼请求。飞蕾公司不服,向上海市高级人民法院提起上诉,上海市高级人民法院判决维持原判。飞蕾公司不服,向最高人民法院申请再审。

最高人民法院认为,从飞蕾公司与富士医疗公司签订的合同及履行情况来看,双方存在独家代理及销售合同的双重法律关系,应认定双方构成独家代理销售合同关系。富士医疗公司在与飞蕾公司合同履行期间,越过飞蕾公司,向飞蕾公司的二级代理商恒博公司直接销售代理产品,甚至还采取低价之方式,明显违反独家代理销售之约定,明显构成违约。富士医疗公司作为违约方,在飞蕾公司对合同履行提出正当抗辩情形下,无权单方解除合同。现因富士医疗公司单方宣布解除合同导致合同无法履行或再续履行,富士医疗公司应当承担全部违约责任,并对飞蕾公司相关损失予以赔偿。最高院判决撤销一、二审判决,富士医疗公司、富士胶片公司连带赔偿飞蕾公司损失 175 708 684.80 元。

三、关联法条

《中华人民共和国民法典》

第五百零九条[1]　当事人应当按照约定全面履行自己的义务。

---

[1]　本案审理时,法院适用的是《中华人民共和国合同法》第六十条　当事人应当按照约定全面履行自己的义务。
当事人应当遵循诚实信用原则,根据合同的性质、目的和交易习惯履行通知、协助、保密等义务。

当事人应当遵循诚信原则,根据合同的性质、目的和交易习惯履行通知、协助、保密等义务。

当事人在履行合同过程中,应当避免浪费资源、污染环境和破坏生态。

第五百七十七条① 当事人一方不履行合同义务或者履行合同义务不符合约定的,应当承担继续履行、采取补救措施或者赔偿损失等违约责任。

第五百八十四条② 当事人一方不履行合同义务或者履行合同义务不符合约定,造成对方损失的,损失赔偿额应当相当于因违约所造成的损失,包括合同履行后可以获得的利益;但是,不得超过违约一方订立合同时预见到或者应当预见到的因违约可能造成的损失。

第五百八十五条③ 当事人可以约定一方违约时应当根据违约情况向对方支付一定数额的违约金,也可以约定因违约产生的损失赔偿额的计算方法。

约定的违约金低于造成的损失的,人民法院或者仲裁机构可以根据当事人的请求予以增加;约定的违约金过分高于造成的损失的,人民法院或者仲裁机构可以根据当事人的请求予以适当减少。

当事人就迟延履行约定违约金的,违约方支付违约金后,还应当履行债务。

四、争议问题

1. 如何认定飞蕾公司与富士医疗公司之间法律关系?
2. 如何认定独家代理销售合同的违约责任?

五、简要评论

商事代理是指代理商在不受雇佣合同约束的前提下,以自己或委托人的名义,为委托人或买或卖或提供服务,并从中取得佣金的经营性活动,常见的如运输代理、销售代理、采购代理等。商事代理以营利为目的,以代理为职业,从事代理业务既可以自己的名义,也可以被代理人的名义。由此可见,商事代理虽与民事代理有所区别,但本质特征相同,故民法典关于民事代理的规定同样适用于商事代理。

---

① 本案审理时,法院适用的是《中华人民共和国合同法》第一百零七条 当事人一方不履行合同义务或者履行合同义务不符合约定的,应当承担继续履行、采取补救措施或者赔偿损失等违约责任。

② 本案审理时,法院适用的是《中华人民共和国合同法》第一百一十三条 当事人一方不履行合同义务或者履行合同义务不符合约定,给对方造成损失的,损失赔偿额应当相当于因违约所造成的损失,包括合同履行后可以获得的利益,但不得超过违反合同一方订立合同时预见到或者应当预见到的因违反合同可能造成的损失。

经营者对消费者提供商品或者服务有欺诈行为的,依照《中华人民共和国消费者权益保护法》的规定承担损害赔偿责任。

③ 本案审理时,法院适用的是《中华人民共和国合同法》第一百一十四条 当事人可以约定一方违约时应当根据违约情况向对方支付一定数额的违约金,也可以约定因违约产生的损失赔偿额的计算方法。

约定的违约金低于造成的损失的,当事人可以请求人民法院或者仲裁机构予以增加;约定的违约金过分高于造成的损失的,当事人可以请求人民法院或者仲裁机构予以适当减少。

当事人就迟延履行约定违约金的,违约方支付违约金后,还应当履行债务。

独家代理是当前商事活动中较为常见的代理关系,独家代理关系除具有代理关系的一般特征外,还具有以下特点:1. 代理身份不得随意变更,签订独家代理合同后,对于代理一方的交易地位及相应权利应当具有稳定保障,任何一方不得随意解除代理合同;2. 具有特定的地域性,独家代理通常会限定一定的区域,大可至一国至某洲的区域,小可仅限一省或一市的范围,在限定区域内不得再有其他代理方;3. 代理具有期限性,独家代理一般会约定固定的代理期限,期限届满后可续签合同;4. 具有目标的明确性,独家代理通常会给代理方设定一定的工作目标,完成目标方可续签代理合同;5. 违约赔偿具有惩罚性,区别于普通代理,独家代理合同中一方违约会有明确的赔偿约定,而且该赔偿带有一定的惩罚性;6. 被代理人对代理人的对外行为不承担连带责任,即代理人与他人因履行合同产生的责任等,除产品责任外,被代理人并不承担其他责任,与一般代理中本人应对受托人负责的特点并不相同[①]。

针对争议问题1,飞蕾公司认为双方之间系买卖合同关系(独家销售合同)而非委托代理合同,其主张包括富士医疗公司在内的任何主体均无权在其销售区域内销售案涉医疗产品。富士医疗公司主张双方系代理关系,其有权在飞蕾公司外发展其他代理商,向飞蕾公司以外的代理商供货并非销售行为,而串货的销售对象必须是用户或最终用户,显然不能将富士医疗公司向其他代理商供货的行为认定为串货。最高人民法院认为双方存在独家代理与销售合同的双重法律关系,应当认定为独家代理销售合同关系。独家代理关系是双方合同关系之基础、合同履行之前提;而销售合同关系明显仅具有附属性、随从性,仅为独家代理关系的具体履行方式,任何单份销售合同履行之瑕疵,均不影响到独家代理合同之效力。根据双方合同约定,飞蕾公司在指定区域内为唯一合法销售代理商,富士医疗公司必须保证飞蕾公司在该区域内销售产品的唯一性。但富士医疗公司向与飞蕾公司同处上海地域的且属于飞蕾公司的二级代理商的恒博公司出售产品,甚至还将恒博公司升级为一级大区代理商,且同时又存在低价销售行为,富士医疗公司之违约行为十分明显,富士医疗公司必须对其违约行为承担责任。

针对争议问题2,依据独家代理销售合同的商业代理特性,判定商事交易之违约责任应当综合考虑以下方面:1. 充分尊重当事人的意思自治,按照合同约定确定违约赔偿;2. 根据违约程度,视违约情形认定违约责任;3. 结合守约方之可得利益损失,衡量违约方之赔偿责任;4. 根据当事人诉请,认定损失赔偿数额范围;5. 根据证据规则认定损失赔偿的最终数额。飞蕾公司与富士医疗公司签订的代理合同约定,对于飞蕾公司的销售区域,富士医疗公司有义务保障其供应的唯一性和长期性。若违反,富士医疗公司须无条件赔偿,赔偿金额为最终用户购入金额的120%。法院综合诉请、违约情形与程度等综合考虑,酌定富士医疗公司应赔偿飞蕾公司的违约金额为175 708 684.80元。

---

① 夏根辉:《商事独家销售代理合同的认定及违约责任分担》,《法律适用(司法案例)》2018年第20期,第36-44页。

检察要点：委托范围

一、检察现状

民法典规定了不得代理的法定情形[①]，侵权行为及内容违法的行为均为法律所禁止，不可代理，例如以合法形式掩盖非法目的、扰乱正常金融秩序的行为，非法侵害他人人身、财产的行为。故在确认委托代理关系是否成立时，法院往往需要对委托范围进行审查，在确认委托内容合法的前提下，再探求当事人真意。现实情况复杂多样，为保证裁判公正，检察机关也需积极履行监督职能。例如，佳期公司（大连佳期置业代理有限公司）因与德享公司（大连德享房地产开发有限公司）的委托合同纠纷，诉讼至法院，佳期公司不服再审判决向检察机关提出申诉。最高人民检察院审查后抗诉认为，佳期公司非金融机构，其设立的标准不应适用商业银行法，其委托代理行为并未超越经营范围[②]。终审判决认为佳期公司与德享公司所签订的委托代理合同及两份委托代理协议补充协议无效，佳期公司并未参与德享公司与银行之间的房屋贷款事项，原审法院适用法律确有错误，认定的基本事实缺乏证据证明。最高人民法院认为已经发生法律效力的原审判决认定事实和适用法律错误，最高人民检察院抗诉理由成立，依法改判[③]。

面对委托合同纠纷，检察机关为有效促进矛盾纠纷妥善化解与源头治理，多采用抗调结合的方式化解当事人纠纷。例如，四川某贸易公司与某律师事务所就应收账款回收签订了委托代理合同，后因第二份委托代理合同是否系律师张某伪造、应收账款是否由律所收回产生纠纷，诉诸法院。四川省成都市人民检察院收到当事人李某来信后，发现并未将案件的部分关键事实核查清楚，在案件事实不清的情况下，法院的判决有失公正。为弄清案件事实，成都市人民检察院在征得双方当事人同意后，举行了公开听证会，逐一查清了委托代理合同背后的问题，在检察机关的组织下，双方当事人就该案达成和解。律所向高新区法院撤回了强制执行申请，并同意退还已经执行到位的部分代理费用；贸易公司也向检察机关撤回了复查申请[④]。

二、检察建议

代理关系具有一定的复杂性，委托合同与代理授权效力关联，委托合同效力的瑕疵

[①] 《中华人民共和国民法典》第一百六十一条　民事主体可以通过代理人实施民事法律行为。
依照法律规定、当事人约定或者民事法律行为的性质，应当由本人亲自实施的民事法律行为，不得代理。
[②] 《最高人民法院关于适用〈中华人民共和国合同法〉若干问题的解释（一）》第十条　当事人超越经营范围订立合同，人民法院不因此认定合同无效。但违反国家限制经营、特许经营以及法律、行政法规禁止经营规定的除外。
[③] 大连佳期置业代理有限公司诉大连德享房地产开发有限公司委托合同纠纷抗诉案，引自《最高人民检察院公报》2014年第5号（总第142号），第25-30页。
[④] 查洪南、王忠勇、吴雨桐：《把一封群众来信办到极致》，《检察日报》2022年1月12日，第5版。

必然会影响到代理授权的效力①,这使得检察机关在处理涉及委托代理合同纠纷时,首先应当审查代理人是否享有代理权,对合同双方主体的资质进行审查,这主要包括是否具备从事民事活动的主体资格,以及是否符合其他法律的特殊规定。合同的内容方面,若构成对法律强制性规定的违法或者构成对公共利益的损害,应当认定合同无效。通过对合同的主体、内容等要件进行审查,从而对双方合同效力作出认定。如前述佳期公司因与德享公司的委托合同纠纷中,检察机关便认为双方依据合同从事居间业务并收取代理费用的行为未侵害第三方利益,也没有干扰银行正常的贷款审批及经营秩序,属于正常民事行为,从而认定其合同有效。

针对委托代理容易滋生的虚假诉讼等行为,扰乱了正常司法秩序,需要检察机关对相关案件深入调查取证、加大核实力度才能查明案件的事实。司法实践中虚假诉讼的认定和证明一般具有极强的专业性,如恶意加盖假公章损害第三人利益,检察机关在鉴定印章真伪等专业类问题时可以寻求专业机构的合作,节省调查时间,得到更加权威的结论。在虚假诉讼的调查过程中,应当注重与公证机关、仲裁机构的合作,建立线索、信息共享机制,联合打击虚假公证、虚假仲裁,探索虚假诉讼案件的共性和规律,以构建惩戒虚假诉讼的长效机制。

---

① 李俊晔:《代理人与第三人恶意串通签订合同效力的认定——以抵房借款"套路贷"类案为例》,《法律适用》2020年第16期,第81-93页。

第八章 民事责任

案例 8-1 继续履行

一、基本案情

2001年12月21日,新戴河公司与河北省乐亭县人民政府签订《打网岗岛海域及岛屿开发使用协议书》,约定对打网岗岛进行旅游开发。在打网岗岛开发的土地和海域转让时,乐亭县人民政府全力支持并及时确权办证。此后,新戴河公司没有按照约定进行开发建设。2004年5月25日,新戴河公司与康泰公司签订土地使用权转让合同,约定:新戴河公司将位于唐山市乐亭县打网岗岛内的土地使用权转让给康泰公司,新戴河公司收到首批转让金后负责变更土地使用权证书到康泰公司名下。2004年6月至11月期间,康泰公司分五次交付新戴河公司土地使用权转让金110万元。康泰公司多次找新戴河公司协商办理土地过户事宜,但新戴河公司一直未予协助。

2010年6月29日,唐山市人民政府决议由乐亭县人民政府按照"总量不变,用地性质不变"的原则,对属于新戴河公司开发的打网岗岛内10 147亩土地(含康泰公司受让的800亩土地)的地块位置另行在打网岗岛内予以调整,并换发新证。关于新戴河公司未给康泰公司办理土地过户手续的遗留问题,由新戴河公司自行解决。因新戴河公司在土地调整后,并未对遗留问题进行实质性处理,康泰公司遂向唐山湾国际旅游岛开发建设指挥部反映此事,指挥部多次对新戴河公司和康泰公司就土地使用权过户事宜进行协调,未果。

新戴河公司诉至法院,称其与康泰公司签订了土地使用权转让合同,因政府规划调整、禁止转让土地、停止项目建设这些客观情况的发生,无法办理相应的土地使用权变更手续,导致该合同无法继续履行,因不可抗力致使合同目的无法实现,故请求解除该合同。康泰公司反诉称,康泰公司已经依约支付给新戴河公司110万元土地转让金,但新戴河公司一直拖延不办理土地使用权变更手续。此后又因新戴河公司对乐亭县人民政府违约,导致唐山市人民政府对原属于新戴河公司开发的打网岗岛内土地进行置换调整。现新戴河公司已经取得了置换调整后的土地使用权证,仍然拒绝履行合同义务。因此,康泰公司请求判令新戴河公司继续履行案涉土地使用权转让合同,并向其交付唐山市乐亭县打网岗岛内(祥云岛)800亩土地,同时为康泰公司办理上述土地的土地使用权过户登记手续。

案号:最高人民法院(2015)民提字第35号

二、诉讼过程

河北省唐山市中级人民法院认为,土地使用权转让合同系双方的真实意思表示,合法有效,双方均应依约履行。因土地是被平移置换调整,并非已经灭失,故康泰公司受让的 800 亩土地中有被置换的替代土地,新戴河公司称因政府原因不能为康泰公司办理过户手续,土地被置换后标的物已经灭失、合同目的无法实现,要求解除土地使用权转让合同的主张不能成立。康泰公司反诉要求新戴河公司继续履行案涉土地使用权转让合同,向康泰公司交付打网岗岛内 800 亩土地,并为康泰公司办理上述土地使用权过户登记手续的请求符合法律规定,应当予以支持。新戴河公司不服,提起上诉。

河北省高级人民法院同样认为合同目的仍可以实现,判决驳回上诉,维持原判。新戴河公司不服,申请再审。

最高人民法院认为,上述土地虽然就自然属性而言依旧存在,但该标的物权利主体以及用途等已因规划变更而发生重大变化,应认定已经构成法律意义上的灭失。康泰公司要求新戴河公司继续履行该合同、转让相应土地使用权的请求,不符合法律规定。该合同因规划调整而不能履行,但并不涉及合同解除权的行使问题,新戴河公司没有充分证据证明本案符合合同解除的法定情形,其请求解除合同理据不足。

三、关联法条

《中华人民共和国民法典》

第五百六十三条① 有下列情形之一的,当事人可以解除合同:
(一)因不可抗力致使不能实现合同目的;
(二)在履行期限届满前,当事人一方明确表示或者以自己的行为表明不履行主要债务;
(三)当事人一方迟延履行主要债务,经催告后在合理期限内仍未履行;
(四)当事人一方迟延履行债务或者有其他违约行为致使不能实现合同目的;
(五)法律规定的其他情形。

以持续履行的债务为内容的不定期合同,当事人可以随时解除合同,但是应当在合理期限之前通知对方。

第五百七十七条② 当事人一方不履行合同义务或者履行合同义务不符合约定的,应当承担继续履行、采取补救措施或者赔偿损失等违约责任。

第五百八十条③ 当事人一方不履行非金钱债务或者履行非金钱债务不符合约定

---

① 本案审理时,法院适用的是《中华人民共和国合同法》第九十四条,与本条内容相同。
② 本案审理时,法院适用的是《中华人民共和国合同法》第一百零七条 当事人一方不履行合同义务或者履行合同义务不符合约定的,应当承担继续履行、采取补救措施或者赔偿损失等违约责任。
③ 本案审理时,法院适用的是《中华人民共和国合同法》第一百一十条 当事人一方不履行非金钱债务或者履行非金钱债务不符合约定的,对方可以要求履行,但有下列情形之一的除外:(一)法律上或者事实上不能履行;(二)债务的标的不适于强制履行或者履行费用过高;(三)债权人在合理期限内未要求履行。

的,对方可以请求履行,但是有下列情形之一的除外:

(一)法律上或者事实上不能履行;

(二)债务的标的不适于强制履行或者履行费用过高;

(三)债权人在合理期限内未请求履行。

有前款规定的除外情形之一,致使不能实现合同目的的,人民法院或者仲裁机构可以根据当事人的请求终止合同权利义务关系,但是不影响违约责任的承担。

《最高人民法院关于审理涉及国有土地使用权合同纠纷案件适用法律问题的解释》

第八条①　土地使用权人作为转让方与受让方订立土地使用权转让合同后,当事人一方以双方之间未办理土地使用权变更登记手续为由,请求确认合同无效的,不予支持。

四、争议问题

土地使用权转让合同能否继续履行?能否解除?

五、简要评论

继续履行是指在一方违反合同时,另一方有权要求其依据合同的约定继续履行。合同的履行是实现当事人订立合同目的最有效的措施,继续履行的实质是对有约必守原则的维护、提倡和贯彻,是以司法之力强制推进合同的履行。其作为违约责任承担的方式之一,旨在促进当事人实现交易目的,维护交易安全。尽管有学者认为继续履行不是违约责任,且继续履行请求权的本质乃履行请求权的一部分,与违约本身并无因果关系②,但目前通说仍是认为继续履行属于违约责任的承担方式之一。民法典③中民事责任的承担方式较之民法通则新增了"继续履行"这一项,将继续履行的责任承担方式扩大到民事责任。

根据民法典的规定,当事人一方不履行合同义务或者履行合同义务不符合约定的,应当承担继续履行、采取补救措施或者赔偿损失等违约责任。但是,并非在当事人违约的任何情形下,均能适用继续履行。民法典还规定了继续履行的三种除外情形,即法律上或者事实上不能履行、债务的标的不适于强制履行或者履行费用过高,以及债权人在合理期限内未要求履行。本案主要涉及第一种情形,即法律上不能履行。最高人民法

---

① 本案审理时,法院适用的是《最高人民法院关于审理涉及国有土地使用权合同纠纷案件适用法律问题的解释》(2005年版)第九条　转让方未取得出让土地使用权证书与受让方订立合同转让土地使用权,起诉前转让方已经取得出让土地使用权证书或者有批准权的人民政府同意转让的,应当认定合同有效。
② 王洪亮:《强制履行请求权的性质及其行使》,《法学》2012年第1期,第104-114页。
③ 《中华人民共和国民法典》第一百七十九条　承担民事责任的方式主要有:(一)停止侵害;(二)排除妨碍;(三)消除危险;(四)返还财产;(五)恢复原状;(六)修理、重作、更换;(七)继续履行;(八)赔偿损失;(九)支付违约金;(十)消除影响、恢复名誉;(十一)赔礼道歉。

法律规定惩罚性赔偿的,依照其规定。

本条规定的承担民事责任的方式,可以单独适用,也可以合并适用。

院借用特定物与种类物这对物权法上的概念来论证能否继续履行。从是否特定之角度,标的物可分为特定物与种类物——当事人指定者为特定物,未指定之同类物为种类物。种类物标的在给付时必须特定,通常视为特定物。如指定者为同类物之复数部分,为特定种类物,可能发生给付部分不能。特定物标的灭失如不可归因于债务人,债务人给付义务消灭;如可归因于债务人,债务人给付特定物义务转化为损害赔偿义务[①]。

本案主要涉及以不同种类物为标的的合同,对于违约一方当事人继续履行的影响。新戴河公司与康泰公司签订土地使用权转让合同,约定将土地转让给康泰公司。上述土地因规划原因在 2010 年至 2011 年期间被调整,新戴河公司要求解除合同,而康泰公司提出反诉,要求新戴河公司继续履行该合同。通常情况下,土地使用权转让系特定物转让,不同位置、不同用途、不同地质构造及其他外部条件的土地均是特定、唯一和不可替代的。该土地尽管物理上仍旧存在,但其用途等已因规划变更而发生重大变化,应认定已经构成法律意义上的灭失。因此,在涉案土地已经构成法律意义上灭失的情况下,康泰公司要求新戴河公司继续履行合同、转让相应土地使用权的请求,不符合法律规定。

案例 8-2 违约金

一、基本案情

2007 年 7 月 13 日,天津市土地整理中心(以下简称土地整理中心)与天津市河东区建设管理委员会(以下简称河东建委)签订协议书,约定土地整理中心对河东区津滨大道北侧地块实施土地收购整理,委托河东建委对该地块具体实施拆迁、安置、补偿等项工作。河东建委已经取得上述协议约定的土地收购整理补偿费。2008 年 8 月 27 日,河东建委与城南供电分公司签订《河东区津滨大道 4 号地块拆迁安置协议》(以下简称《拆迁安置协议》),城南供电分公司同意将其占地面积 14.88 亩的地块交与河东建委。作为交换条件,河东建委无偿为城南供电分公司提供位于河东区津塘二线与詹庄子路交口处的汽车运输四厂面积 20 亩的还建土地。河东建委应保证其拥有 20 亩土地的所有权,同时保证及时为城南供电分公司提供该土地的土地证等各类权属证明。有下列情形之一的,违约方向守约方承担总额 1%/日的违约金(每亩地按 200 万元计算),同时承担继续履行协议的责任:1. 河东建委逾期交付土地或者交付土地不符合约定的。2. 城南供电分公司逾期搬入周转房或者逾期搬出周转房的。河东建委不能交付土地或者使城南供电分公司不能取得土地权属证书的,河东建委应承担给城南供电分公司造成的一切损失。

2008 年 9 月 17 日,城南供电分公司将涉讼地块的房地产证、土地使用权证交付河东建委。至 2009 年 6 月底,河东建委没有将位于河东区津塘二线与詹庄子路交口处的

---

① 李锡鹤著:《物权论稿》,中国政法大学出版社 2016 年版,第 67 页。

汽车运输四厂面积20亩的还建土地交付给城南供电分公司。城南供电分公司多次催促河东建委交付还建土地未果,向法院起诉要求河东建委立即交付城南供电分公司位于河东区津塘二线与詹庄子路交口处的汽车运输四厂20亩的还建土地或等值土地价款4 000万元,并且支付逾期交付还建土地的部分违约金和实际损失,共计6 000万元。

案号:最高人民法院(2014)民一终字第193号

二、诉讼过程

天津市高级人民法院认为:1. 河东建委与城南供电分公司签订的《拆迁安置协议》和补充协议是双方当事人的真实意思表示,且不违反法律行政法规的强制性规定,应认定有效。从双方的履行情况来看,城南供电分公司按照双方的协议已全部履行完毕,但河东建委一直未将协议约定的20亩还建土地交付给城南供电分公司,河东建委逾期不交付还建土地的行为构成违约。在河东建委不能依据双方的协议继续履行的情况下,应该依照双方协议关于该还建土地每亩按200万元计算的约定向城南供电分公司支付该还建土地的等值土地价款4 000万元,再减除河东建委已支付的200万元后,还应向城南供电分公司支付3 800万元。2. 河东建委未依约按期交付20亩的还建土地,应承担相应的违约责任。双方协议对损失赔偿额没有约定计算方法,且城南供电分公司未提供证据证明因河东建委未交付涉讼地块对其造成的实际损失,故对此不予支持。对于本案违约金的调整应当以协议的实际履行情况和当事人的过错程度等因素综合确定。鉴于河东建委是基于配合天津市人民政府的民心工程接受案外人的委托具体实施拆迁安置工作的,且城南供电分公司交付土地后,河东建委向城南供电分公司提供了周转房,故根据公平原则和诚实信用原则,酌情确定本案的违约金以3 800万元为基数,自2009年7月1日至实际给付之日止按照中国人民银行同期同类贷款基准利率的130%计算。河东建委不服,提起上诉。

最高人民法院认为,一审判决认定事实清楚,适用法律正确,应予维持。

三、关联法条

《中华人民共和国民法典》

第五百八十五条① 当事人可以约定一方违约时应当根据违约情况向对方支付一定数额的违约金,也可以约定因违约产生的损失赔偿额的计算方法。

约定的违约金低于造成的损失的,人民法院或者仲裁机构可以根据当事人的请求予以增加;约定的违约金过分高于造成的损失的,人民法院或者仲裁机构可以根据当事人的请求予以适当减少。

当事人就迟延履行约定违约金的,违约方支付违约金后,还应当履行债务。

《最高人民法院关于适用〈中华人民共和国民法典〉合同编通则若干问题的解释》

---

① 本案审理时,法院适用的是《中华人民共和国合同法》第一百一十四条,与本条内容相同。

第六十五条　当事人主张约定的违约金过分高于违约造成的损失,请求予以适当减少的,人民法院应当以民法典第五百八十四条规定的损失为基础,兼顾合同主体、交易类型、合同的履行情况、当事人的过错程度、履约背景等因素,遵循公平原则和诚信原则进行衡量,并作出裁判。

约定的违约金超过造成损失的百分之三十的,人民法院一般可以认定为过分高于造成的损失。

恶意违约的当事人一方请求减少违约金的,人民法院一般不予支持。

《国有土地上房屋征收与补偿条例》

第五条[①]　房屋征收部门可以委托房屋征收实施单位,承担房屋征收与补偿的具体工作。房屋征收实施单位不得以营利为目的。

房屋征收部门对房屋征收实施单位在委托范围内实施的房屋征收与补偿行为负责监督,并对其行为后果承担法律责任。

四、争议问题

1.《拆迁安置协议》和补充协议是否有效?

2. 城南供电分公司要求河东建委向其支付 4 000 万元土地价款并支付相应违约金是否有事实与法律依据?

五、简要评论

本案属于拆迁安置合同纠纷,主要涉及合同效力以及违约金的问题。土地整理中心为保证土地收购工作的进行与河东建委签订协议书,委托河东建委对收购地块进行具体拆迁、安置、补偿等项工作。基于此,河东建委与城南供电分公司签订了《拆迁安置协议》和补充协议,该两份协议是双方当事人的真实意思表示,且不违反法律行政法规的强制性规定,应认定有效,这一点并无太大争议。该案双方当事人的争议焦点主要集中在违约金的认定问题上。

违约金,是指由当事人通过协商预先确定的,当事人一方违约时应当向对方支付的一定数量的金钱或财物。有关违约金的性质,我国的法律法规并没有明确规定,理论上主要存在四种代表性的观点,分别为赔偿性违约金、惩罚性违约金、赔偿与惩罚双重性违约金以及目的解释性违约金。大多数学者持赔偿与惩罚双重性违约金的观点,即认为违约金具有赔偿性和惩罚性双重属性,前者体现了违约金的基本功能,后者体现了违约金的特殊功能。违约金制度建立于契约自由的合同精神下,有利于促使债务人依照

[①] 本案审理时,法院适用的是《城市房屋拆迁管理条例》第十条　拆迁人可以自行拆迁,也可以委托具有拆迁资格的单位实施拆迁。

房屋拆迁管理部门不得作为拆迁人,不得接受拆迁委托。

合同约定履行义务，从而保障合同目的的实现，事前抑制违约情况的发生。违约金的适用不以发生损害为必要，一旦发生违约，当事人可以通过违约金条款迅速解决纠纷，避免复杂的违约损失计算和繁重的举证，有利于提高诉讼效率。

尽管违约金的约定是基于当事人之间的意思自治，但法院经常会遇到当事人以约定的违约金过高为由要求法院进行调整的情况。考虑到合同的公平正义价值，法院有时需要对违约金进行一定的调整。法院应否支持当事人调整过高违约金的诉请，学界存在肯定和否定的两种观点。否定说认为，允许当事人自由约定违约金是合同意思自治原则的体现，只要约定的违约金对社会公共利益没有危害性，即使过分高于造成的损失，也应当依照约定支付违约金。肯定说则认为，合同法将我国的违约金定性为补偿性，当事人可以请求人民法院或者仲裁机构予以适当减少①。目前肯定说为通说。司法实践中，法院也会对约定过高的违约金进行一定调整。本案中，法院在对违约金进行认定时，并未按照协议约定计算违约金，而是按照协议的实际履行情况和当事人的过错程度综合考虑，酌情按照中国人民银行同期同类贷款基准利率的130%计算违约金。在这一过程中，充分考虑了河东建委的利益，对过高的违约金进行了适当调整。

尽管法院对违约金进行调整在一定程度上能够实现合同的公平正义，但在何种情况下需要法院进行调整以及法院如何调整，民法典并没有详细的规定。学者们依旧认为，法院能否主动审查违约金金额、法院对违约金的调整幅度、各因素对违约金的影响程度等问题仍待解决。

案例 8-3　返还原物

一、基本案情

2002年9月20日，赤天化公司与汉唐证券下属的新华路营业部签订国债分销协议，约定赤天化公司出资5 000万元从新华路营业部分销等额面值的2002记账式十三期国债。2003年11月5日，赤天化公司向汉唐证券出具承诺书，保证在2003年11月6日至2004年11月5日期间内将其国债托管于新华路营业部（即不卖出、不转托管该国债），并将其上海股东账户B880397671的相关指定交易（含国债）均指定在该营业部，在前述时间内不撤销上海股东账户B880397671在该营业部的相关指定交易（含国债）。汉唐证券承诺在前述约定时间到期时，归还赤天化公司的该笔债券，一次性向汉唐证券支付200万元作为债券的使用费，国家财政部发放的债券利息归赤天化公司所有。

之后，汉唐证券未经赤天化公司书面同意，将赤天化公司5 000万元面值国债全部

---

① 姚蔚薇：《对违约金约定过高如何认定和调整问题探析——〈合同法〉第114条第2款的理解与适用》，《法律适用》2004年第4期，第13-15页。

用于回购交易。2004年8月20日,中国证券监督管理委员会深圳监管局因监管汉唐证券违法、违规经营行为一案,向广东省深圳市中级人民法院申请财产保全并获准许。赤天化公司知悉此情况后向汉唐证券查询,汉唐证券下属贵阳业务总部向赤天化公司出具说明,表明由于赤天化公司的国债被汉唐证券回购,现暂不能卖出和转托管。赤天化公司遂于2004年8月24日向法院起诉,请求判令汉唐证券返还赤天化公司面值为5 000万元的2002记账式十三期国债及其利息。如不能返还,则由汉唐证券赔偿赤天化公司2002记账式十三期国债损失5 000万元及国债利息损失。

案号:最高人民法院(2009)民二终字第118号

二、诉讼过程

贵州省高级人民法院判决由汉唐证券赔偿赤天化公司的国债损失5 000万元及其固定利息(利息为票面年利率的2.6%,从2003年9月19日计算至2007年9月7日),驳回赤天化公司的其他诉讼请求。理由主要有:1.赤天化公司将其国债托管于汉唐证券处,双方构成托管法律关系。汉唐证券擅自挪用赤天化公司国债用于回购交易最终导致灭失,构成对赤天化公司的侵权,应当承担相应的损害赔偿责任。2.对赤天化公司诉请由汉唐证券返还同期等值国债的诉讼请求不予支持,而应由汉唐证券对赤天化公司进行折价赔偿。3.汉唐证券的侵权行为致使赤天化公司的国债在市场低点的时候被强行交易,这不是赤天化公司自由选择的结果,由此造成的国债交易价格低于票面金额的后果显然不应由赤天化公司承担。汉唐证券不服,提起上诉。

最高人民法院认为,赤天化公司的国债损失是由汉唐证券的侵权行为造成的,非正常交易中的价格波动所致。国债灭失过程中赤天化公司不存在过错,汉唐证券应承担全部责任,维持原判。

三、关联法条

《中华人民共和国企业破产法》

第十六条　人民法院受理破产申请后,债务人对个别债权人的债务清偿无效。

第四十六条　未到期的债权,在破产申请受理时视为到期。

附利息的债权自破产申请受理时起停止计息。

四、争议问题

1. 汉唐证券的行为是否构成对赤天化公司侵权?
2. 汉唐证券应当返还赤天化公司同期同面额的国债,还是折价赔偿赤天化公司损失?
3. 如果由汉唐证券赔偿损失,赔偿额度如何确定?

五、简要评论

证券是记载各类财产并代表一定权利或义务关系的法律凭证,用以证明证券持有人有权按其所持证券记载内容取得应有的权益。其特点在于把民事权利表现在证券上,使权利与证券相结合,即权利的证券化。因此,证券是财产的一种表现形态,投资者对其证券享有所有权。当证券因他人的侵权行为而灭失时,侵权人应当对受害人承担相应的赔偿责任。汉唐证券是否构成侵权并无太大争议。赤天化公司将其国债托管于汉唐证券处,汉唐证券有义务妥善保管赤天化公司的国债。汉唐证券未经赤天化公司同意,擅自挪用其国债用于回购交易,并造成赤天化公司的国债被转移质押,最后被中国登记结算有限责任公司拍卖处置的损害后果。因此,汉唐证券擅自将赤天化公司国债用于回购交易并致灭失的这一行为,构成对赤天化公司的侵权,应承担相应的损害赔偿责任。

根据民法典侵权责任编的相关规定,侵权责任主要有停止侵害、返还财产、恢复原状、赔偿损失等多种承担方式。当证券因他人的侵权行为而灭失时,其发生的损失主要是财产利益损失。但与其他财产权益受到侵害不同的是,证券的价值具有不易计算的特征。因此,赔偿方式以及赔偿额度的认定为本案的主要争议焦点。加上汉唐证券已被裁定进入破产清算程序的情况,如何对赤天化公司进行赔偿还需要符合破产法的相关规定。

物有特定物和种类物之分。特定物是指具有单独的特征,不能以其他的物代替的物。种类物是指具有共同特征,可以用品种、规格或数量等加以度量的物。种类物可以用同类物来代替,但是当种类物已经从同类物中分离出来作为权利客体时,也就有了特定化的性质①。种类物与特定物的区分,严格来说并不是物权法的分类,而是债法的分类,即分为种类之债和特定之债。种类物与特定物区分的法律意义在于交易时,前者有可替代性,后者没有可替代性。前者因有可替代性,可以以种类、数量、质量等指示;后者因没有可替代性,不能以种类、数量、质量等指示。本案中赤天化公司所购的国债属于种类物,仍在证券交易市场上流通,虽然原托管的国债因汉唐证券的侵权行为而灭失,但是,汉唐证券仍然可以从市场购买同期等值国债返还赤天化公司。

在擅自买卖、挪用客户的证券或资金行为的证券侵权行为中,赔偿方式主要以返还财产和赔偿损失为主。汉唐证券的侵权行为使得赤天化公司从国债的所有权人转化为汉唐公司的普通债权人,对于已被裁定进入破产清算程序的汉唐证券而言,赤天化公司并不具有优先于其他普通债权人的地位。此时如果判令汉唐证券从市场购买同期等值国债返还赤天化公司,将构成汉唐证券对个别债权人的债务清偿,有违破产法的强制性规定,因此只能对赤天化公司进行折价赔偿。在赔偿额度上,汉唐证券认为应该按照市场波动值来赔偿赤天化公司的损失。一、二审法院则认为由于汉唐证券的侵权行为,致使赤天化公司国债在市场低点的时候被强行交易,这不是赤天化公司自由选择的结果,由此造成的国债交易价格低于票面金额的后果不应由赤天化公司承担,故判决按票面利率赔偿其利息损失。

---

① 王利明著:《物权法研究》,中国人民大学出版社 2007 年版,第 61—62 页。

案例 8-4　赔礼道歉

一、基本案情

张某以"红颜静"为网名,在 e 龙西祠胡同网站登记上网,并主持和管理一讨论版块。俞某某以"华容道"为网名,在同一网站登记上网。"红颜静""华容道"在 e 龙西祠胡同网站登记的都是真实网友级别。2000 年 11 月 19 日,e 龙西祠胡同网站中的"紫金山下"讨论版块和"一根红线"讨论版块组织网友聚会。通过聚会,网友间互相认识,并且互相知道了他人上网使用的网名。俞某某除以"华容道"的网名参加真实网友的活动外,还在 e 龙西祠胡同网站以"大跃进"为网名登记,其级别为该网站的注册网友。

2001 年 3 月 4 日,在 e 龙西祠胡同网站的相关讨论版上,由网名"大跃进"发表的《记昨日输红了眼睛的红颜静》一文描述"红颜静"赢牌和输牌时,使用了"捶胸顿足、如丧考妣、耍赖、骂娘、狗急跳墙"等侮辱性言辞。3 月 7 日,"大跃进"发表《我就是华容道,我和红颜静有一腿》一文。4 月 30 日,"大跃进"又发表《刺刀插向"小猪寂寞"的软肋》一文,文中有"本文所指的软肋就是一个千夫所指,水性杨花的网络三陪女、网络亚色情场所的代言人、中国网友男女比例严重失调的畸形产物——红颜静"等言辞。5 月 8 日至 5 月 9 日,"大跃进"在网上跟帖中,又重复了上述侮辱言辞。5 月 29 日,"大跃进"在《我反对恶意炒作"交叉线性骚扰"事件!》一帖中,使用了"这让我想起红颜静这个假处女……"等言辞。5 月 31 日,"大跃进"在《红颜静!你丫敢动老子一个指头,一切后果自负!》一文中称,"你一不能出台挣钱,二不能为兄弟上阵出头,你要是投胎一男的,顶多是当一小白脸"。上述帖子的点击人气数均达数十次至上百次。张某认为俞某某在网上以"大跃进"的网名多次发出侮辱其人格的帖子,侵犯了她的名誉权,向法院提起诉讼。

来源:《中华人民共和国最高人民法院公报》2001 年第 5 期

二、诉讼过程

南京市鼓楼区人民法院认为,自然人的名誉权受法律保护,任何人均不得利用各种形式侮辱、毁损他人的名誉。利用互联网侮辱他人或者捏造事实诽谤他人,侵犯他人合法权益构成侵权的,应当承担民事责任。俞某某在主观上具有对张某的名誉进行毁损的恶意,客观上实施了侵害他人名誉权的行为,不可避免地影响了他人对张某的公正评价,应当承担侵权的民事责任。

三、关联法条

《中华人民共和国民法典》

第一百一十条① 自然人享有生命权、身体权、健康权、姓名权、肖像权、名誉权、荣誉权、隐私权、婚姻自主权等权利。

法人、非法人组织享有名称权、名誉权和荣誉权。

第一百二十条② 民事权益受到侵害的,被侵权人有权请求侵权人承担侵权责任。

第一千零二十四条 民事主体享有名誉权。任何组织或者个人不得以侮辱、诽谤等方式侵害他人的名誉权。

名誉是对民事主体的品德、声望、才能、信用等的社会评价。

《全国人民代表大会常务委员会关于维护互联网安全的决定》

第六条第二款 利用互联网侵犯他人合法权益,构成民事侵权的,依法承担民事责任。

四、争议问题

俞某某侮辱、诽谤张某的"红颜静"这一网络虚拟主体身份是否侵犯了张某的名誉权?

五、简要评论

名誉权,是指自然人、法人和其他组织对其名誉享有的不受他人侵害的权利,名誉包括品德、才干、名声、信誉等在社会中所获得的社会评价。尽管网络空间是虚拟的,但并不代表在这一虚拟环境中,自然人的合法权益不受法律保护,网络用户可以为所欲为地侵害他人的人格权。近年来,网络侵权的案件越来越多,人们在网络中的一言一行会影响到现实中的权益,并非完全虚拟不用承担任何责任。本案即属于发生在网络环境中的侵权案件。

本案中,俞某某通过e龙西祠胡同网站的公开讨论版,以"大跃进"的网名数次发表针对"红颜静"的言论。因张某的"红颜静"网名及其真实身份还被其他网友所知悉,故而此时的交流已经不局限于虚拟的网络空间,交流对象也不再是虚拟的人,而是具有了现实性、针对性,其虚拟身份与现实身份具有对应性。张某现实的法律主体的人格权受到侵害,因此其法律后果和法律责任理应由虚拟主体所对应的现实中的法律主体来承担。俞某某在主观上具有恶意,客观上实施了侵害张某名誉权的行为,不可避免地影响了他人对张某的公正评价,应当承担侵权的民事责任。正如本案法院在判决中所说,作为现代社会传播媒介的网络空间,既是人们传播信息和交流的场所,更是一个健康有序的活动空间,应当受到道德的规范和法律的制约,绝不能让其发展成为一些人为所欲

---

① 本案审理时,法院适用的是《中华人民共和国民法通则》第一百零一条 公民、法人享有名誉权,公民的人格尊严受到法律保护,禁止用侮辱、诽谤等方式损害公民、法人的名誉。
② 本案审理时,法院适用的是《中华人民共和国民法通则》第一百二十条第一款 公民的姓名权、肖像权、名誉权、荣誉权受到侵害的,有权要求停止侵害,恢复名誉,消除影响,赔礼道歉,并可以要求赔偿损失。

的工具。利用互联网侮辱他人或者捏造事实诽谤他人,侵犯他人合法权益构成侵权的,应当承担民事责任。

我国民法典规定了侵权责任的承担方式,其中适用于名誉权侵权的责任承担方式主要有停止侵害、赔礼道歉、消除影响、恢复名誉和赔偿损失。网络环境中的名誉权侵权与传统的名誉权侵权并没有实质区别,因此,上述责任承担方式同样适用于网络上的名誉权侵权行为,仅在赔礼道歉和消除影响的责任承担方式上有一定不同。在传统的侵害名誉权案件中,侵权人对于权利人的赔礼道歉一般当面进行或者在相关媒体上发布致歉声明。而在网络上的侵害名誉权案件中,社会公众是在网络环境中知悉受害人的相关负面信息,故而在赔礼道歉时也应当考虑网络的特殊性,法院应当判决侵权人在其发布侵权信息的网站上发布相关的致歉声明。本案法院考虑到这一特点,故而判令俞某某停止对张某的名誉侵害,并于本判决生效之日起三日内,在 e 龙西祠胡同网站上向张某赔礼道歉。

案例 8-5　损害赔偿

一、基本案情

原告翔盛公司起诉称:原告与恒远公司有买卖合同关系。2012 年 10 月份,恒远公司以票面金额 200 000 元、号码为 40200051/22971609 的银行承兑汇票支付原告货款。该汇票票面记载:出票人为余姚标华公司,收款人为湖北标华公司,付款行为宁波余姚农村合作银行营业部。案涉汇票经过多次背书转让。后三一公司委托收款时,付款行告知该票据已经由余姚市人民法院于 2013 年 3 月 19 日作出(2013)甬余催字第 4 号判决除权,并由被告圣凯五金厂收取了票款。现该汇票后手已依次将该票退给原告。原告认为,原告合法持有票据,被告以票据遗失为由申请公示催告,导致票据除权,使持票人票据权利无法实现,理应承担赔偿责任。为此,翔盛公司请求法院判令圣凯五金厂支付原告承兑汇票损失 200 000 元,并支付自 2013 年 3 月 21 日起至判决确定的履行日止按中国人民银行同期同类贷款基准利率计算的利息损失。

来源:《中华人民共和国最高人民法院公报》2016 年第 6 期

二、诉讼过程

浙江省余姚市人民法院认为:1. 以背书转让的汇票,背书应当连续,持票人以背书的连续证明其汇票权利。本案中,翔盛公司提供的银行承兑汇票背书连续,且能够证明其从前手合法取得该汇票。另因该汇票后手以票据被判决除权、银行拒付为由依次将该汇票退给原告,翔盛公司是该汇票最后的合法持有人。2. 除权判决是依公示催告程序作出的。利害关系人或真正的权利人提起票据诉讼时,其权利义务关系不应受除权判决的约束。涉案汇票均未记载背书时间,在被告圣凯五金厂未能提供相反证据的情况下,原告翔盛公司取得汇票的时间可以认定为其向恒远公司出具收款收据的日期,即2012年10月8日。原告在公示催告前取得该票据,系合法持票人。被告圣凯五金厂没有在案涉票据背书栏内签章,未向法院提供有效证据证明其合法取得票据,亦未向法院提交票据遗失的相关证据。相反,原告提交的本案讼争票据必要记载事项齐全、背书连续,且已在公示催告期间前合法持有该票据,故在无相反证据证明原告取得票据存在恶意或重大过失的情况下应认定原告享有票据权利。因此,法院对被告提出的被告是票据最后合法持有人的抗辩意见不予采纳,判决被告向原告支付承兑汇票,驳回原告的其他诉讼请求。

三、关联法条

《中华人民共和国民法典》

第一百七十六条① 民事主体依照法律规定或者按照当事人约定,履行民事义务,承担民事责任。

第一百七十九条② 承担民事责任的方式主要有:

(一) 停止侵害;

(二) 排除妨碍;

(三) 消除危险;

(四) 返还财产;

(五) 恢复原状;

(六) 修理、重作、更换;

(七) 继续履行;

(八) 赔偿损失;

(九) 支付违约金;

(十) 消除影响、恢复名誉;

(十一) 赔礼道歉。

法律规定惩罚性赔偿的,依照其规定。

---

① 本案审理时,法院适用的是《中华人民共和国民法通则》第一百零六条 公民、法人违反合同或者不履行其他义务的,应当承担民事责任。
公民、法人由于过错侵害国家的、集体的财产,侵害他人财产、人身的,应当承担民事责任。
没有过错,但法律规定应当承担民事责任的,应当承担民事责任。
② 本案审理时,法院适用的是《中华人民共和国民法通则》第一百三十四条 承担民事责任的方式主要有:(一) 停止侵害;(二) 排除妨碍;(三) 消除危险;(四) 返还财产;(五) 恢复原状;(六) 修理、重作、更换;(七) 赔偿损失;(八) 支付违约金;(九) 消除影响、恢复名誉;(十) 赔礼道歉。
以上承担民事责任的方式,可以单独适用,也可以合并适用。
人民法院审理民事案件,除适用上述规定外,还可以予以训诫、责令具结悔过、收缴进行非法活动的财物和非法所得,并可以依照法律规定处以罚款、拘留。

本条规定的承担民事责任的方式,可以单独适用,也可以合并适用。

《中华人民共和国票据法》

第十五条　票据丧失,失票人可以及时通知票据的付款人挂失止付,但是,未记载付款人或者无法确定付款人及其代理付款人的票据除外。

收到挂失止付通知的付款人,应当暂停支付。

失票人应当在通知挂失止付后三日内,也可以在票据丧失后,依法向人民法院申请公示催告,或者向人民法院提起诉讼。

第三十一条　以背书转让的汇票,背书应当连续。持票人以背书的连续,证明其汇票权利;非经背书转让,而以其他合法方式取得汇票的,依法举证,证明其汇票权利。

前款所称背书连续,是指在票据转让中,转让汇票的背书人与受让汇票的被背书人在汇票上的签章依次前后衔接。

第一百零六条　依照本法规定承担赔偿责任以外的其他违反本法规定的行为,给他人造成损失的,应当依法承担民事责任。

《中华人民共和国民事诉讼法》

第二百二十九条　按照规定可以背书转让的票据持有人,因票据被盗、遗失或者灭失,可以向票据支付地的基层人民法院申请公示催告。依照法律规定可以申请公示催告的其他事项,适用本章规定。

申请人应当向人民法院递交申请书,写明票面金额、发票人、持票人、背书人等票据主要内容和申请的理由、事实。

第二百三十条　人民法院决定受理申请,应当同时通知支付人停止支付,并在三日内发出公告,催促利害关系人申报权利。公示催告的期间,由人民法院根据情况决定,但不得少于六十日。

第二百三十一条　支付人收到人民法院停止支付的通知,应当停止支付,至公示催告程序终结。

公示催告期间,转让票据权利的行为无效。

第二百三十二条　利害关系人应当在公示催告期间向人民法院申报。

人民法院收到利害关系人的申报后,应当裁定终结公示催告程序,并通知申请人和支付人。

申请人或者申报人可以向人民法院起诉。

第二百三十三条　没有人申报的,人民法院应当根据申请人的申请,作出判决,宣告票据无效。判决应当公告,并通知支付人。自判决公告之日起,申请人有权向支付人请求支付。

第二百三十四条　利害关系人因正当理由不能在判决前向人民法院申报的,自知道或者应当知道判决公告之日起一年内,可以向作出判决的人民法院起诉。

四、争议问题

不当申请票据公示催告的赔偿责任。

五、简要评论

公示催告是指人民法院根据当事人的申请，对依据有关规定可以背书转让的票据被盗、遗失、灭失或者有法律规定的其他情形，以公示的方法催促利害关系人在规定的期限内申报权利，逾期无人来申报权利，则依法判决宣告票据无效，申请人的权利因而得到确认的诉讼程序。票据经过背书可能有多个转让人和受让人，当票据被盗、遗失或者灭失后，谁是真正的权利人很难确认。票据是见票即付的有价证券，银行和其他支付人不能因为有人申请停付挂失就拒绝向持票人支付。盗窃人、拾得人因此会成为提取票款的权利人，而真正的权利人反而会丧失其权利，这就需要有个合法的程序使遗失的票据停止支付。公示催告程序正是因此而设计，目的是确定该票据上所记载权利的归属问题。

作为民事诉讼法和票据法等法律规定的失票救济手段，公示催告制度在现代商品经济流通过程中发挥着重要的作用。随着票据在经济交往中被广泛运用，因失票而产生的权利救济大量通过申请人民法院进行公示催告来完成。公示催告以判决形式除去失去的票据上权利，使合法持票人能够依法行使付款请求权，及时有效地保护自己的合法权益。但同时，由于现行法律中关于公示催告的规定存在不完善之处，给一些想利用公示催告程序达到非法目的的当事人以可乘之机。这种伪报失去票据的行为不但使利害关系人付出了大量的人力物力来维权，而且扰乱了正常的市场经济秩序，浪费司法资源。更有甚者，当事人可能采用伪报票据丧失的方法实施诈骗行为，从事违法犯罪活动，更给利害关系人造成难以挽回的损失。

实践中，当事人基于经济纠纷或者民事欺诈、诈骗犯罪等原因，往往将票据背书给他人后，又意图拒付或者收回票据款项，伪报票据丧失的事由，向人民法院申请公示催告。实践中主要有以下几种现象：1. 出票人或背书人出票或将票据背书转让后，因存在经济纠纷又不想向持票人付款或想收回款项，故在持票人提示付款之前先行申请公示催告；2. 当事人因为被欺诈或诈骗或加速资金流转速度，通过非法渠道将票据贴现或质押导致票据丧失而意图通过公示催告程序挽回经济损失；3. 实践中也有票据本身出现问题，如填写错误、背书错误或粘单骑缝加盖印章错误导致票据无法正常流转而通过公示催告程序加以补救的。

票据经公示催告程序被人民法院作出除权判决之后，原合法持票人可以以申请人不当申请公示催告致其票据权利丧失为由，向人民法院提起诉讼，请求公示催告的不当申请人承担损害赔偿责任。本案中圣凯五金厂根本无证据证明其曾经取得票据权利，其谎称票据丧失，申请进行公示催告显然存在占有票款的主观恶意，应当承担赔偿责任。

案例 8-6　共同侵权

一、基本案情

1987年6月9日，俞某骑自行车与他人相撞倒地后，被运输公司客车碾压臀部受伤。当天由阿拉善左旗的医院转送至宁医大总院救治，于1987年9月5日出院。出院诊断为：……4. 膀胱广泛挫裂伤；5. 膀胱尿瘘。出院时骨盆愈合尚可，左股骨骨折愈合良好，褥疮愈合，尿瘘治疗尚需时日。1988年4月16日，俞某的尿道修复手术未获成功。

1992年9月5日，经内蒙古自治区司法鉴定中心鉴定，俞某为一级伤残。1992年11月，俞某与运输公司达成调解协议：由运输公司赔偿俞某121 625.74元。1998年俞某向内蒙古自治区阿拉善盟左旗人民法院提起诉讼，要求运输公司继续赔偿其交通事故经济损失95万余元，法院经审理驳回了俞某的诉讼请求。俞某不服，提起上诉，二审法院经审理驳回上诉，维持原判。俞某后申请再审，内蒙古自治区高级人民法院改判由运输公司赔偿俞某医疗费、护理费、住院伙食补助费、20年残疾者生活补助费、交通费、今后治疗费、残疾用具费等共计559 478.26元。2001年5月至9月，俞某在北京友谊医院行人造可控膀胱、尿道改道术，术后持续使用导尿管，并膀胱会阴瘘。

2004年3月，俞某将宁医大总院诉至宁夏回族自治区银川市中级人民法院，以俞某的身体损伤与宁医大总院的医疗过错之间存在因果关系为由要求宁医大总院赔偿各项经济损失951 840元。

案号：最高人民法院（2020）民再字第66号

二、诉讼过程

银川市中级人民法院认为，宁医大总院的过失医疗行为与俞某的损害后果具有一定因果关系，但并非唯一、直接原因，俞某伤残原始及主要成因系交通事故引起，故认定宁医大总院对俞某的损害承担30%的民事责任，宁医大总院应赔偿俞某各项费用170 980.50元。驳回俞某其他诉讼请求。俞某、宁医大总院均不服一审判决，提出上诉。

宁夏回族自治区高级人民法院认为，原审判决认定事实清楚，适用法律正确，判决驳回上诉，维持原判。俞某不服，向最高人民法院申请再审。最高人民法院裁定指令宁夏回族自治区高级人民法院再审此案。

宁夏回族自治区高级人民法院再审认为：宁医大总院应对俞某的损害后果承担30%的赔偿责任；残疾辅助器具费主要是辅助残疾者用于提高生活质量，其功能主要体现在辅助上，而本案中俞某所主张的导尿管及相关费用，系其因身体所受残疾为维持生命而必须支出的治疗费用,性质上并不属于法律规定的残疾辅助器具费,原审法院对该费用的定性错误,应予纠正;原审认定宁医大总院应承担的残疾赔偿金、今后护理费、交通费、住宿费总数额并无不当;宁医大总院应赔偿俞某精神损害抚慰金5万元。

俞某不服,向检察机关申诉,最高人民检察院向最高人民法院提出抗诉。最高人民法院认为,俞某一级伤残的主要原因在于交通事故,宁医大总院的过错及原因力处于次要地位。原审判令宁医大总院承担30%的赔偿责任,已经充分考虑了俞某的客观情况,在审判权能够行使的自由裁量权范围内,很大程度上对患者予以了保护,现俞某要求宁医大总院承担全部赔偿责任,于法于理均难以支持;俞某所使用的导尿管系维持其生存所必须的医疗器具,其所产生的费用属于医疗费,而非残疾辅助器具费,导尿管及其相关费用应当作为治疗费;维持宁夏医科大学总医院赔偿俞某精神损害抚慰金5万元的判决。

三、关联法条

《中华人民共和国民法典》

第一百七十六条[1] 民事主体依照法律规定或者按照当事人约定,履行民事义务,承担民事责任。

第一千一百七十二条[2] 二人以上分别实施侵权行为造成同一损害,能够确定责任大小的,各自承担相应的责任;难以确定责任大小的,平均承担责任。

《最高人民法院关于审理人身损害赔偿案件适用法律若干问题的解释》

第一条 因生命、身体、健康遭受侵害,赔偿权利人起诉请求赔偿义务人赔偿物质损害和精神损害的,人民法院应予受理。

本条所称"赔偿权利人",是指因侵权行为或者其他致害原因直接遭受人身损害的受害人以及死亡受害人的近亲属。

本条所称"赔偿义务人",是指因自己或者他人的侵权行为以及其他致害原因依法应当承担民事责任的自然人、法人或者非法人组织。

第八条 护理费根据护理人员的收入状况和护理人数、护理期限确定。

护理人员有收入的,参照误工费的规定计算;护理人员没有收入或者雇佣护工的,参照当地护工从事同等级别护理的劳务报酬标准计算。护理人员原则上为一人,但医疗机构或者鉴定机构有明确意见的,可以参照确定护理人员人数。

护理期限应计算至受害人恢复生活自理能力时止。受害人因残疾不能恢复生活自理能力的,可以根据其年龄、健康状况等因素确定合理的护理期限,但最长不超过二十年。

---

[1] 本案审理时,法院适用的是《中华人民共和国民法通则》第一百零六条 公民、法人违反合同或者不履行其他义务的,应当承担民事责任。
公民、法人由于过错侵害国家的、集体的财产,侵害他人财产、人身的,应当承担民事责任。
没有过错,但法律规定应当承担民事责任的,应当承担民事责任。

[2] 本案审理时,法院适用的是《中华人民共和国侵权责任法》第十二条 二人以上分别实施侵权行为造成同一损害,能够确定责任大小的,各自承担相应的责任;难以确定责任大小的,平均承担赔偿责任。

受害人定残后的护理,应当根据其护理依赖程度并结合配制残疾辅助器具的情况确定护理级别。

第十二条 残疾赔偿金根据受害人丧失劳动能力程度或者伤残等级,按照受诉法院所在地上一年度城镇居民人均可支配收入标准,自定残之日起按二十年计算。但六十周岁以上的,年龄每增加一岁减少一年;七十五周岁以上的,按五年计算。

受害人因伤致残但实际收入没有减少,或者伤残等级较轻但造成职业妨害严重影响其劳动就业的,可以对残疾赔偿金作相应调整。

第十九条 超过确定的护理期限、辅助器具费给付年限或者残疾赔偿金给付年限,赔偿权利人向人民法院起诉请求继续给付护理费、辅助器具费或者残疾赔偿金的,人民法院应予受理。赔偿权利人确需继续护理、配制辅助器具,或者没有劳动能力和生活来源的,人民法院应当判令赔偿义务人继续给付相关费用五至十年。

第二十二条 本解释所称"城镇居民人均可支配收入""城镇居民人均消费支出""职工平均工资",按照政府统计部门公布的各省、自治区、直辖市以及经济特区和计划单列市上一年度相关统计数据确定。

"上一年度",是指一审法庭辩论终结时的上一统计年度。

《最高人民法院关于确定民事侵权精神损害赔偿责任若干问题的解释》

第五条 精神损害的赔偿数额根据以下因素确定:

(一)侵权人的过错程度,但是法律另有规定的除外;
(二)侵权行为的目的、方式、场合等具体情节;
(三)侵权行为所造成的后果;
(四)侵权人的获利情况;
(五)侵权人承担责任的经济能力;
(六)受理诉讼法院所在地的平均生活水平。

四、争议问题

宁医大总院对本案损害赔偿应承担何种民事责任?

五、简要评论

共同侵权有狭义、广义之分:广义共同侵权行为包括共同加害行为,教唆、帮助的共同侵权行为,共同危险行为及团体共同侵权行为。狭义共同侵权行为仅指共同加害行为,是指复数加害人基于共同过错侵害他人民事权益,依法应当承担连带责任的侵权行为,《民法典》第一千一百六十八条[①]对此作出了具体规定。共同侵权与单独侵

---

① 《中华人民共和国民法典》第一千一百六十八条。二人以上共同实施侵权行为,造成他人损害的,应当承担连带责任。

权相比较,主要具有如下特征:1. 主体的复数性,即主体必须是两个或者两个以上;2. 主观过错的共同性,即共同侵权行为人具有共同致人损害的故意或过失;3. 行为的共同性,数人的行为相互联系,构成一个统一的致人损害的原因;4. 结果的同一性,损害结果是不可分割的,共同侵权行为和损害结果之间的联系也是不可分割的。

与共同侵权概念相接近的是无意思联络的数人侵权,即数个行为人事先既没有共同的意思联络,也没有共同过失,只是由于行为的客观上的联系,而共同造成同一个损害结果。与一般共同侵权行为不同的是,无意思联络的数人侵权并不完全要求各行为人对所有行为人的侵权行为承担连带责任,而是根据各行为人的过错程度和原因力来承担各自的责任。依据加害行为与损害结果两者之关系,无意思联络数人侵权可划分为聚合因果关系、结合因果关系两种情形。前者是指同一个损害结果由数个加害行为造成并且每一个加害行为都具有导致损害结果的发生之能量;后者是指分别实施的加害行为中任何一个行为都不足以导致损害结果发生,只有数个加害行为结合时才能造成最终损害结果,每个加害行为都是损害结果产生必不可少的条件。前者加害人承担连带责任,后者加害人承担按份责任或平均责任。

本案中,俞某幼年遭遇交通事故,因客车碾压臀部导致膀胱尿瘘。最高人民法院司法鉴定中心对俞某病情的鉴定结论为:宁医大总院在治疗过程中遗漏了俞某因骨盆骨折所致尿路损伤的诊断,在拔除(入院 1 月后)导尿管后,没有及时采取有效的尿液引流措施,增加了俞某发生会阴感染及会阴瘘的机会,医院的护理工作失误,也是俞某褥疮生成的原因之一,而褥疮的产生,又影响了骨盆的复位和脊柱的畸形。故宁医大总院对俞某实施的医疗行为存有过失,该过失与俞某现有的损害结果存在一定的因果关系。但俞某伤残原始及主要成因系交通事故,次要成因方为宁医大总院的过失医疗行为,宁医大总院应承担与其行为相适应的 30% 赔偿责任。俞某主张宁医大总院应承担全部赔偿责任于法无据。法院既要保护医患者的合法权益,在法律红线内对俞某释放最大的善意与关切,也要维护正常的医疗秩序,不能以情感替代法律或僭越法律,更不能法外加重对方责任。宁夏回族自治区高级人民法院额外加判宁医大总院 5 万元的精神损害抚慰金,已经是其对精神损害抚慰金能判处的最高金额,俞某要求 500 万元的精神损害抚慰金,法院难以支持。

案例 8-7 连带责任

一、基本案情

佳余公司与浩盟公司、日新公司存在盐酸买卖关系,浩盟公司、日新公司还委托佳余公司处理生产后产生的废酸。佳余公司委托没有取得危险废物经营许可证的蒋某某从上述公司运输和处理废酸,并获得每车每吨一定金额的费用。2011 年 2 月至 3 月期间,蒋某某多次指派其雇佣的驾驶员董某某将从佳余公司收集的一车、从浩盟公司收集的四车、从日新公司收集的一车共计六车废酸倾倒至叶榭镇叶兴路红先河桥南侧 100 米处西侧的雨水井中,导致废酸经雨水井流入红先河,造成红先河严重污染。

本次污染事故发生后,上海市松江区叶榭镇人民政府(以下简称叶榭镇政府)为治理污染,拨款并委托松江区叶榭水务管理站对污染河道进行治理。治理完毕后,叶榭镇政府又委托云间公司对治理污染的费用进行了审计,经审计确认红先河河道污染治理工程款为 714 066 元、清理管道污染淤泥工程款为 25 000 元、土地征用及迁移补偿费为 75 800 元、勘察设计费为 35 000 元、合同公证及工程质量监理费为 27 700 元、审计费 9 700 元,合计 887 266 元。

后叶榭镇政府向上海市松江区人民法院提起诉讼,认为蒋某某、董某某违法将工业废酸倾倒至红先河内,造成本次污染事故,应当对原告由此而遭受的经济损失承担赔偿责任。佳余公司、浩盟公司、日新公司违反相关法律规定将危险废物提供或委托给无经营许可证的蒋某某处置,依法应当承担连带赔偿责任。蒋某某辩称其无经济赔偿能力。董某某辩称其行为是按照蒋某某的要求而为。佳余公司认为其对蒋某某实际将废酸随意倾倒的行为既不知情也无法掌控,其未直接参与。浩盟公司辩称其与蒋某某处理废酸的行为无关,不应承担赔偿责任。日新公司同样辩称其不应承担赔偿责任。

来源:《中华人民共和国最高人民法院公报》2014 年第 4 期

二、诉讼过程

上海市松江区人民法院认为,本案系环境污染侵权纠纷,蒋某某、董某某对他们的违法行为不持异议,董某某对于损害后果的发生具有重大过错,应当与其雇主蒋某某承担连带赔偿责任。佳余公司、浩盟公司、日新公司对本次污染事故具有重大过错,理应与蒋某某承担连带赔偿责任。故判决被告蒋某某赔偿原告各项经济损失,董某某承担连带赔偿责任,佳余公司承担 20% 的连带赔偿责任,浩盟公司承担 65% 的连带赔偿责任,日新公司承担 15% 的连带赔偿责任。

三、关联法条

《中华人民共和国民法典》

第一百七十八条① 二人以上依法承担连带责任的,权利人有权请求部分或者全部连带责任人承担责任。

连带责任人的责任份额根据各自责任大小确定;难以确定责任大小的,平均承担责

---

① 本案审理时,法院适用的是《中华人民共和国侵权责任法》第十三条 法律规定承担连带责任的,被侵权人有权请求部分或者全部连带责任人承担责任。
第十四条 连带责任人根据各自责任大小确定相应的赔偿数额;难以确定责任大小的,平均承担赔偿责任。
支付超出自己赔偿数额的连带责任人,有权向其他连带责任人追偿。

任。实际承担责任超过自己责任份额的连带责任人,有权向其他连带责任人追偿。

连带责任,由法律规定或者当事人约定。

第一千一百六十八条① 二人以上共同实施侵权行为,造成他人损害的,应当承担连带责任。

第一千二百二十九条② 因污染环境、破坏生态造成他人损害的,侵权人应当承担侵权责任。

第一千二百三十条 因污染环境、破坏生态发生纠纷,行为人应当就法律规定的不承担责任或者减轻责任的情形及其行为与损害之间不存在因果关系承担举证责任。

第一千二百三十一条 两个以上侵权人污染环境、破坏生态的,承担责任的大小,根据污染物的种类、浓度、排放量,破坏生态的方式、范围、程度,以及行为对损害后果所起的作用等因素确定。

《最高人民法院关于审理环境侵权责任纠纷案件适用法律若干问题的解释》

第一条 因污染环境、破坏生态造成他人损害,不论侵权人有无过错,侵权人应当承担侵权责任。

侵权人以排污符合国家或者地方污染物排放标准为由主张不承担责任的,人民法院不予支持。

侵权人不承担责任或者减轻责任的情形,适用海洋环境保护法、水污染防治法、大气污染防治法等环境保护单行法的规定;相关环境保护单行法没有规定的,适用民法典的规定。

第二条 两个以上侵权人共同实施污染环境、破坏生态行为造成损害,被侵权人根据民法典第一千一百六十八条规定请求侵权人承担连带责任的,人民法院应予支持。

第十七条 本解释适用于审理因污染环境、破坏生态造成损害的民事案件,但法律和司法解释对环境民事公益诉讼案件另有规定的除外。

相邻污染侵害纠纷、劳动者在职业活动中因受污染损害发生的纠纷,不适用本解释。

四、争议问题

1. 蒋某某、董某某应承担何种责任?

2. 佳余公司、浩盟公司、日新公司应否就本案污染事故所产生的损失承担相应的连带赔偿责任?

---

① 本案审理时,法院适用的是《中华人民共和国侵权责任法》第八条,与本条内容相同。
② 本案审理时,法院适用的是《中华人民共和国侵权责任法》第六十五条 因污染环境造成损害的,污染者应当承担侵权责任。
第六十六条 因污染环境发生纠纷,污染者应当就法律规定的不承担责任或者减轻责任的情形及其行为与损害之间不存在因果关系承担举证责任。
第六十七条 两个以上污染者污染环境,污染者承担责任的大小,根据污染物的种类、排放量等因素确定。

五、简要评论

对争议问题1,蒋某某以营利为目的,在没有取得危险废物经营许可证的情况下,指派其雇佣的驾驶员董某某将废酸倾倒至叶榭镇政府境内通向红先河的雨水井中,造成红先河严重污染,其行为已构成违法。在其承担刑事责任的同时,还应当承担民事赔偿责任,故蒋某某应当赔偿原告因治理污染而产生的经济损失。董某某虽为蒋某某雇佣的驾驶员,但其对将未经处理的废酸倾倒至雨水井可能造成的危害后果应当具有预见能力,然其并未对此不法行为及时予以提醒或制止,而是盲目听从蒋某某的指派,故意将废酸倒入雨水井导致红先河严重污染。因此,董某某对于损害后果的发生具有重大过错,应当与其雇主蒋某某承担连带赔偿责任。

对争议问题2,佳余公司、浩盟公司、日新公司在生产过程中产生的废酸属于危险废物,三公司在处理该危险废物时,应当依照固体废物污染环境防治法的相关规定[①],向当地环保主管部门申报上述危险废物的种类、产生量、流向、贮存以及处置等资料,同时应按照国家规定填写危险废物转移联单,在环保主管部门批准同意转移的情况下交由有相应处理危险废物资质的单位进行处理。浩盟公司、日新公司明知佳余公司不具备处理危险废物的经营资格而委托其处理废酸,佳余公司未审查蒋某某是否具备运输、排放以及处理危险废物的经营资格,擅自将其公司以及浩盟公司、日新公司的废酸委托给蒋某某个人处理的行为,使国家对上述三公司生产过程中产生的危险废物失去监管和控制,与此后蒋某某指派董某某将未经处理的废酸倒入雨水井导致红先河严重污染的行为之间有直接的因果关系,故三公司对本次污染事故具有重大过错,理应与蒋某某承担连带赔偿责任。法院综合三公司倾倒在叶榭镇政府境内的废酸数量及佳余公司在本次事故中所起的作用等因素,针对损害后果,酌情确定由浩盟公司承担65%的连带赔偿责任,佳余公司承担20%的连带赔偿责任,日新公司承担15%的连带赔偿责任。

侵权责任法出台前,只有污染生活环境造成损害的才构成环境侵权。侵权责任法将环境侵权的范围扩大至污染生活环境和破坏生态环境。《民法典》及《最高人民法院关于审理环境侵权责任纠纷案件适用法律若干问题的解释》第十七条也重申了这一变化。根据《民法典》第一千二百二十九条至第一千二百三十一条及《最高人民法院关于审理环境侵权责任纠纷案件适用法律若干问题的解释》第一条的规定,环境污染侵权责任纠纷适用无过错责任,污染者应就法律规定的不承担责任或者减轻责任的情形、行为与损害之间不存在因果关系承担举证责任。对于环境污染共同侵权的案件,《最高人民法院关于审理环境侵权责任纠纷案件适用法律若干问题的解释》第二条规定两个以上侵权人共同实施污染行为造成损害应承担连带责任的内容,响应了《民法典》第一千一百六十八条关于共同侵权应承担连带责任的规定。

民法典关于连带责任的规定,基本上沿袭了侵权责任法。连带责任,是指两个以上

---

① 参见《中华人民共和国固体废物污染环境防治法》第五十条至第六十六条。

责任人之间虽有一定的份额区分,但均应对受害人所受全部损害承担责任的共同责任形态。连带责任具有以下特征:1. 各责任人均对受害人承担一定份额的赔偿责任,其份额之和为受害人所受全部损失。2. 各责任人向受害人承担责任无先后顺序之分。3. 各责任人不仅对自己承担的份额负责,而且对其他责任人无力承担的份额负责。某一责任人对权利人清偿了自己的份额,其责任并未消灭。如果其他责任人无力清偿,已经清偿自己份额的责任人仍须对其他责任人无力清偿的部分负清偿责任。4. 各责任人就自己的份额承担的责任是终局,但若超出自己的份额承担责任,可向未足额清偿的其他责任人追偿①。因为连带责任是比较严厉的民事责任承担方式,除约定外,只能由法律来规定,其他方式均不可确定责任人承担连带责任。民法典侵权责任编中的连带责任属于法定责任,侵权人不得约定改变责任的性质,对于内部责任份额的约定对外不发生效力。

本案中,佳余公司、浩盟公司和日新公司与蒋某某、董某某共同侵权,对外承担连带责任,对内则根据各自过错和原因力按份承担责任。就各自过错的大小和原因力而言,蒋某某多次指派其驾驶员董某某将废酸倾倒至与红先河连通的雨水井中,倾倒废酸的行为与红先河被污染具有直接因果关系,且蒋某某主观上有污染环境的故意,具有过错。佳余公司、浩盟公司、日新公司分别提供了一车、四车和一车废酸,与红先河被废酸污染之间具有直接因果关系,对本案污染事故具有重大过错。由于浩盟公司提供了四车废酸,数量远超佳余公司和浩盟公司分别提供的一车废酸,对内应承担较多的责任份额。又因佳余公司委托蒋某某处理废酸,其过错比日新公司要重,故法院综合三公司各自过错大小及佳余公司在本次事故中所起的作用,酌定三公司的连带赔偿责任份额比为 65∶20∶15,较为合理。

在诉讼中被告方抗辩称原告不是适格主体,法院根据《上海市河道管理条例》确认了叶榭镇政府的原告主体资格②。民事诉讼法也是叶榭镇政府在本案中具有原告资格的重要依据③。

案例 8-8 网络侵权

一、基本案情

依兰德有限公司(E. LANDLTD)是一家韩国公司,是第 1545520 号注册商标和第

---

① 田土城主编:《侵权责任法学》,郑州大学出版社 2010 年版,第 301 页。
② 《上海市河道管理条例》第五条第三款 乡(镇)人民政府和乡(镇)水利机构按照其职责权限,负责乡(镇)管河道的管理;街道办事处按照本条例规定,对所在区域内的河道行使日常监督管理,其业务接受上级河道行政主管部门的指导。
③ 《中华人民共和国民事诉讼法》第五十八条第一款 对污染环境、侵害众多消费者合法权益等损害社会公共利益的行为,法律规定的机关和有关组织可以向人民法院提起诉讼。

1326011 号注册商标的权利人。2009 年 1 月 1 日，依兰德有限公司向衣念公司出具商标维护授权委托书，委托衣念公司全权代表该公司在中国大陆独占使用第 1545520 号、第 1326011 号等注册商标及商标权维护行动，包括侵权人的信息调查、证据采集、产品真伪鉴定、侵权投诉以及诉讼、请求侵权人赔偿损失等。淘宝公司是淘宝网的经营管理者，为用户提供网络交易平台服务。淘宝网交易平台分为商城（即 B2C）和非商城（即 C2C），没有工商营业执照的个人也可以申请在淘宝网开设网络店铺（非商城），杜某某即属于非商城的卖家。

衣念公司利用淘宝网提供的搜索功能，通过关键字搜索涉嫌侵权的商品，再对搜索结果进行人工筛查，并通过电子邮件将侵权商品信息的网址发送给淘宝公司。同时衣念公司向淘宝公司发送书面通知函及相关的商标权属证明材料，要求淘宝公司删除侵权商品信息并提供卖家真实信息。上述投诉中，包含了衣念公司于 2009 年 9 月 29 日至 2009 年 11 月 11 日期间针对杜某某的 7 次投诉，其中有 3 次涉及 TEENIEWEENIE 商标，4 次涉及依兰德有限公司的另一个注册商标 SCAT。淘宝公司接到衣念公司投诉后即删除了杜某某发布的商品信息，杜某某并未就此向衣念公司及淘宝公司提出异议，淘宝公司也未对杜某某采取处罚措施。直至 2010 年 9 月，淘宝公司才对杜某某进行扣分等处罚。衣念公司诉称：淘宝公司虽然对其举报的侵权信息予以删除，但未采取其他制止侵权行为的措施。淘宝公司不顾该公司的警告和权利要求，在知道杜某某以销售侵权商品为业的情况下，依然向杜某某提供网络服务，故意为侵犯他人注册商标专用权的行为提供便利条件，继续纵容、帮助杜某某实施侵权行为。因此，应由淘宝公司和杜某某承担侵权责任。

来源：《中华人民共和国最高人民法院公报》2012 年第 1 期

二、诉讼过程

上海市浦东新区人民法院认为，衣念公司经注册商标专用权人的授权许可，依法享有第 1545520 号、第 1326011 号注册商标的独占使用权，有权针对侵犯商标专用权的行为提起诉讼。杜某某销售的涉案商品的图案与原告的商标构成相同商标和近似商标，且杜某某不能举证证明其销售的商品有合法来源。在衣念公司多次投诉、淘宝公司多次删除其发布的商品信息后，杜某某应当知道其销售的商品侵犯他人的注册商标专用权。淘宝公司有条件、有能力针对特定侵权人杜某某采取措施。但在知道杜某某多次发布侵权商品信息的情况下，淘宝公司未严格执行其管理规则，依然为杜某某提供网络服务，是对杜某某继续实施侵权行为的放任、纵容。其故意为杜某某销售侵权商品提供便利条件，构成帮助侵权，具有主观过错，应承担连带赔偿责任。淘宝公司不服，提起上诉。

上海市第一中级人民法院认为一审认定事实基本清楚，适用法律正确，判决驳回上诉，维持原判。

三、关联法条

《中华人民共和国电子商务法》

第四十二条　知识产权权利人认为其知识产权受到侵害的,有权通知电子商务平台经营者采取删除、屏蔽、断开链接、终止交易和服务等必要措施。通知应当包括构成侵权的初步证据。

电子商务平台经营者接到通知后,应当及时采取必要措施,并将该通知转送平台内经营者;未及时采取必要措施的,对损害的扩大部分与平台内经营者承担连带责任。

因通知错误造成平台内经营者损害的,依法承担民事责任。恶意发出错误通知,造成平台内经营者损失的,加倍承担赔偿责任。

第四十三条　平台内经营者接到转送的通知后,可以向电子商务平台经营者提交不存在侵权行为的声明。声明应当包括不存在侵权行为的初步证据。

电子商务平台经营者接到声明后,应当将该声明转送发出通知的知识产权权利人,并告知其可以向有关主管部门投诉或者向人民法院起诉。电子商务平台经营者在转送声明到达知识产权权利人后十五日内,未收到权利人已经投诉或者起诉通知的,应当及时终止所采取的措施。

第四十四条　电子商务平台经营者应当及时公示收到的本法第四十二条、第四十三条规定的通知、声明及处理结果。

第四十五条　电子商务平台经营者知道或者应当知道平台内经营者侵犯知识产权的,应当采取删除、屏蔽、断开链接、终止交易和服务等必要措施;未采取必要措施的,与侵权人承担连带责任。

《中华人民共和国民法典》

第一千一百六十九条[①]　教唆、帮助他人实施侵权行为的,应当与行为人承担连带责任。

教唆、帮助无民事行为能力人、限制民事行为能力人实施侵权行为的,应当承担侵权责任;该无民事行为能力人、限制民事行为能力人的监护人未尽到监护职责的,应当承担相应的责任。

第一千一百九十四条　网络用户、网络服务提供者利用网络侵害他人民事权益的,应当承担侵权责任。法律另有规定的,依照其规定。

第一千一百九十五条　网络用户利用网络服务实施侵权行为的,权利人有权通知网络服务提供者采取删除、屏蔽、断开链接等必要措施。通知应当包括构成侵权的初步

[①] 本案审理时,法院适用的是《最高人民法院关于贯彻执行〈中华人民共和国民法通则〉若干问题的意见(试行)》第一百四十八条　教唆、帮助他人实施侵权行为的人,为共同侵权人,应当承担连带民事责任。

教唆、帮助无民事行为能力人实施侵权行为的人,为侵权人,应当承担民事责任。

教唆、帮助限制民事行为能力人实施侵权行为的人,为共同侵权人,应当承担主要民事责任。

证据及权利人的真实身份信息。

网络服务提供者接到通知后,应当及时将该通知转送相关网络用户,并根据构成侵权的初步证据和服务类型采取必要措施;未及时采取必要措施的,对损害的扩大部分与该网络用户承担连带责任。

权利人因错误通知造成网络用户或者网络服务提供者损害的,应当承担侵权责任。法律另有规定的,依照其规定。

第一千一百九十七条[①]　网络服务提供者知道或者应当知道网络用户利用其网络服务侵害他人民事权益,未采取必要措施的,与该网络用户承担连带责任。

《中华人民共和国商标法》

第五十七条[②]　有下列行为之一的,均属侵犯注册商标专用权:

(一) 未经商标注册人的许可,在同一种商品上使用与其注册商标相同的商标的;

(二) 未经商标注册人的许可,在同一种商品上使用与其注册商标近似的商标,或者在类似商品上使用与其注册商标相同或者近似的商标,容易导致混淆的;

(三) 销售侵犯注册商标专用权的商品的;

(四) 伪造、擅自制造他人注册商标标识或者销售伪造、擅自制造的注册商标标识的;

(五) 未经商标注册人同意,更换其注册商标并将该更换商标的商品又投入市场的;

(六) 故意为侵犯他人商标专用权行为提供便利条件,帮助他人实施侵犯商标专用权行为的;

(七) 给他人的注册商标专用权造成其他损害的。

《中华人民共和国商标法实施条例》(2002)

第五十条[③]　有下列行为之一的,属于商标法第五十二条第(五)项所称侵犯注册商标专用权的行为:

(一) 在同一种或者类似商品上,将与他人注册商标相同或者近似的标志作为商品名称或者商品装潢使用,误导公众的;

[①] 本案审理时,法院适用的是《中华人民共和国侵权责任法》第三十六条　网络用户、网络服务提供者利用网络侵害他人民事权益的,应当承担侵权责任。

网络用户利用网络服务实施侵权行为的,被侵权人有权通知网络服务提供者采取删除、屏蔽、断开链接等必要措施。网络服务提供者接到通知后未及时采取必要措施的,对损害的扩大部分与该网络用户承担连带责任。

网络服务提供者知道网络用户利用其网络服务侵害他人民事权益,未采取必要措施的,与该网络用户承担连带责任。

[②] 本案审理时,法院适用的是《中华人民共和国商标法》(2001年版)第五十二条　有下列行为之一的,均属侵犯注册商标专用权:(一)未经商标注册人的许可,在同一种商品或者类似商品上使用与其注册商标相同或者近似的商标的;(二)销售侵犯注册商标专用权的商品的;(三)伪造、擅自制造他人注册商标标识或者销售伪造、擅自制造的注册商标标识的;(四)未经商标注册人同意,更换其注册商标并将该更换商标的商品又投入市场的;(五)给他人的注册商标专用权造成其他损害的。

[③] 《中华人民共和国商标法实施条例》(2014年版)已经没有此条。

（二）故意为侵犯他人注册商标专用权行为提供仓储、运输、邮寄、隐匿等便利条件的。

四、争议问题

淘宝公司作为网络服务提供者应否承担连带侵权责任？

五、简要评论

我国法律保护注册商标专用权。未经商标注册人的许可，在同一种商品或者类似商品上使用与其注册商标相同或者近似的商标，均属侵犯注册商标专用权的行为。本案中，杜某某未经衣念公司的同意，在淘宝网销售的服装中使用 TEENIEWEENIE 等商标，侵犯了衣念公司享有的注册商标专用权，这一点并无太大争议。本案的争议焦点主要集中在，淘宝公司是淘宝网的经营管理者，虽然未对衣念公司构成直接侵权，但其为用户杜某某提供了网络交易平台服务，是否应当承担相应的责任。

"避风港原则"是法律界在网络发展过程中对平衡网络服务提供者和著作权人之间利益关系最直接的回应，它主要是通过"通知—删除"规则，为网络服务提供者提供一种责任屏障[1]。即当网络服务商实际上不知道也没有意识到能明显推出侵权行为的事实或情况时，在接到权利人的合格通知后，及时移除侵权内容的，不承担责任。该原则由1998年10月28日美国国会通过的《数字千年版权法案》（The Digital Millennium Copyright Act，简称 DMCA）首先确立。为避免网络服务商滥用避风港规则提供的法律庇护，立法者对"避风港规则"的适用设置了但书——"红旗规则"，即当侵权活动像红旗一样显而易见时，就可以认定互联网服务提供商对网络上的侵权活动或内容存在"应知"或"明知"，从而排除"避风港规则"的侵权责任豁免[2]。

对于网络服务提供者承担连带责任的主观要件，侵权责任法规定的是"知道"，而《民法典》第一千一百九十七条则修改为"知道或者应当知道"，由此可以看出，在知识产权侵权导致的连带责任方面，网络服务提供者的责任有所加重。由于网络服务提供者对于网络用户的侵权行为一般不具有预见和避免的能力，因此，并不因为网络用户的侵权行为而当然承担侵权赔偿责任。但是，如果网络服务提供者明知或者应当知道网络用户利用其所提供的网络服务实施侵权行为，仍然为侵权行为人提供网络服务或者没有采取适当的避免侵权行为发生的措施，则应当与网络用户承担连带责任。因为在这种情况下，网络服务提供者与网络用户已经构成共同侵权。

本案中，尽管淘宝公司在接到衣念公司的投诉后，删除了衣念公司所指认的涉嫌侵权的信息，但是，淘宝公司对于在淘宝网上大量存在商标侵权商品的现象是明知的。其对于衣念公司这样长期大量的投诉，仅是被动地根据权利人通知采取没有任何成效的

---

[1] 孔祥俊著：《网络著作权保护法律理念与裁判方法》，中国法制出版社2015年版，第101页。
[2] 董斌、郑林丽：《红旗规则下新媒体网络编辑防范侵权的合理注意义务》，《新闻界》2014年第13期，第67-71页。

删除链接的措施,未采取必要的能够防止侵权行为发生的措施,客观上为杜某某继续销售侵权产品提供了条件,主观上具有过错,构成共同侵权。网络服务提供者接到通知后及时删除侵权信息是其免于承担赔偿责任的条件之一,但并非充分条件。网络服务提供者删除信息后,如果网络用户仍然利用其提供的网络服务继续实施侵权行为,网络服务提供者应当进一步采取必要措施以制止继续侵权。哪些措施属于必要措施,应当根据网络服务的类型、技术可行性、成本、侵权情节等因素确定。具体到网络交易平台服务提供商,这些措施可以是对网络用户进行公开警告、降低信用评级、限制发布商品信息直至关闭该网络用户的账户等。

案例 8-9　缔约过失责任

一、基本案情

2011 年 11 月 29 日,鞍山市财政局委托沈交所(沈阳联合产权交易所)挂牌交易鞍山银行国有及国有法人股 8.08 亿股。12 月 30 日,沈交所对相关股权内容进行转让挂牌公告。3 月 28 日,标榜公司、宏运集团、辽宁融信公司、红河矿业公司四家公司摘牌,其中标榜公司摘牌涉案鞍山市财政局股权 2.25 亿股。后沈交所向标榜公司发出《意向受让受理通知书》,载明标榜公司符合意向受让资格,要求标榜公司交付摘牌保证金,标榜公司如期交纳。

2012 年 4 月 17 日,转让方鞍山市财政局与受让方标榜公司签订股份转让合同书,约定鞍山市财政局以每股 2.00 元人民币的价格转让 22 500 万股份给标榜公司。标榜公司后续按约定将相关报批材料提交至鞍山银行,鞍山银行向相关机构报送《股东资格审查请求》,有关机构同意鞍山银行此次股东变更有关行政许可事项。2013 年 3 月 25 日,鞍山市国资委发函称四家摘牌公司存在关联交易,不会通过审批,要求终止股权转让事宜。4 月 11 日,宏运集团代表摘牌公司向鞍山市国资委作出回复函,称如无银监局正式文件,希望继续履约,若任何一方单方擅自终止合同,属违约行为并应承担违约责任。5 月 2 日,鞍山市国资委发函,载明按法定程序,会计师事务所会对四家摘牌企业呈报的资料及相关信息进行专项审计,按审计结果再行逐级报送各级监管部门审定。6 月 6 日,鞍山市财政局以股价上涨继续交易会影响国有金融资产合法权益为由,作出《关于终止鞍山银行国有股权转让的函》。6 月 17 日,会计师事务所的审计意见为:无法判断该公司是否属于非限制性行业,是否可以入股城商行。10 月 11 日,宏运集团代表四家挂牌公司向鞍山市财政局要求返还交易保证金,标榜公司等受让企业于 10 月 16 日收到鞍山市财政局退还的保证金。

2013 年 12 月 31 日,鞍山市财政局在北京金融资产交易所将上述股权重新挂牌转让。7 月 24 日,鞍山市财政局将案涉股权以每股 2.5 元转让给了华阳公司。2015 年 5

月20日,四家摘牌企业发函要求赔偿交易费用、应得利益、摘牌保证金利息等损失,鞍山市财政局签收该函后未予回应。2015年9月1日,标榜公司向辽宁省高级人民法院提起诉讼,请求判令鞍山市财政局履行合同,并承担全部诉讼费用。

来源:《最高人民法院公报》2017年第12期

二、诉讼过程

辽宁省高级人民法院认为,涉案的股份转让合同书未经政府部门审批,该合同成立但未生效;该合同已于2013年10月11日约定解除;标榜公司关于鞍山市财政局赔偿交易费用损失及交易费、保证金相应利息损失的诉请应予支持,但赔偿交易可得利益损失的主张,不予支持。遂判决鞍山市财政局赔偿标榜公司交易费本金人民币27.846 535万元及相应利息、1 350万元的保证金利息、1 294.306 93万元的保证金利息,驳回标榜公司其他诉讼请求。标榜公司不服,提起上诉。

最高人民法院认可涉案股份转让合同书应认定为成立未生效合同,且于2013年10月11日协商解除。最高人民法院认为,鞍山市财政局未将涉案合同报送批准存在缔约过失,对标榜公司的直接损失应予赔偿,对标榜公司所主张的可得利益损失应予适当赔偿。至于标榜公司交易机会损失数额认定,酌定按鞍山市财政局转售涉案股权价差的10%予以确定,即1 125万元。

三、关联法条

《中华人民共和国民法典》

第五百条① 当事人在订立合同过程中有下列情形之一,造成对方损失的,应当承担赔偿责任:

(一)假借订立合同,恶意进行磋商;

(二)故意隐瞒与订立合同有关的重要事实或者提供虚假情况;

(三)有其他违背诚信原则的行为。

第五百零二条② 依法成立的合同,自成立时生效,但是法律另有规定或者当事人另有约定的除外。

依照法律、行政法规的规定,合同应当办理批准等手续的,依照其规定。未办理批准等手续影响合同生效的,不影响合同中履行报批等义务条款以及相关条款的效力。应当办理申请批准等手续的当事人未履行义务的,对方可以请求其承担违反该义务的责任。

---

① 本案审理时,法院适用的是《中华人民共和国合同法》第四十二条 当事人在订立合同过程中有下列情形之一,给对方造成损失的,应当承担损害赔偿责任:(一)假借订立合同,恶意进行磋商;(二)故意隐瞒与订立合同有关的重要事实或者提供虚假情况;(三)有其他违背诚实信用原则的行为。

② 本案审理时,法院适用的是《中华人民共和国合同法》第四十四条 依法成立的合同,自成立时生效。

法律、行政法规规定应当办理批准、登记等手续生效的,依照其规定。

依照法律、行政法规的规定,合同的变更、转让、解除等情形应当办理批准等手续的,适用前款规定。

第五百六十二条① 当事人协商一致,可以解除合同。

当事人可以约定一方解除合同的事由。解除合同的事由发生时,解除权人可以解除合同。

第五百六十六条② 合同解除后,尚未履行的,终止履行;已经履行的,根据履行情况和合同性质,当事人可以请求恢复原状或者采取其他补救措施,并有权请求赔偿损失。

合同因违约解除的,解除权人可以请求违约方承担违约责任,但是当事人另有约定的除外。

主合同解除后,担保人对债务人应当承担的民事责任仍应当承担担保责任,但是担保合同另有约定的除外。

第五百八十四条③ 当事人一方不履行合同义务或者履行合同义务不符合约定,造成对方损失的,损失赔偿额应当相当于因违约所造成的损失,包括合同履行后可以获得的利益;但是,不得超过违约一方订立合同时预见到或者应当预见到的因违约可能造成的损失。

四、争议问题

鞍山市财政局应否赔偿标榜公司交易费、保证金利息损失及可得利益损失?

五、简要评论

缔约过失责任,即在合同缔约过程中,如果一方当事人违背诚实信用原则,不履行相关先合同义务,其对相对人因此所受损失应当承担的赔偿责任。缔约过失责任是当事人违反先合同义务应依法承担的民事责任。订立合同的双方当事人为缔结契约进行接触磋商时,相互之间已经建立了一种特殊的信赖关系,基于诚信原则,相互之间产生了协力、通知、照顾、保护、忠实等附随义务,其性质及强度,超过一般侵权行为法上的注意义务,而与契约关系较为接近。在合同成立前,因合同关系尚未产生,合同当事人不受合同的保护。但为了订立合同,双方需要超出一般的普通关系行事,如果仅按照一般普通人之间

---

① 本案审理时,法院适用的是《中华人民共和国合同法》第九十三条 当事人协商一致,可以解除合同。
当事人可以约定一方解除合同的条件。解除合同的条件成就时,解除权人可以解除合同。
② 本案审理时,法院适用的是《中华人民共和国合同法》第九十七条 合同解除后,尚未履行的,终止履行;已经履行的,根据履行情况和合同性质,当事人可以要求恢复原状、采取其他补救措施,并有权要求赔偿损失。
③ 本案审理时,法院适用的是《中华人民共和国合同法》第一百一十三条 当事人一方不履行合同义务或者履行合同义务不符合约定,给对方造成损失的,损失赔偿额应当相当于因违约所造成的损失,包括合同履行后可以获得的利益,但不得超过违反合同一方订立合同时预见到或者应当预见到的因违反合同可能造成的损失。
经营者对消费者提供商品或者服务有欺诈行为的,依照《中华人民共和国消费者权益保护法》的规定承担损害赔偿责任。

的权利义务关系予以对待,不利于促成合同的订立,也难以为双方提供充分的保护,基于诚信原则,双方都有义务保护、协助对方,即产生双方的先合同义务及缔约过失责任。

《民法典》第五百条具体列明了违反先合同义务的三种情形:1. 假借订立合同,恶意进行磋商;2. 故意隐瞒与订立合同有关的重要事实或者提供虚假情况;3. 其他违背诚信原则的行为。违反了上述三种情形,并给对方造成损失的,就应该承担相应的损失赔偿责任,即缔约过失责任。对于缔约过失责任的赔偿范围,缔约过失责任是行为人对对方信赖利益损失承担的责任。理论观点认为,信赖利益损失,可以区别为所受损害与所失利益。所受损害可包括为签订合同而合理支出的交通费、鉴定费、咨询费、勘察设计费、利息等。所失利益主要指丧失与第三人另订合同的机会所产生的损失。一般情形下,信赖利益小于履行利益,故一般情况下,对信赖利益的赔偿应以履行利益为限。

缔约过失责任与违约责任有较为明显的区别:1. 缔约过失责任是违反法定的先合同义务应承担的民事责任,而违约责任是违反约定的合同义务应承担的民事责任;2. 缔约过失责任以行为人有过错为构成要件,而违约责任以无过错为原则;3. 缔约过失责任与合同的成立和生效没有必然联系,多数情况下是在合同成立并生效之前,而违约责任的承担以合同的成立且生效为前提条件。

在本案中,合同约定生效要件为报批允准。承担报批义务方不履行报批义务的,应当承担缔约过失责任。鞍山市财政局未履行报批义务违反合同约定,应认定其存在缔约过失。标榜公司在缔约过程中支付的交易费及保证金利息,属于标榜公司的直接损失,应由鞍山市财政局承担赔偿责任。除直接损失外,缔约过失人对善意相对人的交易机会损失等间接损失,应予赔偿。间接损失数额应考虑缔约过失人过错程度及获得利益情况、善意相对人成本支出及预期利益等,综合衡量确定。最高人民法院在本案中综合考虑鞍山市财政局的获益情况、标榜公司的交易成本支出情况,指出标榜公司虽丧失购买涉案股权的交易机会,但并不妨碍其之后将资金另行投资其他项目获得收益。故对标榜公司交易机会损失,按鞍山市财政局转售涉案股权价差的10%予以确定。

检察要点:弱势群体利益的倾斜性保护

一、检察现状

(一)追索赡养费

人口老龄化是当前社会广泛关注的一个问题,老年人作为社会成员中较为弱势的一方,往往缺乏索要赡养费的诉讼意识和能力。面对具有起诉维权意愿,但因诉讼能力偏弱不能或不敢提起诉讼的老年人,检察机关可以支持其向人民法院提起民事诉讼。目前,检察工作的重点为探索多元化纠纷解决机制、把握检察机关介入尺度、规范支持起诉流程。

1. 探索多元化纠纷解决机制

支持起诉的检察机关可以运用多元化纠纷解决机制,修复受损家庭关系①。多元化是相对于单一化而言的,其意义在于避免把纠纷的解决仅仅寄予某种单一的程序,如诉讼,并将其绝对化②。目前,司法机关正在构建协商、调解和裁决所构成的多元化纠纷解决机制,保护当事人对纠纷解决途径和方式的自由选择空间。例如,在胡某祥、万某妹与胡某平赡养纠纷支持起诉案中,检察机关开展了一系列有针对性的矛盾化解工作,在多方的共同努力下当事人达成调解协议。在案件办结后,江西省南昌市青山湖区人民检察院联合法院、妇联、民政局、司法所以及村委会等相关单位,再次回访了胡某祥、万某妹夫妇,跟踪了解赡养现况,巩固办案效果③。

2. 把握检察机关介入尺度

作为法律监督机关,检察机关并不是对所有案件都直接履行支持起诉职责,而是首先通过与有关部门积极协调,促请有关部门主动履职。如果有关部门履行职责遇到了问题和困难,检察机关再支持起诉。检察机关支持起诉不是大包大揽,而是通过积极履职,促进、协调、支持有关部门一体履职,形成维护特殊群体合法权益的合力④。在帮助老年人追索赡养费过程中,检察机关积极与司法所、村民委员会等沟通,引导调处缓解家庭矛盾,协力保障老年人合法权益,做到不缺位的同时也不越位处理相关事宜。

3. 规范支持起诉流程

检察院开展支持起诉工作的依据为《民事诉讼法》第十五条⑤,但该条为原则性规定,实务界有关支持起诉的分歧较多,如支持起诉对象理解不统一、收集证据标准不统一等⑥。为解决此类问题,各地检察机关在履职过程中可与其他机关协商,因地制宜制定支持起诉规范性文件,促进当地支持起诉工作规范化。胡某祥、万某妹与胡某平达成调解协议后,青山湖区人民检察院与青山湖区人民法院会签《关于加强民事支持起诉工作的协作意见》、与青山湖区司法局会签《关于建立支持起诉和法律援助工作联系机制的规定》。检察机关与其他组织、机关通过法治手段合力维护了老年人等弱势群体的合法权益。

(二) 出租房屋瑕疵担保

租赁能够充分发挥物的使用价值,在日常生活和经济活动中扮演着重要的角色。

---

① 冯小光、朱光美:《最高人民检察院第三十一批指导性案例解读》,《人民检察》2022年第1期,第25-28页。
② 范愉主编:《多元化纠纷解决机制》,厦门大学出版社2005年版,第2页。
③ 检例第123号:胡某祥、万某妹与胡某平赡养纠纷支持起诉案,引自《最高人民检察院公报》2022年第2号(总第187号)第37-46页。
④ 冯小光:《以民事支持起诉助力特殊群体权益保护》,《中国检察官》2022年第6期,第3-6页。
⑤ 《中华人民共和国民事诉讼法》第十五条 机关、社会团体、企业事业单位对损害国家、集体或者个人民事权益的行为,可以支持受损害的单位或者个人向人民法院起诉。
⑥ 朱光美:《赡养纠纷支持起诉实务探析》,《中国检察官》2022年第6期,第9-11页。

《民法典》第七百二十三条涉及出租人瑕疵担保责任①，该规则是瑕疵担保制度在租赁合同领域的具体适用。在双务有偿合同中，双方当事人互负债权债务，若承租人依约履行了支付租金的义务，则其自然应享受依约使用无瑕疵的租赁物的权利，若出租人在履行义务的过程中不需要承担瑕疵担保责任，那么对诚实守信的承租人而言并不公平，将会抑制较为弱势的承租人的交易积极性。检察机关聚焦出租人瑕疵担保纠纷的突出问题，精准履行监督职责。在陈某与向某贵房屋租赁合同纠纷抗诉案中，重庆市人民检察院就陈某（承租人）是否及时告知向某贵（出租人）出租房屋存在权利瑕疵并要求向某贵解决进行审查，进而认定向某贵应承担权利瑕疵担保责任，一审生效判决适用法律确有错误，遂向法院提出抗诉。重审法院采纳了检察机关的抗诉意见，判决向某贵退还陈某房屋租金、保证金，并赔偿陈某装修损失②。

（三）惩罚性赔偿

1. 环境公益诉讼惩罚性赔偿数额确立

检察机关提起环境民事公益诉讼时，可依法提出惩罚性赔偿诉讼请求③。在民事责任认定方面，因环境污染案件专业性较强，一般涉及多学科的专业认定，涵盖土壤污染、水资源污染、非法排污、因果关系等，故确定环境修复所需金额较为困难。许多检察机关提起的环境民事公益诉讼案件均有专家辅助人提供专业意见，为实践中类案的赔偿数额确认提供了一定的参考④。例如许建惠、许玉仙民事公益诉讼一案规范适用虚拟治理成本法计算修复费用，即在虚拟治理成本基数的基础上，根据受污染区域的环境功能敏感程度与对应的敏感系数相乘予以合理确定⑤。这为因环境污染所致生态环境损害无法通过恢复工程完全恢复的，或者恢复成本远大于收益的案件提供了一定的参考价值。

独特的环境资源、自然景观因缺乏真实的交易市场，其环境资源与生态服务价值难以用常规的市场方法评估，损害赔偿数额也无法通过司法鉴定予以确定。江西省上饶市人民检察院在提起环境保护公益诉讼时也遇到这一难题，为确定行为人的民事责任，检察机关委托专家组对三清山巨蟒峰受损后果进行价值评估，采用原环境保护部《环境损害鉴定评估推荐方法》（第Ⅱ版）和《生态环境损害鉴定评估技术指南总纲》中推荐使

---

① 《中华人民共和国民法典》第七百二十三条　因第三人主张权利，致使承租人不能对租赁物使用、收益的，承租人可以请求减少租金或者不支付租金。
第三人主张权利的，承租人应当及时通知出租人。
② 检例第157号：陈某与向某贵房屋租赁合同纠纷抗诉案，《检察日报》2022年7月16日，第4版。
③ 检例第164号：江西省浮梁县人民检察院诉A化工集团有限公司污染环境民事公益诉讼案，《检察日报》2022年9月27日，第1版。
④ 指导案例175号：江苏省泰州市人民检察院诉王小朋等59人生态破坏民事公益诉讼案，《人民法院报》2021年12月6日，第4版。
⑤ 检例第28号：许建惠、许玉仙民事公益诉讼案，引自《最高人民检察院公报》2017年第3号（总第158号）第15-30页。

用的条件价值法,得出巨蟒峰的损失最低阈值为 0.119~2.37 亿元[①]。此案是条件价值法在国内环境公益诉讼的探索运用,为确定环境资源损失赔偿的具体数额提供了理论依据,既有助于修复受损的环境利益,又能让潜在违法者意识到违法行为所应付出的代价。

2. 食药、产品质量公益诉讼惩罚性赔偿的探索适用

2017 年最高检民事行政检察厅在《关于加大食药领域公益诉讼案件办理力度的通知》中,允许省级人民检察院民事行政检察部门在食药民事公益诉讼中提出惩罚性赔偿的诉讼请求,检察机关也随后在食药领域展开了民事公益诉讼惩罚性赔偿制度的建立工作。但此制度在法律上仍无确切规定,检察机关办案只能以行政规定、司法文件为依据[②]。

但在最高检发布的检察公益诉讼起诉典型案例中,已有案例涉及食药、产品质量等领域的民事公益诉讼惩罚性赔偿,例如针对生产、销售有毒、有害食品的违法犯罪行为,浙江省松阳县人民检察院通过提起刑事附带民事公益诉讼,探索提出十倍惩罚性赔偿的诉讼请求[③];新疆维吾尔自治区伊犁哈萨克自治州人民检察院也在办理一起销售案件时,发现某公司将工业氧冒充药品医用氧非法销售,遂诉请判令某公司承担非法销售额三倍的惩罚性赔偿[④];针对违法行为人向众多不特定消费者销售伪劣口罩的行为,浙江省杭州市余杭区人民检察院向互联网法院依法提起民事公益诉讼,探索适用三倍惩罚性赔偿,以制止、惩罚、威慑涉疫口罩售假行为[⑤]。在以上三个案件中,法院均支持了检察机关适用惩罚性赔偿的诉讼请求,表明实践认可检察机关有权在民事公益诉讼中诉请惩罚性赔偿。

(四) 医疗纠纷

医疗纠纷是社会关注的焦点之一,因同时涉及医学和法学问题,审理难度较大。患者对疾病诊治期望过高与现代医学技术客观局限之间的矛盾日益突出,导致医患关系较为紧张、医患纠纷频发且医疗秩序受到严重影响。检察机关已在医疗领域开展支持起诉工作,如为受害者提供法律咨询、提交意见书、协助调查取证、出席法庭。《民法典》

---

① 检例第 114 号:江西省上饶市人民检察院诉张某某等三人故意损毁三清山巨蟒峰民事公益诉讼案,引自《最高人民检察院公报》2022 年第 1 号(总第 186 号)第 18-31 页。
② 《中共中央国务院关于深化改革加强食品安全工作的意见》、《关于在检察公益诉讼中加强协作配合依法保障食品药品安全的意见》(高检发〔2020〕11 号)、《探索建立食品安全民事公益诉讼惩罚性赔偿制度座谈会会议纪要》。
③ 最高检检察公益诉讼起诉经典案例:浙江省松阳县人民检察院诉刘某某等生产、销售有毒、有害食品刑事附带民事公益诉讼案,https://www.spp.gov.cn/spp/xwfbh/wsfbt/202109/t20210915_529543.shtml#2,最后访问时间 2022 年 11 月 2 日。
④ 最高检检察公益诉讼起诉经典案例:新疆维吾尔自治区伊犁哈萨克自治州人民检察院诉某气体制造有限公司非法销售假药民事公益诉讼案。https://www.spp.gov.cn/spp/xwfbh/wsfbt/202109/t20210915_529543.shtml#2,最后访问时间 2022 年 11 月 2 日。
⑤ 最高检检察公益诉讼起诉经典案例:浙江省杭州市余杭区人民检察院诉蔡某某等销售伪劣口罩民事公益诉讼案。https://www.spp.gov.cn/spp/xwfbh/wsfbt/202109/t20210915_529543.shtml#2,最后访问时间 2022 年 11 月 2 日。

第一千二百二十一条虽规定了医务人员在诊疗活动中应当尽到与当时的医疗水平相应的诊疗义务,为患者维护自身权益提供了法律基础①,但很多患者的经济状况较差、诉讼能力较弱、诉讼应对不足,其合法权益实现受到现实制约,检察机关的介入可帮扶弱势群体,实现弱势群体利益的矫正。例如,张某因肺部不适入院治疗,却因医院过失造成"左膈"撕裂,但院方否认存在过错。安徽省定远县人民检察院受理该案后,结合司法鉴定意见书,认为院方存在医疗行为过错,随后向该县法院送达了支持起诉书。经法院调解,院方最终同意赔偿张某4.75万元②。

二、检察建议

(一) 追索赡养费

民法典及《中华人民共和国老年人权益保障法》规定了赡养人对老年人的赡养义务,未支付赡养费构成对赡养义务的违反,需要承担民事法律责任,而老年人作为相对弱势群体,独立起诉维权往往存在困难。保障老年人的合法权益是全社会的责任,符合社会公共利益,检察机关支持老年人提起追索赡养费诉讼是践行社会主义核心价值观的必然要求。在赡养纠纷中往往有着深刻复杂的家庭矛盾,检察机关在处理此类案件时应采取多元化渠道,积极利用调解机制,与司法行政机关、村委会、居委会密切合作,做好家庭矛盾的化解工作,帮助消除家庭对立,修复家庭关系;针对调解协议的内容应当尽可能覆盖老年人生活方方面面,以减少后续纠纷的发生。基于家庭关系的复杂性,检察机关作为具有监督职责的机关,在收到追索赡养费的申请时,首先应当与赡养人单位沟通、督促相关行政单位及时履行职责,将支持起诉的职能作为老年人权益保障的兜底手段,做到不越位、不缺位。赡养是一种长期的事实关系,赡养纠纷往往也难以一次性得到解决,所以检察机关应当做好对此类案件的跟踪回访,帮助解决后续发生的矛盾和问题③。

(二) 出租房屋瑕疵担保

房屋租赁合同纠纷以民事主体之间的合同关系为法律基础,检察机关在处理合同相关的民事监督案件中,首先应当尊重当事人的合同约定,合同约定不明或违反法律强制规定的情形则依据法律规定明确双方的法律责任。房屋出租人的瑕疵担保责任不同于其他物品的瑕疵担保责任,房屋具有居住的功能,一旦其出现严重瑕疵,则可能影响到承租人的基本生活,使承租人处于弱势地位,此时承租人为解除合同申请检察监督时,检察机关应当依法履行监督职责,保障承租人按照法定程序和条件解除合同,维护承租人的合法权益,补足承租人的弱势地位,以实现公权监督对个人私益的有效救济④。

---

① 《中华人民共和国民法典》第一千二百二十一条　医务人员在诊疗活动中未尽到与当时的医疗水平相应的诊疗义务,造成患者损害的,医疗机构应当承担赔偿责任。
② 赵瑞、袁中锋:《支持起诉呵护弱势群体——定远检察官为医疗事故受害人出庭》,《安徽法制报》2015年5月27日,第1版。
③ 朱光美:《赡养纠纷支持起诉实务探析》,《中国检察官》2022年第6期,第9-11页。
④ 检例第157号:陈某与向某贵房屋租赁合同纠纷抗诉案,《检察日报》2022年7月16日,第4版。

(三) 惩罚性赔偿

1. 环境公益诉讼惩罚性赔偿的探索

社会公众对自然遗迹和风景名胜享有游憩和观赏权益，对自然遗迹和风景名胜等独特景观的破坏侵犯了游客的游憩和观赏权益，行为人需要为因此而产生的生态服务价值的损失承担民事责任。此类行为是对人类共享的资源环境的损害，构成对社会公共利益的损害，检察机关有权提起公益诉讼。

检察机关提起环境公益诉讼时应当注意进行诉前公告，尊重法定机关及组织提起诉讼的权利并发挥支持起诉的职能。在提起公益诉讼时，要注意评估因违法行为造成的生态服务价值损失数额，形成一套系统标准的评估方式，注重引入专家意见作为重要参考依据。另外应当注重生态环境损害中惩罚性赔偿的使用。《民法典》第一千二百三十二条以及《最高人民法院关于审理生态环境侵权纠纷案件适用惩罚性赔偿的解释》为环境侵权适用惩罚性赔偿提供了指导依据[1]。由于惩罚性赔偿的目的是给侵权行为施以威慑，这就需要检察机关首先明确侵权人的主观故意、侵权行为的违法性以及生态环境损害后果的严重性，以此来认定是否应当适用惩罚性赔偿。其次，检察机关应当对侵权人所要承担的所有金钱责任全面考量，以免威慑过度[2]。生态环境的损害具有不可逆性，检察机关应当探索侵权人诉讼请求的多元化路径，以生态环境的恢复为目标，惩罚性赔偿与生态修复并用，才能更好地打击生态环境损害行为。

针对破坏自然遗迹、风景名胜及其他生态环境损害行为，检察机关要综合运用刑事和民事手段，构成犯罪时应当要求行为人依法承担刑事责任，提高违法成本。检察机关作为公共利益的坚定维护者，应当积极发挥民事领域和刑事领域的各项职能，严厉打击损害生态环境的违法犯罪行为，做好生态文明建设的践行和引导工作。

2. 其他领域惩罚性赔偿的探索适用

惩罚性赔偿的适用应当以法律规定为前提，目前民法典及相关法律规定在知识产权、产品责任、生态环境破坏、食品安全、消费者权益保护、个人信息保护等领域明确了惩罚性赔偿责任，形成了比较完备的惩罚性赔偿体系[3]。食品、药品、个人信息等安全事关社会公共利益，在相关立法与司法解释的支持下，检察机关不断探索公益诉讼中惩罚性赔偿制度的适用，有助于更好地打击民生领域的失范现象。惩罚性赔偿具有赔偿、制裁和威慑等多种功能，检察机关在公益诉讼中对产品、生态、食品药品安全等事关社会公共利益的案件主张惩罚性赔偿，也有利于其监督权的实现[4]。邵世星教授指出《中华人民共

---

[1] 孟穗、柯阳友：《论检察机关环境民事公益诉讼适用惩罚性赔偿的正当性》，《河北法学》2022年第7期，第135-148页。
[2] 李艳芳、张舒：《生态环境损害惩罚性赔偿研究》，《中国人民大学学报》2022年第2期，第128-143页。
[3] 孙鹏、杨在会：《个人信息侵权惩罚性赔偿制度之构建》，《北方法学》2022年第5期，第91-107页。
[4] 孟穗、柯阳友：《论检察机关环境民事公益诉讼适用惩罚性赔偿的正当性》，《河北法学》2022年第7期，第135-148页。

和国食品安全法》和《中华人民共和国消费者权益保护法》所规定的惩罚性赔偿[1]，与检察机关提出的公益损害惩罚性赔偿请求趋同，因此检察机关在主张食品药品类公益诉讼案件损害赔偿请求时可以变通适用[2]。随着大数据和人工智能技术的发展，企业平台大规模对个人信息进行收集、利用以实现对个人信息经济价值的挖掘，这加大了个人信息被违规收集、泄露等诸多风险，大数据时代个人信息泄露频发的违法行为也严重侵害了个体的人格尊严以及人身财产安全。公益诉讼中惩罚性赔偿的使用能够给予企业平台更大的威慑力，促使其加强对用户个人信息的合法使用及安全保护，避免私主体因能力不足缺乏诉讼动力的问题，更好地维护大数据时代的信息安全[3]。

针对惩罚性赔偿适用到公益诉讼中缺乏明确的法律依据现状，检察机关也应当勇于探索，做好程序和实体工作，在实践中不断积累司法经验。惩罚性赔偿的适用范围应当有所限制，应结合侵权行为"故意"的认定、损害后果的严重程度等综合考虑。惩罚性赔偿金额基数及倍数的确定，应当严格按照民法典以及相关立法规定并参考司法裁判实践作出，必要时应当引入专家意见作为基数确认的参考。惩罚性赔偿金数额的最终确定，还应考虑到侵权人已受的财产惩罚是否已经实现惩戒的目的，避免惩罚过度，注意惩罚性赔偿和补偿性赔偿的适用情形[4]。对于法院判决获得的惩罚性赔偿金可以成立公益诉讼专项基金账户，督促被告赔偿责任的履行，并将赔偿金向受害者进行兑付，做好损害填补的善后处理工作。

（四）医疗纠纷

医疗损害责任纠纷是民事检察监督的重要案件类型，医疗、医护工作专业性较强，医患关系紧张不利于医疗事业的健康发展。检察机关在处理医疗纠纷的抗诉案件时应当以调解、和解的方式为主，注重医患矛盾的消解，这就要求检察院在处理医疗损害责任纠纷时，除了关注民事赔偿责任的承担问题，还应当注重对当事人的释法说理，推动医患双方利益的实现。针对医疗纠纷中病患及其家属的暴力伤医行为，根据其行为及

---

[1] 《中华人民共和国食品安全法》第一百四十八条　消费者因不符合食品安全标准的食品受到损害的，可以向经营者要求赔偿损失，也可以向生产者要求赔偿损失。接到消费者赔偿要求的生产经营者，应当实行首负责任制，先行赔付，不得推诿；属于生产者责任的，经营者赔偿后有权向生产者追偿；属于经营者责任的，生产者赔偿后有权向经营者追偿。

生产不符合食品安全标准的食品或者经营明知是不符合食品安全标准的食品，消费者除要求赔偿损失外，还可以向生产者或者经营者要求支付价款十倍或者损失三倍的赔偿金；增加赔偿的金额不足一千元的，为一千元。但是，食品的标签、说明书存在不影响食品安全且不会对消费者造成误导的瑕疵的除外。

《中华人民共和国消费者权益保护法》第五十五条　经营者提供商品或者服务有欺诈行为的，应当按照消费者的要求增加赔偿其受到的损失，增加赔偿的金额为消费者购买商品的价款或者接受服务的费用的三倍；增加赔偿的金额不足五百元的，为五百元。法律另有规定的，依照其规定。

经营者明知商品或者服务存在缺陷，仍然向消费者提供，造成消费者或者其他受害人死亡或者健康严重损害的，受害人有权要求经营者依照本法第四十九条、第五十一条等法律规定赔偿损失，并有权要求所受损失二倍以下的惩罚性赔偿。

[2] 邵世星：《食品药品类公益诉讼案件赔偿请求的适用标准》，《人民检察》2020年第10期，第63-65页。

[3] 王杏飞、陈娟：《个人信息检察公益诉讼重大理论与实务问题研究》，《广西社会科学》2022年第2期，第21-33页。

[4] 孙鹏、杨在会：《个人信息侵权惩罚性赔偿制度之构建》，《北方法学》2022年第5期，第91-107页。

损害后果及时启动刑事程序,并推动相关主体提升医疗机构安保水平。此外,检察机关在处理医疗纠纷案件时,应当注重挖掘案件背后共性的深层次原因,如医疗设备和器材的质量问题、医院乱收费、医生吃回扣以及过度医疗行为[①],并就案件处理过程中发现此类问题及时向卫生健康委员会等相关行政部门提出检察建议,督促其强化对医疗机构违法违规行为的监督与整治。

检察机关不仅是刑事违法犯罪行为的公诉机关,也是国家专门的法律监督机关。在民事法律关系中,检察机关收到申诉人的申请应当进行全面仔细的审查,厘清案件中当事人的法律行为,尤其针对人民法院错误认定民事责任的判决应当发挥其监督职能进行纠正。

[①] 李佳芮、杨风、李文芬、柏慧、吕朋朋、朱俊敏:《关于国内外医疗机构腐败问题的研究综述》,《中国卫生事业管理》2022年第4期,第271-274页。

第九章 诉讼时效

案例 9-1 诉讼时效的价值

一、基本案情

1993年3月2日,光大公司与洋浦公司签订两份海南省洋浦经济开发区国有土地使用权临时转让合同(以下简称临时转让合同),约定将洋浦经济开发区内两宗土地(地块编号为D2-17-1和D2-17-2)的使用权出让给光大公司。之后,洋浦经济开发区管理委员会(以下简称洋浦管委会)承接了洋浦公司的全部权利和义务。2002年1月25日,中国人民银行发布公告,因光大公司严重资不抵债,不能支付到期债务,决定撤销光大公司,并由中国人民银行组织成立清算组进行清算。2006年8月30日,洋浦经济开发区规划建设土地局出具《关于收回土地使用权的事先告知书》称,光大公司自取得洋浦经济开发区D2-17-1及D2-17-2地块商业用地的土地使用权之日起,未能按有关规定开发,造成土地闲置达两年以上,拟按照《海南省闲置建设用地处置规定》的规定无偿收回该两宗土地使用权。2007年5月31日,海南省人民政府作出《关于洋浦经济开发区总体规划的批复》,洋浦经济开发区内D2-17-1及D2-17-2地块商业用地调整变更为工业工地。

2007年3月6日,澳华公司与光大公司清算组签订资产包整体转让协议,约定由澳华公司受让光大公司位于洋浦经济开发区的两宗土地。2008年4月19日,澳华公司与洋浦管委会签订《关于建设高档酒店的投资意向书》(以下简称《投资意向书》),《投资意向书》的第二项约定,洋浦管委会支持澳华公司在洋浦投资建设高档酒店,同意协调置换土地。2012年3月28日,澳华公司起诉称,在洋浦管委会管理的行政区域内,已无土地可用于置换,其行为已构成根本违约,给自己造成了巨大损失,请求判令洋浦管委会赔偿。洋浦管委会辩称,本案已经超过诉讼时效,自己的义务也只是协调,并不负有置换的义务,故不存在违约。

案号:最高人民法院(2013)民一终字第107号

二、诉讼过程

海南省高级人民法院认为,《投资意向书》签订后,澳华公司与洋浦管委会双方应积极履行约定义务。澳华公司履行投资义务需以置换土地为前提,洋浦管委会则一直未协调办理土地置换事宜,已构成违约。因《投资意向书》没有约定双方履行义务的具体期限,洋浦管委会应在合理期限内或澳华公司可随时要求洋浦管委会履行协调办理置换土地的义务,且洋浦管委会也未举证证明其主张,故澳华公司的诉讼请求未超过诉讼时效。洋浦管委会不服,提起上诉。

最高人民法院认为,《投资意向书》的性质为磋商性、谈判性文件,不具备合同的基本要素,没有为双方设定民事权利义务,并未形成民事法律关系。澳华公司主张洋浦管委会承担违约责任没有合同依据。澳华公司基于《投资意向书》对洋浦管委会不享有债权请求权,因此不具备判断诉讼时效期间是否届满的前提条件。故判决撤销原判,驳回澳华公司的诉讼请求。

澳华公司曾向最高人民法院申请再审,被裁定驳回,参见最高人民法院(2014)民申字第263号。

三、关联法条

《中华人民共和国民法典》

第一百八十八条[1] 向人民法院请求保护民事权利的诉讼时效期间为三年。法律另有规定的,依照其规定。

诉讼时效期间自权利人知道或者应当知道权利受到损害以及义务人之日起计算。法律另有规定的,依照其规定。但是自权利受到损害之日起超过二十年的,人民法院不予保护,有特殊情况的,人民法院可以根据权利人的申请决定延长。

《全国法院贯彻实施民法典工作会议纪要》

一、6.[2]当事人对于合同是否成立发生争议,人民法院应当本着尊重合同自由,鼓励和促进交易的精神依法处理。能够确定当事人名称或者姓名、标的和数量的,人民法院一般应当认定合同成立,但法律另有规定或者当事人另有约定的除外。

对合同欠缺的当事人名称或者姓名、标的和数量以外的其他内容,当事人达不成协议的,人民法院依照民法典第四百六十六条、第五百一十条、第五百一十一条等规定予以确定。

四、争议问题

1.《投资意向书》的性质及效力。

---

[1] 本案审理时,法院适用的是《中华人民共和国民法通则》第一百三十五条 向人民法院请求保护民事权利的诉讼时效期间为二年,法律另有规定的除外。

[2] 本案审理时,法院适用的是《最高人民法院关于适用〈中华人民共和国合同法〉若干问题的解释(二)》第一条 当事人对合同是否成立存在争议,人民法院能够确定当事人名称或者姓名、标的和数量的,一般应当认定合同成立。但法律另有规定或者当事人另有约定的除外。

对合同欠缺的前款规定以外的其他内容,当事人达不成协议的,人民法院依照合同法第六十一条、第六十二条、第一百二十五条等有关规定予以确定。

2. 洋浦管委会应否承担以及应当承担何种民事责任？
3. 澳华公司的诉讼请求是否已超过诉讼时效期间？

五、简要评论

民事法律行为是民事主体通过意思表示设立、变更、终止民事法律关系的行为，以意思表示为核心[①]。意思表示，指将企图发生一定私法上效果的意思表示于外部的行为。内心意思如何难以测知，需经由表示行为而使其在外部可以被认知。"意思"依其"表示"而客观化，二者合为一体，构成意思表示[②]。如果法律行为能够产生主体预期的后果，按照当事人的意思安排他们之间的利益关系，当事人必须能够自主作出意思表示，而且这种意思表示能够依法在当事人之间产生拘束力[③]。对于本案《投资意向书》的效力，最高人民法院认为其性质和效力不能一概而论，而是应当结合具体交易情形判断意向书内容是否具体确定、当事人是否有受约束的意思，进而认定其效力。首先，《投资意向书》的当事人虽然是确定和明确的，但对于合同的标的和数量，均未作出明确约定。因此，其不具备合同的主要条款，不构成正式的土地置换合同。其次，双方在《投资意向书》中虽然对签订的背景进行了描述，但并未明确约定洋浦管委会在置换土地过程中的权利和义务，当事人也未表明受其约束的意思，故其并非相关土地使用权人就在将来进行土地置换或者在将来签订土地置换合同达成的合意。因此，《投资意向书》的性质为磋商性、谈判性文件，不具备合同的基本要素，没有为双方设定民事权利义务，双方当事人之间并未形成民事法律关系，不会产生应否解除的纠纷。

诉讼时效的适用范围，又称诉讼时效的客体。世界各国的民法对诉讼时效的适用范围规定不尽一致：有规定为债以及其他非所有权之财产者，如日本民法典；有规定为请求权者，如德国民法典。各国民法典总则编规定的诉讼时效的适用范围都是原则性的，需要结合民法典的其他有关条文、特别法的有关规定、司法解释以及学理解释，才能全面把握诉讼时效的适用范围。我国民法典虽未从正面明确规定诉讼时效的适用范围，但《民法典》第一百九十六条规定了不适用诉讼时效的请求权种类。诉讼时效适用的基础是权利救济，澳华公司所主张的权利没有合法依据，不存在权利也就没有所谓是否超过诉讼时效之争议。

案例 9-2 诉讼时效的起算点

一、基本案情

1998 年 12 月 28 日，物资公司与大连市国土局签订了土地使用权租赁合同书，约定

[①] 王利明主编：《中华人民共和国民法总则详解》，中国法制出版社 2017 年版，第 572 页。
[②] 王泽鉴著：《民法总则》，北京大学出版社 2022 年版，第 339-340 页。
[③] 王利明著：《民法总则研究》，中国人民大学出版社 2012 年版，第 516 页。

案涉国有土地租期自 1998 年 12 月 28 日至 2028 年 12 月 27 日共计三十年,同时约定了物资公司应于每年的 12 月定期缴纳下一年度的租金,以及使用期限内每年缴纳的租金标准及租金总额。因物资公司未按期履行合同约定的土地租金缴纳义务,大连市国土局以物资公司为被告提起诉讼。

案号:最高人民法院(2018)民申字第 3959 号

二、诉讼过程

大连市中级人民法院判决:物资公司限期履行缴纳义务并赔付违约金。物资公司不服,向辽宁省高级人民法院提起上诉。

辽宁省高级人民法院驳回物资公司的诉讼请求。物资公司不服,向最高人民法院申请再审,其理由是案涉土地租金系定期给付债务,是继续性合同在合同履行中持续定期发生的债务,并非分期履行债务,不适用关于分期履行债务诉讼时效的规定,而应适用《中华人民共和国民法通则》第一百三十六条第三项规定,对于延付或者拒付租金的,诉讼期间为一年,故物资公司主张本案于 2014 年 12 月 12 日之前的租金都已经超过诉讼时效的抗辩。

最高人民法院经审查认为,案涉土地的租赁期限、租金系对国有土地有偿使用的整体约定,因此二审判决认定本案租金债权具有整体性并无不当。虽然合同约定租金自 1998 年起每年 12 月缴纳使得每次租金的支付具有一定的独立性,但约定租金支付的独立性不足以否定案涉租金债权的整体性。裁定驳回物资公司的再审申请。

三、关联法条

《中华人民共和国民法典》

第一百八十八条 向人民法院请求保护民事权利的诉讼时效期间为三年。法律另有规定的,依照其规定。

诉讼时效期间自权利人知道或者应当知道权利受到损害以及义务人之日起计算。法律另有规定的,依照其规定。但是,自权利受到损害之日起超过二十年的,人民法院不予保护,有特殊情况的,人民法院可以根据权利人的申请决定延长。

第一百八十九条① 当事人约定同一债务分期履行的,诉讼时效期间自最后一期履行期限届满之日起计算。

第一百九十二条 诉讼时效期间届满的,义务人可以提出不履行义务的抗辩。

诉讼时效期间届满后,义务人同意履行的,不得以诉讼时效期间届满为由抗辩;义务人已经自愿履行的,不得请求返还。

---

① 本案审理时,法院适用的是《最高人民法院关于审理民事案件适用诉讼时效制度若干问题的规定》(2008 年版)第五条 当事人约定同一债务分期履行的,诉讼时效期间从最后一期履行期限届满之日起计算。

第七百二十一条① 承租人应当按照约定的期限支付租金。对支付租金的期限没有约定或者约定不明确，依据本法第五百一十条的规定仍不能确定，租赁期限不满一年的，应当在租赁期限届满时支付；租赁期限一年以上的，应当在每届满一年时支付，剩余期限不满一年的，应当在租赁期限届满时支付。

四、争议问题

同一租赁合同项下分期支付的租金应如何计算诉讼时效？

五、简要评论

诉讼时效期间的起算，又称诉讼时效期间的开始，是指从什么时候开始计算诉讼时效。与民法通则相比，民法总则规定的诉讼时效期间的起算，有两个比较大的变化：一是将"权利被侵害"改为"权利受到损害"；二是在规定"权利人知道或者应当知道权利受到侵害"之后，还增加了"以及义务人之日起"的内容。民法典沿用了此项规定。权利被侵害，通常应当理解为权利受到侵害，侵害权利的行为应当是侵权行为。而权利受到损害，损害权利的行为并不一定是侵权行为，包括所有损害对方权利的行为，特别是债务不履行的行为。民法总则这一用语的改变，使诉讼时效起算点的表述更加准确，概括的范围更宽②。

诉讼时效的开始是权利人可以行使权利的时间，该权利的行使以权利人知道或者应当知道权利受到损害以及义务人为前提。"应当知道"是一种法律上的推定，不管当事人实际上是否知道权利受到损害，只要客观上存在知道的条件和可能，即使当事人不知道其权利受到损害，也应当计算诉讼时效期间。诉讼时效期间自权利人知道或者应当知道权利被侵害以及义务人之日起算，是指从法律上权利人可以开始请求人民法院保护其民事权利。至于权利人事实上能否请求人民法院保护其权利，并不影响诉讼时效期间的开始。这一规定的目的，是防止权利人以不知道权利受到损害为借口规避诉讼时效。

在司法实践中，诉讼时效的起算有几种具体情形：1.有约定履行期限的债权请求权从期限届满之日的第二天开始起算；2.当事人约定同一债务分期履行的，诉讼时效期间从最后一期履行期限届满之日起计算；3.请求他人不作为的债权请求权，应当自知道或者应当知道义务人违反不作为义务之日起计算；4.因侵权行为发生的赔偿请求权，从受害人知道或者应当知道权利被侵害或者损害发生时起算；5.返还不当得利请求权的诉讼时效期间，从当事人知道或者应当知道不当得利事实及对方当事人

---

① 本案审理时，法院适用的是《中华人民共和国合同法》第二百二十六条 承租人应当按照约定的期限支付租金。对支付期限没有约定或者约定不明确，依照本法第六十一条的规定仍不能确定，租赁期间不满一年的，应当在租赁期间届满时支付；租赁期间一年以上的，应当在每届满一年时支付，剩余期间不满一年的，应当在租赁期间届满时支付。
② 杨立新主编：《中华人民共和国民法总则要义与案例解读》，中国法制出版社2017年版，第701页。

之日起计算等。当然诉讼时效期间的起算,法律有特别规定的,应依法律的特别规定①。

关于分期履行的问题,在《关于审理民事案件适用诉讼时效制度若干问题的规定》发布前,最高院在以往的实践中也存在多种理解,既有认为应当从每期债务履行期届满之日起算,也有认为应当从最后一期履行期限届满之日起计算诉讼时效期间。自该司法解释发布后,最高人民法院一直维持了相同的立场,认为租金债权诉讼时效期间应当从最后一期履行期限届满之日起算②。最高人民法院民二庭审判长联席会有意见认为,可以作出进一步的细分,对于分别约定了不同履行期限的各期租金,每期租金履行期限届满时起债权人即有权利主张债权,如果债务人履行债务,该期租金的诉讼时效即开始计算。在欠付租金的情形下,如果租赁合同仍然在履行,承租人支付后续租金或继续使用租赁物都可以认为是对租金债务的认可,可以作为诉讼时效重新起算的依据,如此累计计算,就可以将最后一期租金履行期限届满日作为诉讼时效的起算点,同时对各期租金亦可以分别提起主张,这种情形下存在双重的诉讼时效③。在本案中,物资公司与大连市国土局签订合同约定租金自1998年起每年12月缴纳,每次租金的支付具有一定的独立性,但约定租金支付的独立性不足以否定案涉租金债权的整体性,故有关诉讼时效应从最后一期租金履行届满之日起算。因案涉合同至今仍在履行期间,约定的最后一期债务履行期限尚未届满,大连市国土局诉请给付案涉租金未超过当年《中华人民共和国民法通则》第一百三十六条规定的一年诉讼时效期间。

案例 9-3 诉讼时效的中断

一、基本案情

农行花垣县支行向花垣县供电公司发放的两笔贷款分别于 2007 年 4 月 6 日、2013 年 8 月 18 日到期;农行花垣县支行向金垣电力公司发放的五笔贷款,除第四笔贷款 400 万元于 2005 年 12 月 29 日到期后分文未偿付外,第一笔、第二笔、第三笔、第五笔贷款最后还款日分别为 2008 年 3 月 28 日、2013 年 3 月 29 日、2013 年 3 月 28 日、2007 年 12 月 30 日;农行花垣县支行分别于 2008 年 8 月 19 日、2009 年 7 月 8 日、2011 年 3 月 7 日、2015 年 4 月 22 日向花垣县供电公司和金垣电力公司发出债务逾期催收通知书;农行湘西分行分别于 2011 年 10 月 13 日、2013 年 10 月 11 日、2015 年 9 月 30 日在《湖南日报》《三湘都市报》等省级报刊上发布债权催收公告,向花垣县供电公司和

---

① 魏振瀛主编:《民法》(第六版),北京大学出版社 2016 年版,第 201 页。
② 周江洪、陆青、章程主编:《民法判例百选》,法律出版社 2020 年版,第 129 页。
③ 人民法院出版社法规编辑中心编:《民事诉讼时效司法解释及司法观点全编》,人民法院出版社 2019 年版,第 148-149 页。

金垣电力公司催收债务。

2016年12月23日,农行湘西分行将上述债权转让给长城资产湖南省分公司,并于2017年1月24日与长城资产湖南省分公司在《湖南日报》发布《债权转让暨债务催收联合公告》;2019年4月1日,长城资产湖南省分公司提起本案诉讼。

案号:最高人民法院(2021)民申字第3160号

二、诉讼过程

花垣县供电公司、金垣电力公司不服湖南省高级人民法院的二审判决,向最高人民法院申请再审。花垣县供电公司称,二审法院认为农行花垣县支行采取公告催收的方式产生诉讼时效中断的法律效力,属于适用法律错误。

最高法院经审查认为,公告催收、公告送达一般需在债务人下落不明、正常无法送达情形下才予以适用,但并非绝对。《最高人民法院关于审理民事案件适用诉讼时效制度若干问题的规定》(以下简称《诉讼时效司法解释》)明确了法律和司法解释可以有特别规定,这些特别规定包括"银行不良资产剥离、处置过程中对批量债权进行公告催收可导致诉讼时效中断",故农行湘西分行与长城资产湖南省分公司于2017年1月24日在《湖南日报》发布《债权转让暨债务催收联合公告》已导致诉讼时效中断,案涉六笔贷款未超过诉讼时效。裁定驳回花垣县供电公司、金垣电力公司的再审申请。

三、关联法条

《中华人民共和国民法典》

第一百九十五条 有下列情形之一的,诉讼时效中断,从中断、有关程序终结时起,诉讼时效期间重新计算:

(一)权利人向义务人提出履行请求;

(二)义务人同意履行义务;

(三)权利人提起诉讼或者申请仲裁;

(四)与提起诉讼或者申请仲裁具有同等效力的其他情形。

《最高人民法院关于适用〈中华人民共和国民法典〉总则编若干问题的解释》

第三十八条 诉讼时效依据民法典第一百九十五条的规定中断后,在新的诉讼时效期间内,再次出现第一百九十五条规定的中断事由,可以认定为诉讼时效再次中断。

权利人向义务人的代理人、财产代管人或者遗产管理人等提出履行请求的,可以认定为民法典第一百九十五条规定的诉讼时效中断。

《最高人民法院关于审理民事案件适用诉讼时效制度若干问题的规定》

第八条① 具有下列情形之一的,应当认定为民法典第一百九十五条规定的"权利人向义务人提出履行请求",产生诉讼时效中断的效力:

（一）当事人一方直接向对方当事人送交主张权利文书,对方当事人在文书上签名、盖章、按指印或者虽未签名、盖章、按指印但能够以其他方式证明该文书到达对方当事人的;

（二）当事人一方以发送信件或者数据电文方式主张权利,信件或者数据电文到达或者应当到达对方当事人的;

（三）当事人一方为金融机构,依照法律规定或者当事人约定从对方当事人账户中扣收欠款本息的;

（四）当事人一方下落不明,对方当事人在国家级或者下落不明的当事人一方住所地的省级有影响的媒体上刊登具有主张权利内容的公告的,但法律和司法解释另有特别规定的,适用其规定。

前款第（一）项情形中,对方当事人为法人或者其他组织的,签收人可以是其法定代表人、主要负责人、负责收发信件的部门或者被授权主体;对方当事人为自然人的,签收人可以是自然人本人、同住的具有完全行为能力的亲属或者被授权主体。

《最高人民法院关于审理涉及金融资产管理公司收购、管理、处置国有银行不良贷款形成的资产的案件适用法律若干问题的规定》（已失效）

第十条 债务人在债权转让协议、债权转让通知上签章或者签收债务催收通知的,诉讼时效中断。原债权银行在全国或者省级有影响的报纸上发布的债权转让公告或通知中,有催收债务内容的,该公告或通知可以作为诉讼时效中断证据。

四、争议问题

案涉六笔债权是否超过诉讼时效?

五、简要评论

诉讼时效中断,是诉讼时效期间进行中,因法定事由的发生推翻了诉讼时效存在的基础,因而使已经进行的时效期间全归于无效,诉讼时效期间重新起算②。《民法典》第一百九十五条规定了四种发生诉讼时效中断的情形:

---

① 本案审理时,法院适用的是《最高人民法院关于审理民事案件适用诉讼时效制度若干问题的规定》（2008年版）第十条 具有下列情形之一的,应当认定为民法通则第一百四十条规定的"当事人一方提出要求",产生诉讼时效中断的效力:（一）当事人一方直接向对方当事人送交主张权利文书,对方当事人在文书上签字、盖章或者虽未签字、盖章但能够以其他方式证明该文书到达对方当事人的;（二）当事人一方以发送信件或者数据电文方式主张权利,信件或者数据电文到达或者应当到达对方当事人的;（三）当事人一方为金融机构,依照法律规定或者当事人约定从对方当事人账户中扣收欠款本息的;（四）当事人一方下落不明,对方当事人在国家级或者下落不明的当事人一方住所地的省级有影响的媒体上刊登具有主张权利内容的公告的,但法律和司法解释另有特别规定的,适用其规定。

前款第（一）项情形中,对方当事人为法人或者其他组织的,签收人可以是其法定代表人、主要负责人、负责收发信件的部门或者被授权主体;对方当事人为自然人的,签收人可以是自然人本人、同住的具有完全行为能力的亲属或者被授权主体。

② 王泽鉴著:《民法总则》,北京大学出版社2009年版,第432页。

1. 权利人向义务人提出履行请求。民法通则称之为"当事人一方提出要求",《最高人民法院关于审理民事案件适用诉讼时效制度若干问题的规定》对之进行了列举,专指诉讼外的要求。因诉讼、仲裁已被民法典作为单独列举情形,所以这里的"请求"指权利人在诉讼或仲裁程序外请求义务人履行义务。

2. 义务人同意履行义务。比较法上一般规定义务人"承认"为中断事由。从文义上看,较之"义务人同意履行义务"要求更高,其不仅要求"承认"义务的存在,还要求"同意履行义务"。但在学理和司法实务中,通说认为应将其扩张解释为义务承认,而无须义务人同意履行①。义务人的同意,依口头或书面、明示或默示均可。同意之表示人原则上应为义务人本人,义务人的代理人于授权范围内同意的,亦发生同意的效果。

3. 权利人提起诉讼或者申请仲裁。民法通则规定的时效中断事由不包括仲裁。民法总则吸收司法解释的规定②,增加了申请仲裁作为诉讼时效中断的事由,民法典沿用。提起诉讼或申请仲裁,与向义务人请求履行一样表明权利人已积极行使请求权,与诉讼时效进行的事实状态相反,应当发生诉讼时效中断的效力。我国通说认为,不论为本诉或反诉,还是给付之诉、确认之诉或形成之诉,均发生中断时效的效力③。

4. 与提起诉讼或者申请仲裁具有同等效力的其他情形。在本条规定之前,无论是学理上还是司法实践中,都积极扩张诉讼时效中断的事由。在司法实践中,亦有法院判决将公安机关对违法行为主动侦查、权利人应侦查部门要求协助侦查的情形,认定为"与提起诉讼具有同等时效中断效力的事项"。在交通事故保险理赔诉讼中,有法院将交通部门处理事故之日至最终责任认定前,也作为诉讼时效中断的事由④。上述几种法定事由的出现而导致诉讼时效中断后,权利人在重新计算的诉讼时效期间内再次主张权利或者义务人再次同意履行义务的,可以认定为诉讼时效再次中断。

2001年4月23日,最高人民法院公布并施行《最高人民法院关于审理涉及金融资产管理公司收购、管理、处置国有银行不良贷款形成的资产的案件适用法律若干问题的规定》,该项司法解释即行业所称的"《十二条司法解释》",该规定明确了国有银行及金融资产管理公司在全国或者省级有影响的报纸上发布债权公告或通知的,可以作为诉讼时效中断证据。随着《中华人民共和国民法典》及相关司法解释的正式实施,最高人民法院为保证国家法律法规统一正确适用,于2020年12月29废止了116件司法解释及相关规范性文件,其中就包含了《十二条司法解释》。《十二条司法解释》的废止,使金

---

① 杨巍主编:《民法时效制度的理论反思与案例研究》,北京大学出版社2015年版,第367页。
② 《最高人民法院关于审理民事案件适用诉讼时效制度若干问题的规定》(2008年版)第十三条 下列事项之一,人民法院应当认定与提起诉讼具有同等诉讼时效中断的效力:(一)申请仲裁;(二)申请支付令;(三)申请破产、申报破产债权;(四)为主张权利而申请宣告义务人失踪或死亡;(五)申请诉前财产保全、诉前临时禁令等诉前措施;(六)申请强制执行;(七)申请追加当事人或者被通知参加诉讼;(八)在诉讼中主张抵销;(九)其他与提起诉讼具有同等诉讼时效中断效力的事项。
③ 最高人民法院民二庭编:《最高人民法院关于民事案件诉讼时效司法解释理解与适用》(第二版),人民法院出版社2015年版,第230页。
④ 陈甦主编:《民法总则评注》(下册),法制出版社2017年版,第1410-1411页。

融资产管理公司登报主张权利能否产生诉讼时效中断产生了不确定性。在本案中,最高人民法院仍然适用了原《十二条司法解释》及相关规定,认定案涉六笔贷款未超过诉讼时效,是因为该《债权转让暨债务催收联合公告》发布于2017年。但对于2021年1月1日之后收购及处置的不良资产,金融资产管理公司应尤其注意该司法解释废止后带来的不确定因素,采取一系列措施保证诉讼时效的延续。目前,最高人民法院正在着手研究起草有关不良资产转让的司法解释,对登报公告等方式的限制也予以了着重考虑,拟对公告方式设置一定的标准和条件。

案例 9-4　分期履行债务的诉讼时效

一、基本案情

1988年3月3日,淄博市计划委员会(以下简称淄博计委)就齐鲁粒料厂融资租赁事宜,向信托公司出具不可撤销外汇担保函,承诺担保齐鲁粒料厂项目所需外汇190万美元到期应归还的本金和支付利息的总额度,至最后一次还清租赁费之日失效。1988年4月12日,淄博农行向信托公司出具(88)淄农银发字第47号不可撤销的信用担保函,承诺担保齐鲁粒料厂所需等值人民币。1988年11月16日,淄博建行向信托公司出具淄建银字(88)24号不可撤销的信用担保函,承诺担保上述项目余额50万美元的等值人民币和设备投资140万美元上浮10%以内的本金及支付利息的总额度。1989年5月10日,信托公司与齐鲁粒料厂签订租赁合同,约定信托公司将西德产PVC透明造粒机组租赁给齐鲁粒料厂使用,租赁期限以租赁物件收据交付之日起算36个月,租金分五次支付,分别为:1992年2月25日支付561 272.43美元,1992年8月25日、1993年2月25日、1993年8月25日和1994年2月25日各支付277 750.50美元;合同签订后,齐鲁粒料厂于1989年5月10日支付保证金20万元人民币。1991年2月,信托公司将造粒机组交付给齐鲁粒料厂。上述合同签订后,齐鲁粒料厂未支付租赁费。

1994年6月18日,信托公司召集淄博市人民政府、临淄区人民政府有关领导以及齐鲁粒料厂厂长和党委书记等人,就解决齐鲁粒料厂拖欠租赁费及保证人承担保证责任问题进行座谈,提出偿还方案,并形成会议纪要。会后将纪要发给淄博农行及相关单位,淄博农行认可收到此纪要。1994年6月30日,信托公司致函淄博市人民政府,请其协调债务人偿还租赁费,担保人履行担保责任。1996年11月28日,信托公司再次致函淄博农行要求其承担担保责任。同年12月6日,淄博农行复函答复不再履行担保责任。1998年10月31日,齐鲁粒料厂在信托公司的计息清单上盖章确认。由于齐鲁粒料厂逾期未能偿还租赁费用,担保人亦未承担担保责任,信托公司于1998年11月起诉,要求齐鲁粒料厂、淄博农行、淄博建行、淄博计委偿还欠租费用(截止到1998年10月31日)。

案号:最高人民法院(1999)经终字第457号

二、诉讼过程

山东省高级人民法院认为,信托公司与齐鲁粮料厂是在平等、自愿基础上签订的融资租赁合同,内容合法,应认定有效。合同约定的起止时间自1990年2月24日起至1994年2月25日止,虽然租赁费分五次支付,但就整个合同履行而言,是一个连续的行为。因此,齐鲁粮料厂主张第一期租金已过时效不予支持。从合同到期日至1998年11月19日信托公司提起诉讼时,信托公司多次通过不同形式向被告主张权利,均发生诉讼时效中断。信托公司和淄博农行均不服该一审判决,向最高人民法院提起上诉。

最高人民法院认为,租赁合同是一个整体,租金也是一个整体,分期支付租金只是偿还租金的一种方式,是由租赁合同的特点决定的,也是该行业的习惯做法,不能将同一合同项下的租金割裂开来,计算若干个追诉时效期间。因此,本案的诉讼时效期间应从最后一期租金到期日开始计算。原审判将本案租赁合同作为一个整体确认诉讼时效是正确的,本院予以维持。

三、关联法条

《中华人民共和国民法典》

第一百八十八条① 向人民法院请求保护民事权利的诉讼时效期间为三年。法律另有规定的,依照其规定。

诉讼时效期间自权利人知道或者应当知道权利受到损害以及义务人之日起计算。法律另有规定的,依照其规定。但是自权利受到损害之日起超过二十年的,人民法院不予保护,有特殊情况的,人民法院可以根据权利人的申请决定延长。

第一百八十九条② 当事人约定同一债务分期履行的,诉讼时效期间自最后一期履行期限届满之日起计算。

第六百三十三条 出卖人分批交付标的物的,出卖人对其中一批标的物不交付或者交付不符合约定,致使该批标的物不能实现合同目的的,买受人可以就该批标的物解除。

出卖人不交付其中一批标的物或者交付不符合约定,致使之后其他各批标的物的交付不能实现合同目的的,买受人可以就该批以及之后其他各批标的物解除。

买受人如果就其中一批标的物解除,该批标的物与其他各批标的物相互依存的,可以就已经交付和未交付的各批标的物解除。

---

① 本案审理时,法院适用的是《中华人民共和国民法通则》第一百三十五条 向人民法院请求保护民事权利的诉讼时效期间为二年,法律另有规定的除外。

② 本案审理时,法院适用的是《最高人民法院关于审理民事案件适用诉讼时效制度若干问题的规定》(2008年版)第五条 当事人约定同一债务分期履行的,诉讼时效期间从最后一期履行期限届满之日起计算。

四、争议问题

信托公司的请求是否超过诉讼时效？

五、简要评论

分期履行之债，指当事人在同一份合同中约定，对合同约定的债务分期履行，可以具体分为定期给付之债与分期给付之债。1. 定期给付之债（不同笔债务），指当事人双方在合同履行过程中不断定期重复该债务，同时该债务具有双务性，因此各期债务履行期限届满后，均为独立之债。例如居民的水电煤等定期给付之债。2. 分期给付之债（视为同一笔债务），指某一债务发生后，当事人按照约定分期履行，其债务在订立合同时即产生，而不像定期给付之债是在合同履行过程中发生的。例如借款合同中约定的分期付款。该种债务具有同一性和整体性。简而言之，定期给付之债为不同债务，分期给付之债为同一债务。由此可见，分期履行之债既有可能是同一笔债务，又有可能是同一性质的数笔债务。

关于同一笔债务约定分期履行的诉讼时效期间起算，我国民法通则未作规定，导致在很长一段时间内，我国司法实践中的处理方式极不统一，主要存在两种观点。一种观点认为，诉讼时效期间应从每一笔债务履行期限届满之日起算；另一种观点则主张，诉讼时效期间应从最后一笔债务履行期限届满之日起算[1]。最高人民法院在 2000 年[2]和 2004 年[3]的两次答复也不一致。2008 年《最高人民法院关于审理民事案件适用诉讼时效制度若干问题的规定》出台，其中第五条规定"当事人约定同一债务分期履行的，诉讼时效期间从最后一期履行期限届满之日起计算"，在一定程度上统一了司法认识，民法典延续了此条规定[4]。

依据民法典的规定，租赁合同是一个整体，租金也是一个整体，分期支付租金只是偿还租金的一种方式，是由租赁合同的特点决定的，也是该行业的习惯做法，不能将同一合同项下的租金割裂开来，计算若干个追诉时效期间。所以，案涉分期履行租金的诉讼时效应当从最后一期期限届满之日起计算。综合本案事实，信托公司的主张并未超过诉讼时效。

---

[1] 王利明主编：《中华人民共和国民法总则详解》，中国法制出版社 2017 年版，第 888 页。
[2] 《最高人民法院关于借款合同中约定借款分期偿还应如何计算诉讼时效期间的答复》（法经〔2000〕244 号）：在借款、买卖合同中，当事人约定分期履行合同债务的，诉讼时效应当从最后一笔债务履行期届满之次日开始计算。
[3] 《最高人民法院关于分期履行的合同中诉讼时效应如何计算问题的答复》（法函〔2004〕23 号）：对分期履行合同的每一次债务发生争议的，诉讼时效期间自该期债务履行期届满之日的次日起算。
[4] 杨立新主编：《中华人民共和国民法总则要义与案例解读》，中国法制出版社 2017 年版，第 706 页。

案例 9-5　保证债务的诉讼时效

一、基本案情

1993年10月20日,冀州中意与河北建行签订外汇借款合同,冀州中意向河北建行借款182万美元,借款用途为河北中意项目投入,借款期限自1993年10月20日至1997年6月30日。中阿公司为该笔贷款向河北建行出具《不可撤销现汇担保书》,保证归还借款方在借款合同项下不按期偿还的全部或部分到期借款本息,并同意在接到河北建行书面通知后十四天内代为偿还借款方所欠借款本息和费用。借款担保合同签订后,河北建行依约发放了贷款。该笔贷款作为冀州中意的出资投入河北中意。1995年11月25日,河北中意向河北建行出具承诺书,承诺冀州中意1993年10月20日根据外汇借款合同从河北建行借款182万美元,河北中意对归还该笔贷款本息承担连带还款责任,并放弃一切抗辩权。

借款到期后,借款人和担保人均未偿还。河北建行进行了催收。1998年7月8日,冀州中意的法定代表人岳某某在河北建行的催还逾期贷款通知书上签字确认。1999年11月16日,河北建行向冀州中意发出债权转让通知,冀州中意在通知回执上加盖了公章,法定代表人岳某某签字。1999年12月3日,河北建行与信达石办签订债权转让协议,河北建行将借款人冀州中意的债权以及利息转让给信达石办。河北建行于1999年12月21日向河北中意发出《担保权利转让通知》,河北中意在回执上签字盖章。2000年12月1日,信达石办向借款人冀州中意和河北中意进行了催收。2002年10月22日,信达石办以公证方式对中阿公司进行了催收。2004年11月19日,信达石办在《河北经济日报》发布债权转让、催收及出售公告,其中包括冀州中意和中阿公司。2004年11月23日,信达石办和河北建行共同在《河北经济日报》发布债权转让、催收公告,其中包括冀州中意和中阿公司。2004年11月30日,信达石办提起诉讼,请求判令冀州中意归还借款本息,中阿公司承担担保责任。

案号:最高人民法院(2005)民二终字第200号

二、诉讼过程

河北省高级人民法院认为,被告中阿公司出具的《不可撤销现汇担保书》是其真实意思表示,且其担保主体资格合法,应认定担保书是成立并且生效的。担保书中未明确约定担保责任方式,应当认定为连带保证责任。河北中意向河北建行出具承诺书,对归还该笔贷款本息承担连带还款责任,并放弃一切抗辩权。中阿公司拒绝为转移后的债务提供担保,河北建行和信达石办仅对河北中意主张了权利,据此可以认定该笔贷款的担保人已经变更为河北中意,中阿公司不应再承担担保责任。信达石办不服,提起上诉。

最高人民法院认为，一审法院基于河北中意出具的承诺书，认定该笔贷款的担保人已经变更为河北中意，河北建行和信达石办已经放弃了对中阿公司的担保债权，中阿公司不应再承担本案的担保责任的判决是不正确的。保证合同是当事人之间合意的结果，保证人的变更需要建立在债权人同意的基础上。即使债务人或第三人为债权人另外提供相应的担保，债权人表示接受担保的，除债权人和保证人之间有消灭保证责任的意思表示外，保证责任并不免除。本案债权人河北建行或信达石办并未同意变更或解除中阿公司保证责任的明确意思表示，中阿公司的保证责任并未免除。河北建行在1998年7月8日对冀州中意进行催收，既产生了对主债务人冀州中意诉讼时效中断的法律效力，也产生了对担保人中阿公司保证债务诉讼时效中断的法律效力。因此河北建行和信达石办并未放弃对中阿公司的担保债权。

三、关联法条

《中华人民共和国民法典》

第一百一十九条[1]　依法成立的合同，对当事人具有法律约束力。

第五百四十五条[2]　债权人可以将债权的全部或者部分转让给第三人，但是有下列情形之一的除外：

（一）根据债权性质不得转让；

（二）按照当事人约定不得转让；

（三）依照法律规定不得转让。

当事人约定非金钱债权不得转让的，不得对抗善意第三人。当事人约定金钱债权不得转让的，不得对抗第三人。

第五百四十六条　债权人转让债权，未通知债务人的，该转让对债务人不发生效力。

债权转让的通知不得撤销，但是经受让人同意的除外。

第六百九十二条[3]　保证期间是确定保证人承担保证责任的期间，不发生中止、中断和延长。

债权人与保证人可以约定保证期间，但是约定的保证期间早于主债务履行期限或

---

[1] 本案审理时，法院适用的是《中华人民共和国民法通则》第八十五条　合同是当事人之间设立、变更、终止民事关系的协议。依法成立的合同，受法律保护。

[2] 本案审理时，法院适用的是《中华人民共和国民法通则》第九十一条　合同一方将合同的权利、义务全部或者部分转让给第三人的，应当取得合同另一方的同意，并不得牟利。依照法律规定应当由国家批准的合同，需经原批准机关批准。但是，法律另有规定或者原合同另有约定的除外。

[3] 本案审理时，法院适用的是《最高人民法院关于审理经济合同纠纷案件有关保证的若干问题的规定》第十一条　保证合同中没有约定保证责任期限或者约定不明确的，保证人应当在被保证人承担责任的期限内承担保证责任。保证人如果在主合同履行期限届满后，书面要求债权人向被保证人为诉讼上的请求，而债权人在收到保证人的书面请求后一个月内未行使诉讼请求权的，保证人不再承担保证责任。

者与主债务履行期限同时届满的,视为没有约定;没有约定或者约定不明确的,保证期间为主债务履行期限届满之日起六个月。

债权人与债务人对主债务履行期限没有约定或者约定不明确的,保证期间自债权人请求债务人履行债务的宽限期届满之日起计算。

第六百九十六条 债权人转让全部或者部分债权,未通知保证人的,该转让对保证人不发生效力。

保证人与债权人约定禁止债权转让,债权人未经保证人书面同意转让债权的,保证人对受让人不再承担保证责任。

《最高人民法院关于适用〈中华人民共和国担保法〉若干问题的解释》(已失效)

第三十六条① 一般保证中,主债务诉讼时效中断,保证债务诉讼时效中断;连带责任保证中,主债务诉讼时效中断,保证债务诉讼时效不中断。

一般保证和连带责任保证中,主债务诉讼时效中止的,保证债务的诉讼时效同时中止。

《最高人民法院关于审理涉及金融资产管理公司收购、管理、处置国有银行不良贷款形成的资产的案件适用法律若干问题的规定》(已失效)

第六条 金融资产管理公司受让国有银行债权后,原债权银行在全国或者省级有影响的报纸上发布债权转让公告或通知的,人民法院可以认定债权人履行了《中华人民共和国合同法》第八十条第一款规定的通知义务。

在案件审理中,债务人以原债权银行转让债权未履行通知义务为由进行抗辩的,人民法院可以将原债权银行传唤到庭调查债权转让事实,并责令原债权银行告知债务人债权转让的事实。

《最高人民法院关于审理民事案件适用诉讼时效制度若干问题的规定》

第十五条 对于连带债权人中的一人发生诉讼时效中断效力的事由,应当认定对其他连带债权人也发生诉讼时效中断的效力。

对于连带债务人中的一人发生诉讼时效中断效力的事由,应当认定对其他连带债务人也发生诉讼时效中断的效力。

四、争议问题

信达石办的诉讼是否超过诉讼时效?

五、简要评论

债权转让,是指债权人通过协议将其债权全部或部分地转让给第三人的行为。根据民法典的规定,债权转让须符合债权合法有效、转让协议合法有效、转让程序合法和

---

① 本案审理时,法院适用的是《最高人民法院关于审理经济合同纠纷案件有关保证的若干问题的规定》第二十九条 保证合同未约定保证责任期限的,主债务的诉讼时效中断,保证债务的诉讼时效亦中断。

通知债务人四个要件，主要为避免债务人对债权转让毫不知情遭受的损害。债权转让一般不会影响到保证责任的承担，因为任何新的债权人承受债权之后，保证人都应当对新的债权人承担保证责任，这是保证债务在转让上的从属性的具体体现。除非保证人与原债权人约定禁止债权转让，或者约定保证人仅对特定的债权人承担保证责任，否则保证人应当在原保证责任的范围内对新的债权人承担保证责任[1]。本案中，债权人河北建行与受让人信达石办签订债权转让协议，约定河北建行将借款人冀州中意的债权以及利息转让给信达石办。之后，信达石办分别向冀州中意、河北中意、中阿公司以公证催收、在《河北经济日报》发布债权转让、催收公告等方式进行通知与权利主张。根据《最高人民法院关于审理涉及金融资产管理公司收购、管理、处置国有银行不良贷款形成的资产的案件适用法律若干问题的规定》第六条之规定，信达石办的上述催收行为，符合合同法规定的通知义务。该债权转让行为对债务人冀州中意，担保人河北中意、中阿公司产生效力，中阿公司应当在原来的连带保证范围内继续承担保证责任。虽然河北中意为该笔债权另行提供担保，但是河北建行或信达石办并未作出同意变更或解除中阿公司保证责任的明确意思表示。综上，中阿公司的保证责任未能免除。

诉讼时效中断，是指在诉讼时效进行中，因法定事由的发生致使已经进行的诉讼时效期间全部归于无效，诉讼时效期间重新计算。《民法典》第一百九十五条[2]规定，诉讼时效因提起诉讼或者申请仲裁、权利人向义务人提出履行请求、义务人同意履行义务等情形而中断。从中断时起，诉讼时效重新计算。诉讼时效中断与中止都是阻却时效完成的障碍，时效中断后，时效期间重新开始进行。诉讼时效中断原则上仅具有相对的效力，即只对诉讼时效中断的当事人有效力。

本案借款合同签订在担保法生效之前。如果当时的法律法规没有相关规定，可以参照担保法；如果担保法的规定与当时的法律法规存在不一致的地方，应该适用本案合同签订履行时的法律法规的规定。因此，本案应当适用最高人民法院1994年颁布的《关于审理经济合同纠纷案件有关保证的若干问题的规定》。河北建行在1998年7月8日对冀州中意进行催收，既产生了对主债务人冀州中意诉讼时效中断的法律效力，也产生了对担保人中阿公司保证债务诉讼时效中断的法律效力。根据最高人民法院〔2002〕144号通知[3]的规定，信达石办在该通知发布之日起6个月内，以公证方式向中阿公司进行了催收，中断了担保债权的诉讼时效。其后，信达石办于2004年4月2日在《河北经济日报》对冀州中意和中阿公司进行了公告催收，再次中断担保债权的诉讼时效。因

---

[1] 王利明著：《债法总则》，中国人民大学出版社2016年版，第378页。
[2] 《中华人民共和国民法典》第一百九十五条　有下列情形之一的，诉讼时效中断，从中断、有关程序终结时起，诉讼时效期间重新计算：（一）权利人向义务人提出履行请求；（二）义务人同意履行义务；（三）权利人提起诉讼或者申请仲裁；（四）与提起诉讼或者申请仲裁具有同等效力的其他情形。
[3] 《最高人民法院关于处理担保法生效前发生保证行为的保证期间问题的通知》第一条　对于当事人在担保法生效前签订的保证合同中没有约定保证期限或者约定不明确的，如果债权人已经在法定诉讼时效期间内向主债务人主张了权利，使主债务没有超过诉讼时效期间，但未向保证人主张权利的，债权人可以自本通知发布之日起6个月（自2002年8月1日至2003年1月31日）内，向保证人主张权利。逾期不主张的，保证人不再承担责任。

此,诉讼时效应当产生重新起算的效力,至信达石办起诉时,案涉主债权以及担保债权尚在诉讼时效之内。

检察要点:债务确认诉讼时效的计算

一、检察现状

诉讼时效有其独特的价值①,可促使权利人及时、有效地行使权利,保障法律秩序。在司法实践中,存在法院错误理解适用诉讼时效规定的情况。鉴于此,检察机关有必要通过检察建议、抗诉等方式展开法律监督工作,纠正错误裁判。例如,广东省人民检察院依据有关批复和规定②,认为经济发展公司在超过诉讼时效期间后,于1998年12月8日在《债权或债务确认书》上盖章确认,依法应视为对原债务的重新确认,诉讼时效期间自确认之日起重新起算,而不是诉讼时效的中止或中断。债权人后经历次催收,海德公司于2016年5月27日提起诉讼,未超过两年诉讼时效及二十年最长诉讼时效期间。二审法院判决认定海德公司的起诉超过二十年诉讼时效期间,属适用法律确有错误,应予监督③。又如,重庆市人民检察院抗诉认为,重庆市高级人民法院判决认定刘兴和起诉时已超过诉讼时效,属适用法律错误。当债务人出具欠条时,若并未表示拒绝偿还欠款,则债权人起诉还款并未超过诉讼时效④。重庆市高级人民法院受理抗诉后,提审该案并全部采纳了检察机关的抗诉意见⑤。

二、检察建议

执行时效制度在我国立法上经历了重大变革,从原始的"申请执行期限"修改为"申

---

① 参见本书案例9-1。
② 《最高人民法院关于超过诉讼时效期间借款人在催款通知单上签字或者盖章的法律效力问题的批复》(法释〔1999〕7号):根据《中华人民共和国民法通则》第四条、第九十条规定的精神,对于超过诉讼时效期间,信用社向借款人发出催收到期贷款通知单,债务人在该通知单上签字或者盖章的,应当视为对原债务的重新确认,该债权债务关系应受法律保护。
《最高人民法院关于审理民事案件适用诉讼时效制度若干问题的规定》(2008年版)第二十二条 诉讼时效期间届满,当事人一方向对方当事人作出同意履行义务的意思表示或者自愿履行义务后,又以诉讼时效期间届满为由进行抗辩的,人民法院不予支持。
③ 海德公司与中山市东凤镇经济发展总公司等民间借贷纠纷案,(2020)粤民再48号。
④ 本案审理时,检察机关适用的是《中华人民共和国合同法》第六十二条 当事人就有关合同内容约定不明确,依照本法第六十一条的规定仍不能确定的,适用下列规定:(一)质量要求不明确的,按照国家标准、行业标准履行;没有国家标准、行业标准的,按照通常标准或者符合合同目的的特定标准履行。(二)价款或者报酬不明确的,按照订立合同时履行地的市场价格履行;依法应当执行政府定价或者政府指导价的,按照规定履行。(三)履行地点不明确,给付货币的,在接受货币一方所在地履行;交付不动产的,在不动产所在地履行;其他标的,在履行义务一方所在地履行。(四)履行期限不明确的,债务人可以随时履行,债权人也可以随时要求履行,但应给对方必要的准备时间。(五)履行方式不明确的,按照有利于实现合同目的的方式履行。(六)履行费用的负担不明确的,由履行义务一方负担。
⑤ 刘兴和与重庆市众源汽车修理有限公司合同纠纷抗诉案判决书,(2013)渝高法民抗字第00010号。

请执行时效",申请执行期间统一加长为 2 年并适用诉讼时效的中止、中断,将执行时效从法院的"立案条件"调整为被执行人的"时效抗辩",基本实现了与诉讼时效制度的系统性整合,实现了诉讼与执行的有效衔接[①]。旧执行期限制度通过设置较短的执行期限,有利于督促债权人早日启动执行工作以及及早对懈怠权利人进行制裁,这种制度对于法律关系早日归于安定,减轻司法机关负担十分有利,但实践中却面临着生效法律文书确认的债权的保护期限尚短于普通债权的保护期限,不能有效维护申请执行人的利益的问题。而执行时效制度则一方面可以使债权人有更加充分的时间主张其债权,另一方面也有助于债务人自行履行债务,从而减少执行阻力,一定程度上化解"执行难"[②]。

诉讼时效制度是民法体系中的重要法律制度,其关乎民事主体是否能够取得胜诉。诉讼时效期间届满后,债务人便可以提出不向债权人偿还债务的永久抗辩,故债务确认诉讼时效的计算对于债权人实现债权有着重要意义。检察机关在对此类案件进行审查时,便应当从当事人的债权债务关系出发,明确债权债务形成的时间以及双方对债务偿还的约定。诉讼时效制度原本是为了督促权利人尽快行使自己的权利,使不稳定的法律状态归于安定,但在实践中也存在着违背诚信原则引用诉讼时效抗辩权的情形。如当事人之间发生债权债务纠纷之后,有时会进行谈判磋商,权利人基于合作的考虑可能暂缓权利的主张导致诉讼时效经过,义务人随即改变协商合作的态度,提出诉讼时效的抗辩。这种行为本质上是一种违背诚实信用原则的行为,构成对时效抗辩权的滥用,不受法律保护[③]。检察机关在司法监督过程中发现此类情形时应当对法院裁判及时予以纠正,维护民法的诚实信用原则。

[①] 谷佳杰:《民法典的实施与民事强制执行法的协调和衔接》,《河北法学》2021 年第 10 期,第 20-37 页。
[②] 孙超:《执行时效的制度变革、规则适用与立法展望》,《法律适用》2022 年第 7 期,第 52-59 页。
[③] 朱晓喆:《〈民法典〉第 192 条(诉讼时效的法律效果)评注》,《中国应用法学》2022 年第 2 期,第 209-232 页。